U0882655

春华秋实

滨州医学院
中国心力衰竭学会 编著

顾　　问　刘树琪　王　滨　吕长俊　王　强

主　　审　陈灏珠　李广平

名誉主编　[美]郑宗锷

主　　编　张子彬　张玉传　马建群

副 主 编　张清潭　徐会圃　李跃荣

编 委 会　张子彬　张玉传　马建群
　　　　　张清潭　徐会圃　李跃荣
　　　　　张效梅　刘玉华　张效国
　　　　　马敬霞　张效平　陈　平
　　　　　张　凯　张　晨　刘　爽

科学技术文献出版社
SCIENTIFIC AND TECHNICAL DOCUMENTATION PRESS
·北京·

图书在版编目（CIP）数据

春华秋实 / 滨州医学院，中国心力衰竭学会编著. —北京：科学技术文献出版社，2016. 5
ISBN 978-7-5189-1230-8

Ⅰ. ①春…　Ⅱ. ①滨…　②中…　Ⅲ. ①张子彬—传记　Ⅳ. ① K826.2

中国版本图书馆 CIP 数据核字（2016）第 078029 号

春华秋实

策划编辑：崔灵菲　责任编辑：王瑞瑞　安子莹　责任校对：赵　瑗　责任出版：张志平

出 版 者　科学技术文献出版社
地　　址　北京市复兴路15号　邮编 100038
编 务 部　(010) 58882938，58882087（传真）
发 行 部　(010) 58882868，58882874（传真）
邮 购 部　(010) 58882873
官方网址　www.stdp.com.cn
发 行 者　科学技术文献出版社发行　全国各地新华书店经销
印 刷 者　北京时尚印佳彩色印刷有限公司
版　　次　2016 年 5 月第 1 版　2016 年 5 月第 1 次印刷
开　　本　710 × 1000　1/16
字　　数　412千
印　　张　27
书　　号　ISBN 978-7-5189-1230-8
定　　价　98.00元

版权所有　违法必究
购买本社图书，凡字迹不清、缺页、倒页、脱页者，本社发行部负责调换

序　一

杏林春暖　大医精诚

——《春华秋实》序

初识张子彬教授是在 2013 年 5 月。当时，学校组织“我为学校科学发展献一策”活动，张教授不顾盛夏酷暑，亲赴建设中的烟台附院实地考察，写出“对烟台附院建设的 18 点建议”，送呈学校。2013 年 7 月，学校召开人才与师资队伍建设工作会议，张教授再次写出《张子彬为烟台附院举荐人才相关资料汇编》，向学校举荐 7 位中美高层次人才。我被张子彬教授心系学校、与学校同呼吸共命运的大局胸怀，老有所为、无私奉献的献身精神，与时俱进、敢为人先的担当意识，深入调研、严谨细致的工作作风，深深感动。与此同时，我也更加深入地了解了张子彬教授。

张子彬老师是我校内科学资深教授、主任医师，被医学界称为“国内德高望重的老前辈”，是我国医学界公认的著名心血管病学专家。张教授历任我校内科学教研室主任、附属医院大内科主任兼心内科主任等职务，多次被评为滨州医学院优秀教师、附属医院先进工作者，2003 年被评为优秀党员，1992 年被评为山东省卫生厅专业技术拔尖人才，自 1993 年起享受国务院政府特殊津贴。他是中国心力衰竭协会的创始人，担任第一至第六届委员会主任委员，荣获协会首届“杰出贡献奖”，卸任后被授予“名誉主任委员”称号。

回顾张子彬教授从医执教五十余年的光辉历程，他为我国医疗卫生和医学教育事业做出了突出的贡献。

医德高尚、医术精湛。视患者如亲人，为患者提供优质的诊疗服务，服务态度好，有求必应。尽量为患者节省开支，受到广大患者的爱戴和一致好评。众多患者康复后，与他像亲戚一样往来，形成了良好的医患关系。为人师表，诲人不倦。五十年如一日，坚持上课前认真备课，写出规范教案；课堂上仔细讲解，并结合临床医疗实践列举生动的病例。讲诊断学时，他运用多年练成的口技，模仿心脏杂音和异常心律，收到了良好的效果。课后，他利用晚自习时间，为学生认真辅导，受到广泛赞扬。指导学生见习与实习时，他更是率先垂范，为学生树立良好的榜样。治学严谨，勤于笔耕。在国内外医学杂志发表论文110余篇，主编医学专著12部，副主编7部，参编19部，在国外参编3部，共计41部，获得国际、国内科研成果及科技进步奖共35项，为祖国及学校争得了荣誉。张教授的代表作《心力衰竭》系列专著填补了当时国内尚无同类著作的空白。尤其1980年出版的《心力衰竭》一书，一次印刷2万册，3个月内销售一空，创造了20世纪医学专著出版发行畅销书的奇迹。此后，增加作者，更新书名和内容，形成系列专著，先后共出6版，总印数近5万册，成为国内外有较大影响的专著，并多次获奖。

特别值得一提的是，《充血性心力衰竭》一书是中国心力衰竭协会产生的基础，该书的主编、副主编、编委担任了协会的主任委员、名誉主任委员、副主任委员及委员。该书成为协会的代表作并写入会章中，是联系各位委员的纽带，是联系读者、会员与协会的桥梁。定期召开的全国心力衰竭学术交流会，是协会与广大会员及参会代表交流的平台。《心力衰竭》系列专著与“学会”两者相辅相成，互为依存、互相促进，共同构成“以书立会”的显著特色和典范。

1997年张子彬教授按国家规定办理了退休手续，当时学校及附院都面临人才流失的困难，张教授毅然谢绝数家南方医院的高薪聘请，安心接受本单位返聘，继续工作，对稳定教师及业务技术骨干队伍，发挥了积极影响和正能量作用。张教授在50多年的医学生涯中，在党的教育下所养成的艰苦奋斗的精神、不怕困难的毅力、高度负责的态度、一丝不苟的作风和退而不休默默奉献的品格，值得学校教职医护员工学习和发扬光大。

2016年是中国心力衰竭协会（2012年更名为中国心力衰竭学会）成立25周年，恰逢张子彬教授80寿辰，滨州医学院与中国心力衰竭学会共同编著了《春华秋实》一书，记载他53年来医疗、教学、科研和学术活动等各方面取得的辉煌业绩和奋斗历程。全书共分“创新创业”“奉献社会”“和谐家庭”3篇共计15章，详细记述了张教授行医、从教、科研、学术活动、关心学校发展的经历和成就，同时介绍了他的良好家风。全书结构严谨、排列有序，层次分明、内容翔实，记载准确、语言流畅，读后给人以启迪和激励，是精神文明建设与构建和谐社会的优秀传记之作，故乐为推荐和作序，以示祝贺，以飨读者。

滨州医学院党委书记

刘树琪

2015年12月29日

序　二

张子彬教授是我国著名内科心血管病学家，山东滨州医学院内科教授、主任医师。他从事医疗、教学和研究工作53年，成就卓著。今年正值他80寿辰，滨州医学院与中国心力衰竭学会为他编写出版一本传记，定名为《春华秋实》，记载他行医、执教、科研53年的经历和成就，为后学者树立一个好榜样。书成之际，张教授邀我题词并作序，使我得以先读为快，同时也获益良多。

53年来，张教授在党和国家的培养教育下，在各级领导和著名资深医学专家的关怀和指导下，刻苦学习、勤奋工作、顽强拼搏、无私奉献、克服各种困难，在临床医疗、医学教育、科学研究和学术活动等各方面，取得辉煌成就，成为我国医学界公认的著名心血管病学专家。他的业绩可用"参与建立一所医学院、打造一个和谐医患关系网、主编一本名著、成立一个正规学术团体、组成一个医学世家"来概括。

参与建立一所医学院就是建成并完善滨州医学院（滨医）。张教授于1963年以优异成绩毕业于青岛医学院（青医）本科，毕业后留校在附属医院工作。1970年经上级安排，青医整体搬迁到山东惠民地区北镇办学，张教授随行。青岛是个省级市，北镇属地区小镇，那时其自然条件、建设规模、教育和医疗保健设施等与青岛相比差距很大，工作和生活条件都很艰苦。路是黄土路为主，柏油路只有两条，走在路上晴天一身土，雨天一身泥。没有公共汽车，交通很是不便。通信也困难，接听和打长途电话要到邮电局。镇内排水沟是明渠，夏天沟里积水，蚊虫滋生。全镇只有一个小自来水厂，供水能力不足，生活用水靠院子里几个共用水龙头，取水常要排长队。附属医院还未建好，临床教学得借助地区医院。这些困难都被逐渐适应和克服，他们还创作一些顺口溜既幽默也乐观。比如，“柏油路，黄土盖，电话不如跑得快”“臭水沟，蚊子团，到了晚上亲你面”“提着桶，挑着担，早晚排队一长串”等。在北镇办学4年，建成了青医北镇分院。1974年青医受命迁回青岛，但张教授和其他300多名职工义无反顾地执行党的政策，留在北镇办学，继续艰苦奋斗，努力把医学院办好。1977年附属医院建成开诊，医学院渐成规模，知名度也逐渐提高，1983年正式以其驻地命名为滨州医学院。张教授常说他与青医和滨医的关系都很密切，他是青医的“魂”、滨医的“心”。不论是“魂”还是“心”，张教授和他的同事已为国家增建了一所培养高级医学人才的学院。

张教授教书育人、为人师表、率先垂范。根据内科学各专业的分工，他讲过的课，有的内容已讲过十几遍或几十遍，但每年给新一届学生讲课时，总像讲第一次新课一样，认真备课、写好规范教案、补充新材料，课堂上讲的内容概念清楚、重点突出、条理分明，而且联系实际，适当介绍一些自己的临床经验，因而课堂效果良好，深受学生的欢迎，多次被评为优秀教师。张教授医德高尚、医术精湛，一贯热情为患者服务，认真为他们治病，多年来打造成一个良好的医患关系网，深受患者的爱戴和好评。许多经他治好的患者视他为“救命恩人”，送锦旗、牌匾和感谢信表达他们发自内心的感激之情。成为他获得青医附属医院的“五好职工”和滨医附属医院的“先进工作者”称号的重要条件。

张教授自1987年起任滨医内科学教研室主任、附属医院大内科主任，1993年附院成立二级专业科室，张教授兼心内科主任，张玉传教授任上述各科副主任。张子彬卸任后，张玉传教授接任以上各科室主任主持工作。两位张教授密切配合，带领全科医护员工，克服各种困难，完成医疗、教学及科研等各项任务，制定常见病诊疗常规，逐步提高医疗水平，在开展无创性心电及心功能监测的基础上，经医护人员的共同努力，开展了介入性诊断与治疗。在院领导的正确领导下，经过几代人的艰苦奋斗，顽强拼搏，开拓创新，锐意进取，实现了跨越式发展，内科学已成为省级重点学科，附属医院是省属三级甲等综合性大型医院，成为黄河三角洲医学中心，省级区域医疗中心。

张教授治学严谨，执着追求新知识，成就卓著，获奖累累。他勤于笔耕，著作等身，在国内外医学杂志发表论文110余篇，主编和参编医学专著41本，其中3本在国外出版。他众多的著作中以1980年及1986年两次主编出版的《心力衰竭》最具特色。该书源于1978—1979年张教授被派往上海市胸科医院心内科进修时，进修期间他不断地收集有关心血管病的文献资料，其中有不少是关于心力衰竭的资料，回院后在院领导的支持下，1980年他主编了《心力衰竭》一书在山东滨州出版，该书填补了国内当时尚无心力衰竭专著的空白，受到读者的欢迎，当年所印2万册于三个月内销售一空。1986年修订后再印，改由山东科学技术出版社出版。随后他认识到想要进一步提高该书的水平，必须邀请国内外著名的心血管病专家共同编写。1991年由国内外专家参与编写本书改版本出版，书名改为《充血性心力衰竭》，由科学技术文献出版社出版，1995年5月协会全委会将其正式确认为协会的代表性著作，并写进会章中。1997年第二版《充血性心力衰竭》出版发行，其学术水平进一步提高。2003年由中、美、澳三国专家合著出版的《充血性心力衰竭学》获得国家科学技术学术著作出版基金资助，受到国内外专家的好评，成为国内具有权威性的专著。期盼学会按计划修订再版其代表性著作，届时将会有新一版问世。

成立一个正规学术团体指1991年张教授他们以《充血性心力衰竭》的学术成就及其编委会成员为基础，展开学术交流，进行多中心学术研究的需要而成立的中国心力衰竭协会（现中国心力衰竭学会）。他们称之为“以书立会”。该协会由滨州医学院发起并提出申请，经有关部门批准而成立。成立之日，时任卫生部部长陈敏章题词，山东省卫生厅和医学会领导到会祝贺。由他领导的这个协会先后主持了7次全国性学术会议，组织1次多中心随机对照临床试验。张教授担任协会第一至第六届主任委员，成为协会的创始人。2003年因健康原因辞去主任委员的职务，协会颁给其“杰出贡献奖”，表彰他对协会的建设和发展做出的杰出贡献。

张子彬教授有一个四世同堂、所有成员和谐相处的大家庭。在他的引导下，这个大家庭有近10位成员在学医或已从医，可谓是一个医学世家。过去医学世家常有，而现在就不那么常有了。主要原因是目前医患关系比较紧张，还有一些“医闹”在火上浇油，医师无辜被打伤甚至被打死的事时有发生，使得一些当医师的家长觉得医师是不那么安全的职业，不愿意让他（她）们的孩子去学医，孩子不来继承父母的职业，于是医学世家难以形成。张教授自己当了医师，53年来在医疗、教学、科研3个方面都做出了好成绩，还著书立说，组建学术团体，组织学术会议，主持多中心临床试验研究，为我国内科心血管病学的学术水平提高和发展做出巨大贡献。他这种义无反顾地引导他的后代继承祖业，再做奉献的事迹，值得我们尊敬。现在他因年龄和健康的原因而引退，祝他健康长寿，不断见证事业后继有人，安享幸福的晚年。

中国工程院院士

复旦大学附属中山医院内科教授

上海市心血管病研究所名誉所长

陈灏珠

2015年10月1日

序　三

写给《春华秋实》的几句话

张子彬教授写了自己的回忆录，恰逢张教授的80寿辰，书名叫作《春华秋实》。张教授在写自己的回忆录的过程中，就曾跟我提起关于写回忆录的一些事情。近日，张教授请我为其回忆录写个序。

我本不想接受这个任务。一是我虽然也是已经中年，临床工作了30年，但是与张教授相比，实属一晚生；二是我很早就拜读过张教授的书，很早就从他主编的书中学习知识，寻找医学问题的答案，无论是专业知识，还是临床经验，都无法与张教授相提并论；三是张教授是中国心力衰竭协会的主要创建人，是国内德高望重的老前辈，我才疏学浅，一晚生给老教授的回忆录写序实在觉得有点不合适。

最终，我决定接受这个任务，写了这篇“序”，也是有原因的。其一，我由2011年参加到当时的中国心力衰竭协会，当选了中国心力衰竭协会第九届委员会主任委员，从此与中国心力衰竭协会有了不解之缘；其二，在2012年中国心力衰竭协会挂靠到中国医药信息学会（CMIA）后，更名为中国医药信息学会心力衰竭信息学专业委员会，简称中国心力衰竭学会（CMIA-CSHF），我被推荐选举为第十届委员会的主任委员，2014年换届改选时再次被推举为第十一届委员会的主任委员；其三，张子彬教授是中国心力衰竭协会的主要创始人，也是第一届和以后多届委员会的主任委员，又是现学会的名誉主任委员，为协会的建立和发展做出了重要的贡献。我作为现任的学会主任委员，为张子彬教授的回忆录写个“序”，不仅仅是代表我个人，也是代表中国心力衰竭学会，既有对过来人和过来事的一个态度，也有承上启下，继承事业，努力进取，启迪后来者的意义。

张子彬教授是中国心力衰竭协会的主要创始人和第一届委员会的主任委员，他为协会的建立和发展做了大量的工作，出版了协会的代表作《充血性心力衰竭》，奠定了“以书立会”的基础，他组织了多次学术交流会，为促进中国心力衰竭学的发展和进步、为中国心力衰竭的临床和研究做出了突出贡献。张子彬教授卸任以来，一直关心中国心力衰竭事业和中国心力衰竭学会的发展，在协会正式挂靠在中国医药信息学会以后，他非常高兴，也对学会的发展提出了很多宝贵的建设性意见。我在滨州见到张教授时，他给我提出了很多如何建设和搞好学会工作的建议，与张教授的几次谈话都给我留下了深刻的印象，也给我很多的启发，使我受益匪浅。

故而，在张子彬教授 80 寿辰和出版《春华秋实》回忆录时，零星写上不成文的几句，表达对张子彬教授等老一代学者的敬意。同时，也更寄希望年轻一代学者，学习张子彬教授的敬业和奋斗的历程，激励后来者向更高的目标前进。

李平

2015 年 12 月 8 日

前 言

2016年是不平凡的一年，它不仅是我国“十三五”规划的开局之年，是全面建成小康社会的关键之年。对我个人而言，今年是我80寿辰，又恰逢中国心力衰竭学会（原称协会）建会25周年，滨州医学院是协会的发起和创始单位，我是协会的主要创始人。学会及学校拟举行一系列庆祝活动，隆重庆贺建会25周年。作为庆祝活动的一部分，学院及学会决定共同编著出版《春华秋实》一书，记载中国心力衰竭学会的创建和发展历程，同时也记载我的各项工作经历及对社会的奉献。此时此刻，一种发自内心的对滨州医学院及中国心力衰竭学会各位领导的深切感激之情油然而生。

我首先向学会呈送“关于编写出版《春华秋实》一书的请示报告”，不久便收到学会主任委员李广平教授的批复，同意以学会名义出版该书，并提出指导性的编写意见。然后，我又向滨州医学院呈送“关于2016年举行建会25周年庆祝活动及出版《春华秋实》一书的请示报告”，王滨院长很快做出批示，批转滨州医学院附属医院落实好请示报告所涉及的事宜，附属医院领导高度重视，经研究形成3条落实意见，向校领导书面汇报。对学会及学校领导所给予的亲切关怀与鼎力支持，在《春华秋实》付梓之际表示衷心的谢意！

承蒙滨州医学院党委书记刘树琪教授、中国工程院陈灏珠院士及中国心力衰竭学会主任委员李广平教授对编写工作进行全面指导，并应邀为本书分别作“序”。3个“序”是《春华秋实》的提纲挈领、画龙点睛之作，给予我极大地鼓舞和激励，特向各位领导致以崇高的敬意和诚挚谢忱！

承蒙德高望重、成就卓著的中国工程院陈灏珠、高润霖、张运3位院士及国际欧亚科学院胡大一院士，还有老一辈著名心血管病专家方圻、刘力生、顾复生、郭继鸿、阮景纯、胡丽霞、张文博、祝善俊、顾菊康、刘桂蕊、陈国伟、方卫华、刘炳德等教授，以及滨州医学院附属医院领导、滨州医学院与滨州市离退休老领导、老同学、亲友、同仁等，他（她）们挥毫泼墨，题写贺词和撰文，为本书增辉添彩，在此一并致以诚恳感谢！

为了本书的早日出版，滨州医学院吕长俊副院长、附属医院王强院长，离退休工作处、人事处、宣传部、科研处、校办公室、内科及心内科历届主任张玉传、张清潭、徐会圃、李跃荣4位教授，对书稿编纂提出宝贵指导意见，尤其是学会名誉主任委员张玉传教授及副主任委员马建群教授，对书稿进行认真的修改、增补、润色和校对，以上各位领导都付出了辛勤的劳动，浸透了他们的心血和汗水，在此特致由衷的谢意！

本书分3篇共计15章，以第三人称，客观、准确地记述历史过程。第一篇创新创业中，以2012年学会委托我整理的《史志》中第一手资料为素材，详细记载学会的创建、学术交流、代表性著作、多中心研究及组织建设；第二篇奉献社会中，以滨州医学院及山东多家媒体报道的稿件为主线，详述各方面的业绩；第三篇和谐家庭中，总结了几十年来所形成的家风家训和优良传统，以医学世家和四代同堂为特色。全书配以100余幅插图，图文并茂。

写作并出版本书的初衷有三：其一，向各级领导和前辈汇报从医从教53年来的经历；其二，与医学界同行交流，互相勉励；其三，总结家风家训，激励和传承子孙后代。若读者读后，有所启迪，有所感悟，则是作者的至幸和欣慰所在。

学会成立25周年来，其代表性著作《充血性心力衰竭》（第一、第二版）、《充血性心力衰竭学》（含国家出版基金资助版）均在科学技术文献出版社出版，有长期合作共赢的历史。对《春华秋实》一书的编写和出版工作，也承蒙科学技术文献出版社领导的大力支持和热情关照，各位编辑精心策划与审修，在本书即将出版问世之际，特表示衷心感谢！

由于时间仓促，写作水平有限，书中不妥之处在所难免，敬请读者批评指正。

张子彬
2016年1月16日

目　录

领导和专家题词与贺信

全国教育系统劳动模范　全国优秀教师

滨州医学院院长　王滨教授

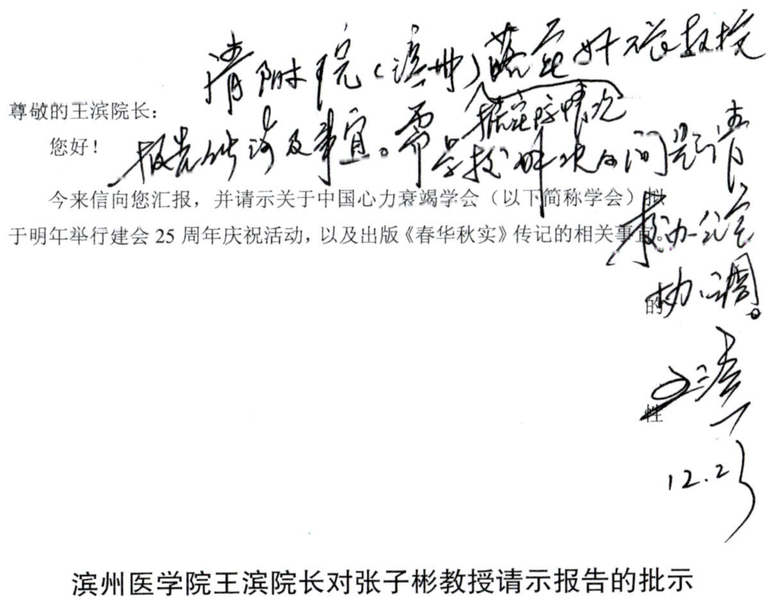

尊敬的王滨院长：

您好！

今来信向您汇报，并请示关于中国心力衰竭学会（以下简称学会）拟于明年举行建会 25 周年庆祝活动，以及出版《春华秋实》传记的相关事宜。

请附院（滨州）落实好张教授报告所涉及事宜。需学校解决的问题请校办公室协调。

王滨

12.23

滨州医学院王滨院长对张子彬教授请示报告的批示

请附院（滨州）据实际情况落实好张教授报告所涉及事宜。需学校解决的问题请校办公室协调。

王滨　2015 年 12 月 23 日

滨州医学院附属医院
关于张子彬教授信函有关问题的说明

滨州医学院校领导:

接到学校转来张子彬教授的信函，医院领导高度重视，经走访张子彬教授、征询心血管内科、相关部门和专家意见，根据信函中所提建议，现就有关问题答复如下:

一、因中国心力衰竭协会 25 周年庆祝活动由现任主任委员李广平教授在天津主办，医院将安排心血管内科医护人员积极参会，协助做好相关工作。

二、医院将安排相关职能部门积极配合校领导为《春华秋实——张子彬教授从医从教纪事》题词事宜。

三、医院将全力配合学校做好该书的编纂工作，安排职能部门、心血管内科积极参与该书编写工作，提供相关资料，确保该书出版质量和发挥更大的社会效益。

特此说明。

滨州医学院附属医院

2015 年 12 月 28 日

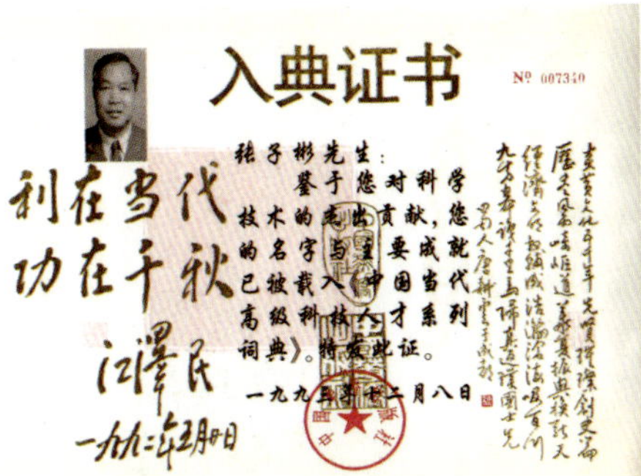

江泽民为张子彬教授入典的
《中国当代高级科技人才系列词典》题词

江泽民会见郑宗锷，
并亲笔签名赠送合影照片

朱镕基会见郑宗锷，
并亲笔签名赠送合影照片

李鹏会见郑宗锷

全国人大原副委员长、
中国科学院原院长郭沫若会见郑宗锷

人民日报以头版头条新闻
报道郑宗锷一家应邀来华访问

中国前四任驻美国大使联名送郑宗锷教授感谢牌匾，由韩叙夫妇代表赠送

右起：郑宗锷夫妇、韩叙夫妇

1986 年 7 月 1 日 · 北京

由于郑宗锷教授对中美医学交流，祖国医疗卫生事业及加深两国人民友谊做出了卓越贡献，国家领导人曾多次会见他，并合影留念。郑教授是国际著名医学专家，医学成就卓著，历任美、英、法、德等十几个国家的学术职务。1992 年 10 月上旬，郑教授应邀访问滨州医学院，受聘为该院名誉教授及附属医院名誉院长。他自 1991 年起担任中国心力衰竭协会名誉主任委员。

陈敏章会见郑宗锷教授，并合影留念

张子彬与郑宗锷合影

1989 年 10 月 19 日 · 青岛

《充血性心力衰竭》一书（右下图）由中美专家合著，张子彬与郑宗锷两位教授任主编，组成心力衰竭编委会，共同完成编著工作，于 1991 年正式出版，以此编委会为基础，于 1991 年 10 月成立中国心力衰竭协会（2012 年更名为中国心力衰竭学会），郑宗锷教授任名誉主任委员，张子彬教授任主任委员，《充血性心力衰竭》修订再版为《充血性心力衰竭学》，为协会的代表性著作，并写进协会会章中。

1989 年 10 月 19 日，张子彬教授应约在青岛医学院会见来访的美国郑宗锷教授，畅叙友谊，共商合著《充血性心力衰竭》及成立心力衰竭学术团体等事项，达成广泛共识。在此后的 20 多年里，两位教授密切联系，进行了卓有成效的交流与合作，合著医学专著多部，合写论文在中美杂志发表。郑教授还经常将新作寄给张子彬教授，使他深受教益，将郑教授视为良师益友，两位教授在长期合作中建立了深厚友谊。

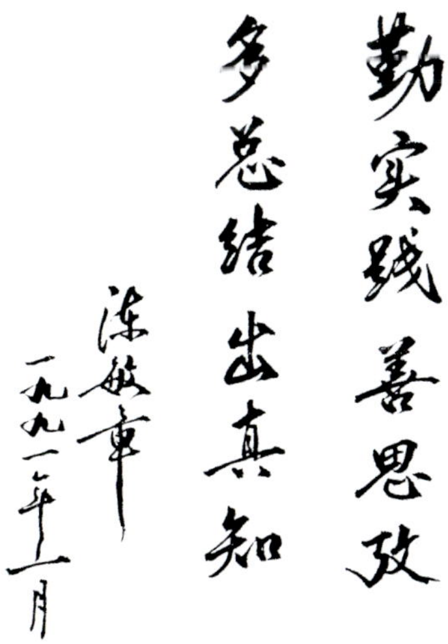

陈敏章为《充血性心力衰竭》一书题词

第一届全国心力衰竭学术交流会合影

1991年10月·泰安

第一届全国心力衰竭学术交流会于1991年10月20—28日在山东省泰安市召开，来自30个省、自治区、直辖市的700多名代表出席，卫生部陈敏章部长为大会题贺词，山东省卫生厅及医学会领导到会祝贺，各种媒体进行了报道。会议期间以心力衰竭编委会为基础，成立中国心力衰竭协会，著名心血管病专家陈灏珠、陶寿淇、林传骧、都本洁、阮景纯等教授应邀任协会顾问，郑宗锷[美]当选为名誉主任委员，张子彬教授当选为主任委员。会议还确定创办“心力衰竭”杂志。会议期间，由编委会编著的著作《充血性心力衰竭》一书出版问世，分发与会代表，受到热烈欢迎。

陈敏章（左）会见张子彬教授（右）

1992 年 11 月 3 日 · 北京人民大会堂

在首届全国心力衰竭学术交流会上合影

右起：陈灏珠院士、张子彬教授

1991 年 10 月 21 日 · 泰安

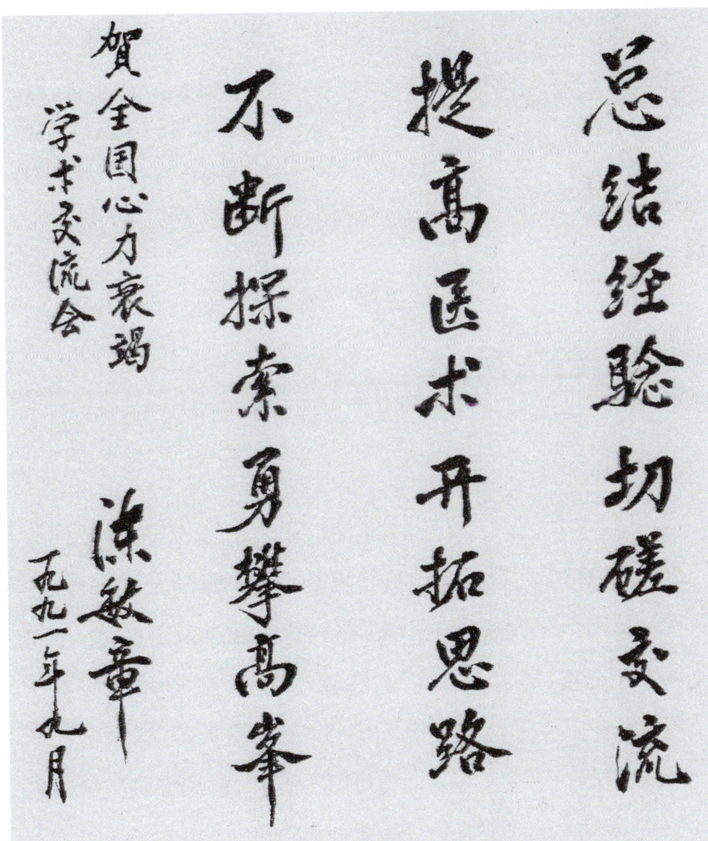

陈敏章为第一届全国心力衰竭学术交流会题写的贺词

在第一届全国心力衰竭学术会上合影

右起：陈灏珠院士、张子彬教授

1991 年 10 月 21 日 · 泰安

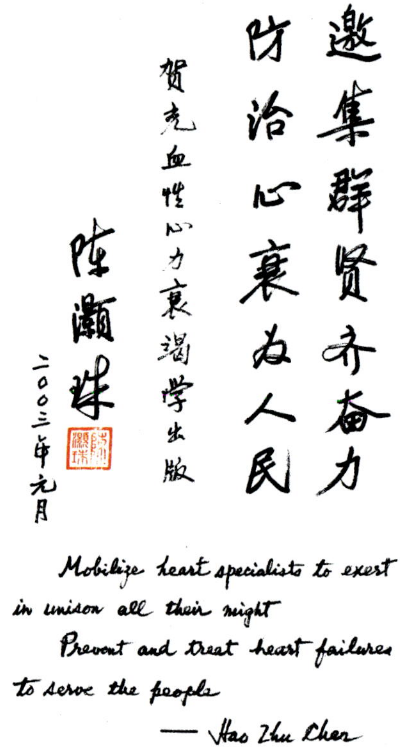

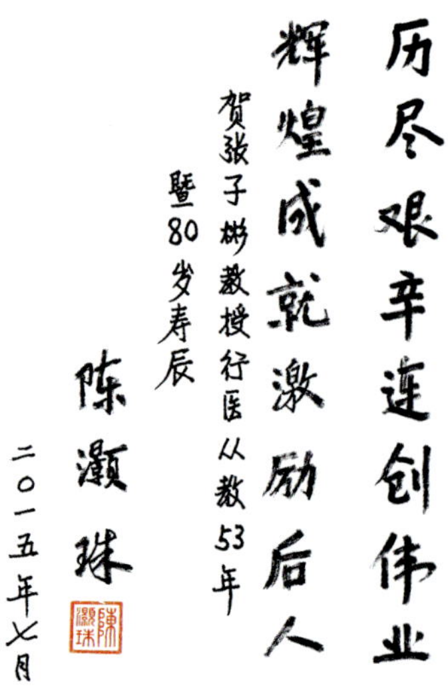

陈灏珠院士为《春华秋实》题词

陈灏珠教授，中国工程院院士。我国现代心血管病学及内科学奠基人之一，著名资深心血管病学专家，博士生导师，上海市心血管病研究所所长。应邀任中国心力衰竭学会（原协会）历届顾问、自 2015 年起任顾问委员会主任委员、中国心力衰竭学会名誉主任委员。陈灏珠院士是我国德高望重的老前辈。

努力防治心力衰竭
造福全球人民健康
贺充血性心力衰竭学出版
方圻
二〇〇三年元月

Combating the heart failure with all of our means. Thus to promote the health of the people world wide.

—— Q. Fang

在北京国际心脏研究学术会上合影

左起：方圻教授、张子彬教授

1992 年 5 月 16 日 · 人民大会堂

方圻教授，博士生导师，我国现代心血管病学及内科学奠基人之一，著名资深心血管病学专家，德高望重的老前辈。历任中华医学会副会长、中华内科学会主任委员、中华心血管病学会副主任委员、中华心血管病杂志主编、世界卫生组织医学研究顾问委员会委员及专家组成员等职。现任内科学教授，北京协和医院名誉院长等职。

在中国心脏研究（暨 CEI-AMI 研究）协作组学术研讨会上合影

右起：张子彬、刘力生、张兆斌

1991 年 12 月 5 日 · 滨州

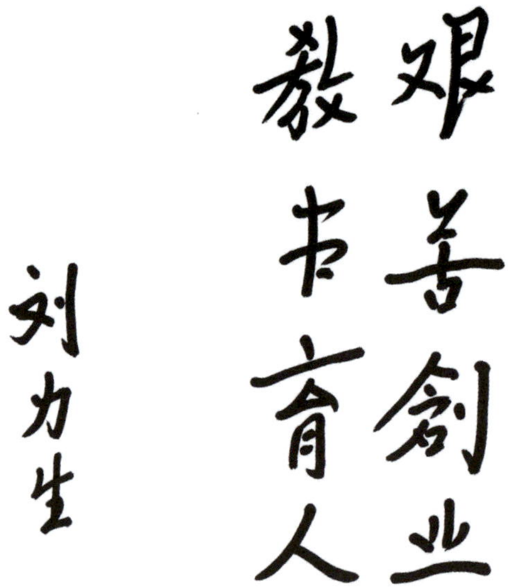

——贺张子彬教授行医从教 53 年暨 80 寿辰

2015 年 9 月

刘力生教授，博士生导师，是国内外著名资深心血管病学专家，中国高血压研究领域的学科带头人，学术造诣极深，医学成就卓著。现任世界高血压联盟主席、美国心脏病学会（AHA）高血压研究理事会国际研究员、国际高血压学会理事、中华心血管病学会名誉主任委员、中国高血压联盟主席、中国医学科学院阜外医院心内科教授、中国心力衰竭学会顾问等职，发表论文国内 200 余篇，国际 60 余篇，获国际、国家及省部级多种奖励。刘力生教授是我国德高望重的老前辈。

在第四届全国心力衰竭学术交流会上合影

左起：顾复生、张子彬

1997 年 5 月 25 日 · 青岛

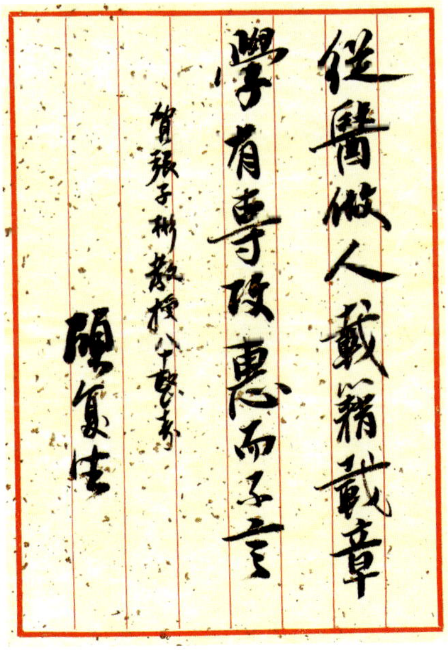

顾复生教授，现任首都医科大学附属北京友谊医院心内科教授、主任医师、博士生导师顾问。是我国著名医学专家、心血管病领域杰出的先行者和领军人。历任中华心血管病学会副主任委员、《中华心血管病杂志》总编辑、中华医学会北京分会名誉主任委员等职。享受国务院政府特殊津贴，被授予北京市有突出贡献专家称号。在国内外杂志发表论文 120 余篇，著作多部。曾荣获抗美援朝一等功、全国劳动模范等多种荣誉，受到毛泽东、周恩来、朱德接见，是我国德高望重的老前辈，是一位功勋卓著、对国家有杰出贡献的医学专家。

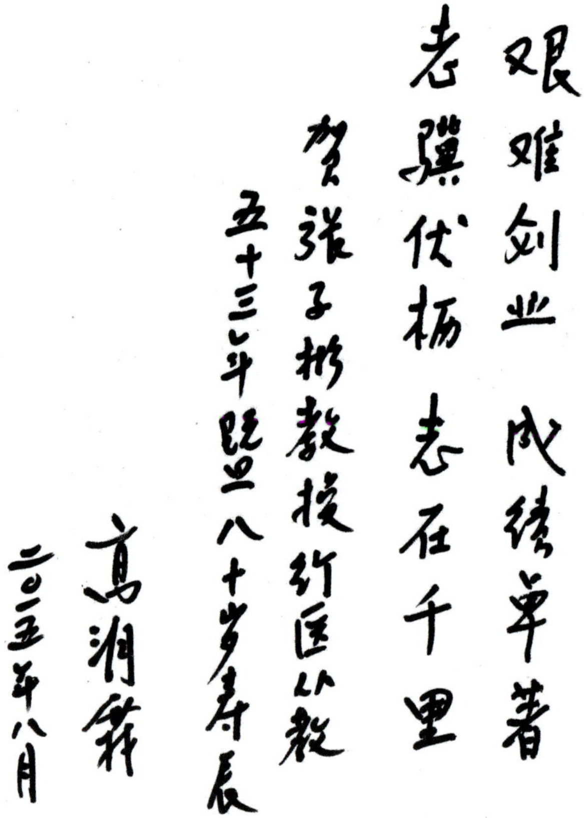

高润霖教授，中国工程院院士。我国著名资深心血管病学专家，冠心病介入治疗的先驱者之一。现任中国医学科学院心血管病研究所、阜外心血管病医院学术委员会主任、心内科首席专家、研究员、博士生导师，兼任中华医学会常务理事、中华心血管病学会名誉主任委员、《中华医学杂志》总编辑、《中华心血管病杂志》名誉总编辑等多种国内外学术职务。发表论文500余篇，主编和参编医学专著9部，获国家及省部级科技进步奖多项，荣获欧洲心血管介入协会Ethica终身成就奖等国际荣誉。学术造诣极深，医学成就卓著。

在第四次全国心血管病学术会上合影

右起：胡大一、张子彬

1993 年 10 月 13 日 · 西安

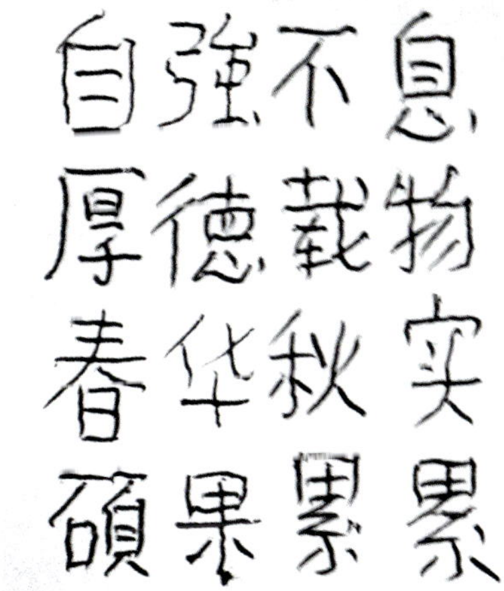

——贺张子彬教授行医从教 53 年暨 80 岁寿辰

胡大一

二〇一五年八月

胡大一教授、国际欧亚科学院院士。著名资深心血管病学专家，博士生导师，北京大学人民医院心血管病研究所所长，应邀任中国心力衰竭学会（原协会）顾问，中华医学会心血管病分会第八届主任委员，《中华心血管病杂志》总编辑等多种学术职务。

第七届全国心力衰竭学术交流会开幕式张子彬教授致开幕词

左起：陈灏珠院士、张运院士、张子彬教授、王家富院长

2003 年 4 月 20 日 · 泰安

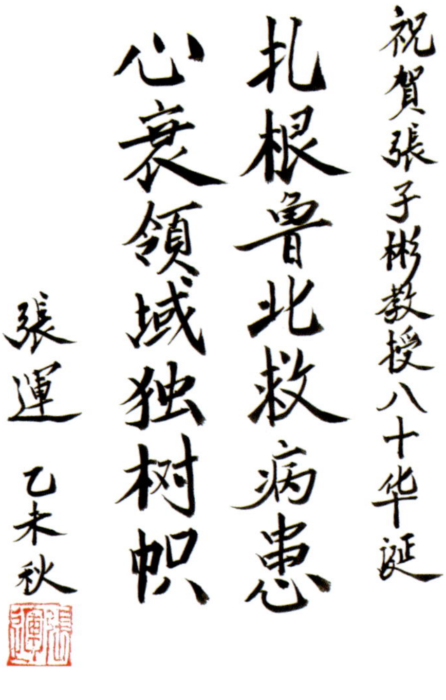

张运，中国工程院院士，挪威奥斯陆大学医学博士，美国心脏病学院资深会员（FACC）、欧洲心脏病学会资深会员（FESC）、山东大学终身教授、香港中文大学荣誉教授。心血管内科学专家。主要从事动脉粥样硬化的研究，承担国家和省部级课题 30 余项，在国内外杂志发表论文 1000 余篇，SCI 收录 350 余篇，主编和参编专著 45 部。

李广平教授应滨州医学院附属医院邀请赴滨州讲学时合影

右起：中国心力衰竭学会主任委员：李广平教授

名誉主任委员：张子彬教授

名誉主任委员：张玉传教授

2012 年 12 月 28 日 · 滨州

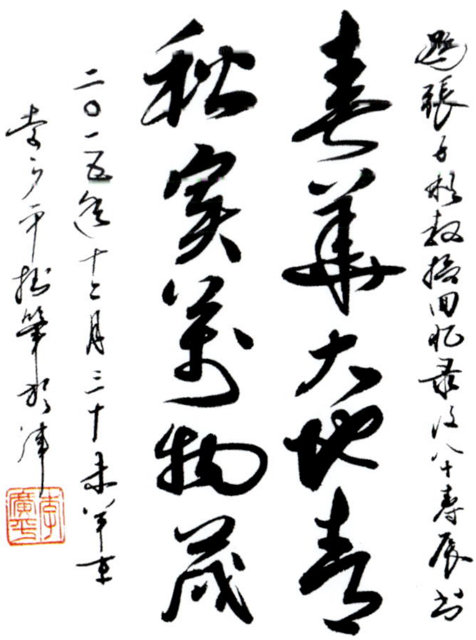

李广平，博士，教授，博士生导师。天津医科大学第二医院心脏科主任、天津心脏病学研究所所长。任国务院学位委员会学科评议组成员、中华医学会心电生理与起搏分会常务委员、中华医学会心血管病学分会委员、中国医师协会心血管内科医师分会/心律学专业委员会/心力衰竭专业委员会常务委员、中国心力衰竭学会主任委员、中国医促会心律与心电学分会副主任委员、中国心电学会常务委员、中国心律学会委员、《中国心血管病杂志》副主编等。发表论文近 400 篇，SCI 收录文章 80 余篇，主编（译）出版学术专著 7 部。

在第一届全国心力衰竭学术交流会上合影

右起：祝善俊、张子彬

1991 年 10 月 21 日 · 泰安

经年积学，著作等身。

孜孜不倦，业绩斐然。

八十华诞，年高德劭。

——贺张子彬教授行医从教 53 年暨 80 华诞

祝善俊

二〇一五年十月

祝善俊教授，博士生导师，主任医师，著名心血管病学专家，军队技术一级，正军职。历任第三军医大学专家组成员，中国心力衰竭协会副主任委员、全军老年病专业委员会常委等多项学术职务。获军队（省部级）科技进步奖 5 项，主编专著 2 部，参编 6 部，医学成就卓著。自 1992 年起享受国务院政府特殊津贴。祝教授是中国心力衰竭协会资深创始委员，为协会的创建与发展做出了卓越贡献，曾荣获“杰出贡献奖”。

在第一届全国心力衰竭学术交流会上合影

右起：阮景纯、张子彬

1991 年 10 月 27 日 · 泰安

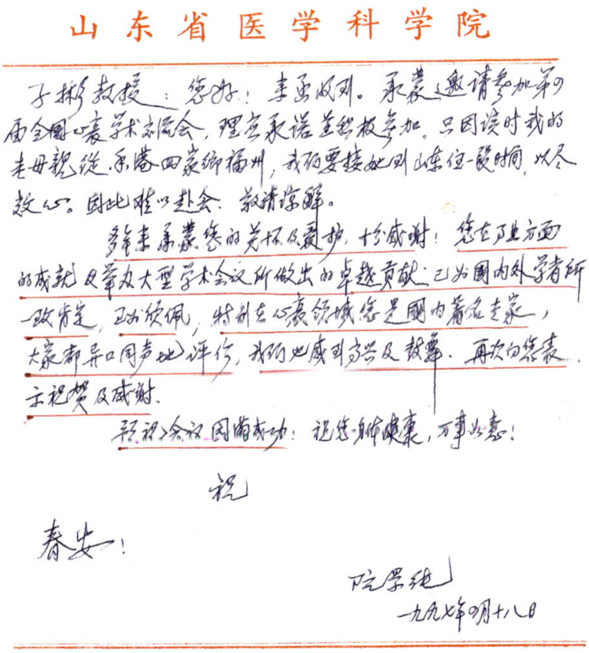

山东省医学科学院

子彬教授：您好！来函收到。承蒙邀请参加第一届全国心衰学术交流会，理应承诺并积极参加。只因该时我的老母亲从香港回家乡福州，我们要接她到山东住一段时间，以尽孝心。因此难以赴会，敬请谅解。

多年来承蒙您的关怀及爱护，十分感谢！您在卫生方面的成就及举办大型学术会议所做出的卓越贡献，已为国内外学者所一致肯定，无比钦佩，特别在心衰领域您是国内著名专家，大家都异口同声地评价，我们也感到高兴及鼓舞。再次向您表示祝贺及感谢。

预祝会议圆满成功！祝您身体健康，万事如意！

祝

春安！

阮景纯

一九九七年四月十八日

阮景纯教授，历任山东省医学科学院院长、名誉院长，山东省心血管病学会主任委员等职务，是德高望重的老前辈，著名资深心血管病学专家，应邀任中国心力衰竭协会顾问。

颂高级医学专家张子彬教授

医术精湛享患者，
德艺望重响神州。
科技超群扬四海，
垂撰名著颂千秋。

梁树樱
2004 年 12 月 24 日

梁树樱同志（1923.11—2007.11），山东省博兴县人，1944 年 7 月参加革命工作，1945 年 6 月加入中国共产党，先后担任博兴县公安局公安部队战士、特派员、一股股长、政治指导员，垦利县公安局局长，惠民专署公安处副处长，惠民地委政法部副部长，广饶县史口区区委书记，淄博专署公安处处长、惠民专署公安处处长，山东北镇农校党委书记，山东北镇师范学校党的核心小组组长、革委会主任，山东北镇师专党委副书记、副主任，惠民地区文办副主任兼教育局长，青岛医学院北镇分院党的核心小组第一副组长、革委会副主任，滨州医学院党委副书记、副院长、顾问等职。1987 年 12 月离职休养。于 2007 年 11 月 4 日 20 时 39 分因病医治无效在滨州逝世，享年 86 岁。

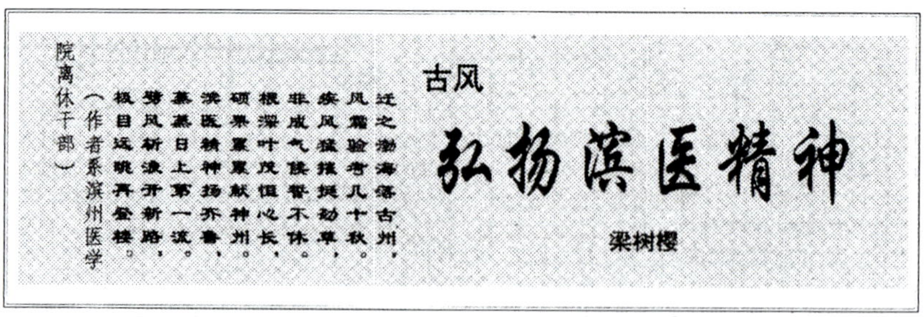

古风

弘扬滨医精神

梁树樱

迁之渤海落古州，
风霜验考几十秋。
疾风猛振挺劲草，
非成气候誓不休。
根深叶茂恒心长，
硕果累累献神州。
滨医精神扬齐鲁，
蒸蒸日上第一流。
劈风斩浪开新路，
极目远眺再登楼。

（作者系滨州医学院离休干部）

梁树樱，滨州医学院党委原副书记、副院长，是一位德高望重，十分值得尊敬、信赖和学习的良师益友，成为滨州医学院建设和发展史上永受敬仰的楷模和榜样。被评为 2007 年感动滨州十大人物。

注：本页诗文及简介转自梁树樱著《寿椿集》（树樱诗文选续卷）第 48 页。

功垂杏林　雨润杏坛

砥砺半百　誉满八秩

恭祝张子彬教授行医从教五十三年暨八十华诞

马振銮

二〇一五年十月

马振銮，1961 年 8 月参加工作，曾先后担任原惠民地委副秘书长、惠民行署副秘书长兼办公室主任、滨州医学院副院长、党委副书记。

春华秋实八十载，
仁心济世誉四海。
严谨治学树风范，
妙手著书铸品牌。
老骥伏枥志犹在，
德医双馨堪模楷。

——贺张子彬教授八十寿辰暨《春华秋实》一书出版

刘凤

二〇一六年四月一日

刘凤，滨州医学院病理生理学教授，山东省病理生理学会常务理事，中国微循环学会理事，滨州医学院期刊部主任，滨州市政协副主席，中国农工民主党滨州市委主委，山东省委常委，中央妇女工作委员会委员，第九、第十、第十一、第十二届全国人大代表。

德医双馨，精益求精，耕耘杏林五十载；
章著等身，言传身教，恩泽教坛万千生；
情系滨医，一腔热血，无悔奠基铸精诚；
贺师华诞，承前启后，寿八十更望百年。

——贺张子彬教授八十岁寿辰、行医从教53年暨《春华秋实》出版

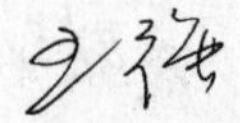

2016年1月5日

王强，现任滨州医学院医疗集团总院长、滨州附属医院院长、烟台附属医院院长，民盟盟员，教授，主任医师。系山东省政协委员，滨州市政协第十届常委，滨城区第十届人大代表，山东省物联网协会副会长，《中国医疗设备》杂志社山东分社副社长，滨州市医学会副会长，山东省医学会眼科专业委员会委员，滨州市医学会眼科学专业委员会主任委员。

拜读子彬教授"春华秋实"之作有感

古人曰"齐鲁出鸿儒"，而滨州醫学院更是人杰地灵，仅心血管领域就有我十分敬仰和尊敬的两位大师级学者，又都是常与我"以文会友，以友辅仁"的挚友。

一位是張文博教授，我称他為"一世不染，八風不动"先生。

另一位则是張子彬教授，我称他是"清雅学者"。不奢、不繁、不浊、不俗、不媚者谓之"清"；有意，有味、有品，有度、有情者谓之"雅"。

子彬教授一生治学与做人之道皆呈清雅之美，故"清雅学者"之称当属名至实归。

郭继鸿

二〇一六年三月八日

郭继鸿，医学博士，北京大学人民医院教授、主任医师、博士生导师，享受国务院政府特殊津贴。现任中国心电学会主任委员、中国心律学会前任主任委员、中国心脏健康教育联盟主席，中国科协全国心律失常学科首席传播专家。《中华心脏与心律电子杂志》主编，《临床心电学杂志》主编，国家统编教材《诊断学》副主编。获国家、省部级科研奖多项。专著、译著40余部，发表论文近200篇。

艰苦耕耘取硕果

著书育人继事业

贺张子彬教授行医从教五十三年

暨八十岁寿辰

胡丽霞

二〇一六年元月

胡丽霞，原上海市胸科医院心内科主任。

仁心仁术妙手回春

硕果累累桃李满园

贺张子彬教授行医从教五十三年

暨八十岁寿辰

陶国枢

二〇一五年九月

陶国枢教授，主任医师，著名资深老年医学心血管病学专家，是我国老年医学保健医学的奠基人之一。学术造诣极深，医学成就卓著，发表论文110余篇，主编及参编医学专著20余部，获国家及军队科技进步奖多项，多次立功受奖。现任解放军总医院老年医学研究所顾问（原所长）、中华医学会老年医学分会副主任委员、北京老年医学专业委员会主任委员、滨州医学院特聘教授等职，自1992年享受国务院政府特殊津贴。

辛勤耕耘　筹建中国心力衰竭协会
奋勇拼搏　编写华夏心力衰竭巨著

——祝贺张子彬教授执教行医53周年暨80华诞

顾菊康贺

2015年10月

顾菊康，内科学教授，著名心血管病专家，是中国心力衰竭协会的资深创始委员，为协会的创建与发展做出了卓越贡献，任多届副主任委员，荣获"杰出贡献奖"，著作等身，成就卓著，发表论文国内168篇，国外12篇，主编《临床心功能学》《心血管病诊断治疗学》《心脏危重症急救治疗学》《远程心电监护学》等8部，参编14部。有4项国家专利。现任上海远大心胸医院学术委员会主任，兼任中国远程心脏监护联盟指导委员会主任委员、中国心力衰竭学会名誉主任委员、中日两国远程心电监护交流学术会议中方会长等多项学术职务。2011年9月25日在日本东京《中外医学社》出版《Far-distance Monitoring Electrical Cardiology》一书，由中日两国31位专家联合编写，担任第二主编。

愚弟：劉桂蕊

二〇一六年 元月

刘桂蕊教授，1965 年毕业于河北医学院（现河北医科大学）医疗系，曾工作于天津医科大学第二医院内科（心血管、呼吸专业），是中国心力衰竭协会资深创始委员，为协会的创建与发展做出了卓越贡献，荣获首届协会颁发的“杰出贡献奖”。历任天津医科大学第二医院内科学教授、中国心力衰竭协会副主任和顾问。1984 年策划、创办了《临床荟萃》杂志，为其创始人，任执行主编；1994 年又主持创办了《医学综述》杂志，任社长、主编。

20 多年前，开创《兼症医学》新说，初建“统一同一时体论”新论。并于 1995 年荣获国际奖，多次组织全国性学术交流、学术研讨会。主编《内科学最新治疗》系列专著、副主编《充血性心力衰竭》系列专著等多部著作。

仁心仁术半世纪

硕果累累满杏林

贺张子彬教授行医从教五十三年

暨八十岁寿辰

陈国伟

二〇一五年九月

陈国伟教授，博士生导师，著名心血管病专家。发表论文500余篇，主编、参编医学著作34部，主编的《现代心脏内科学》《现代急诊内科学》等为其代表，获省部级科技进步奖及国家图书奖多项，享受国务院特殊津贴，历任中山医科大学第一附属医院大内科副主任兼心内科副主任、中华医学会急症学会委员、中国心力衰竭学会副主任委员、顾问等多种职务。1989—1993年两次应邀任澳门镜湖医院心内科主任。多次参加国际学术会议。陈教授是中国心力衰竭协会资深创始委员，为协会的创建与发展做出了卓越贡献，曾荣获“杰出贡献奖”。

同学寄语

子彬与我是大学同窗，工作时期宿舍与我住对门，可谓知根知底，友谊深厚。他年轻时虽历经艰苦，但其对医学事业仍始终不渝。他医术精湛，尊师爱生，操术广济，有口皆碑。他治学严谨，热于创新，尤其在“心力衰竭”领域有较高的造诣，《充血性心力衰竭》一书成为其代表作，填补了国内的空白，并与国际接轨，与时俱进。

在他的倡导下，于1991年成立了“中国心力衰竭协会”（现改名为学会），并担任主任委员。25年来，协会著书立说，集国内国际的经验互相交流，取得卓越的成就。

老骥伏枥，志在千里，是子彬老年的追求，《春华秋实》即真实地反映了他大半生的艰苦奋斗和取得业绩的过程，也是对“协会”寄予厚望。

同学 韩学德

2015年12月10日

韩学德，胸心外科学教授、主任医师，1963年毕业于青岛医学院医疗系本科，退休前先后在滨州医学院、青岛医学院工作。

向张子彬教授学习

1990年6月受张子彬教授的邀请，在青岛参加全国心力衰竭专题研讨会，并商讨编写《充血性心力衰竭》一书，结识了张子彬教授，给我留下深刻印象，张教授纯朴、敦厚、有强烈事业心。次年在张教授的组织下，成立“中国心力衰竭协会”，张教授担任主任委员，同时在泰安市举行第一届全国心力衰竭学术交流会，参加人数空前，达千人，此后在张教授的组织下举行多次学术会，《充血性心力衰竭学》一书也不断更新、再版，填补我国这方面空白，张教授做出了卓越贡献。

今天，张教授的新作《春华秋实》又将出版了，这本书的书稿，我荣幸地得到先读，此书真实而恰如其分地总结了张教授的一生：勤奋、进取、高度事业心，高尚的人生，可学、可敬。是同行和社会人士值得阅读、学习、共勉、难得的一本好书，我阅读之后，受益匪浅。借此机会，也祝张子彬教授健康、长寿！

方卫华

2016 年 1 月 14 日

方卫华教授，著名心血管病专家，医学成就卓著。方教授是中国心力衰竭协会资深创始委员，为协会的创建与发展做出了突出贡献，曾荣获“杰出贡献奖”。1965 年 7 月毕业于上海第一医学院医疗系。同年工作于北京中国医学科学院心血管病研究所、阜外心血管病医院，历任心内科副主任、研究室副主任、副研究员。1993 年 11 月至 1994 年 11 月任汕头大学医学院内科教研室主任、教授。1994 年 11 月至 2002 年任深圳市孙逸仙心血管医院内科主任。

历任中国心力衰竭协会副主任委员、中青年心律失常电生理学会副主任委员、广东省介入性心血管学会顾问、心血管病学会主任委员、深圳市心血管病学会组委。多种心血管杂志编委。参与编写心血管病专著 7 部。1998 年主编的《心血管疾病内科手册》在人民卫生出版社出版，受到好评。

旦暮辛劳　丹心仁术杏林茂

学风朴实　善书妙说创新功

贺张子彬教授八十寿辰

暨《春华秋实》出版

刘炳德

二〇一六年一月

刘炳德教授，主任医师。历任泰山医学院医学系主任，泰山医学院附属医院内科主任、副院长、院长、党委书记，中国微循环学会理事，中国心力衰竭协会第一至第八届副主任委员，现任协会顾问。刘教授是协会资深创始委员，为协会的创建与发展做出了卓越贡献，曾荣获“杰出贡献奖”。

仁心医深　誉名中外

医学世家　济世救人

贺张子彬教授八十岁寿辰

暨行医从教五十三周年

张德华

二〇一五年十二月

张德华，滨州市（原惠民地区行署）原副专员级调研员，享受副厅级待遇的离休老干部。

我心目中的张子彬教授

我与老前辈张子彬教授相识几十年，张教授医术精湛、医德高尚、爱岗敬业、有求必应，从医五十余年无数次从病魔中挽回一条条生命，他接到的感谢信和匾也是数不胜数，在滨州属心血管病专家权威人物，获得无数荣誉。但张教授给人的印象一直是朴实、平易、好求、热心，对重症患者跟踪随访，千叮咛万嘱咐，像自己的家人一样关心关爱。张教授发起和创建了中国心力衰竭协会，主编、参编38本医学著作，发表论文110余篇，获得国内外科研成果及科技进步奖35项，多次被评为优秀教师，1992年被评为山东省卫生厅专业技术拔尖人才，自1993年起享受国务院政府特殊津贴。历任滨州医学院内科学教授、主任医师、中国心力衰竭协会主任委员及名誉主任委员、国际卫生医学研究院（IHMA）一级教授、博士生导师，为医学事业的发展做出了巨大的贡献。

《春华秋实》这本书的出版，凝聚着张教授从医五十余年的智慧和成就，不论是对于初学者、从业者还是研究者都具有很好的指导和帮助作用，愿更多的人看到这本书，学习研究这本书，为医学事业做出更大的贡献。

王惠军

2015年9月22日

（作者系滨州市原市长）

行医从教五十余载，
八十寿辰心静如水。
精心治学育人无数，
亦儒亦雅铸就辉煌。
虚怀若谷无人能及，
真诚善良无私奉献。
淡泊名利感悟人生，
宁静致远实为楷模。

——贺张子彬教授行医从教 53 年暨 80 岁寿辰

首都医科大学附属北京朝阳医院心脏中心

张麟

2015 年 9 月 20 日　北京

张麟教授，首都医科大学附属北京朝阳医院心脏中心医学博士，内科主任医师、博士生导师，著名心血管病专家。历任卫生部中国高血压治疗指南学术委员会委员、中国高血压联盟理事、中国心力衰竭学会委员、北京高血压学会委员、北京市朝阳区政协委员等职。荣获首都医科大学吴阶平优秀教师奖、首都医科大学优秀博士生导师、北京市巾帼劳动奖章等多种荣誉。发表论文 100 余篇，23 篇发表在国外著名杂志，均被 SCI 收录。获省部级科技进步一等奖 1 项、三等奖 2 项、国家发明专利 2 项。

武漢大學 人民医院

RENMIN HOSPITAL OF WUHAN UNIVERSITY

张子彬教授是我国著名心脏病专家，1986年我刚大学毕业时就读他主编的《心力衰竭》，并清楚知道他的名字。后来有幸加入中国心力衰竭学会，经常聆听张老师的报告，指引我专业的发展。更重要的是，他那儒雅、博学、严谨的大家风范成为我终生的楷模。在张教授八十大寿之际，衷心祝福张老师福如东海、寿比南山！

武汉大学人民医院 唐其柱

2015年10月1日 于武汉

唐其柱，心内科教授，主任医师，博士生导师，著名心血管病学专家，学术造诣极深，医学成就卓著，著作等身，获奖多项。现任武汉大学人民医院院长、党委书记、中国心力衰竭学会常务副主任委员等多项学会职务。

离退休老干部礼赞

——贺《春华秋实》出版暨张子彬教授80寿辰

张子彬教授送来了即将出版的《春华秋实》书稿，我们看了数遍，甚感欣慰。在此，借书行文，以示祝贺。

《春华秋实》名副其实。该书分为三大部分：创业篇、奉献篇和家庭篇。每篇的章节结构严谨，排列有序，层次分明，条分缕析，内容翔实，读起来如行云流水，滋润心田，是一本值得阅读的好书。

该书翔实记载了张教授教学、临床、科研53年来的奋斗史。从临床治病、教书育人到科学研究、著书立说，无不是夙夜匪懈、殚精竭虑所凝成的丰硕成果，可贺可钦。

从书中可看到，张教授在教书育人方面诲人不倦，在临床治病方面视患者如亲人，患者视张教授为救命恩人，在科研方面孜孜以求，精益求精，开拓创新。

在这里特别值得提出的是，张教授把几十年的临床经验和科研成果，与美籍著名医学专家郑宗锷博士合著成《充血性心力衰竭》一书出版，填补了当时国内空白，受到了同行的青睐，曾多次修订再版。而后又与美国及澳大利亚的医学专家合著《充血性心力衰竭学》一书出版，受到国内外专家的好评。在此期间，还在国内外医学刊物上发表论文110多篇，并主编、参编医学专著41本，其中3本在国外出版，享誉中外。

张教授还以书为载体，倡导成立了国内第一家“中国心力衰竭协会”，并被选为主任委员，随后又主导召开了多次学术交流会义，并制定了协会章程，发展了众多会员，并在民政部门登记注册，使协会成为一个合法的学术团体。由于张教授不辞辛劳，忘我工作，在心血管病领域做出了杰出的贡献，为此多次受到上级部门的表彰和奖励，从1993年起享受国务院政府特殊津贴。

一个男人事业的成功，往往与背后有一位贤惠的女人支持是分不开的。张教授的夫人董玉芬就是一位这样的女士，她和睦邻里，勤俭持家，相夫教子，孝敬双亲，目前已是四世同堂，三代从医，形成一个和睦、幸福的大家庭。

盛世修志惠及后世，个人立传出书，既惠及家人，又惠及同行，一举两得何不乐乎！

在《春华秋实》付梓之际，也是张教授八十大寿之时，真是双喜并至，贺哉喜也。

最后祝福这个杏林世家，枝繁叶茂，继往开来，再续辉煌。同时也衷心祝愿张教授于功成名就之后，在温馨的家庭中颐养天年，健康长寿，安享桑榆之福。

吴锡之　王化明

2015 年 12 月 16 日于滨州

吴锡之，原滨州市供销社党委副书记、副主任、高级经济师、离休干部。抗日老战士。

王化明，原滨州市国土资源管理局副局长，退休干部。

祝贺张子彬教授

悬壶济世五十三年

誉满杏林业辉煌，教学科研育栋梁。

救死扶伤为己任，德医双馨人敬仰。

庆祝《春华秋实》出版

春华秋实硕果丰，平生业绩载其中。

图文并茂涉猎广，精神资富启后生。

赞杏林世家

杏林世家实可夸，三代为医放光华。

济世救人扁鹊志，造福社会益万家。

诗人、作家　吴锡之

2015 年 12 月 16 日于滨州

风雨铸就医高洁

有梦不觉人生寒，守住医教献忠纯。
一生医殿舒壮志，风风雨雨效春蚕。
德医双馨攀高峰，又捧丹心酬恩人。
风范长存照日月，伟业宏图后人传。

——贺张子彬教授 80 寿辰及《春华秋实》出版

杨金贵

2015 年 12 月 26 日

杨金贵，1965 年 7 月毕业于山东大学政治经济学专业本科，分配至青岛医学院工作。1970 年随学校搬迁惠民北镇办学，以后留滨州医学院工作，1998 年退休。在职时曾任政治经济学教授，正处级干部。

祝贺张子彬教授行医五十三载暨八十寿辰

悬壶济世教书育人人称赞
为人谦虚合作共赢树模范
创建协会著书立说美名传
四世同堂福寿康乐齐祝愿

马建群

乙未年腊月于泉城

在第五届全国心力衰竭学术交流会上合影

左起：张子彬教授、马建群博士

1999 年 6 月 2 日 · 烟台

马建群博士，教授，主任医师，研究生导师。山东省医科院附院心内科、心力衰竭中心主任。中国心力衰竭学会副主任委员。曾任滨州医学院附院副院长、内科及心内科副主任等职。曾获山东省优秀教师、十佳师德标兵、中国心力衰竭协会杰出贡献奖等。编写著作 26 部，发表论文 60 余篇。

寄情心力衰竭创伟业　德医双馨志高远

——我心目中的张子彬老师

人是漂泊的船，家是避风的港。我自2014年9月调离魂牵梦绕的母校——滨州医学院及其附属医院来到省城济南山东省医学科学院附属医院心内科工作以后，与母校的领导、老师、同事、同学及亲友们之间的联系似乎减少了许多。但我心目中非常敬佩的张子彬老师与我的电话或书信联系却有增无减。近悉，滨州医学院与中国心力衰竭学会在张子彬教授从医53年暨80寿辰、中国心力衰竭协（学）会成立25周年之际，为记载他的奋斗历程和所取得的突出业绩，决定联合编著出版《春华秋实》一书，已给我发送了部分初稿并诚恳地邀请我修改、增补并题词、撰文，我作为学会的副主任委员之一和张老师的学生既感到非常高兴、受宠若惊却又觉得文学修养肤浅、底气不足。但转念一想，这也是对我的莫大信任，题词、撰文以表达感恩之情，直率地提些粗浅的建议仅供参考，当属义不容辞之事。若没有母校的培养与领导、老师们的关怀，就没有我今天的事业。回想与张老师结识、受教、共事、交往30多年来，许多情景仿佛就在昨天……

先读其书　后识其人

大约在1982年我在滨州医学院读大二时的一个课外活动期间，看到很多学生在学校图书馆旁抢购张子彬老师编写的32开本《心力衰竭》，我也购得一本如获至宝，如饥似渴地通读了一遍，当时虽然对不少内容似懂非懂、囫囵吞枣，但对其阐述的心力衰竭危害和诊疗方法却有了概括性的了解，对我毕业后决心主要从事心血管病领域的临床诊疗、教学与研究工作起到了不可低估的作用。上大四临床课“内科学”时，才有幸聆听张子彬老师亲授《心力衰竭》一章的课，给我留下了深刻的印象。他着装朴素整洁，面带微笑祥和，授课认真细致，语言抑扬顿挫，板书工整清晰，图文手势结合，深入浅出有度，理论实例嫁接……1986年7月我大学毕业被分配至母校内科学教研室从事教学兼附属医院内科医疗工作后，那时张老师兼任内科学教研室与附属医院内科主任，还让我担任了数年的内科学教学秘书。因此，与张老师一同参加科内的有关活动的机会就更多了。工作5年后，经科室推荐、医院研究批准，我于1991年9月考入武汉同济医科大学，师从著名心血管病学家毛焕元教授、涂源淑教授，攻读心血管病学博士学位，求学期间张老师曾多次写信嘱托、鼓励。1996年6月我博士毕业后又回到了母校及其附属医院心内科工作，逐步被聘任为科室、职能部门、医院管理者，职称也逐步晋升为教授，中国心力衰竭协（学）会任职从委员、秘书逐步推选至副主任委员，参编心力衰竭系列专著，从编委至副主编……但每前进一步都渗透着张老师的心血和汗水啊！这么多年来，我从张老师身上学到了许多高贵的品质、管理经验、诊疗技能与编写技巧，同时更感受到了老师对我的关心与爱护。

悬壶济世　教书育人

张老师既是医生又是教师。无论他值门诊或在病房工作，时时处处都能为患者着想，态度和蔼，平易近人，解答问题仔细认真，询问病史、体格检查全面，分析病情有条不紊。组织抢救急危重症患者镇定自若，开展新技术、落实新工作组织有力，科室建设推进有序。他严格履行职责，组织试讲、观摩教学，精心研究、部署医疗、教学等任务，并率先垂范积极承担教学任务，以学生为中心，认真授课与带教，不断探究新颖、实用的教学方法，培养了一批又一批医学人才，可谓桃李满天下。

为人谦虚　合作共赢

张老师既谦虚又善沟通。说起张老师，都夸他性情随和，和蔼可亲，与人为善，热心助人，关心同事，谦虚好学。在科内常与医护人员讨论临床问题。常跟随比他仅年长几岁的著名心血管病学专家张文博教授查房，为患者共同制订个体化的诊疗方案。他尊重师长，尊重知识，堪为楷模。他常借外出参加学术会、进修、参观学习等机会或书信、电话与国内外同行专家、学者交流经验、探讨问题，加强沟通、增进友谊，合编著作，开展多中心临床试验等研究，合作共赢收获了丰硕成果。

创建协会　著书立说

张老师既是中国心力衰竭协（学）会的主要创建者又是心力衰竭系列专著的主编者。大凡能够成就一番事业者，都必须具备珍惜时间、持之以恒、团结协作的品质，必须具备坚忍不拔、吃苦耐劳、埋头苦干的精神。张老师就是靠着这些优秀的品质与精神首先于1980年完成了《心力衰竭》的出版，之后又出版5部同系列专著，借此将国内外的众多从事心血管病学专业的同道紧密地团结在一起，创立中国心力衰竭协（学）会，并不断发展壮大，为中国乃至世界的心力衰竭防治事业做出了巨大贡献。

四世同堂　福寿康乐

张老师既是事业的成功者又是幸福的享乐者。幸福的家庭大多都是相似的，不幸的家庭各有各的不幸。事业需要拼搏，家庭需要和谐。曾听师母说过，张老师当年求学时，家境贫寒，衣食无着，常因营养不良导致水肿、乏力、头晕。她在老家拉扯着子女，把最好的“干粮”给张老师带上，付出了很多很多……正如一位哲人所言，每一个成功的男人后面都站着一位伟大的女性：妻子或母亲。在我眼里，师母是一位真正的无名英雄，然而她也得到了老师充满真情的满满的关爱。为了照顾患顽固性类风湿性关节炎的师母和家中老人，张老师放弃了退休后本可以返聘更长时间的工作，谢绝无数次外出参加学术研讨的邀请，承担起更多的烦琐家务，生活井然有序、丰富多彩。每逢佳节或周末，四世同堂，欢聚畅谈，小酌美酒，其乐融融。

惜借张子彬老师从医53载暨80寿辰之际，谨以学生和晚辈的名义送上我全家最真诚、最温馨的美好祝福：祝愿张老师心情愉快，健康长寿，寿比南山！

山东省医学科学院附属医院心内科　马建群

2016年1月26日

第一篇　创新创业

第一章　协会的创建和学术交流

1991 年 10 月 28 日中国心力衰竭协会正式宣告成立，2012 年 7 月 14 日在第十届全国心力衰竭学术交流会上更名为中国心力衰竭学会，迄今已度过了 25 个春秋。25 年来，协会在卫生部、中华医学会心血管病分会等各级有关领导的热情关怀与大力支持下，在医学界老前辈协会各位顾问的亲切指导下，通过各位委员及广大会员的共同努力，协会在学术交流、著书立说、科学研究及组织建设等各方面，取得了令人瞩目的成绩，所开创的事业有了长足发展，协会逐步壮大，在医学界占有一席之地。现在让我们回顾协会成立 25 年来的发展之路，以便总结创新创业的经验，继往开来，与时俱进，开创学会工作新局面，谱写学会发展新篇章，为我国医疗卫生事业做出更大贡献。为了保持学会历史的原来面貌，2012 年以前所完成的各项工作仍以“协会”名称予以记述。

《心力衰竭》专著问世

1977—1978 年，滨州医学院领导派张子彬赴上海胸科医院心内科进修深造，他的导师是胡丽霞教授。学习期间经常到上海医科大学附属中山医院参观学习，多次听过陈灏珠教授、姜楞教授等的讲学。在临床工作中经常遇到心力衰竭患者，并注意总结积累心力衰竭患者的诊治体会，特别是各位专家的宝贵经验和讲学介绍，他都仔细记录，在沪学习的笔记有 100 多万字。当时 10 年“文化大革命”刚结束不久，我国的医学严重滞后，较国外有很大差距，正处在复苏阶段。虽然心力衰竭患者较常见，但国内尚无关于心力衰竭的专著，教科书及内科学著作中对心力衰竭的介绍较简单，各位专家的讲学有关心力衰竭方面的内容是散在和零星的，在此情况下，他觉得国内很需要一本关于心力衰竭的专著，系统介绍心力衰竭的基础理论和临床诊治，于是他萌发了撰写一本关于心力衰竭小册子的念头，这一想法首先得到了他的导师胡丽霞教授及滨州医学院张文博教授的大力支持。在沪学习期满返院后，利用业余时间，整理学习笔记，总结临床诊治心力衰竭患者的体会，经过 1979 年下半年的努力，30 多万字的《心力衰竭》一书的初稿终于完成。其中小儿心力衰竭特点一节由该院小儿科黄薇教授撰写。经胡丽霞、张文博两位教授审阅初稿后，1980 年《心力衰竭》小册子问世，印刷 2 万册，3 个月的时间销售一空。此后，来自全国的求购函每年数以百计，读者的迫切需要，促使张子彬教授在原书的基础上增加新内容，于 1985 年主编《心力衰竭》一书，1986 年在山东科学技术出版社出版，字数增至近 40 万字，作者增至 5 位，印刷近 1 万册，在较短时间内脱销，每年都接到大量读者来信，要求尽快修订再版，以应急需。1980 年及 1986 年两次出版的《心力衰竭》一书，填补了国内空白，受到专家的好评和广大读者的欢迎。

全国心力衰竭专题研讨会召开

随着心力衰竭患者的逐年增多，有关心力衰竭的研究引起了医学界的广泛关注。张子彬教授认识到，为了进一步提高《心力衰竭》一书的编写质量，应邀请国内外的专家共同编著，并将上述设想向滨州医学院领导做了汇报，有关领导对此十分重视，大力支持并组织召开编委会。

1986 年张子彬主编的《心力衰竭》一书在山东科学技术出版社出版后，引起国内外医学界的重视和好评，张子彬利用各种机会和途径与国内外医学专家取得联系，进行沟通和交流，广泛征求有关对心力衰竭深入研究的意见。

1987 年 5 月，张子彬教授以前的一位同事——青岛医学院附属医院内科孙占新主任告诉张子彬：“在一次学术会上遇到广州医学院附属医院的樊万福教授，他看过您写的《心力衰竭》一书，给予高度评价，希望与您建立联系。”张子彬立即写信给樊教授，感谢他的鼓励，并表示热烈欢迎樊教授参加编写新版《心力衰竭》专著，同时提出召开全国心力衰竭学术交流会，成立心力衰竭学术团体的设想。张子彬很快接到樊教授的复函，对他提出的设想表示大力支持，并希望有机会时见面细谈。此后两个人书来信往，经常联系，互相沟通，建立了深厚友谊。樊教授是与张子彬教授共同探讨有关心力衰竭学术问题最早的专家。

在 1988 年 5 月召开的全国心功能学会年会上，著名生理学专家、学会主任委员臧益民教授（第四军医大学）对张子彬说："心功能学会拟下设心功能不全学组，邀请你参加组建，你有何意向？"张子彬教授首先向学会领导表示感谢，然后向臧教授说明如下："我们通过与国内外心血管病专家沟通和协商，一致同意筹建中国心力衰竭学术团体，从临床医疗实际需要出发，对心力衰竭的基础理论、临床诊治、康复及预防等各方面进行系统的研究。而心功能的检测是诊断心力衰竭及判断疗效的重要方法和手段，是整个心力衰竭领域一个重要方面，我们向贵会学习和相互交流。"臧教授对张子彬教授的设想表示理解。此后，1989 年顾菊康教授亦提出在中国心功能研究会内设立心功能不全专题组的设想，张子彬教授做了与上述相同的说明，以《心力衰竭》著作为基础，成立全国心力衰竭学术团体，顾教授表示大力支持，并鼓励张子彬教授按原计划独立筹建"心力衰竭学会"（参见 2013 年 1 月 6 日给张子彬的拜年信，是对张子彬于 2012 年 12 月 23 日贺年信的复函）。

1989 年 10 月中旬，美国郑宗锷教授应邀访问青岛医学院，并授予名誉职务。早在 1987 年，张子彬教授经好友张开滋教授的引见和介绍，与郑教授取得联系，并将《心力衰竭》一书赠予郑教授。1989 年 10 月 19 日，张子彬应约专程从滨州来到青岛拜见郑教授，畅叙友谊，共商合著《充血性心力衰竭》及成立心力衰竭学术团体，达成广泛共识，为中美专家长期合作奠定了基础。

张子彬教授利用参加各种学术会、会诊和通信等机会，广泛征求国内外专家及医学界同行对合著《心力衰竭》专著及成立心力衰竭学术团体的意见和建议，上述介绍的数位专家是其中的代表。通过上述交流、沟通和征求意见，不难看出，组织中外专家合写《心力衰竭》专著，并在此基础上成立心力衰竭学术团体是医学发展的迫切需要和必然趋势，已在医学界形成共识。

张教授在滨州医学院的大力支持下，着手进行了一系列的准备工作，开会地点选择青岛市，时间在1990年6月，该会由滨州医学院主办，青岛医学院协办，附属医院内科任桂芝主任做了大量会务工作，张文博教授热情指导和帮助召开编委会。以全国心力衰竭专题研讨会筹备组及心力衰竭编委会的名义，向下列专家教授发出邀请函：西安医科大学病理生理研究室主任卢兴教授（国际心脏研究会中国分会主席、中国病理生理学会心血管专业委员会主任委员、中国病理生理学会常务理事）、方卫华（中国医学科学院心血管病研究所、北京阜外医院心脏急症研究室主任、心内科副主任）、吴树燕（北京医科大学第一医院心内科教授）、刘桂蕊（天津医科大学附属第二医院内科教授、《临床荟萃杂志》总编辑）、胡丽霞（上海第二医科大学附属上海胸科医院心内科主任、教授）、陈长熙（中国医科大学第一附属医院心内科主任、教授）、樊万福（广州医学院附属医院内科主任、教授）、苏哲坦（大连医学院第一附属医院心内科工任、教授）、任桂芝（青岛医学院附属医院心内科主任、教授）、曹永荣（潍坊医学院附属医院内科教授）、郑宗锷（Tsung O. Cheng，M.D. 美国华盛顿大学医学院内科学教授）。上述专家教授是受邀请正式参会代表，他（她）们在心血管病领域有造诣，有成就，大都在心力衰竭方面发表讨论著，是有影响力的知名专家，其中有两位是国际著名医学专家。

经过一段时间的筹备，于1990年6月8日至9日在青岛市召开了心力衰竭编委讨论会，为便于各位专家教授的参加，会议名称为“全国心力衰竭专题研讨会”，来自北京、天津、上海、广州、沈阳、大连及山东省的近20位专家教授到会，卢兴教授及美国Tsung O. Cheng（郑宗锷）教授因出席国际重要学术会议而未能出席青岛研讨会，已来信说明。列席会议的有青岛市医学会代表、青岛市立医院内科耿洪业主任及《心力衰竭》1986年版参编作者朱文华主治医师。泰山医学院附属医院刘炳德院长及科研科晁储璋科长因公到青岛出差，闻讯后也到了会场，作为列席代表出席了研讨会。为使会议顺利召开，滨州医学院领导派科研处李治淮处长代表学校到会组织和祝贺，并大力资助了本次会议。会上除详细讨论了《充血性心力衰竭》一书的编著外，张子彬教授根据会前的设想和征求国内外专家意见的需求，在会上提出为便于今后关于心力衰竭专题的学术交流，以心力衰竭编委会为基础成立全国心力衰竭学术团体，召开全国心力衰竭学术交流会议，创办专业刊物，这一提议得到了与会专家的一致赞同。与会专家随即商讨了学术会议的时间和会址，供选择的会址有北京、上海、广州、深圳及山东省等地，刘炳德院长及晁储璋科长欢迎到泰安市召开首届学术交流会，与会代表认为该次研讨会由心力衰竭编委会及滨州医学院主办，应在滨州召开全国心力衰竭学术交流会，但滨州的交通等条件不及泰安方便，最后一致同意首届全国心力衰竭学术会在山东省泰安市召开，时间为 1991 年 10 月下旬，由心力衰竭编委会组织，由泰山医学院附属医院、滨州医学院附属医院及临床荟萃编辑部负责具体筹备工作。不难看出，全国心力衰竭专题研讨会不仅研究了《心力衰竭》专著的编写，而且也是首届心力衰竭学术交流会的一次筹备会，为中国心力衰竭协会的成立奠定了基础，意义重大。

中国心力衰竭协会成立

在全体编委会委员的共同努力下，经过 1 年多的准备，1991 年 10 月 21 日至 28 日，首届全国心力衰竭学术交流会在泰安市隆重召开，会上除专家讲学、论文交流外，以心力衰竭编委会为基础的中国心力衰竭协会正式宣告成立，心力衰竭编委会的顾问、主编、副主编、编委担任了协会的顾问、主任委员、名誉主任委员、副主任委员和委员，同时决定每两年召开一次全国心力衰竭学术交流会，创办心力衰竭专业杂志。会议期间协会的代表作《充血性心力衰竭》一书第 1 版出版问世，分发给各位代表，受到各位代表的欢迎，并确定每 5 年左右修订再版 1 次。首届全国心力衰竭学术会议为以后协会的工作奠定了基础，取得了宝贵经验，到会专家、教授及各位委员是成立协会的见证人，他们的劳绩将记入中国心力衰竭协会的史册。现在让我们一起来回顾这段历史，了解协会产生的背景，不难看出，《充血性心力衰竭》一书是产生协会的基础，是联系各位委员的纽带，是联系读者、会员与协会的桥梁。自 1987 年起经过 3 年的酝酿，1990 年 6 月青岛全国心力衰竭专题研讨会起，经过 1 年多的筹备，盼望已久的中国心力衰竭协会终于成立了，它是在各级领导的关怀下，各位老前辈的指导下，中外专家共同努力，张子彬教授集思广益，创新创业的结果，因此，协会是集体智慧的结晶，必然具有强大的生命力，谱写出绚丽的篇章。

历届全国心力衰竭学术交流会及协会的发展概述

1991年10月至2011年7月20日，共召开全国心力衰竭学术交流会8次，心力衰竭研讨会（2007年广州）1次，召开协会全委会8次。

第一届全国心力衰竭学术交流会

本届交流会于1991年10月21日至28日在山东省泰安市隆重召开，来自全国30个省、市、自治区的700余名代表参加了学术交流会。共收到应征论文1000余篇，大会及小会交流200余篇。21日举行开幕式，协会主任委员张子彬教授致开幕词，卫生部陈敏章部长为大会题写了贺词：总结经验，切磋交流，提高医术，开拓思路，不断探索，勇攀高峰。山东省卫生厅及医学会的领导出席开幕式并讲话。

大会邀请著名心血管病专家陈灏珠、卢兴、都本洁、林传骧、阮景纯等教授做学术报告，到会讲学的心血管病专家有方卫华、宋有诚、樊万福、陈国伟、苏哲坦、张文博等教授。

经反复酝酿和征求意见，大会一致通过成立全国心力衰竭协作委员会（第二年正式更名为中国心力衰竭协会），张子彬教授为主任委员，美国郑宗锷教授为名誉主任委员，全委会名单见下。

学术会期间，决定创办心力衰竭杂志，编委会名单见下。

会前张子彬、刘桂蕊、顾菊康三位教授对各地寄来的参会论文进行了初审。为保证本次学术会议的顺利召开，成立了筹委会，主任：刘炳德，副主任：张子彬、刘桂蕊、晁储璋、曹洪林、包晨明，会务组组长：吕旭华，秘书组组长：宋树良、吴同果，交通组组长：类维富、王志崇。于8月下旬在泰安市召开筹委会全体会议，研究召开学术会所做的各项准备工作。张子彬、刘桂蕊两位教授将收到的论文进行复审、统编和筛选，以便印刷大会论文汇编。各小组分头研究了具体工作。筹委会全体成员为学术会的准备付出了辛勤劳动。本次会议取得了圆满成功，并决定第二届全国心力衰竭学术交流会于 1993 年在天津市召开。

山东省电视台、广播电台、健康报及滨州医学院院报等媒体对大会进行了报道。学术会议的主要文件转印如下：开幕词、陈敏章部长贺词、协会委员会名单、《心力衰竭杂志》编委会名单、会议学术总结（摘要）。

第一届全国心力衰竭学术交流会
开幕词

尊敬的各位领导、各位来宾、各位代表：

在这秋高气爽的金秋十月，第一届全国心力衰竭学术交流会隆重开幕了，首先让我代表大会筹委会、《心力衰竭》编委会向各位领导、各位来宾、各位代表表示热烈的欢迎！

1986 年由我主编的《心力衰竭》专著在山东出版发行，受到专家的好评及广大读者的欢迎。该书早已售缺，广大读者强烈要求修订再版，以应急需。为了进一步提高该书的学术水平，滨州医学院于 1990 年 6 月在青岛召开了心力衰竭专题研讨会，重点讨论《心力衰竭》的修订再版，成立《心力衰竭》编委会。会上我提议以《心力衰竭》编委会为基础，成立全国心力衰竭学术团体，定期召开心力衰竭学术交流会，这一提议受到与会的北京、天津、沈阳、上海、广州、大连及山东等各高校专家教授的一致欢迎和大力支持。第一届全国心力衰竭学术交流会是根据在青岛召开的全国心力衰竭专题研讨会的提议而如期召开的，由设在滨州医学院的《心力衰竭》编委会、《临床荟萃》杂志编辑部及泰山医学院附属医院共同组成大会筹委会，先后在四种杂志刊登征文通知，截至今年 5 月 31 日共收到应征论文 1000 余篇，经专家评审，择优选取了 700 余篇到会交流，与会代表来自全国 30 个省、自治区、直辖市，其中有内科、妇产科、小儿科、中医科、急症科、心功能特检科、检验科、地方病研究所、病理生理研究室及心血管病研究所等各科室、各部门的代表，论文内容涉及心力衰竭的基础理论、心功能及化验室检查、临床诊治、预防及护理等诸多方面，反映了我国近年来在心力衰竭领域的科研成果。因此，今天的大会是在心力衰竭专业方面一次空前规模的盛会，对促进我国心力衰竭研究的不断深入，进一步提高临床诊治水平，必将产生深远影响，发挥积极作用，为我国医疗卫生事业做出新的贡献。

在本次会议的筹备过程中，得到了卫生部领导、医学界老前辈、山东省卫生厅及医学会、有关医学杂志及滨州医学院和泰山医学院的关怀与大力支持。卫生部陈敏章部长在百忙中，不仅为《充血性心力衰竭》一书题词，而且又给这次大会题写贺词“总结经验 切磋交流 提高医术 开拓思路 不断探索 勇攀高峰”，给我们以极大鼓舞，也是大会的指导思想。著名心血管病专家、医学界老前辈陈灏珠教授应邀光临会议指导并作精彩的学术报告。《心力衰竭》编委会各委员积极努力，通力协作，特别是泰山医学院附属医院的领导和同志们，不辞劳苦，精心准备，做了大量深入细致的会务工作，以保证本次大会的顺利召开，让我们以热烈的掌声向各级领导、医学界老前辈及为这次会议召开做出积极贡献的同志们表示衷心感谢！

我们这次大会计划分两个阶段：第一阶段从 21 日至 23 日进行大会及小会论文交流；第二阶段从 25 日至 28 日邀请各位专家讲学，介绍心血管病诊疗新进展。总之，通过这次大会交流经验，传播科研成果，拓宽视野，更新知识，进一步提高我国心力衰竭的诊治及预防水平。

另外，在这次学术会期间，酝酿成立全国心力衰竭协会，今后要创办心力衰竭专业杂志，确定下一届会议的时间、地点等事项。

各位领导、各位代表，让我们齐心协力，密切合作，把这次学术会议开成一个团结、活跃、学术气氛浓厚、硕果累累的大会。最后，预祝大会取得圆满成功，祝各位代表身体健康，万事如意！

谢谢！

张子彬

1991 年 10 月 21 日　山东泰安

图 1-1-1　在首届全国心力衰竭学术交流会上的合影

左起：张子彬、樊万福

1991 年 10 月 28 日 · 泰安

卫生部原部长陈敏章为第一届全国心力衰竭学术交流会的题词

总结经验切磋交流
提高医术开拓思路
不断探索勇攀高峰

贺全国心力衰竭学术交流会

陈敏章

一九九一年九月

第一届全国心力衰竭协会委员会名单

顾　问：

陶寿淇　陈灏珠　林传骧　都本洁　阮景纯

名誉主任委员：

[美] 郑宗锷

主任委员：

张子彬

副主任委员：（以姓氏笔画为序）

方卫华　卢　兴　刘炳德　刘桂蕊　刘忠铭
陈尔昌　陈国伟　苏哲坦　张文博　胡丽霞
祝善俊　姜　楞　樊万福

委　员：（以姓氏笔画为序）

方卫华　卢　兴　刘炳德　任桂芝　刘桂蕊
刘登岳　刘忠铭　陈尔昌　陈长熙　陈传荣
陈国伟　李治淮　吴树燕　苏哲坦　张子彬
张文博　张开滋　郑发昌　胡丽霞　祝善俊
姜　楞　顾菊康　唐春林　黄　薇　曹永荣
萧明第　樊万福

秘　书：

张玉传　朱文华　晁储璋

中国心力衰竭协会

1991 年 10 月 28 日

心力衰竭杂志编委会名单

顾　问：

陶寿淇　陈灏珠　林传骧　[美]郑宗锷

名誉主编：

都本洁　阮景纯

主　编：

刘炳德　刘桂蕊

副主编：（以姓氏笔画为序）

方卫华　刘忠铭　陈尔昌　陈国伟　苏哲坦
张子彬　张文博　胡丽霞　祝善俊　姜　楞
晁储璋　樊万福

委　员：（以姓氏笔画为序）

方卫华　王若楷　卢　兴　朱文华　刘玉华
刘炳德　任桂芝　刘桂蕊　刘登岳　刘忠铭
陈尔昌　陈长熙　陈传荣　陈国伟　李治淮
吴树燕　苏哲坦　张子彬　张文博　张开滋
张玉传　张永华　郑发昌　胡丽霞　祝善俊
姜　楞　顾菊康　唐春林　黄　薇　曹永荣
萧明第　樊万福

秘书长：

晁储璋（兼）

秘　书：

曹洪林　吕旭华　吴同果

中国心力衰竭协会

一九九一年十月二十八日

第一届全国心力衰竭学术交流会学术总结（摘要）

由《心力衰竭》编委会、《临床荟萃》杂志编辑部、泰山医学院附属医院及滨州医学院附属医院联合举办，于1991年10月21—28日在山东省泰安市召开，700多名代表出席了会议。会议共收到论文1000多篇，其中大会及分组会交流265篇。

一、基础理论研究：内容涉及β受体、钙离子、肾素、血管紧张素、心钠素、心肌酶、血液黏稠度及洋地黄样物质等与心力衰竭的关系。北京阜外医院等证实，心力衰竭患者β受体密度明显低于正常人，而且与心力衰竭程度呈正相关；β受体激动剂治疗心力衰竭患者对β受体密度无影响。第三军医大学附属二院的研究结果表明，无心肾代谢疾病组与先心病组、风心病心力衰竭组之间血清钙、钠含量无明显差别。风心病心力衰竭组心肌内钙及钠离子含量明显高于正常组及先心病组，性别及年龄与上述无关系；先心病、风心病心力衰竭者心肌细胞膜通透性发生改变，并发现血清Ca^{2+}、Na^{+}含量与心肌Ca^{2+}、Na^{+}含量无相关性。有报告指出，心力衰竭患者心钠素血浓度增高，但并非都与心力衰竭程度成正比，扩张型心肌病患者心力衰竭时心钠素分泌最高。四川省人民医院测得冠心病心力衰竭患者cAMP明显低于非心力衰竭组，而cGMP则高于非心力衰竭组。武汉市儿童医院等发现儿童心力衰竭患者cAMP和cGMP都明显增高，且与心力衰竭程度呈相关性。汕头市中心医院发现心力衰竭患者GPT增高者占10.0%，GOT增高者占9.2%，并与心力衰竭程度呈正相关。吉林医学院附属医院等发现心力衰竭者内生性洋地黄物质明显增高。上海市第一人民医院建立狗慢性心力衰竭模型，对进一步探讨心力衰竭病理生理改变具有重要意义。

二、心功能检查和心力衰竭诊断：论文包括有心阻抗图、STI、导纳图、超声心动图、核素检查，导管有创性检查及心电图Ptf值应用等各种方法。湖北沙市第三人民医院对心功能分级的计算机诊断、泸州医学院附属医院对心功能NYHA分级与微机检查参数的相关性研究、上海第一人民医院等对有创及无创血流动力学电脑检测技术的研究等都显示在心功能检查技术方面有了很大发展。

三、临床治疗：大连医学院附属一院重视区分心力衰竭是收缩功能障碍或是舒张功能障碍。观察治疗20例舒张功能不全患者均未用洋地黄，主要使用钙拮抗剂，硝酸酯类，部分患者用血管紧张素转换酶抑制剂及利尿剂，均取得较好效果。湖北医学院附属一院提出了顽固性心力衰竭患者血液滤过法的适应证。湖南省邵阳医院等采用小剂量阿替洛尔治疗心力衰竭。沈阳医学院附属二院等在强心利尿基础上加用沙丁胺醇治疗老年充血性心力衰竭患者，取得满意疗效。重庆医大附属二院等总结了难治性心力衰竭患者的治疗途径。会议认为对伴低钾、低镁及心律失常的患者，使用硫酸镁治疗，可明显改善症状，是心力衰竭的一种重要补充治疗措施。血管扩张剂在心力衰竭治疗中已占有重要地位，只要掌握好适应证，合理用药，就能发挥作用。

（方卫华　张子彬）

——转自中华医学信息导报1992年第1期第6页

第二届全国心力衰竭学术交流会

本届交流会于1993年10月25日至28日在天津市召开，来自全国的300多名代表出席了会议。学术会共收到国内外应征论文2000余篇，大会发言及书面交流近800篇。

协会主任委员张子彬教授致开幕词，并做了题为“心力衰竭新概念及诊治新进展”的学术报告，应邀到大会讲学的心血管病学专家有张开滋、陈尔昌、刘桂蕊等教授。

国际著名医学专家美国华盛顿大学医学院郑宗锷教授，我国医学界老前辈著名心血管病专家陶寿淇、陈灏珠两位教授分别给大会寄来贺信和贺词，使与会代表深受鼓舞。

根据张子彬教授及刘桂蕊教授提出的“左室舒张功能不全性心力衰竭诊断标准（讨论稿）”，以及与会专家和代表的讨论意见，张玉传副教授拟订了“左室舒张功能不全诊断试行标准”，最后大会一致通过。大会增补南京医科大学第二附属医院心内科陈尔昌教授为协会委员会委员。《心力衰竭杂志》及《临床荟萃》编辑部，以及协会秘书滨州医学院张玉传副教授，在会前做了大量准备工作，保证了大会的顺利召开。会议确定第三届全国心力衰竭学术交流会于1995年在大连市召开。

大会有关文件：开幕词、贺信、贺词、诊断标准、学术总结转印如下。

第二届全国心力衰竭学术交流会
开幕词

尊敬的各位专家教授、各位来宾、各位代表：

第二届全国心力衰竭学术交流会现在正式开幕了，首先让我代表中国心力衰竭协会向来自全国各地的专家学者、各位来宾及各位代表表示热烈欢迎和亲切问候！

1991年10月下旬在山东泰安市召开了首届全国心力衰竭学术交流会，成立了全国心力衰竭协作委员会，会议取得了圆满成功，并确定每两年召开一次学术交流会，今天我们在天津市按计划召开第二届会议，这是各位代表久已盼望的大事。回顾过去两年来，我们协会在各级领导的关怀下，在各位老前辈和老专家的指导下，全体委员共同努力，在各方面做了许多工作。按预定计划创办了《心力衰竭杂志》创刊号，作为《临床荟萃》杂志的增刊出版，今年将独立出刊，由中美专家合办。国际著名医学专家美国乔治·华盛顿大学医学院郑宗锷教授出任美方主编，他又是中国心力衰竭协会的名誉主任委员。另外，在心力衰竭研究方面，沟通了信息，协调了关系，并经有关专家共同努力，草拟了左室舒张功能不全性心力衰竭的诊断标准，供这次大会讨论通过。

为了本次学术会的顺利召开，《临床荟萃》杂志社编辑部、《心力衰竭杂志》编辑部、泰山医学院附属医院的同志们做了大量深入细致的筹备工作，付出了辛勤劳动，滨州医学院各级领导也给予了大力支持和热情关怀，让我们以热烈掌声表示衷心感谢！

在此，我要特别荣幸地告诉大家，卫生部部长陈敏章教授、国际著名医学专家美国郑宗锷教授、我国医学界老前辈著名心血管病专家陶寿淇教授与陈灏珠教授分别给我们的大会发来了贺词和贺信，让我们表示诚挚的谢意！

第二届心力衰竭学术会，除进行学术交流，检阅两年来全国在基础理论和临床方面取得的研究成果外，还专程请来了我国著名心血管病专家讲学和答疑。通过本次大会，必将进一步促进我国在心力衰竭领域和其他心血管病方面研究的发展，以保护人民健康，更好地为经济建设服务。

最后，预祝本届大会取得圆满成功！

谢谢大家！

中国心力衰竭协会主任委员　张子彬

1993 年 10 月 25 日　天津

贺信

第二届全国心力衰竭学术交流会各位专家学者、各位代表：

谨悉第二届全国心力衰竭学术交流会在天津举行，我因事未能来参加会议，值此大会开幕之际，谨向大会致以热烈的祝贺，向来自全国的专家学者和各位代表致以亲切的问候！

1991 年 10 月，我曾应邀参加了在泰安市召开的第一届全国心力衰竭学术会，会议讨论的内容丰富，学术气氛热烈，取得了圆满成功，给我留下了深刻印象。会议期间我荣幸地被邀请担任了全国心力衰竭协作委员会和《心力衰竭杂志》的顾问。两年来，我国心力衰竭协作委员会做了大量工作，于 1992 年出版了《心力衰竭杂志》的创刊号，我曾为该杂志写了创刊词。相信在广大读者的大力支持下，在心力衰竭协会和杂志编辑部的共同努力下，《心力衰竭杂志》必将越办越好，心力衰竭协会的工作必将更加卓有成效。

这次大会，数百位代表再次欢聚一堂，共同交流在心力衰竭方面的研究成果和经验，安排了有关专家教授讲学和答疑，还要拟定"左室舒张功能不全性心力衰竭”的诊断标准。我深信这一届心力衰竭学术交流会必将开成一次学术气氛热烈、盛况空前、成果丰硕、超过第一届的大会，对促进今后心力衰竭的防治研究必将产生巨大作用。

预祝大会取得圆满成功，祝各位代表身体健康，心情愉快，高兴而来，满载而归！

上海医科大学附属中山医院
上海市心血管病研究所
陈灏珠
1993 年 9 月 20 日

中国医学科学院北京阜外心血管病医院院长著名心血管病专家陶寿淇教授的贺信

张子彬教授：

欣悉第二届全国心力衰竭学术会议定于1993年10月25日在天津召开。我因正遇有其他重要任务，不能前往参加交流和学习，感到惋惜。敬祝大会取得圆满成功，为心血管病的医疗、科研工作做出更多贡献。此致

敬礼！

陶寿淇敬贺
1993年10月15日

The George Washington University
WASHINGTON DC
MEDICAL CENTER

DEPARTMENT OF MEDICINE

賀信

去年我开始担负起《心力衰竭》主编职务，自觉担子不轻。我的重要责任之一就是要经常听取广大学者的意见希望多指教。我知道前面的路很长，困难很多，但号角已吹响，航帆已开起，我相信在各位热心支持下，我们一定能克服困难踏上新的征程。

借此第二届心衰学术交流会召开大会时刻，我托张子彬学兄向各位代表诚挚问候，并祝愿圆满完成。可惜我公务较忙，不能亲临参加，深表遗憾。

祝

身体健康

万事如意！

郑宗锷

一九九三年八月二十日

DIVISION OF CARDIOLOGY
2150 PENNSYLVANIA AVE., N.W. • WASHINGTON, DC 20037 (202) 994-4150 FAX (202) 994-3673

左室舒张功能不全性心力衰竭的诊断标准（讨论稿）

按心力衰竭发生机制的不同，可分为收缩功能不全性心力衰竭、舒张功能不全性心力衰竭及混合性心力衰竭（收缩及舒张功能不全同时存在，但多以一种为主）。由于左室舒张充盈阻力增高，使充盈速率减慢或充盈不完全导致的心力衰竭称为左室舒张功能不全性心力衰竭，约占全部心力衰竭患者的1/3，其诊断标准如下：

1. 有高血压性心脏病、冠心病、肥厚型心肌病及主动脉瓣狭窄等原发心脏病的病史。

2. 有呼吸困难、奔马律及肺部啰音等左心力衰竭的临床表现，而无肺部疾病等原因可解释。查体左室不扩大。

3. X线胸片有肺瘀血表现而心脏不扩大。

4. M型和二维超声心动图检查，左室舒张末期内径正常（Dd35～55 mm），室壁厚度正常或增厚（≥10 mm），内径缩短率正常或相对增高（>25%），左室充盈速率减慢。

5. 有创或无创性方法测得的左室射血分数（LVEF）正常。

6. 多普勒超声心动图检查，快速充盈期与心房收缩期二尖瓣口血流速度之比（舒张早期与晚期流速峰值之比），即E/A≤1.0。E/A正常值1.7±0.4～2.5±0.9，E/A愈小示舒张功能愈差（注：E/A受多种因素的影响，必须结合临床表现、左室前负荷及二尖瓣血流频谱综合判断）。二尖瓣前叶舒张中期关闭速度（EF斜率）降低。

7. 心室时相测定（心电机械图），左室等容舒张期（IRP）延长，快速充盈期（RFP）缩短，缓慢充盈（SFP）延长。

8. 放射性核素心血管造影检查，可测出反映左室舒张功能的左室舒张末期容量（LVEDV）、峰值射血率（PER）、峰值充盈率（最大充盈速率，PFR）、高峰充盈时间（TPFR）和舒张末期前1/3的充盈分数（1/3FF），这些参数的异常反映左室舒张功能不良。

9. 心导管检查和心血管造影，是判断左室舒张功能的准确方法。肺毛细血管楔嵌压（PCWP）升高，而无左室舒张末期容量增加。压力—容量关系有明显异常。

附基层医院诊断标准

符合以上（1）～（5）条即可诊断为左室舒张功能不全性心力衰竭。在无条件进行超声心动图检查的医院，符合（1）～（3）条，临床提示左室舒张功能不全性心力衰竭的存在。

滨州医学院附属医院

张子彬

1993 年 10 月

左室舒张功能不全性心力衰竭诊断标准（讨论稿）

1 诊断依据

1.1 具备基础性心脏病 如高血压性心脏病、冠心病、肥厚型心肌病等，同时有充血性心力衰竭的临床表现。

1.2 X 线胸片显示肺瘀血，心脏影像不扩大或轻度扩大，心胸比例＜50% 的患者经传统的洋地黄类强心剂利尿剂治疗疗效差，而对 β- 阻滞剂、Ca^{2+} 拮抗剂、转换酶抑制剂有显著疗效。

1.3 心功能检测

1.3.1 心脏射血分数正常或接近正常，左室内径缩短率＞25%。肺毛细血管压＞22 mmHg。

1.3.2 舒张功能障碍指标（1）等容舒张期（IRP）＞80 ms；（2）快速充盈期（RFP）＜110 ms；（3）缓慢充盈期（SRP）＞250 ms；（4）SRP/RFP＞3.5；（5）a/E-O＞15%；（6）S_4 及 S_4～S_1＞70 ms。

1.3.3 放射性核素显影 左室舒张功能异常。

1.3.4 心电机械图 舒张振幅时间指数（DATI）＜0.82±0.26。

2 判断方法

第一和第二项，或第一、第二项加第三项中任何两项均可诊断。

左室舒张功能不全性心力衰竭基层诊断标准（讨论稿）

1　诊断依据

1.1　基础心脏病　高血压性心脏病、冠心病，梗阻型心肌病等。

1.2　充血性心力衰竭的一般表现　运动性呼吸困难，特别是夜间阵发性呼吸困难，不能平卧，肺底湿性啰音。

1.3　X 线胸片　心脏影像不扩大或轻度扩大，心胸比例≤ 50%。肺瘀血表现：早期表现为第一前肋间肺静脉＞ 3.0 mm，血管边缘模糊，肺透明度降低。晚期：肺门增大、右肺下动脉增宽＞ 15 mm，或动态观察增宽＞ 2 mm，水平裂增宽＞ 1.0 mm，肋膈角积液等。

1.4　心脏监测　心脏射血分数正常或接近正常（＞ 65%），肺毛细血管压＞ 22 mmHg。EKG 出现 U 流。

1.5　经洋地黄类强心药和利尿剂等传统治疗方案无效或效果不理想；改用 β-阻滞剂，Ca^{2+} 拮抗剂、转换酶抑制有明显疗效。

2　判断方法

一项与其他任何三项均可诊断。

第二届全国心力衰竭学术交流会
学术总结（摘要）

各位代表、各位同道：

经过 3 天论文交流、专家讲学及答疑、代表们的热烈讨论，按计划完成了大会的各项任务，大会即将闭幕了，我受中国心力衰竭协会的委托，对大会做一简要总结。

本次大会共收到应征论文 2000 多篇，其中包括日本的一篇。到会代表 300 多人，大会发言近 30 篇，书面交流 800 多篇，论文内容十分丰富，来自全国各级医院的研究成果和经验体会，大体可分以下几个方面：

1. 基础理论方面：合肥代表对血浆内皮素与心力衰竭的关系进行了探讨，研究表明：内皮素与心力衰竭程度呈正相关，心力衰竭越重，血浆水平越高，治疗后较治疗前明显降低，血浆内皮素水平可作为判断 CHF 程度及治疗是否有效的可靠指标，并提出了治疗措施（内皮素单克隆抗体或应用拮抗剂）和研究方向。

兰州代表报道人类心力衰竭时，肌浆网基因表达的变化，探讨衰竭心肌收缩舒张性能改变的可能机制，研究表明，人类心力衰竭心脏肌浆网基因表达异常，原因是肌浆网对 Ca^{2+} 调节能力存在缺陷，此项研究对心力衰竭的诊断起重要作用。

2. 心力衰竭的诊断方面：日本爱媛大学医学部铃木等用多普勒超声血流图和 ^{201} 铊心肌扫描估价心力衰竭患者心肌损害程度和治疗效果，前者对评价 DCM 治疗效果非常敏感，后者对评价 DCM 患者心肌损害的范围是一种有用的手段。

大连代表总结了心力衰竭患者 176 例的血气变化，结果表明心力衰竭越重，越易发生变化，其中 85.5% 的患者有酸碱平衡失调，以呼碱为多。

广东代表对肺源性心力衰竭的诊断总结了自己的经验体会。全体代表对左室舒张功能不全的诊断标准进行了热烈讨论，各抒己见，踊跃发言。对协会提出的试行标准提出了很好的意见，这些宝贵建议我们将认真研究，使这次大会通过的标准尽可能完善和切合实用。

3. 心力衰竭的治疗方面：本次会议收到的论文中，以心力衰竭治疗占的比重最大，深入讨论了 β-受体阻滞剂、ACEI、非洋地黄类强心剂（氨力农等）、血管扩张剂等在心力衰竭治疗中的应用，总结了各自的研究成果和经验体会，以及在不同病因所致的心力衰竭中的应用特点。希望各位代表返回工作单位后，继续学习大会论文中的相关部分，进一步总结在临床实践中的经验和研究成果，在下次学术交流会上予以介绍。

在本次会上，各位专家教授的学术报告和讲座，内容丰富、观点新颖，注重实用，并进行了答疑，使各位代表受益匪浅，受到与会代表的欢迎。

总之，这次学术会是一次学术空气浓厚、气氛热烈、硕果累累的大会，通过全体代表、大会工作人员及各位专家教授的共同努力，使大会取得了圆满成功。

最后预祝各位代表身体健康，心情愉快，在返回途中一路顺利！热烈欢迎各位代表在第三届心力衰竭学术交流会上再次相聚。

谢谢大家！

张子彬

1993 年 10 月 27 日

第三届全国心力衰竭学术交流会

本届会于 1995 年 5 月 21 日至 26 日在大连市召开，来自全国各地的 230 多位代表到会参加交流，本次会议共收到应征论文 530 余篇，内容涉及心力衰竭的基础理论及临床诊治进展等各方面。

协会主任委员张子彬教授致开幕词，宣读了名誉主任委员美国郑宗锷教授的贺信、协会顾问著名心血管病专家陶寿淇、陈灏珠两位教授的贺词及贺信，给与会代表以巨大鼓舞，受到热烈欢迎。

除大会发言及书面交流外，有 6 位心血管病专家作了关于心血管病诊治新进展的学术报告，他们是祝善俊、顾菊康、方卫华、苏哲坦、张开滋及张子彬 6 位教授，使与会代表受益匪浅，受到热烈欢迎。

在全委会上产生了新一届委员会（委员名单附后），并一致通过了由主任委员张子彬教授起草的协会章程，使协会工作有章可循，有利于协会可持续发展。另外，对左室舒张功能障碍性心力衰竭诊断参考标准进行了修订，使之更加科学和实用。张子彬教授致闭幕词。

为了本次学术会的顺利召开，协会各委员、《心力衰竭杂志》编辑部、解放军 210 医院的领导及王沙南主任，都做了大量筹备工作，付出了辛勤劳动，保证了大会的圆满成功，并确定第四届学术会于 1997 年在青岛市召开。

大会主要文件转印如下：开幕词、贺信、协会章程、第三届委员会名单、诊断标准、闭幕词。

第三届全国心力衰竭学术交流会
开幕词

尊敬的各位领导、各位专家教授、各位代表：

第三届全国心力衰竭学术交流会现在正式开幕了，首先让我代表心力衰竭协会向来自全国各地的专家学者、各位代表表示热烈欢迎和亲切问候！

心力衰竭是常见病、多发病，严重危害人们的健康，国内外都十分重视，并进行了大量研究。近几年来在基础理论和临床研究方面都取得了极为显著的进步，新药物和新疗法不断涌现，传统药物的应用也积累了新的经验，新的学说与观点向传统观念提出了挑战。为及时交流已取得的科研成果和临床经验，今天我们按预定计划在这里召开第三届全国心力衰竭学术交流会，是各位代表久已盼望的大事。

本次大会共收到应征论文530多篇，内容十分丰富，涉及心力衰竭诊治的各个方面，限于时间关系只有部分论文在大会交流，大部分进行书面交流。在会议期间还邀请心血管病专家讲学和答疑，并讨论修订舒张功能不全性心力衰竭的诊断标准。

为了本次学术会的顺利召开，心力衰竭协会各位委员、《心力衰竭杂志》编辑部、解放军210医院的领导和同志们，都做了大量深入细致的筹备工作，付出了辛勤劳动。同时我们还得到了大连市卫生局、煤炭疗养院等各级领导的大力支持，让我们以热烈的掌声表示衷心感谢！

在此，我还要特别荣幸地告诉大家，卫生部陈敏章部长、国际著名医学专家美国乔治·华盛顿大学医学院郑宗锷教授及我国医学界老前辈陈灏珠、陶寿淇两位教授给大会发来了贺词、贺信，这是对我们的极大鼓舞，让我们表示诚挚的谢意！

各位代表、各位领导，让我们齐心协力，密切合作，把这次学术会开成一个团结、活跃、学术空气浓厚、硕果累累的大会。

最后，预祝本届大会取得圆满成功！

谢谢大家！

中国心力衰竭协会主任委员
张子彬
1995 年 5 月 22 日

张子彬教授：

您好！

欣悉第三届全国心力衰竭学术交流会将于5月21日至26日在大连市召开，会议期间将交流心力衰竭防治研究的经验，讨论通过协会章程，修订《充血性心力衰竭》专著。祝大会取得完满成功，为推动我国对心力衰竭研究的不断发展和不断取得成果作出贡献。

致

敬礼

陈灏珠 上
1995.5.9.

著名心血管病专家、中国心力衰竭协会顾问
陶寿淇教授给第三届全国心力衰竭学术交流会的贺信

预祝心力衰竭学术交流会成功，
在这一重要心血管病领域内
进一步提高医疗和科研水平。

陶寿淇敬贺
1995年5月8日

图 1-1-2 在北京召开的中日医学大会上合影
右起：张子彬、陶寿淇、任桂芝
1991 年 11 月 2 日 · 北京

图 1-1-3 胡锦涛亲切接见陶寿淇教授

The George Washington University
WASHINGTON DC
MEDICAL CENTER
DEPARTMENT OF MEDICINE

张子彬教授：

您好。12/17及1/26两函均已收悉。

我今年无空访华。特此祝贺下月在大連召开第三届全国心力衰竭学术交流会开会成功，並进一步对心衰诊断及治疗方面有更新的供献。请将会上讨论结果告诉我不胜感激。

祝

好

郑宗锷
1995.4.21

Dr. Zhang Zibin
Dept of Medicine
Binzhou Medical College
Affiliated Hospital
Binzhou, Shandong Province
People's Republic of China

DIVISION OF CARDIOLOGY
2150 PENNSYLVANIA AVE., N.W. • WASHINGTON, DC 20037 • (202) 994-4150 • FAX (202) 994-3673

中国心力衰竭协会章程

（1995 年 5 月 21 日通过）

第一章　总　则

第一条　心力衰竭是常见临床综合征，涉及各种心血管疾病，严重危害人们的健康。中国心力衰竭协会（CHFA），是心力衰竭防治研究工作者的群众性的学术团体。拥护中国共产党的领导，热爱社会主义祖国的卫生事业。

第二条　本协会的宗旨是将有志于心力衰竭防治工作者组织起来，建立联系，交流经验，协调工作，以促进对心力衰竭的基础理论和临床诊治的研究，为我国社会主义建设服务。

第二章　工作任务

第三条　工作任务是：

（一）开展国内外学术交流、推广心力衰竭科学技术成果。定期召开全国心力衰竭学术交流会，会期及会址由常委会酌情决定；

（二）定期修订出版《充血性心力衰竭》这一协会的专题著作；

（三）主办《中国心力衰竭杂志》，杂志社编辑部设于泰山医学院附属医院；

（四）协同开展心力衰竭的防治科研工作；

（五）承担心力衰竭防治科研工作的咨询、开发、推广工作。

第三章　会　员

第四条　凡承认本会章程，并具有下列条件之一者，可申请为本会会员：

（一）获得医师、护师以上及相当技术职称者；

（二）获得医学学士学位，或医科大专院校毕业工作三年以上者；

（三）凡从事心力衰竭防治科学研究，医药器械生产单位，均可按团体方式会员申请加入。

第五条　入会手续：

个人入会，由本人申请，本会会员介绍或所在单位推荐，经协会批准，交纳会费，经注册发给会员证书，即成为正式会员。

团体会员由该团体直接申请，并指定团体代表，交纳会费，经协会批准，即取得团体会员资格。

第六条　会员有以下权利：

（一）选举权和被选举权；

（二）优先参加本会组织的有关学术活动；

（三）优先取得本会整理、编辑、出版的有关专著和学术资料；

（四）优先在本会主办的学术刊物上发表论文，团体会员可优先在本会刊物刊登广告；

（五）向协会工作提出批评和建议。

第七条　会员有以下义务：

（一）遵守会章；

（二）执行本会的决议和完成本会委托的任务；

（三）参加本会组织的技术推广、科普及咨询活动；

（四）按规定交纳会费。

第八条　会员可声明退出协会，严重违反章程者应劝其退会。

第九条　学术上有杰出成就，对本会工作有重要贡献，不再担任委员等职务时，可分别予以表彰或授予适当名誉称号。

第四章　组织机构

第十条　大会的最高权力机构是协会委员会，至少每两年召开一次，其职责是：

（一）通过和修改会章；

（二）审查和批准常务委员会的工作报告，决定本会工作方针和任务；

（三）民主协商选举常务委员会；

（四）通过提案和决议。

第十一条 常务委员会由主任、副主任和常务委员若干人组成。在协会委员会休会期间，在主任委员领导下的常委会行使委员会的职责，召开常委会的时间和地点由主任委员决定。

第十二条 本会设秘书长、副秘书长、秘书、司库，由主任委员提名，常委会通过决定。秘书长、副秘书长、秘书及司库在常委会的领导下，协助主任、副主任工作。

第十三条 本会工作实行民主集中制的原则。

第十四条 本会根据工作需要设置专职或兼职工作人员，组成会务部、信息部等办事机构。

第五章　经费、会址及会徽

第十五条 本会经费来源：

（一）开展学术活动的收入；

（二）有关部门、单位、个人资助；

（三）会员会费。

第十六条 经费分配及监督：

（一）集资归协会；

（二）组织学术活动的收入由协会、组织筹备会议单位及协会刊物各三分之一分成；

（三）所有开支由常委会监督，赞助款赞助单位有监督权。

第十七条 会址设在山东滨州市黄河二路661号滨州医学院附属医院内。

第十八条 会徽、会员证书由本会自制。

第十九条 会章的解释权属协会常委会。

第三届中国心力衰竭协会委员会名单

顾　问： 陶寿淇　陈灏珠　林传骧　都本洁　阮景纯

名誉主任委员： [美] 郑宗锷

主任委员：张子彬

副主任委员：（以姓氏笔画为序）

方卫华　卢　兴　刘炳德　刘桂蕊　刘忠铭　陈尔昌

陈长熙　陈国伟　吴树燕　苏哲坦　张文博　张开滋

张玉传　胡丽霞　祝善俊　姜　楞　黄永麟　顾菊康

樊万福

委　员：（以姓氏笔画为序，* 为常委）

方卫华*　王沙南　卢　兴*　朱文华*　刘炳德*　刘玉华

刘桂蕊　刘登岳　刘忠铭*　任桂芝*　陈尔昌*　陈长熙*

陈传荣*　陈国伟*　李治淮　吴同果　吴树燕*　苏哲坦*

张子彬*　张文博*　张开滋*　张玉传*　张允恭　郑发昌

胡丽霞　祝善俊*　姜　楞　顾菊康*　黄永麟*　黄　薇

晁储璋*　高改地　曹永荣　萧明第　樊万福*

秘书长：张玉传（兼）

副秘书长：朱文华（兼）　晁储璋（兼）

左室舒张功能障碍性心力衰竭诊断参考标准

心功能不全有两种代偿方式：一是左室呈偏心性扩大，充盈量增加，以Starling法则维持每搏量，但舒张期充盈压无升高或仅轻度升高，常见于心肌细胞大量丧失，心肌收缩单位减少的心脏病，称为收缩功能障碍性心力衰竭；另一种是心室无扩大或仅轻度增大，但舒张期充盈压升高，充盈量相对减少，在某一充盈量增加下，左室压力升高较大。常见于高血压病、肥厚型心肌病、早期缺血性心脏病等，称为舒张功能障碍性心力衰竭。若两者同时存在，则称为混合型心功能障碍性心力衰竭。左室舒张功能障碍性心力衰竭诊断参考标准经第二届全国心力衰竭学术会（1993年10月·天津）制订，试行2年，经第三届全国心力衰竭学术会（1995年5月·大连）修订，现公布如下。

1　诊断依据

1.1　有肯定的左心充血性心力衰竭的临床表现；常有易引起舒张功能障碍的心脏病，如高血压病、冠心病、肥厚型心肌病、主动脉瓣狭窄、心肌淀粉样变性及其他心脏病存在；但无瓣膜反流、心内异常分流存在。

1.2　体检无心界扩大或仅轻度增大。

1.3　胸部 X 线检查示明确的肺瘀血而心影正常或稍大。

1.4　心电机械图检查

1.4.1　收缩功能指标正常。

1.4.2　舒张功能指标异常　左室等容舒张期（IRP）延长（＞100 ms），快速充盈期（RFP）缩短（＜110 ms），缓慢充盈期（SFP）延长（＞250 ms）。

1.5　超声心动图检查 M 型或二维超声心动图检查　左室舒张末期内径无增大或稍大，室壁厚度增厚或正常，内径缩短率 >25%，二尖瓣 EF 斜率减低。

1.6　多普勒超声心动图检查

1.6.1　左室收缩功能参数正常。

1.6.2　左室舒张期快速充盈与左房收缩期流经二尖瓣的血流速度之比，即 E/A*＜1。其他舒张期充盈参数异常。

1.7　放射性核素心血管造影检查左室射血分数正常，峰值射血率（PER）正常（>2.5 ede/s），至峰充盈时间（TPER）延长，前 1/3 充盈分数（1/3 FF）减少。

1.8　心导管检查和心血管造影

1.8.1　左室射血分数正常。

1.8.2　舒张期左室压力下降速率（dp/dt）减慢，舒张期左室容积与压力关系（ΔP/ΔV）增大。

2　判断标准

2.1　符合前 6 项者，可作临床诊断（在基层医疗单位，符合前 5 项者，也可作临床诊断）。

2.2　符合前 6 项加 7 或 8 任 1 项，可确定诊断。

*注：若具备 1～5 项诊断标准，而 E/A>1，不能排出左室舒张功能障

碍性心力衰竭的诊断，必须结合年龄、临床表现、左室前后负荷、二尖瓣结构和功能情况及其他舒张期充盈参数综合判断，尤其注意重度左室舒张功能障碍的 E/A 比率伪正常化。

中国心力衰竭协会（CHFA）修订

1995 年 5 月 · 大连

第三届全国心力衰竭学术交流会闭幕词

各位代表、各位领导、各位专家教授：

在大连市卫生局、解放军 210 医院的大力支持下，在全体代表的共同努力下，第三届全国心力衰竭学术交流会即将圆满结束了。四天来，除论文交流外，还有专家讲学和答疑，修订了舒张功能障碍性心力衰竭诊断参考标准，通过了中国心力衰竭协会章程，整个学术交流会学术气氛浓厚，内容十分丰富，使代表们有了很大收获。各厂家及公司的新仪器、新药品的展示及介绍，也给我们提供了很多信息，丰富了大会内容。总之，这次大会达到了预期目的，完成了大会的各项任务及议程。对大力支持我们大会的各级领导和专家教授，对为本次学术会顺利召开付出了辛苦劳动的大会工作人员，让我们以热烈的掌声表示衷心感谢！

第四届学术会会址暂定青岛或烟台，备用地址有深圳、桂林、西安等，欢迎各位代表光临下次学术会。

最后预祝大家高兴而来，满载而归，一路顺风，旅途愉快！

谢谢大家！

张子彬

1995 年 5 月 25 日

第四届全国心力衰竭学术交流会

本届会于1997年5月25日至30日在青岛市召开，共收到应征论文600余篇，有近300名来自全国各地的代表出席大会。

中华心血管病学会副主任委员、《中华心血管病杂志》总编辑、著名心血管病专家顾复生教授应邀出席大会并作学术报告。协会主任委员张子彬教授致开幕词，并做了“心力衰竭新概念和诊疗现状”的学术报告。青岛市卫生局及医学会的领导、青岛心血管病医院院长著名心血管病专家朱震教授出席开幕式，祝贺大会召开。

在学术会上讲学并答疑的心血管病专家有：祝善俊、陈国伟、樊万福、顾菊康、张开滋、曾祥鸿等教授，受到与会代表欢迎和好评。

为了本次学术会的顺利召开，心力衰竭杂志编辑部的晁储璋秘书长、协会副主任委员兼协会秘书长张玉传教授，以及东道主青岛大学医学院附属医院的任桂芝教授，先期召开筹备会，做了大量深入细致的准备工作，付出了辛勤劳动。

学术会期间，协会的代表作《充血性心力衰竭》（第二版）刚出版发行，分发给各位代表，受到热烈欢迎。

为了更好地开展心力衰竭的防治研究，组织协作攻关，经酝酿在全委会上成立了以下7个专业组：流行病学组、基础研究组、心功能心电信息组、临床药学组、诊断标准组、介入治疗组及心脏外科组。同时还决定组织全国大规模多中心临床试验研究，验证新型强心剂“心先安”的临床疗效。

本次会议在各位委员的共同努力下，取得了圆满成功，大会决定于1999年6月在烟台市召开第五届心力衰竭学术会。

关于召开第四届全国心力衰竭学术交流会的通知

委员（教授、主任）：您好！

第四届全国心力衰竭学术交流会定于1997年5月25日至5月30日在青岛市召开（地点：邮电部青岛疗养院），25日晚开预备会。大会期间同时召开协会委员会，研究事项有：①汇报两年来的工作；②研究今后有关工作；③办好“心力衰竭杂志”；④增补新委员；⑤其他。此次会议十分重要，务请安排好本单位工作按时出席为盼。

另外，请联系厂家（公司）在大会上展出新产品，以丰富大会内容（参展通知及代表开会通知，可向山东泰山医学院附属医院晁储璋同志处索取，邮编：271000）。

此致

敬礼！

中国心力衰竭协会

1997年4月10日

附：增补新委员名单：

张之炯　湖南医科大学附属湘雅医院　教授

李玉光　汕头医学院第一附属医院　教授

唐其柱　湖北医科大学第一附属医院　教授

曾祥鸿　成都市第二医院　主任医师

吴振西　合肥市解放军105医院　副主任医师

张　运　山东医科大学附属医院　教授

聘请刘力生、顾复生两位教授为协会顾问。

第四届全国心力衰竭学术交流会开幕词

尊敬的各位专家教授、各位来宾、各位代表：

在喜迎香港回归和中共十五大即将召开的大好形势下，第四届全国心力衰竭学术交流会现在隆重开幕了，首先让我代表中国心力衰竭协会和《心力衰竭杂志》编辑部向来自全国各地的专家学者、各位来宾及各位代表表示热烈欢迎和亲切问候！

《中华心血管病杂志》总编辑、中华心血管病学会副主任委员、著名心血管病学专家顾复生教授应邀参加这次学术大会，并作学术报告，她是我们心力衰竭协会的顾问，多年来对协会的工作给予热情关怀和亲切指导。今天应邀出席开幕式的来宾还有市卫生局及医学会的领导、青岛心血管病医院朱震院长。以上各位领导的光临，是对我们的巨大支持和极大鼓舞，让我们以热烈的掌声表示欢迎和衷心感谢！

在此，我要特别荣幸地告诉大家，卫生部陈敏章部长、国际著名医学专家美国华盛顿大学医学院郑宗锷教授、医学界德高望重的老前辈著名心血管专家陶寿淇教授、陈灏珠教授、刘力生教授、山东省医学科学院阮景纯院长等分别给大会发来了贺词、贺信，祝大会取得圆满成功，这是对我们的极大鼓励和鞭策，让我们向部领导和老前辈表示崇高敬意！

为了本次学术会的顺利召开，《心力衰竭杂志》编辑部、泰山医学院附属医院、滨州医学院附属医院及东道主青岛大学医学院附属医院的任桂芝主任等同志们做了大量深入细致的准备工作，付出了辛苦劳动，并得到了上述各单位领导及邮电部疗养院的大力支持，在此让我们以热烈的掌声表示诚挚的谢意！

心力衰竭是这次大会交流的主题，《充血性心力衰竭》一书是我们协会的代表性专著，是协会各位委员和中美专家集体劳动的结晶，1991 年出第一版，为及时反映国内外的最新进展，最近又修订出了第二版，字数达到近 100 万字，书末附世界卫生组织和美国心脏病学会的心力衰竭处理指南。在此特别值得提出的是，科学技术文献出版社的领导和刘新荣责任编辑，为了及时将新版书印好供大会应用，他（她）们及时审定，精心加工，使该书的印刷装订质量达到了国内一流水平，他们的劳绩是特别值得赞扬的。

借这次大会召开之际，我向大家报告一个好消息。为了与世界接轨，与国际学术组织建立联系，加强与国外的学术交流，最近我会向世界心力衰竭学会提出入会申请，该学会主席表示欢迎，今后将按有关要求办理入会手续，此项工作委托我会曾祥鸿委员具体负责。昨天他刚从美国参加学术会后回国，将在本次学术会上介绍国际学术动态。

本次会议共收到应征论文600多篇，有近300位代表到会交流，检阅近年来在心力衰竭领域基础理论和临床诊治方面的研究成果。由于论文较多，时间有限，因此仅部分在大会发言，大部分书面交流。此外，还有专家讲学及答疑。部分公司和厂家应邀到会展示新产品，对丰富大会内容将起到良好作用。

为了更好地开展心力衰竭的防治研究，组织协作攻关，经酝酿在全委会上成立了以下7个专业组：流行病学组、基础研究组、心功能心电信息组、临床药学组（包括西药组和中药组）、诊断标准组、介入治疗组、心脏外科组。今后协会还要组织全国大规模多中心临床试验研究，拟对新型强心剂“心先安注射液”进行循证医学研究，欢迎各位代表及所在医院参加。

总之，希望各位代表畅所欲言，互通信息，拓宽视野，交流成果，为促进我国心血管病的防治研究，提高心力衰竭的诊治水平，保护人民身体健康，更好地为我国经济建设服务做出更大贡献。

最后，预祝大会取得圆满成功！祝各位代表身体健康，心情愉快，万事如意！

谢谢大家！

中国心力衰竭协会主任委员
张子彬
1997年5月26日

第四届中国心力衰竭协会委员会名单

顾　问： 陶寿淇　陈灏珠　林传骧　刘力生　顾复生　都本洁　阮景纯

名誉主任委员： [美] 郑宗锷

主任委员： 张子彬

副主任委员：（以姓氏笔画为序）

方卫华　卢　兴　刘炳德　刘桂蕊　刘忠铭　陈尔昌　陈长熙

陈国伟　吴树燕　苏哲坦　张文博　张开滋　张玉传　胡丽霞

祝善俊　姜　楞　黄永麟　顾菊康　樊万福

委　员：（以姓氏笔画为序）

方卫华　王沙南　王桂照　卢　兴　朱文华　刘玉华　刘炳德

刘桂蕊　刘登岳　刘忠铭　任桂芝　陈尔昌　陈长熙　陈传荣

陈国伟　李治淮　李隆贵　吴同果　吴振西　吴树燕　苏哲坦

杨志寅　杨震民　张子彬　张之炯　张文博　张开滋　张玉传

张　运　侯应龙　郑发昌　郑宗锷　范迪钧　胡丽霞　祝善俊

姜　楞　顾菊康　黄　薇　黄永麟　晁储璋　高改地　唐其柱

曹永荣　萧明第　曾祥鸿　蔡智荣　樊万福

秘书长： 张玉传（兼）

副秘书长： 晁储璋（兼）　朱文华（兼）

秘书： 马建群

专业分工（各组负责人）

学术研究部：

1. 流行病学组：陈国伟　张子彬　顾菊康　张之炯　王桂照　侯应龙
2. 基础研究组：祝善俊　卢　兴　李隆贵　吴振西　侯应龙
3. 心功能心电信息组：顾菊康　张　运　张开滋　杨志寅

4. 临床药学组：

（1）西药组：张之炯　曾祥鸿　张子彬　方卫华　苏哲坦　周兴文
吴树燕　郑发昌　任桂芝　张玉传　朱文华　刘玉华
杨震民　蔡智荣　刘登岳

（2）中药组：高改地　李治淮

5. 诊断标准组：苏哲坦　张子彬　张玉传　樊万福　刘桂蕊

6. 介入治疗组：陈长熙　陈传荣　吴同果　唐其柱

7. 心脏移植组：萧明第　范迪钧

学术会务部：晁储璋　张玉传

著作出版部：张玉传　张子彬

对外联络部：曾祥鸿　祝善俊　张子彬　张开滋　王　涛

杂志编辑部：祝善俊　刘炳德　张子彬　晁储璋　张玉传　吴同果

秘书部：张玉传　晁储璋　朱文华　马建群

中国心力衰竭协会（章）

1997 年 5 月 25 日

第五届全国心力衰竭学术交流会

本届会于 1999 年 6 月 1 日至 6 日在烟台市召开，共收到应征论文 500 余篇，来自全国各地的 200 余位代表出席学术会，进行学术交流。中国心力衰竭协会主任委员张子彬教授致开幕词，烟台市卫生局及医学会的领导到会祝贺。

著名心血管病专家都本洁教授应邀出席学术会，并做了精彩的学术报告，受到热烈欢迎。其他参加讲学及答疑的心血管病专家有祝善俊、顾菊康、陈国伟、方卫华、苏哲坦、张开滋、张子彬、曾祥鸿等教授，张子彬教授做了“血管紧张素转换酶抑制剂（ACEI）与心力衰竭”的讲座，并代表全国 MCA-CHF 研究协作组，公布了心先安注射液治疗心力衰竭 1659 例的多中心研究总结报告，受到与会代表的一致好评，张运院士对该项研究予以充分肯定。

出席大会的代表进行了大会发言或书面交流了近年的研究成果。

在开幕式上，向在学术上及对协会工作有突出贡献的6位委员颁发了“杰出贡献奖”，他们是陈国伟、刘桂蕊、张开滋、晁储璋、张玉传、张子彬。

为了本次学术会的顺利召开，两位协会副主任委员晁储璋秘书长及张玉传教授早在3月参加了在烟台市召开的筹备会，为大会做各种准备。刘桂蕊教授及编辑部的同志们勤奋工作，及时印出了论文及各种资料。

在全体委员的共同努力下，大会取得了圆满成功，并确定第六届全国心力衰竭学术会于2001年在无锡市召开。

关于召开第五届全国心力衰竭学术会的通知

委员：

您好！

第五届全国心力衰竭学术交流会定于1999年5月31日至6月4 日在山东烟台市岱山宾馆（迎宾路7号）召开，会间同时召开全体委员会议，主要议题有：①总结协会成立8 年来的工作及第四届委员会各专业学组的工作；②增补新委员（主要是尚无协会委员的省份）等组织建设；③讨论修改协会会章；④为表彰对协会建设及学术研究有显著成绩的委员，部分委员建议协会设突出贡献杯奖，每届5～6名，现已提名的有陈国伟、刘桂蕊、晁储璋、张开滋、张玉传、张子彬等6位委员，这是首届，讨论通过后在开幕式上颁奖；⑤讨论修订协会的专著《充血性心力衰竭》、《现代心脏内科学》、《心电信息学》三部著作；⑥研究今后工作；⑦其它。以上诸项请早做考虑，提出您的意见和建议。

这次会议是本世纪最后一届，承前启后，继往开来，十分重要，请您安排好工作，务必按时出席为盼！

祝

工作顺利，旅途愉快！

中国心力衰竭协会

1999年4月20日

附：增补新委员名单：

1、陈世波：上海医科大学中山医院心内科教授，业务院长（陈灏珠教授推荐）。

2、程晓曙：江西医学院二附院心内科教授，业务院长兼心内科主任，江西省心血管病学会委员，硕士导师，两次留学日本。

3、王凤芝：山西医科大学二附院，心内科教授，主任，山西省心血管病学会副主任委员，山西电生理起搏学会副主任委员。

4、白小娟：中国医科大学一附院副教授，心内科副主任，辽宁省心血管病学会常委，美国德克萨斯州立大学医学博士，完成博士后研究，在美国发表16篇论文（陈长熙教授推荐）。

第五届全国心力衰竭学术交流会
开幕词

尊敬的各位领导、各位来宾、各位代表：

值此世纪之交及迎接新中国成立50周年、迎接澳门回归之际，第五届全国心力衰竭学术交流会今天隆重开幕了，首先请允许我代表中国心力衰竭协会和《美国中华心血管病杂志》编委会向来自全国的各位专家学者、各位代表表示热烈欢迎和亲切问候！向光临会议指导的烟台市卫生局及医学会各位领导和各位来宾表示热烈欢迎和衷心感谢！

全国政协常委、德高望重的医学界老前辈、著名心血管病专家都本洁教授应邀参加这次学术会，并作精彩的学术报告。他是我们中国心力衰竭协会的特邀顾问，多年来对协会的工作和协会专著《充血性心力衰竭》一书的编写、修订与出版都给予了热情关怀和亲切指导，这次参加会议，是对我们的巨大支持和极大鼓舞，让我们以热烈的掌声表示诚挚的谢意！

为了本次学术会的顺利召开，中国心力衰竭协会副主任委员晁储璋秘书长、协会副主任委员张玉传教授早在3月初参加了在烟台市召开的筹备会，做了大量深入细致的准备工作。《美国中华心血管病杂志》主编刘桂蕊教授及编辑部的同志们，加班加点，勤奋工作，及时出版了杂志和论文汇编，为大会的召开付出了辛勤劳动。本次会议还得到了烟台中策药业公司及岱山宾馆的大力支持和协助，让我们一并表示衷心的谢意！

本次会议共收到应征论文500多篇，有来自全国的200多位代表到会交流，检阅近年来在心力衰竭领域的研究成果，其中不仅有基础理论研究，还有大量临床研究成果，尤其是协会组织的心先安治疗充血性心力衰竭的大规模多中心研究，将在大会公布结果，为临床提供有益经验和指导。此外，还邀请了著名心血管病专家讲学和答疑，必将受到广大代表的热烈欢迎。部分公司和厂家应邀到会展示和介绍新产品，对丰富大会内容将起到重要作用。

回顾既往，中国心力衰竭协会自1991年在首届全国心力衰竭学术会上成立以来，至今已走过了八年的历程。协会在卫生部、中华心血管病学会等上级领导的关怀下，在各位顾问的亲切指导与大力支持下，通过协会各位委员和广大会员的共同努力，在各方面工作都取得显著成绩。每两年召开一次全国心力衰竭学术交流会，迄今已举办了五届会议；每五年左右修订再版协会的代表性专著《充血性心力衰竭》一书，1997 年修订出了第二版；在我国首先制定了左室舒张功能障碍性心力衰竭诊断标准，为国内外所采用；制定了协会的章程，发展了大批会员，协会队伍不断壮大，协会委员会的组织建设不断加强；成功地组织了大规模多中心协作研究，即 MCA-CHF 研究，共完成观察病例 1659 例。目前正准备组织第二个多中心研究，即普乐欣治疗高血压的研究；创办了心力衰竭杂志，以中国心力衰竭研究为主题，出刊近 30 期，发表论文 4000 余篇。最近又创办了《美国中华心血管病杂志》，作为协会的会刊，两位协会副主任委员刘桂蕊教授和晁储璋秘书长为杂志的创办做出了突出贡献。总之，短短的八年，协会的工作有了长足发展，结出了累累硕果，为我国的医疗卫生事业做出了积极贡献。

各位代表，让我们齐心协力，密切合作，把这次学术会开成一个气氛活跃、学术气氛浓厚、硕果累累的大会。第五届心力衰竭学术会是 20 世纪最后一次，承前启后，继往开来，意义重大，希望会后再接再厉，奋发进取，顽强拼搏，把一个充满生机活力，朝气蓬勃的中国心力衰竭协会带入 21 世纪。

最后，预祝大会取得圆满成功，祝各位代表身体健康，心情愉快，万事如意，高兴而来，满载而归。谢谢大家！

中国心力衰竭协会主任委员

张子彬

1999 年 6 月 1 日 · 山东烟台

总结过去　开拓未来

——在第五届中国心力衰竭协会委员会

上的工作报告（1999 年 5 月 31）

张子彬

各位领导、各位委员：

今年是中国心力衰竭协会成立 8 周年，8 年来，我们协会在卫生部、中华心血管病学会等有关领导的亲切关怀与大力支持下，在医学界老前辈我们协会各位顾问的热情指导下，通过各位委员及广大会员的共同努力，协会在各方面都取得了突出成绩，协会的工作和开创的事业有了长足发展，借此机会我向各位委员做一简要汇报，以便总结经验，吸取教训，迎接新世纪的到来，开创协会工作的新局面。

一、定期召开全国心力衰竭学术交流会

1990 年 6 月 8 日到 9 日，在青岛召开了《心力衰竭》编委会会议，讨论对 1986 年出版的《心力衰竭》一书的修订再版，为便于各位专家教授的参加，会议定名为全国心力衰竭专题研讨会。会上除详细讨论了《心力衰竭》一书的修订外，为便于今后有关心力衰竭问题的交流，确定召开全国心力衰竭学术交流会，成立心力衰竭学术组织，首届会会址在山东省泰安市，时间为 1991 年 10 月下旬，由《心力衰竭》编委会组织，由泰山医学院附属医院及滨州医学院附属医院负责具体筹备。1991 年 10 月 21 日至 28 日，首届全国心力衰竭学术交流会在泰安市隆重召开，本次会议收到应征论文 1300 多篇，来自全国各地的 750 多名代表出席了会议。会间成立了以《心力衰竭》编委会为基础的全国心力衰竭协作委员会（第二年正式被命名为中国心力衰竭协会），同时决定每两年召开一次全国心力衰竭学术交流会，创办《心力衰竭杂志》。会议期间协会的专著《充血性心力衰竭》第一版出版，受到与会代表的欢迎，并确定每 5 年左右修订再版一次。会议取得了圆满成功，原卫生部部长陈敏章教授为大会题写了贺词，山东省卫生厅、医学会领导到会祝贺，世界著名心血管病专家、全国政协常委陈灏珠和都本洁两位教授出席会议并做了精彩的学术报告。山东电视台、健康报、中国医学论坛报、中华医学导报及滨州医学院院报及时报道了大会的盛况。首届全国心力衰竭学术会为以后协会的工作奠定了基础，取得了宝贵经验，泰山医学院附属医院的同志们做了大量会务工作，保证了会议的顺利召开，到会的专家教授做出的重要贡献，他们的劳绩将记入中国心力衰竭协会的史册。

第二届全国心力衰竭学术交流会于1993年10月25日至28日在天津市召开，刘桂蕊教授及晁储璋科长等同志做了大量准备工作及会务工作，会上除进行论文交流及专家讲学外，还讨论制定了“左室舒张功能不全的诊断标准（试行标准）”会议取得了丰硕成果。

第三届全国心力衰竭学术交流会于1995年5月21日至26日在大连市召开，东道主解放军210医院的王沙南主任做了许多准备工作，付出了辛勤劳动。会上通过了“中国心力衰竭协会章程”；修订了“左室舒张功能障碍性心力衰竭诊断参考标准”，在杂志上发表后为国内外所引用。

第四届全国心力衰竭学术交流会于1997年5月25日至29日在青岛市召开。会前于3月晁储璋秘书长、协会副主任委员张玉传教授及青岛医学院附属医院的任桂芝主任参加了筹备会，他（她）们不辞劳苦，做了大量深入细致的准备工作，为大会的顺利召开做出了积极贡献。在大会期间召开的协会委员会上，为了更好地开展工作，成立了专业学科组，进行分工，密切协作，为以后取得的突出成绩发挥了重要作用。这一专业分工的重要建议是由顾菊康教授首先提出的。会议期间，《充血性心力衰竭》修订的第二版刚出版，分发给各位代表，受到热烈欢迎。

第五届全国心力衰竭学术会即将召开，早在今年3月6日至8日，协会秘书长晁储璋同志及协会副主任委员滨州医学院附属医院内科主任张玉传教授专程到烟台参加了筹备会，考察并确定了会址、会期及各种会务工作，为本次会议的顺利召开打下了良好基础。《心力衰竭杂志》编辑部的同志们编审及印刷大会论文等各项工作，加班加点，夜以继日地辛勤工作，他们勤奋忘我工作的精神是特别值得赞扬的。经过全体委员和大会工作人员的共同努力，深信本次会议与往届一样，一定会取得圆满成功。

二、按时修订再版协会专著《充血性心力衰竭》

《充血性心力衰竭》一书的前身是《心力衰竭》，1978 年我到上海胸科医院心内科进修学习 1 年余，积累了较多资料和临床经验，回院后于 1979 年下半年撰写了《心力衰竭》小册子，1980 年出版，20 多万字，印刷 2 万册，3 个月就销售一空，求购者每年数以百计，读者的迫切需要，促使我在原书的基础上增加新内容，于 1986 年主编的《心力衰竭》一书在山东科学技术出版社出版，字数增至 40 万字，作者增至 5 位。1991 年在科学技术文献出版社出版的《充血性心力衰竭》第一版，由中美专家合著，字数增至 71 多万字，作者增至 41 位，1997 年出版的修订第二版，字数增至近 100 万字，作者增至 56 位。该书多次获奖，受到广大读者的欢迎和专家的好评，并在《中华心血管病杂志》《中国心血管杂志》《心血管病学进展》《美国中华心血管病杂志》上发表了多篇书评。该书第一版于 1992 年在美国华盛顿作为优秀科技专著展出，受到国外学者的好评。《充血性心力衰竭》这本专著是心力衰竭协会产生和发展的基础，协会的委员、副主任委员、主任委员、顾问基本上是心力衰竭编委会的编委、副主编、主编和顾问。这本系列专著由 20 多万字的小册子，发展到现在成为洋洋百万字的巨著，不仅浸透了作者们的心血和汗水，也反映了对心力衰竭研究的不断深入，心力衰竭防治事业的蓬勃发展，它是全体编委智慧的结晶，是作者们集体辛勤劳动、不懈努力的科研成果，是联系作者、读者、协会的纽带，深信通过大家的共同努力，第三版将以崭新的面貌，呈现在 21 世纪初的读者面前。

三、组织建设不断加强，协会工作迅速发展

中国心力衰竭协会于 1991 年 10 月 28 日在山东省泰安市成立，第一届委员会有顾问 5 名，名誉主任委员 1 名，主任委员 1 名，副主任委员 13 名，委员 27 名，秘书 3 名。

第二届委员会成立于 1993 年 10 月 25 日第二次全国心力衰竭学术会议上，委员人数增至 28 名；第三届委员会成立于 1995 年 5 月 21 日大连市第三次全国心力衰竭学术会议上，委员增至 36 位；第四届委员会成立于 1997 年 5

月25日青岛市第四次全国心力衰竭学术会上，顾问增至7位，委员增至47位，并进行了专业分工，成立学术研究部，下设流行病学、基础研究、心功能心电信息、临床药学、诊断标准、介入诊断治疗等专业组，另外有学术会务部、著作出版部、对外联络部、杂志编辑部等部门；第五届委员会又增加6位新委员，充实新鲜血液，增加新生力量，他们和往届增补的新委员一样，大都是中青年学科带头人，学术造诣深，成就卓著，思维敏捷，善于创新，代表着协会的未来。此外，协会会员人数不断增多，一批又一批医务工作者参加到协会中来，他们积极支持协会工作，热爱心力衰竭的防治事业。为了规范协会的工作，必须建立自己的会章，于1993年12月写出了草案，经广泛征求意见和讨论后，于1995年5月21日在大连市通过实施。从以上我们可以看出，协会组织建设不断加强，队伍不断壮大，事业不断发展，全国大多数省、自治区和直辖市都有了我们的委员和会员，作为一个民间学术团体经过8年的发展，已得到了医学界的公认，在学术界占有一席之地，这是全体委员共同努力、艰苦奋斗的结果。为了协会的长治久安，持续发展，今后我们要特别重视培养跨世纪人才，使我们协会后继有人，充满生机活力，要把50岁左右、40多岁有造诣有管理能力的专家教授逐步提到主要领导岗位上来，形成以常委为主体的核心领导。当然老一代的领导人，也就是协会的第一代领导人，要继续努力工作，发挥中流砥柱的作用，当好后盾和伯乐。

在过去的8年里，协会中涌现了一批先进人物，他们为祖国的医疗卫生事业和协会工作做出了突出贡献，根据会章表彰先进的规定，经酝酿和征求各方面的意见后，确定在第五届全国心力衰竭学术会开幕式上，对以下6位为协会建设及学术研究有显著成绩的委员授予杰出贡献奖，他们是陈国伟、刘桂蕊、晁储璋、张开滋、张玉传、张子彬。这是首次颁奖，以后每届表彰约5位委员，不重复授奖。

为加强国际学术交流，与国际接轨，以提高中国的心力衰竭防治水平，协会委托曾祥鸿委员，利用参加世界心力衰竭学术会的机会，与世界心力衰竭协会建立联系，经过他的不断努力，终于确立了中国心力衰竭协会与世界心力衰竭协会的协作伙伴关系，他为中国心力衰竭协会走向世界做出了积极贡献。

四、大力开展科学研究，结出累累硕果

以协会委员为主体，先后主编出版了《充血性心力衰竭》《现代心脏内科学》《心电信息学》等有影响的专著，受到普遍好评，其中《现代心脏内科学》获中国第九届图书奖及卫生部科技进步二等奖，《充血性心力衰竭》第二版正在申报国家级奖励。此外，根据第四届委员会的决定和提议，组织了全国多中心研究，已经完成和正在组织的有两项，其中心先安治疗心力衰竭的多中心研究即MCA-CHF研究，从1997年11月开始，有50多家医院参加协作，历时一年余，于1998年年底结束，共完成1659例的观察，已写出总结和论文，分别由《美国中华心血管病杂志》及《临床心血管病杂志》发表，后者是阶段总结论文。协会委员所在医院积极参与研究，互相配合，密切协作，是整个研究的主体，协会的顾问精心指导，刘力生、顾复生、阮景纯三位教授还对总结论文进行了审修，在全体协作医院的共同努力下，圆满完成了任务，研究结果将在本次会上公布，协会的第二个多中心研究即普乐欣治疗高血压的研究，预计观察病例1000例，希望各位委员积极参加。另外，希望今后组织更多的研究课题，如心力衰竭的流行病学调查，一些新药的验证等，充分发挥群体优势，做出更多成果。

在此特别值得提出的是，我们协会制定的左室舒张功能障碍性心力衰竭诊断标准，在天津会议上制定出试行标准，经两年的试用，在大连会议上进一步修订了这一标准，发表后为国内外所引用，体现了我们协会的集体智慧和力量。在制定过程中，苏哲坦、刘桂蕊、张玉传三位教授付出了更多的辛勤劳动，吸取了大家的意见，反复修改，终于完成，并在《充血性心力衰竭》第二版及有关杂志上发表，最近也写进了《现代心脏内科学》（第二版）初稿中，总之，他们三位的劳绩是特别值得赞扬的。

五、创办专业杂志，建立学术园地

一个学术组织要想不断发展，必须有自己的专业杂志，有自己的学术园地，它的重要性不论怎样强调都不过分，这是协会各委员们的共识。因此，在1991年的首届全国心力衰竭学术会上就提出创办心力衰竭杂志，会后经

协会委员及杂志编辑部同志们的共同努力，1992年出了《心力衰竭杂志》创刊号，著名心血管病专家我们协会的顾问陈灏珠教授应邀写了创刊词，此后，以中国心力衰竭研究为主题，7年来共出刊20多期，发表论文4000余篇，积极配合历届学术会的召开，对协会的发展做出了突出贡献。但我们都知道，这些杂志的出刊都是用《临床荟萃》及《医学综述》两杂志的刊号。虽然泰山医学院附属医院的同志们为申办杂志做了大量的工作，但由于国内的特殊情况，心力衰竭杂志的刊号始终未批下来，为了今后协会工作的开展，1998年下半年起，协会副主任委员刘桂蕊教授、秘书长晁储璋同志和我分头联系在美国和香港注册创办专业杂志。1998年年底，喜讯传来，刘教授与晁秘书长首先联系成功，获准创办美国中华心血管病杂志，为协会完成了一件十分重要的工作，是对协会的巨大贡献。我在今年1月也接到美国中华医学会的通知，同意协会创办杂志，并建议杂志名为《美国中华心内科杂志》。香港的国际中华名医协会及世界医药研究中心也给我来函，同意注册名为《中华心力衰竭杂志》。因为我们协会的刘教授与晁秘书长已经办妥了创办《美国中华心血管病杂志》的手续，正如这次开会通知中明确提到的“稿件录用后，将在中国心力衰竭协会与美国中华医学会合办的《美国中华心血管病杂志》上公开发表”。因此，没有必要重复建设，我已分别复函说明不再申办杂志。至此，困扰协会多年的会刊问题已圆满解决，刘桂蕊教授和晁储璋秘书长的突出贡献，必将载入中国心力衰竭协会的史册。

六、存在的问题和今后的展望

我们协会虽然成立只有短短的8年，但却取得了令人瞩目的成绩，这是可喜可贺的，这些成绩应归功于各级领导的关怀与支持，归功于协会顾问和全体委员的努力奋斗和辛勤劳动。展望未来，在满怀信心和希望即将跨入21世纪的时候，也必须清醒地看到我们前进中的一些困难，我们的工作还有许多不足，如协会经费困难，制约了协会工作的开展；协会没有脱产专职工作人员，都是兼职工作，超负荷运转，利用业余时间做协会的工作；协会委员及会员在全国的覆盖面还不够大，个别省和自治区还是空白；办刊资金不足，办刊水平有待进一步提高；科研课题的深度与广度有待于进一步提高等。尽管如此，只要我们全体委员在各位顾问的指导下，总结过去，开拓未来，团结一致，齐心协力，克服困难，艰苦奋斗，顽强拼搏，勇往直前，我们就会在即将到来的21世纪中，开创新局面，做出新成绩，为祖国的医疗卫生事业做出我们应有的贡献！以上报告提请各位委员审议，请提出宝贵意见。

谢谢大家！

第五届中国心力衰竭协会委员会名单

顾　问：陶寿淇　陈灏珠　林传骧　刘力生　顾复生　都本洁　毛焕元　阮景纯

名誉主任委员：[美]郑宗锷

主任委员：张子彬

副主任委员：（以姓氏笔画为序）

方卫华　卢　兴　刘炳德　刘桂蕊　刘忠铭　陈尔昌　陈国伟　陈长熙　陈世波　吴树燕　苏哲坦　张文博　张开滋　晁储璋　张玉传　祝善俊　黄永麟　顾菊康　曾祥鸿　樊万福

委　员：（以姓氏笔画为序）

马建群　方卫华　王沙南　王桂照　王凤芝　卢　兴　白小娟　朱文华　刘玉华　刘炳德　刘桂蕊　刘登岳　刘忠铭　任桂芝　陈尔昌　陈长熙　陈传荣　陈世波　陈国伟　李治淮　李隆贵　吴同果　吴振西　吴树燕　苏哲坦　吾柏铭　杨志寅　杨振民　张子彬　张之炯　张文博　张开滋　张玉传　张　运　侯应龙　郑发昌　郑宗锷　范迪钧　祝善俊　顾菊康　黄　薇　黄永麟　晁储璋　高改地　唐其柱　曹永荣　程晓曙　萧明第　曾祥鸿　蔡智荣　樊万福

秘书长：晁储璋（兼）

副秘书长：吴同果（兼）　马建群（兼）

秘　书：李跃荣　泮　光

专业分工：

学术研究部：

1. 流行病学组：陈国伟　曾祥鸿　吴树燕　王凤芝　王桂照　顾菊康　张之炯　侯应龙

2. 基础研究组：祝善俊　卢　兴　李隆贵　吴振西　侯应龙

3. 心功能心电信息组：顾菊康　张　运　张开滋　王凤芝　杨志寅

4. 临床药学组：

（1）西药组：曾祥鸿　方卫华　陈世波　吴树燕　郑发昌　任桂芝　张玉传　王凤芝　白小娟　刘登岳　吴同果　晁储璋　马建群　程晓曙　吴振西　杨震民　蔡智荣　朱文华　刘玉华　吾柏铭　王沙南

（2）中药组：高改地　李治淮

5. 诊断标准组：苏哲坦　刘桂蕊　张玉传　樊万福

6. 介入治疗组：陈长熙　陈传荣　吴同果　唐其柱　王凤芝　程晓曙　马建群　李跃荣

7. 心外科组：萧明第　范迪钧

学术会务部：晁储璋　张玉传　吴同果　马建群

著作出版部：张玉传　晁储璋　马建群　张开滋

对外联络部：曾祥鸿　祝善俊　张开滋　王　涛

杂志编辑部：刘桂蕊　祝善俊　刘炳德　晁储璋　吴同果　方建侠　泮　光

中国心力衰竭协会

1999 年 5 月 31 日

感 谢 信

尊敬的滨州医学院及附属医院党委和院委领导:

你们好!

值此世纪之交及迎接建国50周年,迎接澳门回归之际,由中国心力衰竭协会组织召开的第五届全国心力衰竭学术交流会于1999年5月31日至6月5日在烟台市隆重召开,会议取得了圆满成功。回顾我会自1991年成立以来,在国家卫生部、中华医学会等上级领导的亲切关怀下,至今已走过了八年的光辉历程。我会从无到有、从小到大地不断发展与贵院领导们的一贯大力支持是分不开的。首届全国心力衰竭学术交流会于1991年在泰安市召开,卫生部陈敏章部长题写了贺词,山东省卫生厅及医学会领导到会祝贺,会间成立了以心力衰竭编委会为基础的中国心力衰竭协会。此后我会每两年主办一次全国心力衰竭学术交流会;每5年左右修订再版协会的专著《充血性心力衰竭》一书,1991年出第一版,1997年出修订第二版;在世界上首先制订了左室舒张功能障碍性心力衰竭诊断标准,为国内外所引用;制订了协会的章程,发展了大批会员;成功地组织了心先安治疗充血性心力衰竭的大规模多中心临床协作研究,目前正组织第二个多中心研究,即普乐欣治疗高血压病的研究;创办了《心力衰竭杂志》,出刊近30期,发表论文4000余篇,最近又创办了《美国中华心血管病杂志》,做为协会的会刊;同时我会为加强国际学术交流,与世界接轨,和世界心力衰竭协会建立了协作伙伴关系。滨州医学院的同志们为以上各项工作的完成付出了辛勤劳动,做出了巨大的贡献,他们的劳绩是特别值得赞扬的。在此我会向贵院表示最衷心地感谢,并致以崇高的敬意!殷切地期盼贵院领导继续给予我会更大的帮助和支持,让我们齐心协力,艰苦奋斗,为祖国的医疗卫生事业做出更大的贡献!

此致

敬礼!

中国心力衰竭协会

1999年6月5日于烟台

CHINA HEART FAILURE ASSOCIATION 中國心力衰竭協會

滨州医学院

滨医函字〔2000〕11号

★

滨州医学院关于申请批准心力衰竭协会注册登记的函

滨州地区民政局：

经审查心力衰竭协会的申请报告，认为该会成立并进行注册登记的条件成熟，同意为其担任主管部门，提供办公地点和活动经费。

为使心力衰竭协会更好地开展工作，特此申请予以注册登记。

滨州医学院

二000年十月二十日

主题词： 协会　成立　注册登记　申请　函

滨州医学院办公室　　　　二000年十月二十日印发

印6份

注：经民政部门批准，2000年11月7日予以社会团体法人登记，登记证号为：社证字第M0043号，法人张子彬，为协会主任委员。滨州医学院〔2000〕11号文件由院长李武修签发。

第六届全国心力衰竭学术交流会

本次学术会于2001年5月28日至6月2日在江苏省无锡市召开，共收到应征论文466篇，有来自全国的120多位代表参加学术交流，还有日本东京医科大学附属医院的心脏病专家应邀前来讲学。

全国政协两位常委、德高望重的医学界老前辈、著名心血管病专家陈灏珠院士和都本洁教授应邀出席大会，并做了精彩的学术报告。本次学术交流会正值协会成立10周年，举行了隆重的庆祝活动，同时召开首届全国心电信息学学术交流会。因此，本届会是世纪之交，承前启后的一次重要学术会，意义重大。

在全委会上，主任委员张子彬教授作了“承前启后，继往开来”建会10周年的工作报告，全面总结十年中取得的突出成绩和经验。同时研究了本届会及今后的工作。张子彬教授在开幕式上致开幕词，张开滋教授致辞。著名心血管病专家方圻教授、顾复生教授及国际著名医学专家美国郑宗锷教授向大会寄来贺信，宣读后受到热烈欢迎。学术会上除代表大会发言及书面交流外，应邀到会的讲学专家有：陈灏珠、都本洁、山泽堉宏（日）、张文博、郭继鸿、祝善俊、顾菊康、黄峻、张开滋、傅向阳等教授。

在大会上向以下委员颁发了“杰出贡献奖”：祝善俊、顾菊康、方卫华、苏哲坦。与会专家还对“左室舒张功能障碍性心力衰竭诊断参考标准”进行了第二次修订，并发表在杂志上和写进协会的代表作《充血性心力衰竭学》一书中。

在3月上旬，三位协会副主任委员张开滋教授、张玉传教授、晁储璋副教授与无锡二院郑义通教授在无锡召开了筹备会，为大会做准备，保证了大会的顺利召开。

在各位委员及杂志编辑部的共同努力下，本届学术会取得了圆满成功，第七届全国心力衰竭学术交流会定于2003年在泰安市召开。

第六届全国心力衰竭学术交流会
首届全国心电信息学学术交流会
暨中国心力衰竭协会成立10周年庆祝大会
开幕词

尊敬的各位领导、各位来宾、各位代表：

第六届全国心力衰竭学术交流会、首届全国心电信息学学术交流会暨中国心力衰竭协会成立10周年庆祝大会现在开幕了！首先请允许我代表中国心力衰竭协会、中国心电信息学分会和《美国中华心血管病杂志》编委会、无锡第二人民医院和无锡中健科仪有限公司，向来自全国的各位专家学者、各位代表表示热烈欢迎和亲切问候！向光临会议指导的无锡市各位领导和各位来宾表示热烈欢迎和衷心的感谢！

全国政协两位常委、德高望重的医学界老前辈、著名心血管病专家陈灏珠院士和都本洁教授应邀参加大会，并做了精彩的学术报告。他们两位是心力衰竭协会和心电信息学分会的特邀顾问，多年来对我们的各项工作和《充血性心力衰竭》及《心电信息学》两本专著的编写、修订与出版都给予了热情关怀和亲切指导，这次在百忙中应邀出席大会，是对我们的巨大支持和极大鼓舞，让我们以热烈的掌声表示诚挚的谢意！

为了本次学术会议及庆祝大会的顺利召开，中国心力衰竭协会副主任委员、心电信息学分会主任委员张开滋教授、协会副主任委员张玉传教授、协会副主任委员晁储璋秘书长于3月上旬参加了在无锡市召开的筹备会议，与东道主南京医科大学附属无锡二院及中健科仪有限公司共同进行了全面研究，为本次会议做了大量深入细致的准备工作。《美国中华心血管病杂志》通联处的同志们，加班加点，勤奋工作，及时印出了论文汇编和各种资料。本次会议还得到了运河大酒店的大力支持和协助。以上有关单位和同志们，为保证这次会议的顺利召开付出了辛勤劳动，做出了积极贡献，让我们一并表示衷心谢意！

本次会议共收到应征论文466篇，有来自全国的120多位代表汇聚一堂，日本东京医科大学附属医院心脏科山泽堉宏教授也来无锡进行学术讲座。交流近年来在心力衰竭和心电信息学领域的研究成果，其中不仅有基础研究，还有大量临床研究成果；还要对协会1993年制定、1995年修订的左室舒张功能障碍性心力衰竭诊断标准进一步修改补充；协会还要组织第二次多中心临床研究。此外，本次会议还邀请了著名心血管病专家讲学和答疑，必将受到广大代表的热烈欢迎。部分公司和厂家应邀到会展示和介绍新产品，对丰富大会内容，支持大会顺利召开将起重要作用。

回顾既往，中国心力衰竭协会自1991年在首届全国心力衰竭学术交流会上成立以来，至今已走过了10年的光辉历程。协会在卫生部、中华心血管病学会等上级领导的关怀下，在各位顾问的亲切指导与大力支持下，通过协会各位委员和广大会员的共同努力，在各方面工作都取得了显著成绩。主要有以下几方面：每两年召开一次全国心力衰竭学术交流会，迄今已成功举办了六届；每五年左右修订再版协会的专著《充血性心力衰竭》，1997年出第二版，明年第一季度出修订第三版，目前新版书已完成初稿；1993年在国内率先制定了“左室舒张功能障碍性心力衰竭诊断参考标准”，已被国内外所采用，本次学术会将进行第二次修订；制定了协会的章程，发展了大批会员；协会队伍不断壮大，协会委员会的组织建设不断加强。在1997年5月25日青岛召开的第四届全国心力衰竭学术交流会上，各委员进行分工，建立专业组，此后在心电学和心功能学组的基础上成立了中国心电信息学分会，由协会副主任委员张开滋教授任分会主任委员，4年来他们开展了许多学术活动，做了大量工作，取得了可喜成绩。2000年协会根据国务院社团登记管理条例，在民政部门进行了注册登记，从而成为具有独立法人资格的社会团体；从1998年至1999年协会成功地组织了由全国50多家医院参加的多中心临床研究，即MCA-CHF研究，共完成观察患者1659例，总结论文及阶段总结论文分别发表在《美国中华心血管病杂志》和《临床心血管病杂志》上；创办了心力衰竭杂志，以中国心力衰竭研究为主题，出刊30多期，发表论文4000余篇。自1999年起，与美国中华医学会合办《美国中华心血管病杂志》，已出刊 8 期，发表论文近 400 余篇；为了与国际接轨，加强国际学术交流，协会副主任委员曾祥鸿教授出席历届世界心力衰竭学术大会，并与世界心力衰竭协会建立了协作伙伴关系。总之，在短短的 10 年中，协会的工作有了长足发展，结出了累累硕果，为我国的医疗卫生事业做出了积极贡献。

各位代表，让我们齐心协力，密切合作，把这次学术会开成一个气氛活跃，学术气氛浓厚，硕果累累的大会。第六届全国心力衰竭学术会是 21 世纪第一次大会，承前启后，继往开来，意义重大，希望会后在已有成绩的基础上，再接再厉，戒骄戒躁，奋发进取，顽强拼搏，为我国医疗卫生事业和心血管病的防治做出更大贡献！

最后，预祝大会取得圆满成功，祝各位代表身体健康，心情愉快，高兴而来，满载而归。谢谢大家！

中国心力衰竭协会主任委员 张子彬

2001 年 5 月 28 日于无锡运河大酒店

北京協和醫院

中国心力衰竭协会

張子彬 教授：

欣闻第六届全国心力衰竭学术交流会议即将召开，我因事不能出席，十分遗憾！

由于老年人逐渐增多，高血压、冠心病等心血管疾病治疗进展，使患者寿命延长，心力衰竭的患病率仍在增长，从而给我们临床治疗上带来问题和困难。

近十几年来对心力衰竭的认识及治疗都有很大进展，我们要将先进的、成熟了的疗法推广应用同时还要探索在我国人群使用这些疗法中存在的一些问题及解决的办法（例如ACE-I，β-bloker等制剂的达标剂量等）。另外，探索新的疗法也是重要的。

预祝大会的圆满召开！

方圻

2001年 四月廿九日

首都医科大学附属
北京友谊医院

尊敬的张子彬教授并转心力衰竭协会委员们：

首先允许我祝贺 中国心力衰竭协会成立十周年
祝贺 第六届全国心力衰竭学术交流会
及首届全国心电信息学术交流会
的成功召开。

心力衰竭是重要的临床课题，致残率及死亡率高。心力衰竭是心血管疾病发展到一定阶段出现的病理生理现象。心衰病理不是静止的，而是时时进展着。近年来心衰的治疗和预防的措施有了很多的进展，是全球研究的热点。我对各位在10年前即有远见的成立了协会，并在10年中进行了大量的工作，包括著书，学术交流会，协作研究心先安，对外交流等。值此成立十周年纪念日我表示衷心的祝贺和感谢各位的努力。

最后祝大会成功，并预祝今后会取得更大的成就

王宝恩
2001.5.8.

地址：北京宣武区永安路95号　电话：63014411　传真：63023261　邮编：100050

The George Washington University
WASHINGTON DC

MEDICAL FACULTY ASSOCIATES

DEPARTMENT OF MEDICINE

中国心力衰竭协会及心电信息学分会：

欣悉5月28日至5月31日中国心力衰竭协会成立十周年庆祝大会、第六届全国心力衰竭学术交流会及首届全国心电信息学术交流会在江苏省无锡市隆重召开。我因工作繁忙难以抽空返国出席，所以写信向大会表示热烈祝贺，并预祝大会取得圆满成功！

祝

好

美国乔治华盛顿大学医学院

鄭宗锷

2001.4.16

于华盛顿

DIVISION OF CARDIOLOGY
2150 PENNSYLVANIA AVENUE, N.W. • WASHINGTON, DC 20037 • (202) 994-4150 • FAX (202) 994-3673

承前启后　继往开来

——在第六届中国心力衰竭协会委员会上的工作报告

（2001 年 5 月 27 日）

张子彬

各位领导、各位委员：

今年是中国心力衰竭协会成立 10 周年，10 年来，我们协会在卫生部、中华心血管病学会等有关领导的亲切关怀与大力支持下，在医学界老前辈、我们协会各位顾问的热情指导下，通过各位委员及广大会员的共同努力，协会在各方面都取得了突出成绩，协会的工作和开创的事业有了长足发展，借此机会我向各位委员做一简要汇报，以便总结经验，吸取教训，开创协会工作的新局面。

一、按照“会章”规定，定期召开学术交流会

1990 年 6 月 8 日至 9 日，在青岛召开了《心力衰竭》编委会会议，讨论对 1986 年出版的《心力衰竭》一书的修订再版，为便于各位专家教授的参加，会议定名为全国心力衰竭专题研讨会。会上除详细讨论了《心力衰竭》一书的修订外，为便于今后有关心力衰竭问题的交流，确定召开全国心力衰竭学术交流会，成立《心力衰竭》学术组织，首届会会址在山东省泰安市，时间为 1991 年 10 月下旬，由心力衰竭编委会组织，由泰山医学院附属医院、滨州医学院附属医院及《临床荟萃》杂志社负责具体筹备。1991 年 10 月 21 日至 28 日，首届全国心力衰竭学术交流会在泰安市隆重召开，本次会议收到应征论文 1300 多篇，来自全国各地的 750 多名代表出席了会议。会间成立了以《心力衰竭》编委会为基础的全国心力衰竭协作委员会（第二年正式被命名为中国心力衰竭协会），同时决定每两年召开一次全国心力衰竭学术交流会，创办《心力衰竭杂志》。会议期间协会的专著《充血性心力衰竭》第一版出版，受到与会代表的欢迎，并确定每 5 年左右修订再版一次。会议取得了圆满成功，原卫生部部长陈敏章教授为大会题写了贺词，山东省卫生厅、

医学会领导到会祝贺，著名心血管病专家、全国政协常委陈灏珠和都本洁两位教授出席会议并做了精彩的学术报告。山东电视台、健康报、中国医学论坛报、中华医学导报及滨州医学院院报及时报道了大会的盛况。首届全国心力衰竭学术会为以后协会的工作奠定了基础，取得了宝贵经验，泰山医学院附属医院的同志们做了大量会务工作，保证了会议的顺利召开，到会的专家教授做出重要贡献，他们的劳绩将记入中国心力衰竭协会的史册。

第二届全国心力衰竭学术交流会于1993年10月25日至28日在天津市召开，刘桂蕊教授及晁储璋科长等同志做了大量准备工作及会务工作，会上除进行论文交流及专家讲学外，还讨论制定了“左室舒张功能不全的诊断标准（试行标准）”。会议取得了丰硕成果。

第三届全国心力衰竭学术交流会于1995年5月21日至26日在大连市召开，东道主解放军210医院的王沙南主任做了许多准备工作，付出了辛勤劳动。会上通过了“中国心力衰竭协会章程”，修订了“左室舒张功能障碍性心力衰竭诊断参考标准”，在杂志上发表后为国内外所引用。

第四届全国心力衰竭学术交流会于1997年5月25日至29日在青岛市召开。会前于3月晁储璋秘书长、协会副主任委员张玉传教授及青岛医学院附属医院的任桂芝主任参加了预备会，他（她）们不辞劳苦，做了大量深入细致的准备工作，为大会的顺利召开做出了积极贡献。在大会期间召开的协会委员会上，为了更好地开展工作，成立了专业学科组，进行分工，密切协作，为以后取得的突出成绩发挥了重要作用。这一专业分工的重要建议是由顾菊康教授首先提出的。会议期间，《充血性心力衰竭》修订的第二版刚出版，分发给各位代表，受到热烈欢迎。

第五届全国心力衰竭学术会于1999年6月1日至4日在烟台市召开。协会秘书长晁储璋同志及协会副主任委员滨州医学院附属医院内科主任张玉传教授专程到烟台参加了筹备会，考察并确定了会址、会期及各种会务工作，为本次会议的顺利召开打下了良好基础。经过全体委员和大会工作人员的共同努力，第五届会议与往届一样，取得了圆满成功。

二、及时反映医学发展，修订再版协会代表作

《充血性心力衰竭》一书的前身是《心力衰竭》，我于1979年下半年撰写了《心力衰竭》小册子，1980年出版，20多万字，印刷2万册，3个月就销售一空，求购者每年数以百计，读者的迫切需要，促使我在原书的基础上增加新内容，于1986年主编的《心力衰竭》一书在山东科学技术出版社出版，字数增至40万字，作者增至5位，1991年在科学技术文献出版社出版的《充血性心力衰竭》第一版，由中美专家合著，字数增至71万多字，作者增至41位，1997年出版的修订第二版，字数增至近100万字，作者增至56位。该书多次获奖，受到广大读者的欢迎和专家的好评，并在《中华心血管病杂志》《中国心血管杂志》《心血管病学进展》《美国中华心血管病杂志》上发表了多篇书评。《充血性心力衰竭》这本专著是心力衰竭协会产生和发展的基础，协会的委员、副主任委员、主任委员、顾问基本上是《心力衰竭》编委会的编委、副主编、主编和顾问。第三版初稿已基本完成，预计达170多万字。这本系列专著由20多万字的小册子，发展到现在成为洋洋170多万字的巨著，不仅浸透了作者们的心血和汗水，也反映了对心力衰竭研究的不断深入、心力衰竭防治事业的蓬勃发展，它是全体编委智慧的结晶，是作者们集体辛勤劳动、不懈努力的科研成果，是联系作者、读者、协会的纽带，深信通过大家的共同努力，第三版将以崭新的面貌呈现在2002年初的读者面前。

三、组织建设不断加强，协会工作迅速发展

中国心力衰竭协会于1991年10月28日在山东省泰安市成立，第一届委员会有顾问5名，名誉主任委员1名，主任委员1名，副主任委员13名，委员27名，秘书3名。

第二届委员会成立于1993年10月25日第二次全国心力衰竭学术会议上，委员人数增至28名；第三届委员会成立于1995年5月21日大连市第三次全国心力衰竭学术会议上，委员增至36位；第四届委员会成立于1997年5月25日青岛市第四次全国心力衰竭学术会上，顾问增至7位，委员增到47位，并进行了专业分工，成立学术研究部，下设流行病学、基础研究、心功能心

电信息、临床医学、诊断标准、介入诊断治疗等专业组，在心功能心电信息专业组的基础上成立了中国心电信息学分会；第五届委员会增至51位委员，第六届还要增加数位新委员，充实新鲜血液，增加新生力量，他们和往届增补的新委员一样，大都是中青年学科带头人，学术造诣深，成就卓著，思维敏捷，善于创新，代表着协会的未来。此外，协会会员人数不断增多，迄今已有近2000名，一批又一批医务工作者参加到协会中来，他们积极支持协会工作，热爱心力衰竭的防治事业。为了规范协会的工作，必须建立自己的会章，于1993年12月制订了草案，经广泛征求意见和讨论后，于1995年5月21日在大连市通过实施。去年我们按照国务院社团登记管理条例在民政部门进行了登记，登记证为社证字第M0043号，从而成为合法社会学术团体。从以上我们可以看出，协会组织建设不断加强，队伍不断壮大，事业不断发展，全国大多数省、自治区和直辖市都有了我们的委员和会员，作为一个民间学术团体，经过10年的发展，已得到了医学界的公认，在学术界占有一席之地，这是全体委员共同努力、艰苦奋斗的结果。为了协会的长治久安，持续发展，今后我们要特别重视培养跨世纪人才，使我们协会后继有人，充满生机活力，要把50岁左右、40多岁、有造诣有管理能力的专家教授，逐步提到主要领导岗位上来，形成以常委为主体的核心领导。当然，老一代的领导人，也就是协会的第一代领导人，要继续努力工作，发挥中流砥柱的作用，当好后盾和伯乐。

在过去的10年里，协会中涌现了一批先进人物，他们为祖国的医疗卫生事业做出了突出贡献，根据会章表彰先进的规定，经酝酿和征求各方面的意见后，确定在第五届全国心力衰竭学术会开幕式上，对以下6位为协会建设及学术研究有显著成绩的委员，授予杰出贡献奖，他们是陈国伟、刘桂蕊、晁储璋、张开滋、张玉传、张子彬。本届会上授予杰出贡献奖的有祝善俊、苏哲坦、顾菊康、方卫华4位教授。

为加强国际学术交流，与国际接轨，以提高中国的心力衰竭防治水平，协会委托曾祥鸿副主任委员，利用参加世界心力衰竭学术会的机会，与世界心力衰竭协会建立联系，经过他的不断努力，终于确立了中国心力衰竭协会与世界心力衰竭协会的协作伙伴关系，他为中国心力衰竭协会走向世界做出了积极贡献。

四、大力开展科学研究，结出累累硕果

以协会委员为主体，先后主编出版了《充血性心力衰竭》《现代心脏内科学》《心电信息学》等有影响的专著，受到普遍好评，其中《现代心脏内科学》获中国第九届图书奖及卫生部科技进步二等奖，《充血性心力衰竭》（第二版）获得国内外多项奖励。

此外，根据第四届委员会的决定和提议，组织了全国多中心研究，已经完成和正在组织的有两项，其中心先安治疗心力衰竭的多中心研究即MCA-CHF研究从1997年11月开始，有50多家医院参加协作，历时一年多，于1998年年底结束，共完成1659份病例的观察，并写出总结和论文，分别在《美国中华心血管病杂志》及《临床心血管病杂志》发表，后者是阶段总结论文。协会委员所在医院积极参与研究，互相配合，密切协作，是整个研究的主体，协会的顾问真诚指导，刘力生、顾复生、阮景纯三位教授还对总结论文进行了审修，在全体协作医院的共同努力下，圆满完成了任务。协会将组织第二个多中心研究，希望各位委员积极参加。另外，希望今后组织更多的研究课题，如心力衰竭的流行病学调查，一些新药的验证等，充分发挥群体优势，出更多成果。

在此特别值得提出的是，我们协会制定的左室舒张功能障碍性心力衰竭诊断标准在天津会议上制定出试行标准，经两年的试用，在大连会议上进一步修订了这一标准，发表后为国内外所采用，日本的文献称中国天津标准，这是填补国内空白的成果，体现了我们协会的集体智慧和力量。在制定过程中，苏哲坦、刘桂蕊、张玉传三位教授付出了更多的辛勤劳动，吸取了大家的意见，反复修改，终于完成，并在《充血性心力衰竭》（第二版）及有关杂志上发表，最近也写进了《现代心脏内科学》（第二版）初稿中，总之，他们三位的劳绩是特别值得赞扬的。本届委员会还要进一步修订。

五、创办专业杂志，建立学术园地

一个学术组织要想不断发展，必须有自己的专业杂志，有自己的学术园

地，它的重要性不论怎样强调都不过分，这是协会各位委员们的共识。因此，在1991年的首届全国心力衰竭学术会上就提出创办心力衰竭杂志，会后经协会委员及杂志编辑部同志们的共同努力，1992年出了“心力衰竭杂志”创刊号，著名心血管病专家我们协会的顾问陈灏珠教授应邀写了创刊词，此后，以中国心力衰竭研究为主题，8年中共出刊30多期，发表论文4000余篇，积极配合历届学术会的召开，对协会的发展做出了突出贡献。但我们知道，这些杂志的出刊都是用《临床荟萃》及《医学综述》两杂志的刊号。

自1999年起，协会与美国中华医学会合办《美国中华心血管病杂志》，至今已出刊13期，发表论文600多篇，今后还准备创办中国心力衰竭杂志，对协会的发展是十分重要的。

六、存在的问题和今后的展望

我们协会虽然成立只有短短的10年，却取得了令人瞩目的成绩，这是可喜可贺的，这些成绩应归功于各级领导的关怀与支持，归功于协会顾问和全体委员的努力奋斗和辛勤劳动。展望未来，在满怀信心和希望跨入21世纪的时候，也必须清醒地看到我们前进中的一些困难，我们的工作还有许多不足，如协会经费困难，制约了协会工作的开展；协会没有脱产专职工作人员，都是兼职工作，超负荷运转，利用业余时间做协会的工作；协会委员及会员在全国的覆盖面还不够，个别省和自治区还是空白；办刊资金不足，办刊水平有待进一步提高；科研课题的深度与广度有待于进一步提高等。尽管如此，只要我们全体委员在各位顾问的指导下，总结过去，开拓未来，团结一致，齐心协力，克服困难，艰苦奋斗，顽强拼搏，勇往直前，我们就会在新的世纪中，开创新局面，做出新成绩，为祖国的医疗卫生事业做出我们应有的贡献！以上报告提请各位委员审议，请提出宝贵意见。

谢谢大家！

图 1-1-4　协会在平时举办的研讨班讲学专家合影

左起：马建群、赵铭山、张子彬、张文博、李跃荣、孙经武

第六届中国心力衰竭协会委员会名单

顾　问： 陈灏珠　方　圻　林传骧　刘力生　顾复生　都本洁　毛焕元　李天德　阮景纯　张文博　[日] 山泽堉宏

名誉主任委员： [美] 郑宗锷

主任委员： 张子彬

副主任委员：（以姓氏笔画为序）

方卫华　卢　兴　刘炳德　刘桂蕊　陈国伟　陈长熙　陈世波　吴树燕　苏哲坦　张玉传　张开滋　张承宗　祝善俊　黄永麟　郭继鸿　晁储璋　顾菊康　曾祥鸿

委　员：（以姓氏笔画为序，* 为常委）

马建群 *　方卫华 *　王沙南　王凤芝 *　孔宪明　卢　兴 *　白小娟 *　刘玉华　刘炳德 *　刘桂蕊 *　刘登岳 *　孙宝贵 *　任桂芝 *　陈长熙 *　陈世波 *　陈国伟 *　李跃荣　李隆贵 *　吴同果 *　吴振西 *　吴树燕 *

苏哲坦* 吾柏铭* 杨振民 杨曙光 张子彬* 张之炯 张开滋*
张玉传* 张 运 张承宗* 张 麟 侯应龙 郑发昌* 郑义通
郑宗锷* 郑 刚 范迪钧 祝善俊* 姜志荣 顾菊康* 黄永麟*
郭继鸿* 晁储璋* 高改地* 唐其柱* 曹永荣 程晓曙 萧明第*
傅向阳* 曾祥鸿* 蔡智荣 魏经汉*

秘书长：晁储璋（兼）

副秘书长：吴同果（兼） 马建群（兼）

秘 书：李跃荣（兼） 泮 光

中国心力衰竭协会

2001年5月27日

左室舒张功能障碍性心力衰竭的诊断修订标准

中国心力衰竭协会（CHFA）

与左室收缩性心力衰竭比较，左室舒张功能障碍性心力衰竭有其不同特点，国内外尚无统一诊断标准。为了临床诊治的需要，中国心力衰竭协会（CHFA）召开的第二届全国心力衰竭学术会（1993年10月·天津）制定，第六届全国心力衰竭学术会（2001年5月·无锡）进行第二次修订，现收录于下。

1 诊断依据

1.1 有肯定的左室充血性心力衰竭的临床表现；伴有易引起舒张功能障碍的心脏病，如高血压病、冠心病、肥厚型心肌病、主动脉瓣狭窄、心肌淀粉样变等；但无瓣膜反流、心内异常分流存在。

1.2 体检无心界扩大或仅轻度增大。

1.3 胸部X线检查示明确的肺瘀血而心影正常或稍大。

1.4 心电机械图检查。

1.4.1 收缩功能指标正常。

1.4.2 舒张功能指标异常：左室等容舒张期（IRP）延长（＞100 ms），快速充盈期（REP）缩短（＜110 ms），缓慢充盈期（SFP）延长（＞250 ms）。

1.5　超声心动图检查 M 型或二维超声心动图检查，左室舒张末期内径（LVEDD）无增大或稍大，室壁厚度增厚或正常，左室射血分数（LVEF）正常（＞50%），左室内径缩短率＞25%，二尖瓣 EF 斜率减低。

1.6　多普勒超声心动图检查。

1.6.1　左室收缩功能参数正常。

1.6.2　A 诊断左室舒张功能障碍的基本标准见表 1。

表 1　诊断左室舒张功能障碍的基本标准

	正常		异常	
	正常成人	松弛障碍	假正常充盈	限制性充盈
E/A（cm/s）	＞1	＜1	＞1	＞1
DT（ms）	＞150	＞200	＞130	＜130

1.6.2 B 诊断左室舒张功能障碍的综合标准见表 2。

表 2　诊断左室舒张功能障碍的综合标准

	正常		异常	
	正常成人	松弛障碍	假正常充盈	限制性充盈
E/A（cm/s）	＞1	＜1	＞1	＞1
DT（ms）	＞150	＞200	＞130	＜130
IVRT（ms）	＜100	＞100	60～100	＜60
S/D	＞1	＞1	＜1	＜1
AR（cm/s）	＜35	＜35	＞35	＞35
VP（cm/s）	＞45	＜45	＜45	＜45
Em（cm/s）	＞8	＜8	＜8	＜8

注：E/A：早期与晚期（心房收缩）峰充盈速度比值；DT：E 峰减速度时间；IVRT：等容舒张时间；S/D：收缩至舒张期肺静脉血流比率；AR：肺静脉房缩期峰反转血流速度；VP：彩色 M-多普勒超声心动图血流扩散速度；Em：心肌舒张早期峰速度。

1.7　放射性核素心血管造影检查　左室射血分数（LVEF）正常，峰值射血率（PER）正常（＞2.5EDV/s），高峰充盈率（PFR）降低，高峰充盈时间（TPFR）延长，前1/3充盈率（1/3FR）减少。

1.8　心导管检查和心血管造影。

1.8.1　左室射血分数正常。

1.8.2　舒张期左室压力下降速率（-dp/dt）减慢，舒张期左室容积与压力关系（ΔP/ΔV）增大。

2　判断方法

2.1　符合前5项加1.6.2A者，可作临床诊断（符合前5项者，在基层医疗单位也可作临床诊断）。

2.2　符合前6项者或符合前5项加1.6.2A和7或8任1项者可确定诊断。

上述标准比较具体，可供临床诊断时参考，应在实践中不断修订，使之逐步完善，切实可行。为方便基层医务人员应用，还可将标准简化如下：①临床上存在可导致左室舒张功能障碍的心血管疾病；②有呼吸困难等左心力衰竭症状；③体检和X线检查示肺瘀血；④左室不大或稍大，左室射血分数＞50%。

第七届全国心力衰竭学术交流会

本届会于2003年4月21日至26日在山东省泰安市召开，收到应征论文300余篇，有近150名代表参加了学术交流会。20日晚召开全委会，主任委员张子彬教授做了题为“与时俱进，开创协会工作新局面”的工作报告，全面总结了协会成立12年来的巨大成绩和宝贵经验，并提出今后的任务，经委员审议一致通过了这份报告。随即进行换届投票选举，晁储璋副教授当选为第七届委员会主任委员，按协会章程规定授予张子彬教授名誉主任委员称号。

在21日上午举行的开幕式上，张子彬教授致开幕词，著名心血管病专家陈灏珠院士及张运院士应邀出席本届学术会，并做了内容丰富的学术报告。同时举行《充血性心力衰竭学》《现代心脏内科学》《临床心电信息学》三书首发式，三书的主编均为协会的主任委员或副主任委员，作者大部分为协会委员。本届会增选胡大一、张运两位教授为协会顾问。

对陈灏珠、顾复生、张文博3位教授授予伯乐奖，向刘炳德、曾祥鸿、吴同果、马建群四位教授颁发“杰出贡献奖”。会上除代表学术交流外，还邀请心血管病专家讲学及答疑。

为了本次学术会的顺利召开，于2月24日在泰安市召开了筹备会，研究各项准备工作，出席会议的有：张子彬、刘炳德、张玉传、马建群四位教授及晁储璋副教授。3月10日张子彬教授以主任委员名义，向第六届全体协会委员发出通知，说明七届会的主要任务和安排，强调本次全委会是协会领导新老交替、继往开来、共商前程的一次重要会议，要求各位委员准时出席。

本届会是协会发展史上的一次极为重要的会议，具有里程碑的重大意义，对协会以后的发展产生深远影响。

第七届全国心力衰竭学术交流会暨三书首发式
开幕词

尊敬的各位领导、各位来宾、各位代表：

第七届全国心力衰竭学术交流会及《充血性心力衰竭学》《现代心脏内科学》《临床心电信息学》三书首发式现在开幕了！首先请允许我代表中国心力衰竭协会向来自全国的各位专家学者、各位领导和各位代表表示热烈欢迎和亲切的问候！

中国心力衰竭协会顾问、德高望重的著名心血管病专家陈灏珠院士、张运院士、张文博教授应邀参加大会，并作精彩的学术报告。协会各位顾问多年来对我们的各项工作，都给予热情关怀和亲切指导，这次在百忙中应邀出席大会，是对我们的巨大支持和极大鼓舞，让我们以热烈的掌声表示诚挚的谢意！

在本次大会上首发的3本书，由中美专家合著，其主编为我们协会的主任、副主任委员，是我们协会和心电信息学分会的代表性巨著，出版后必将产生深远的影响，促进临床医疗及学术研究的发展，在此向3本书的出版表示热烈祝贺。

为了本次学术会议的顺利召开，于今年2月24日在泰安市召开了筹备会，我主持了会议，会上研究了本次学术大会的筹备工作和总体安排。会务组为本次学术会做了大量深入细致的准备工作，及时印出了论文汇编及各种资料，为会议的顺利召开付出了辛勤劳动，做出了积极贡献。

昨天晚上召开了第六届心力衰竭协会全委会，听取了我的工作汇报，研究了今后任务，选举产生了第七届协会委员会，增选两位协会顾问，他们是张运院士及北京大学人民医院胡大一教授。全委会的名单将在大会后公布并寄送各委员。希望新一届协会领导集体，团结一致，勤奋工作，遵照会章的要求，不负众望，完成全委会的各项任务，为协会发展和我国医疗卫生事业做出新的贡献。在全委会上，我因年事已高和健康原因，请求从主任委员的位置上退下来，让中年专家脱颖而出，担负重任，更有利于协会的持续发展，我的请求得到各委员的理解和认可，并根据协会会章第九条的精神授予我名誉主任委员称号。我是中国心力衰竭协会的创建人和奠基者，从1991年协会成立至今担任第一至第六届委员会主任委员，为协会的创建和发展做出了重要贡献，1999年5月授予我杰出贡献奖。

回顾既往，中国心力衰竭协会自1991年在首届全国心力衰竭学术交流会上成立以来，至今已走过了12年的光辉历程。协会在卫生部、中华心血管病学会和广大会员的共同努力下，在各方面工作都取得了显著成绩。主要有以下几方面：每两年召开一次全国心力衰竭学术交流会，迄今已成功地举办了六届；每五年左右修订再版协会的专著《充血性心力衰竭》，1997年出版第二版，2002年第三季度出修订第三版，并获得国家出版基金资助，今年印出了新版；1993在国内首先制定了“左室舒张功能障碍性心力衰竭诊断参考标准”，为国内外所采用，第六届学术会又进行第二次修订；制定了协会的章程，发展了大批会员，协会队伍不断壮大，协会委员会的组织建设不断加强。在1997年5月25日青岛市召开的第四届全国心力衰竭学术交流会上，各委员进行分工，建立专业组，以后在心电学和心功能学组的基础上成立了中国心电信息学分会，由协会副主任委员张开滋教授任分会主任委员，6年来他们开展了许多学术活动，做了大量工作，取得了可喜成绩；从1997年至1999年协会成功地组织了由全国50多家医院参加的多中心临床试验研究，即MCA-CHF研究，共完成观察患者1659例，总结论文及阶段总结论文分别发表在《美国中华心血管病杂志》和《临床心血管病杂志》上；创办了心力衰竭杂志，以中国心力衰竭研究为主题，出刊30多期，发表论文4000余篇。自1999年起与美国中华医学会合办《美国中华心血管病杂志》，已出刊8期，发表论文近400篇；为了与国际接轨，加强国际学术交流，协会副主任委员曾祥鸿教授出席历届世界心力衰竭学术大会，并与世界心力衰竭协会建立了协作伙伴关系。总之，在短短的12年中，协会的工作有了长足发展，结出了累累硕果，为我国的医疗卫生事业做出了积极贡献，这一切成绩应归功于各位顾问的精心指导和全体委员及会员们的努力奋斗。在此，我还要特别说明的是，协会创建和各种工作的开展，都得到了滨州医学院及泰山医学院的大力支持和热情关照，让我们以热烈的掌声一并表示深切的谢意！

在此大会开幕之际，我要向多年来给予我亲切关怀和指导的各位顾问致以崇高的敬意！向大力支持我工作的各位委员及广大会员表示衷心感谢！

各位代表，让我们齐心协力，密切合作，把这次学术会开成一个气氛活跃、学术气氛浓厚、硕果累累的大会。第七届全国心力衰竭学术会是21世纪第二次大会，承前启后，继往开来，意义重大，希望会后在已有成绩的基础上，再接再厉，戒骄戒躁，奋发进取，顽强拼搏，为我国医疗卫生事业和心血管病的防治做出更大贡献。

最后，预祝大会取得圆满成功，祝各位代表身体健康，心情愉快，高兴而来，满载而归。谢谢大家！

中国心力衰竭协会名誉主任委员　张子彬

2003年4月21日　山东泰安

与时俱进，开创协会工作新局面

——在中国心力衰竭协会第七届委员会全委会上的工作报告

（2003 年 4 月 20 日）

张子彬

各位领导、各位委员：

今年中国心力衰竭协会成立 12 周年，现在我代表第六届委员会常务委员会简要汇报协会成立 12 年来的工作，请各位领导和委员审议。

12 年来，协会在卫生部、中华医学会心血管病学分会等有关领导的亲切关怀与大力支持下，在医学界老前辈协会各位顾问的热情指导下，通过各位委员及广大会员的共同努力，协会在各项工作中都取得了突出成绩，所开创的事业有了长足发展。现在让我们共同回顾过去，继往开来，总结经验，吸取教训，以便今后与时俱进，进一步开创协会工作的新局面。

一、中国心力衰竭协会成立的历史背景和过程

1977 年至 1978 年滨州医学院领导派我赴上海胸科医院心内科进修深造，我的导师是胡丽霞教授。学习期间经常到上海医科大学附属中山医院参观学习，多次听过陈灏珠教授、姜楞教授等讲学。在临床工作中经常遇到心力衰竭患者，并注意总结积累心力衰竭患者的诊治体会，特别是各位专家的宝贵经验和讲学介绍，我都仔细记录，在沪学习的笔记有 100 多万字。当时 10 年“文化大革命”刚结束不久，我国的医学严重滞后，较国外有很大差距，正处在复苏阶段。虽然心力衰竭患者较常见，但国内尚无关于心力衰竭的专著，教科书及内科学著作中对心力衰竭的介绍较简单，各位专家的讲学有关心力衰竭方面的内容是散在和零星的，在此情况下我觉得国内很需要一本关于心力衰竭的专著，系统介绍心力衰竭的基础理论和临床诊治，于是我萌发了撰写一本关于心力衰竭小册子的念头，这一想法首先得到了我的导师胡丽霞教授及我院张文博教授的大力支持。在沪学习期满返院后，利用业余时间，整理学习笔记，总结临床诊治心力衰竭患者的体会，经过 1979 年下半年的努力，

20多万字的《心力衰竭》一书的初稿终于完成，其中小儿心力衰竭特点一节由我院小儿科黄薇教授撰写。经胡丽霞、张文博两位教授审阅初稿后，1980年《心力衰竭》小册子问世，印刷2万册，3个月的时间销售一空。此后，来自全国的求购函每年数以百计，读者的迫切需要促使我在原书的基础上增加新内容，于1985年主编《心力衰竭》一书，1986年在山东科学技术出版社出版，字数增至近40万字，作者增至5位，印刷近1万册，在较短时间内脱销，每年都接到大量读者来信，要求尽快修订再版，以应急需。随着心力衰竭患者的逐年增多，有关心力衰竭的研究引起了医学界的广泛关注。我觉得为了进一步提高《心力衰竭》一书的编写质量，应邀请国内外的专家共同编著，并将上述设想向滨州医学院领导做了汇报，有关领导对此十分重视，大力支持并召开编委会。经过一段时间的筹备，于1990年6月8日至9日，在青岛市召开了心力衰竭编委会，为便于各位专家教授的参加，会议名称为“全国心力衰竭专题研讨会”，来自北京、天津、上海、广州、沈阳、大连及山东省的近20位专家到会。我院领导派科研处李治淮处长到会组织和祝贺，并大力资助了本次会议。本次会议由滨州医学院主办，青岛医学院附属医院协办。会上除详细讨论了《心力衰竭》一书的修订外，我根据会前征求的各位专家的意见，在会上提出为了便于今后关于心力衰竭专题的学术交流，以《心力衰竭》编委会为基础成立全国心力衰竭学术团体，召开全国心力衰竭学术交流会议，创办专业刊物，这一提议得到了与会专家的一致赞同，并确定首届全国心力衰竭学术会在山东省泰安市召开，时间为1991年10月下旬，由《心力衰竭》编委会组织，由泰山医学院附属医院、滨州医学院附属医院及《临床荟萃》杂志社负责具体筹备工作。在全体编委会委员的共同努力下，经1年多的准备，1991年10月21日至28日首届全国心力衰竭学术交流会在泰安市隆重召开，会上除专家讲学、论文交流外，以《心力衰竭》编委会为基础的中国心力衰竭协会正式宣布成立，《心力衰竭》编委会的顾问、主编、副主编、编委担任了协会的顾问、主任委员、名誉主任委员、副主任委员和委员，同时决定每两年召开一次全国心力衰竭学术交流会，创办心力衰竭专业杂志。会议期间，协会的代表作《充血性心力衰竭》一书第一版出版问世，分发给各位代表，受到热烈欢迎，并确定每5年左右修订再版一次。首届全国心力衰竭学术会为以后协会的工作奠定了基础，取得了宝贵经验，到会专家、教授及各位委员是协会成立的见证人，他们的劳绩将记入中国心力衰竭协会的史册。现在让我们一起来回顾这段历史，了解协会产生的背景，不难看出，《充血性心力衰竭》一书是产生协会的基础，是联系各位委员的纽带，是联系读者、会员与协会的桥梁。

二、过去12年的主要工作和基本经验

12年来，协会完成了以下主要工作。

（一）定期召开全国心力衰竭学术交流会

从1991年起，每两年召开一次全国心力衰竭学术交流会。正如以上所提到的，首届会在山东省泰安市召开，原卫生部部长陈敏章教授为大会题写了贺词，山东省卫生厅及医学会领导到会祝贺，著名心血管病专家、全国政协两位常委陈灏珠教授和都本洁教授出席会议指导，并做了精彩的学术报告。健康报、中国医学论坛报、中华医药导报、山东电视台及滨州医学院院报及时报道了大会盛况，本次会收到应征论文1300多篇，到会代表750人，大会取得了圆满成功。时任泰山医学院附院院长的刘炳德教授及科研科晁储璋科长等同志为大会的召开做了大量工作，付出了辛勤劳动，他们的劳绩是特别值得赞扬的。

第二届全国心力衰竭学术交流会于1993年10月25日至28日在天津市召开，会上除论文交流及专家讲学外，还讨论制定了“左室舒张功能障碍性心力衰竭诊断标准”，填补了国内空白。

第三届全国心力衰竭学术会于1995年5月21日至26日在大连市召开，会上通过了“中国心力衰竭协会章程”，会章规定了协会的性质、任务、会员权利与义务、组织机构等条款。会章第十七条规定协会会址设在滨州医学院附属医院，第三条第三款规定协会主办《心力衰竭杂志》，杂志社设在泰山医学院附属医院。多年来既有分工，又进行卓有成效的合作，与各位委员一道共同完成了协会规定的主要任务。

第四届全国心力衰竭学术交流会于1997年5月25日至29日在青岛市召开，大会期间召开的全委会上，为了更好地开展工作，成立了专业学科组，进行分工，密切协作，为以后取得的突出成绩发挥了重要作用。会上首次提出成立心功能心电信息学组，同时还酝酿组织进行多中心临床试验，第一个要验证的药物是新型强心剂“心先安”，同年11月正式开始此项科研工作。

第五届全国心力衰竭学术交流会于1999年6月1日至4日在烟台市召开，会间除常规的讲学及论文交流外，协会组织的多中心临床试验经1年多的共同努力，已圆满完成，在大会上宣读了研究总结论文，成为本次大会的主题。

第六届全国心力衰竭学术会于2001年5月28日至6月2日在无锡市召开，本次会议正遇协会成立10年，举行了隆重的庆祝活动，总结了10年来协会工作取得的成绩，表彰了做出杰出贡献的专家，同时第二次修订了“左室舒张功能障碍性心力衰竭诊断标准”，会议期间同时召开首届全国心电信息学学术交流会。心电信息学组经4年发展升格为中国心电信息学分会。陈灏珠院士光临会议指导，并在开幕式上发表了热情洋溢的讲话，接着做了内容丰富的学术报告。本次会与往届一样取得了圆满成功。

每次会议的东道主，如天津医科大学第二附院的刘桂蕊教授，大连市210医院的王沙南主任、青岛大学医学院附属医院的任桂芝教授、无锡市二院的郑义通院长等都为各次学术会做了大量会务工作，为大会的顺利召开做出了重大贡献，我在各次学术会的开幕词中分别给予表彰和致谢，他（她）们的功绩将记入协会的史册。

（二）按时修订再版协会专著《充血性心力衰竭》

前已提及《充血性心力衰竭》一书是中国心力衰竭协会的代表作，是协会产生的基础，1991年出第一版，71余万字，作者41位。1997年出修订第二版，字数增至98万字，作者增至56位。该书多次获奖，受到广大读者的欢迎和国内外专家的好评，并在国内外5种杂志发表了专家的书评，给予热情鼓励和褒奖。本书曾在美国华盛顿作为优秀科技著作展出，受到国外朋友的赞扬。本书第二版1999年12月获得世界传统卫生组织（WTHO）圣塔莫尼卡科技进步一等奖。因内容涉及范围更广泛，更丰富，更系统，故第三版书名改为《充血性心力衰竭学》，字数增至175余万字，作者增至80余位，包括中国、美国和澳大利亚的专家学者。《充血性心力衰竭学》的组稿、撰写、统稿、出版等工作请协会副主任委员——本书第三主编、滨州医学院附院心内科主任张玉传教授向全委会做专题汇报，他在上述工作中，不顾白天日常工作的繁忙，经常夜以继日，辛勤耕耘，为本书的及时出版做出了重大贡献。

回顾20多年的历史，本书是一部关于心力衰竭专题的系列专著，由1980年的20多万字的小册子，发展到现在成为175万字的巨著，有的专家在评论时说，本书是一部关于心力衰竭的百科全书。协会专著的按时修订再版，不仅浸透了作者们的心血和汗水，也反映了国内外对心力衰竭研究的不断深入，心力衰竭防治事业的蓬勃发展，它是全体编委智慧的结晶，是作者们辛勤劳动、不懈努力的科研成果。希望各位委员继续积累资料，不断总结经验，使5年后的再版书以崭新的面貌呈现在读者面前。

（三）组织建设不断加强，协会工作迅速发展

中国心力衰竭协会于1991年10月28日在山东省泰安市成立，第一届委员会有顾问5名，名誉主任委员1名，主任委员1名，副主任委员13名，委员27名，秘书3名。

第二届委员会产生于1993年10月25日第二次全国心力衰竭学术会议上，委员人数增至28名；第三届委员会建立于1995年5月21日在大连市召开的第三次全国心力衰竭学术会议上，委员增至36位；第四届委员会产生于1997年5月25日在青岛市召开的第四次全国心力衰竭学术会上，顾问增至7位，委员增至47位，并进行了专业分工，成立学术研究部，下设流行病学、基础研究、心功能心电信息、临床医学、诊断标准、介入诊断治疗等专业组，在心功能心电信息专业组的基础上，成立了中国心电信息学分会；第五届委员会增至51位委员，第六届委员会增加至53位委员，不断充实新鲜血液，增加新生力量。本届会还要增补部分新委员，他们和往届增补的新委员一样大都是中青年学科带头人，学术造诣深，成就卓著，思维敏捷，善于创新，

代表着协会的未来。此外，协会会员人数不断增多，迄今已有近2000名，一批又一批医务工作者参加到协会中来，他们积极支持协会工作，热爱心力衰竭的防治事业。为了规范协会的工作，必须建立自己的会章，于1993年12月制订了草案，经广泛征求意见和讨论后，于1995年5月21日第三届全委会在大连市通过实施。从以上我们可以看出，协会组织建设不断加强，队伍不断壮大，事业不断发展，全国大多数省、自治区和直辖市都有了我们的委员和会员，作为一个民间学术团体，经过12年的发展，已得到了医学界的公认，在学术界占有一席之地，这是全体委员共同努力，艰苦奋斗的结果。

为了协会的长治久安，持续发展，使我们协会后继有人，充满生机活力，我们要把50多岁、40多岁、有造诣有管理能力的专家教授，逐步提到主要领导岗位上来，形成以常委为主体的核心领导。当然，老一代的领导人，也就是协会的第一代领导人，要继续努力工作，发挥中流砥柱的作用，当好后盾和伯乐。

为扩大协会的影响，拓宽工作面，争取上级学会的领导，经征求部分协会副主任委员意见并达成共识后，委托晁储璋秘书长联系参加中国保健科技学会，成立心力衰竭专业委员会，此项工作由晁秘书长向全委会汇报。

在过去的12年里，协会中涌现了一批先进人物，他们为祖国的医疗卫生事业做出了突出贡献，根据会章第九条表彰先进的规定，经酝酿和征求各方面的意见后，确定在第五届全国心力衰竭学术会开幕式上，对以下6位为协会建设及学术研究有显著成绩的委员，授予杰出贡献奖，他们是陈国伟、刘桂蕊、晁储璋、张开滋、张玉传、张子彬6位教授。在第六届会上授予杰出贡献奖的有祝善俊、苏哲坦、顾菊康、方卫华4位教授。本届会上经初步酝酿和筹备会讨论，提名对陈灏珠院士、顾复生教授、张文博教授3位顾问授予伯乐奖，对刘炳德、曾祥鸿、吴同果、马建群4位教授颁发杰出贡献奖。对退下来的老一代委员，给予相应名誉称号。

为加强国际学术交流，与国际接轨，以提高中国的心力衰竭防治水平，协会委托曾祥鸿副主任委员，利用参加世界心力衰竭学术会的机会，与世界心力衰竭协会建立联系，经过他的不断努力，终于确立了中国心力衰竭协会与世界心力衰竭协会的协作伙伴关系，他为中国心力衰竭协会走向世界做出了积极贡献。

（四）大力开展科学研究，结出累累硕果

以协会委员为主体，先后主编出版了《充血性心力衰竭》《充血性心力衰竭学》《现代心脏内科学》《临床心电信息学》等有影响的专著，受到普遍好评，其中《现代心脏内科学》获中国第九届图书奖及卫生部科技进步二等奖。此外，根据第四届委员会的决定和提议，组织了全国多中心研究，其中，心先安治疗心力衰竭的多中心研究即 MCA-CHF 研究，从 1997 年 11 月开始，国内有 50 多家医院参加协作，历时一年多，于 1998 年年底结束，共完成 1659 份病例的观察，并写出总结和论文，终结论文在 UCJA 上发表，阶段总结论文在《临床心血管病杂志》上发表。协会委员所在医院积极参与研究，互相配合、密切协作，是整个研究的主体，协会的顾问真诚指导，刘力生、顾复生、阮景纯、张文博 4 位教授还对总结论文进行了审修，在全体协作医院的共同努力下，圆满完成了任务。此项研究成果除在国内学术会上交流外，经国家有关部门推荐，分别参加了德国汉堡、美国洛杉矶、西班牙巴塞罗那国际学术会，在大会上交流，引起国外同行关注，给我国增光，心先安一药是我国专家首先研制成功的，为我国争得了荣誉。

在此特别值得提出的是，我们协会制定的左室舒张功能障碍性心力衰竭诊断标准，1993 年在天津学术会议上制定出试行标准，经两年的试用，在大连学术会议上进一步修订了这一标准，发表后为国内外所采用，日本的文献称中国天津标准，这是填补国内空白的成果，体现了我们协会的集体智慧和力量。在制定过程中，苏哲坦、刘桂蕊、张玉传 3 位教授付出了更多的辛勤劳动，吸取了大家的意见，反复修改，终于完成，并在《充血性心力衰竭》（第二版）及有关杂志上发表，也写进了《现代心脏内科学》（第二版）中。第六届委员会进行了第二次修订，已写进《充血性心力衰竭学》一书中，总之，他们 3 位的劳绩是特别值得赞扬的。

（五）创办专业杂志，建立学术园地

一个学术组织要想不断发展，必须有自己的专业杂志，有自己的学术园地，它的重要性不论怎样强调都不过分，这是协会各位委员们的共识。因此，在1991年的首届全国心力衰竭学术会上就提出创办心力衰竭杂志，会后经协会委员及杂志编辑部同志们共同努力，1992年出了《心力衰竭杂志》创刊号，著名心血管病专家我们协会的顾问陈灏珠教授应邀写了创刊词，此后，以中国心力衰竭研究为主题，8年中共出刊30多期，发表论文4000余篇，积极配合历届心力衰竭学术会的召开，对协会的发展做出了突出贡献。但我们知道，这些杂志的出刊都是用《临床荟萃》及《医学综述》两杂志的刊号。两种杂志的主编刘桂蕊教授为多次学术会的召开和圆满成功做出了重大贡献。

12年来，负责申办协会专业杂志的泰山医学院附属医院刘炳德教授及晁储璋副教授，不辞劳苦，做了大量深入细致的工作，付出了巨大努力，虽然由于种种原因尚未申办成功，但他们坚持不懈的精神和付出的辛劳是令人敬佩的。现在使我们欣喜的是申办专业杂志工作已有了明显进展，有希望在较短时间内申办成功，此项工作由晁秘书长作专题汇报。

（六）收支平衡，稳步发展

我们协会是民间学术团体，各项工作都没有国家拨款，全靠自力更生，艰苦奋斗来创业。12年来，以泰山医学院附属医院同志们为主的会务组，在召开学术年会、出版杂志等各项活动中，精打细算，努力增收节支，保证了协会基本收支平衡，稳步发展。据会务组的汇报，首届学术会的节余用于购买了杂志编辑部的微机等排版和办公设备，第二至六届学术会收支大体平衡，有时略有节余，用于平时办公和活动经费。本次会议的节余，将用于申办协会专业杂志和缴纳上级学会的管理费。会务组的同志们在每次学术会期间，日夜奋战，十分辛苦，做了大量工作，保证了大会的顺利召开，我在每次学术会开幕式致辞中都表扬了他们的吃苦耐劳和无私奉献的可贵精神。

（七）回顾过去12年走过的历程，我们的成绩来之不易，应十分珍惜

我们可总结如下基本经验，对指导今后工作是至关重要的。

1. 认真贯彻执行国务院关于社会团体管理条例，这是协会做好工作的可靠保证。

2. 紧紧依靠卫生部、民政部、上级学会的领导，在各位顾问的指导下开展工作，并努力争取协会会址所在地滨州医学院及杂志编辑部所在单位泰山医学院附属医院领导的大力支持，这些是协会持续发展的基础。

3. 委员会内要团结一致，分工协作，充分发挥和调动各委员的积极性，严格按会章办事，执行民主集中制，重要工作要认真听取和征求各位委员的意见与建议，这是做好各项工作的必要条件。

4. 发扬艰苦奋斗，勤俭创业的精神，“以会养会，以杂志养杂志”是我们开展工作的基本原则，用会务费和公司厂家参展费保证学术会的召开，用版面费和广告费维持杂志的不断发展，两者应独立核算，但又可互相支持。这两方面的工作要靠全体委员和广大会员共同努力来完成。

5. 加强组织建设，壮大协会队伍。

6. 努力争取国内各兄弟杂志的大力支持，过去12年里各兄弟杂志在刊出会讯、书讯中发挥了重要作用。

7. 协会代表作《充血性心力衰竭》一书的编委会是协会产生和发展的基础，从热爱心力衰竭专业，有造诣的编委会委员中输送了一批批专家到协会委员会中来，增加了新鲜血液，充实了协会队伍，保持了强大生命力。在任何时候都必须牢记协会产生的这个基础。

三、对今后工作的建议

1. 每5年左右一版的协会代表作《心力衰竭》专著要按时修订再版，并且要不断提高质量，保持在国内的领先地位。下一版应在2005年召开的第八届学术会上做准备，在2009年第九届学术会上出新修订版。

2. 每两年一度的全国心力衰竭学术年会，要不断提高学术水平，选送更多高质量的论文到会交流。

3. 由协会组织，或由协会的数位成员单位牵头，进行我国心力衰竭的流行病学调查，在足够大的样本基础上统计出我国心力衰竭患者的发病率、死亡率、病因构成比等资料。

4. 组织多中心临床试验研究，总结出ACEI、β阻滞剂等药物适合国人的目标剂量、最大耐受量及维持量，改变照抄国外欧美西方人剂量的局面。在此以前借鉴西方循证医学研究成果作为过渡，也是必要的。以上两项研究费用较多，可争取有实力的公司与厂家赞助，也可申请国家自然科学基金资助。有条件时，亦可建立协会的基金支持科研项目。

5. 下一次全委会应修改、补充、完善协会的会章，会前做好酝酿，广泛吸取各委员的意见，由常委会提出修改草案供讨论。以后增补的新委员，重点是尚无委员的省和自治区。以后学术会的收入应执行会章第十六条第（二）款。

6. 走中西医结合道路，发挥祖国医学的优势，组织中西医专家协作攻关，寻找治疗心力衰竭的有效药物和合理方案。

各位顾问、各位领导、各位委员，由于个人总结能力所限，协会成立12年来的巨大成绩，在我的总结中很可能有许多遗漏，请各位给予补充；另一方面，工作中难免有缺点和不足，是个人管理和领导水平不高所致，请各位批评指正。

我们协会成立虽然只有短短的12年，却取得了令人瞩目的成绩，这是可喜可贺的，这些成绩应归功于各级领导的关怀与支持，归功于顾问和全体委员的努力奋斗和辛勤劳动，借此机会我向各位顾问和全体委员致以崇高敬意！衷心感谢12年来给予我的亲切指导与大力支持！

回顾过去，成绩斐然；展望未来，任重道远。“长江后浪推前浪，一浪更比一浪高”，深信在新一届心力衰竭协会领导的正确带领下，团结一致，齐心协力，克服困难，艰苦奋斗，顽强拼搏，勇往直前，与时俱进，开创协会工作的新局面，为祖国的医疗卫生和心力衰竭防治事业做出更大的贡献！以上报告请各位委员审议，请提出宝贵意见。

谢谢大家！

关于召开第六届中国心力衰竭协会全委会的通知

尊敬的　　教授（主任）、委员：

您好！

为召开第六届协会全委会及第七次全国心力衰竭学术交流会，最近在山东省泰安市举行了筹备会，定于4月20日全天报到，晚7时召开全委会及大会预备会，希望您准时参加，有关事项详见会议通知。

今年是协会成立12周年，12年来通过全体委员的共同努力，协会工作取得了显著成绩。每两年召开一次学术交流会；每5年修订一次协会的代表作《充血性心力衰竭》，迄今已出了三版；制定并两次修订了左室舒张性心力衰竭诊断标准，填补了国内外空白；组织了MCA-CHF多中心研究，在国内及国际学术会上交流，受到好评；创办专业杂志，出刊30多期，发表论文4000余篇；和国际接轨，与世界心力衰竭协会建立了协作伙伴关系；加强组织建设，协会队伍不断壮大，以协会为基础申请参加中国保健科技学会，已被批准成立心力衰竭专业委员会。总之，这些成绩来之不易，应倍加珍惜。在全委会上将要向大家做详细工作汇报。

按照协会会章的规定，协会会址设在滨州医学院附属医院，负责整个协会工作（召开年会、出修订《心力衰竭》一书、组织多中心研究和修订诊断标准、组织建设等）；协会的专业杂志编辑部设在泰山医学院附院，负责杂志的创办及年会的具体会务工作等。4月20日的全委会上要投票选举主任委员，增补各级委员，讨论今后工作，为保持协会的连续性，我希望仍按原来的分工工作。即将成立的心力衰竭专业委员会领导成员与协会委员会一致。

《充血性心力衰竭》一书是协会产生的基础，第三版更名为《充血性心力衰竭学》，增加第三主编——协会副主任委员滨州医学院附属医院心内科主任张玉传教授。该书经国家科技著作出版基金委员会严格评审，批准给予国家基金资助，今年4月出版一次，其中有著名心血管病专家陈灏珠院士及方圻教授的题词，到会委员每人赠送一本，一般代表自愿购买。

大会开幕式后举行《充血性心力衰竭学》《现代心脏内科学》《临床心电信息学》三书首发式，由陈院士主持并讲话。3本书的主要顾问、主审及作者均为协会成员。

会上将授予陈灏珠、顾复生、张文博3位顾问“伯乐奖”，授予刘炳德、曾祥鸿、吴同果、马建群4位教授“杰出贡献奖”。

本次全委会是协会领导新老交替、继往开来、共商前程的一次重要会议，请您务必安排好工作准时出席为盼。

欢迎您对本次会提出宝贵意见和建议。期待与您在泰山脚下相见，欢聚畅谈。联系电话：0543-3256663。

祝您

泰山之行一路顺利！

中国心力衰竭协会主任委员

张子彬

2003年3月10日

第七届中国心力衰竭协会委员会名单

顾　问：陈灏珠　方　圻　刘力生　顾复生　毛焕元　李天德　阮景纯　张文博　[日]山泽堉宏　苏哲坦　黄永麟

名誉主任委员：[美]郑宗锷　张子彬

主任委员：晁储璋

副主任委员：（以姓氏笔画为序）

马建群　方卫华　卢　兴　刘炳德　刘桂蕊　陈长熙　陈国伟　陈世波　吴树燕　吴同果　张开滋　张玉传　张承宗　祝善俊　唐其柱　郭继鸿　顾菊康　曾祥鸿　卢喜烈

委　员：（以姓氏笔画为序，*为常委）

马建群*　方卫华*　王沙南　王凤芝*　孔宪明　卢　兴*　白小娟*　刘玉华　刘炳德*　刘桂蕊*　刘登岳*　孙宝贵*　任桂芝*　李跃荣

李隆贵　陈长熙*　陈国伟*　陈世波*　吴同果*　吴振西*　吴树燕*
吾柏铭*　杨振民　杨曙光　张子彬*　张之炯　张开滋*　张玉传*
张　运*　张承宗*　张　麟　侯应龙　郑义通　郑发昌*　郑宗锷*
郑　刚　范迪钧　祝善俊*　姜志荣　顾菊康*　郭继鸿*　晁储璋*
高改地*　唐其柱*　曹永荣　程晓曙　萧明第*　傅向阳*　曾祥鸿*
蔡智荣　魏经汉　杨　波　伍贵富*　叶　波*　许　原*　马向荣*
赵　峰*　赵元淮*　卢喜烈*　王志毅*　王红宇*　孟庆华　白英烈
刘仁光　曲秀芬　陈清启　刘子文　陈锦明　吴维政　谢正祥
钟杭美

秘书长：吴同果（兼）

副秘书长：马建群（兼）杨波（兼）

秘　书：李跃荣（兼）肖　强　闫承军

中国心力衰竭协会

2003 年 4 月 · 泰安

第八届全国心力衰竭学术研讨会

本届会是协会迄今唯一的一次研讨会，于 2007 年 12 月 22 日至 23 日在广州市举行。会上有数位专家讲学，向学员发讲义 1 本，从会议通知及开会欢迎词中可以看出是由广州红十字会医院主办。会前未发征文通知及心力衰竭协会召开全委会的通知，因此在会上无论文交流，未同时召开协会委员会研究工作并形成决议。

现将本次心力衰竭学术研讨会的“通知”及讲义中刊出的欢迎词转印于下。

第八届全国心力衰竭学术研讨会
通知

心力衰竭发病率逐年增加，致残致死率高，严重危害人类的健康。2007 年欧洲心血管病年会以心力衰竭为主题，报道了许多有关心力衰竭的研究成果。为进一步提高心力衰竭的诊疗水平，经中华医学会继续教育委员会批准，于今年举办心力衰竭学术研讨会，项目编号2007-03-010779（中国），参会者授予国家级一类继续教育学分8分，欢迎广大内科、心血管内科医师参加。

（一）研讨会内容

2007年12月22日	授课专家
心力衰竭的流行病学研究	上海复旦大学医学院　陈灏珠　院士
舒张性心力衰竭的诊疗进展	山东大学医学院　张运　院士
ACEI在心力衰竭治疗中的应用	北京大学医学院　陈明哲　博士生导师
慢性心力衰竭的诊疗指南解读	中山大学医学院　陈国伟　博士生导师
急性心力衰竭的诊疗指南解读	广州市红十字会医院　梅克治　教授
心力衰竭的强心剂治疗进展	广州市红十字会医院　谭宁　教授
β-受体阻滞剂在心力衰竭治疗中的应用	广州市红十字会医院　陈思伟　教授
2007年12月23日	授课专家
心力衰竭的心室再同步化治疗	中山大学医学院　王景峰　博士生导师
心力衰竭的反搏治疗最新进展	中山大学医学院　伍贵富　教授
心肌标记物在心力衰竭诊疗中的应用	广州市红十字会医院　韦建瑞　教授
难治性心力衰竭的治疗进展	广州市红十字会医院 郭衡山 教授
心力衰竭中心律失常的管理	山东滨州医学院　马建群　教授
2007ESC心力衰竭研究热点	暨南大学医学院　李自成　教授
心力衰竭的预防	广州市红十字会医院　吴同果　教授
心力衰竭疑难问题解答	大会主席团

（二）报到时间：略

（三）报到地点：略

（四）交通线路：略

（五）报名和联系方式：略

广州市红十字会医院　　　　暨南大学第四附属医院

中国心力衰竭协会　卫生部体外反搏重点实验室　岭南心血管杂志

二〇〇七年十一月

欢迎词

尊敬的各位心血管病专家、教授、同道、新老朋友：

大家好！

我们谨以全国心力衰竭学术研讨会主席和执行主席的名义代表会议组委会，非常荣幸地欢迎全国各地的各位专家学者参加在广州“百年老院”暨南大学医学院广州市红十字会医院会议中心举办的全国心力衰竭学术研讨会。

本次全国心力衰竭学术研讨会是中国心力衰竭协会、暨南大学医学院广州市红十字会医院、国家卫生部辅助循环重点实验室和岭南心血管杂志联合主办，以心力衰竭基础研究、临床研究和临床实践为主题的全国性会议，是中华医学会继续教育委员会批准举办的心力衰竭专题学术推广会，参会代表可获得全国继续教育一类学分8分，广州市代表可获得广州市继续教育二类学分8分。

中国心力衰竭协会在过去的16年，在中国工程院院士、上海心血管研究所所长、复旦大学附属中山医院心血管内科陈灏珠教授的亲自指导下，上海交通大学附属胸科医院的胡丽霞教授，上海市第一人民医院的顾菊康教授，复旦大学附属中山医院心血管内科的杨应珍教授、陈世波教授，中国医学科学院北京阜外医院的方卫华教授、袁贤奇教授，泰山医学院刘炳德教授、张允恭教授，滨州医学院的张子彬教授、张文博教授、马建群教授，解放军第三军医大学的祝善俊教授，北京大学医学院的陈明哲、郭敬黄、郭继鸿等全国著名的心血管病专家、教授、博士生导师的共同努力下，以及全国热心于心力衰竭临床工作和研究的近万名心血管病专家和同道的大力支持下，先后在泰安市、天津市、大连市、烟台市、青岛市、无锡市、南京市成功举办了七届全国心力衰竭学术交流会，为广大心血管领域的临床和研究人员提供了心力衰竭学术交流的平台，有利于广大同仁及时、准确地把握心力衰竭研究新动向，掌握新进展、新技术、新信息，互相合作，共同促进心力衰竭预防、诊断和治疗工作，同时促进了中国心力衰竭学会的健康发展。

在过去的 20 多年，虽然许多种心脏病的发生率在减少，但是心力衰竭的发生率明显地增加，欧洲 3.9 亿人口中至少有 1000 万心力衰竭患者，美国现有心力衰竭患者约 500 万，每年新增 55 万。心力衰竭患者的病死率非常高，严重心力衰竭的 1 年死亡率达到 40%～50%，轻到中度心力衰竭的死亡率是 15%～25%，严重威胁着人类的生命。另外，心力衰竭严重降低了患者的生活质量，还有严重的经济问题，2005 年美国直接或间接用于心力衰竭治疗的花费高达 279 亿美元。

尽管我们对充血性心力衰竭（CHF）病理生理机制的认识有了很大的进展，并已发展出改善症状和延长生命的治疗，CHF 仍是一个重大的临床挑战，特别是 CHF 的诊断、危险分层、治疗和预后判断。2007 年 ESC 会议以心力衰竭为主题，心力衰竭已成为全球研究的热点。

本次会议将继续关注心力衰竭领域的最新进展，结合最新指南，更好地指导广大医务人员的临床工作，提高急、慢性心力衰竭的预防、诊断和治疗。相信在我们的共同努力下，会议一定会取得圆满成功！

再一次诚挚地欢迎各位同道的光临和支持！

大会主席　陈灏珠　晁储璋

大会执行主席　陈鸿辉　吴同果

第七届全国心力衰竭学术交流会后的协会活动状况简介

第七届全国心力衰竭学术交流会于2003年4月20日在泰安市召开，全委会换届选举，晁储璋副教授当选主任委员，全委会的决议主要有以下几条：①2005年召开第八届心力衰竭学术交流会，同时召开心力衰竭编委会研究修订协会代表作《充血性心力衰竭学》一书，并于2007年的第九届会上出新版书；②第八届全委会上讨论修改会章；③完成心力衰竭协会加入中国保健科技学会，成立专业委员会；④组织第二个多中心研究；⑤申办中国心力衰竭杂志等任务。但到2005年未召开第八届心力衰竭学术交流会，2007年过去了，仍未召开协会每两年一次的学术交流会。对此，部分资深专家副主任委员十分关切，顾菊康、祝善俊、陈国伟、刘桂蕊4位教授联名写信给晁储璋主任委员，在总结过去取得成绩后提出5条建议，全文如下。

中国心力衰竭学会晁储璋主任委员：

您好！2003年第七届心力衰竭学术会议后，尚未能和您汇报工作和交流，原以为您能出席2008年7月4—7日的天津海河心血管病会议。

我们请示了陈灏珠院士后，几位中国心力衰竭学会副主任委员碰了一个头，其建议如下，供您参考。

一、1991年在泰安市召开全国第一届心力衰竭会议至今已17年，经多方努力，得到国家正式承认的二级学会，至今已召开了八届会议，在学术上对推动心力衰竭研究的发展起到重大作用。

二、1991年会议，在张子彬教授的主导下，您和吴同果医师在泰山医学院的支持下，做了大量的组织工作，使会议取得圆满成功，第二至七届会议同样是您和吴同果医师继续做了大量组织工作，使各届会议均比较成功。您和吴同果医师的贡献，已得公认，我们再次予以肯定。

三、1991年第一届会议人数最多，资料最丰富，在张子彬教授的领导下，刘桂蕊教授和我，我们三人承担了全部论文的审编工作，从首届会议中看到我国心力衰竭学术的发展前景和学会会议受到全国同道的支持力度，我们甚感欣慰。

四、第七届会议上张子彬教授正式退居二线，大家非常信任您，盼望您继续将学会工作推进，取得更大的发展。

为此我们四人提出如下建议,并向陈灏珠院士汇报,他也同意。具体如下。

（一）近期内迅速召开中国心力衰竭学会主任与副主任委员和秘书长副秘书长全体会议，讨论进一步搞好学会工作的计划，事先请您和秘书长等商量一个会议筹备报告先发给大家，征求意见，再开会讨论。

（二）准备《充血性心力衰竭学》再版（已过6年了，内容必须更新）。

（三）请吴同果教授汇报全国第八届心力衰竭研讨会会议情况，并讨论召开全国第九届心力衰竭会议的打算。

（四）加强中国心力衰竭学会的力量，让北京、上海、天津、沈阳、重庆、成都、西安、武汉、广州均有骨干力量参加领导班子，我们几位老副主任委员应该宣布退居二线。

（五）讨论中国心力衰竭杂志问题。

以上意见仅供您参考！

中国心力衰竭学会副主任委员

顾菊康

祝善俊

陈国伟

刘桂蕊

2008 年 7 月 4 日晚于天津利华宾馆 601 室

抄送：张玉传副主任委员

唐其柱副主任委员

吴同果秘书长

马建群副秘书长

上述信件发出后，几位副主任委员并没有看到主任委员的回应，顾菊康教授从大局出发，以高度的责任心借拜年信之际，于 2009 年 1 月 8 日向晁主任再次呼吁，希望能尽快召开协会的常务委员会，发挥全体常委的积极性，筹备召开第九届心力衰竭学术交流会，总结过去18年工作经验，研究今后5年（2009—2013年）协会的工作计划。信中大声疾呼“千万不要让协会在我们这一届夭折”。还将此信同时寄给名誉主任委员张子彬教授及协会各位常委。

张子彬教授收到顾菊康教授的信后深受感动，立即给顾菊康教授复函，高度评价此信的内容，并表示大力支持顾教授的重要倡议。张教授充分意识到，当务之急是召开协会常委会及全委会，否则一切工作都无从谈起。修订协会的代表作《充血性心力衰竭学》一书，也必须在全委会上同时召开编委会研究修订工作，不开会而进行修订《充血性心力衰竭学》一书，不现实也不可能。

尊敬的晁储璋主任委员、张子彬教授、中国心力衰竭协会的各位常务委员：

首先向您拜个早年！祝您新春快乐，万事如意，健康长寿。

中国心力衰竭协会在张子彬教授的倡导下，在1991年于泰安市成立（成立大会出席人员近千人，是当时全国医学界少见的学术盛会），迄今已走过18个年头，经过努力，学会正式成为国家民政部门登记的社团组织。召开过八届全国心力衰竭学术会议。出版了三版《充血性心力衰竭学》，建立了心电信息学分会，制定了左室舒张功能障碍性心力衰竭诊断参考标准，进行了“心先安”治疗心力衰竭药的评价，出版过《美国中华心血管病杂志》《中国心力衰竭杂志》。老一辈的心血管病专家如陈灏珠院士、顾复生教授、刘力生教授、方圻教授等给予精心指导和帮助。以后基本上每两年召开一次全国性学术会议。由于各种医学学术交流日益增多，我们每届参会的人数为200～300人，这也是非常正常的现象。

为了进一步搞好心力衰竭学会的工作，在2008年7月刘桂蕊、祝善俊、顾菊康、张开滋等委员，向学会晁储璋主任委员、张玉传常务副主任委员、唐其柱常务副主任委员、吴同果秘书长和马建群副秘书长提出建议，希望在最近适当时机召开一次全体委员会，讨论如何更好地搞好学会工作。

现在再次呼吁希望能尽快地召开学会的常委会议，并发挥全体常委的积极性，筹备召开“第九届心力衰竭学术交流会”。总结过去18年学会工作经验，提出下一个五年（2009—2013年）开展学会工作计划，千万不能在我们这一届夭折。

如一时难以召开，也希望能给全体常务委员一个书面征求意见稿或明确的答复。

倡议人　顾菊康

2009年1月18日

上述顾菊康教授的重要倡议提出1年多了，仍不见协会主任委员的实际行动。顾菊康教授为了协会的前途和继续发展免遭中途夭折的命运，他以坚定信念及顽强毅力继续努力，与协会其他4位副主任委员共同决定：在2010年7月7日至10日的天津海河心血管病会议期间召开心力衰竭协会常委会，讨论召开“第九届心力衰竭学术交流会”及修订《充血性心力衰竭学》专著，最后在上海一次学术会上于2010年5月29日，5位副主任委员签署了“关于召开中国心力衰竭协会常委会通知”，他们是顾菊康、刘桂蕊、张开滋、吴同果、马建群5位教授。这次常委会为召开第九届全国心力衰竭学术交流会奠定了基础，在协会发展的关键时刻做出了重大贡献，为协会再立新功，应记入协会史册之中。

关于召开中国心力衰竭协会常委会
通知

经过中国心力衰竭协会吴同果秘书长和马建群副秘书长签字同意，决定在2010年7月7—10日的天津海河心血管病会议期间，召开中国心力衰竭协会常委会议，通知全体主任和副主任委员参加。

中国心力衰竭协会创办于1991年，当时在泰安市召开，有1000余名代表出席，是当时中国医学界规模最大的学术会议之一，得到了中国医学界同道的认可和支持，至今已有19年，召开过八次全国性心力衰竭学术交流会。再版《充血性心力衰竭》专著，并获得国家级得奖作品，得到郑宗锷教授和陈灏珠院士的肯定和支持，在全国有较好的学术影响。

为了进一步贯彻协会章程所决定的宗旨，发展和繁荣我国心力衰竭学术事业，更好地为心力衰竭患者服务。在天津2010年7月的常委会上将讨论召开“中国第九次心力衰竭学术会议”和《心力衰竭》专著的修订再版问题。

请全体主任和副主任委员及退居二线的主任委员，能够准时出席。详情可以和天津心血管病研究所所长李广平教授联系。如果确有困难不能出席者，请将书面意见寄给天津心血管病研究所所长李广平教授。请各位主任和副主任委员相互转告本通知。如无任何回音者，将视为自动弃权。会议将根据协会章程规定所通过的决议执行。

以上意见是副主任委员张开滋教授（签字）

副主任委员刘桂蕊教授（签字）

副主任委员顾菊康教授（签字）

副主任委员兼秘书长吴同果教授（签字）

副主任委员兼副秘书长马建群教授（签字）

五位认真研究并一致同意签字的，并得到天津心血管病研究所所长李广平大力支持。参加会议的费用原则自理。

2010年5月29日于上海

注：天津市心血管病研究所所长李广平的联系方式。

联系地址：天津市平江道23号（天津医科大学第二医院内）

邮政编码：300211　　电　　话：022-88328700

传　　真：022-28261158　　电子信箱：tjcardio126@126.com

手　　机：13820289800

上述通知亦寄给退下来的名誉主任委员张子彬教授，张教授因个人健康原因及夫人患病不能参加常委会，故写信请假，并对举行的会议表示大力支持，又托本单位赴天津开会的马建群教授再向会议说明，并请他代向各位常委问候和致敬。

盼望已久的第九届全国心力衰竭学术交流会如期于2011年7月召开，产生了以李广平教授为主任委员的新一届协会委员会，从而结束了协会从2003年5月至2011年6月长达8年未开协会全委会的局面，重新活跃起来，开启新的航程，带来新的希望，第九届学术会具有里程碑意义，是协会发展史上的一个重要转折点。

由顾菊康教授主导，刘桂蕊、祝善俊、张开滋、陈国伟、吴同果、马建群等副主任委员积极参与，自2008年至2010年5月的3年内，先后写过三封信，提出重要建议、倡议和召开协会常委会的通知，三封信是他们为协会做出重大贡献的见证，是协会发展史上极其重要的珍贵史料，应记入协会“史册”，让协会委员们铭记在心，牢记这些来之不易的协会生存和发展的成果，吸取克服重重困难使协会继续前进的宝贵经验，对协会的持续性发展都是至关重要的。

回顾这段历史，更使我们体会到“以史为鉴，面向未来”“前事不忘，后事之师”的深刻含义，将对协会今后的工作有重要启示和裨益。

各级领导的关怀与支持，顾问专家的指导，有关部门的帮助

1. 卫生部陈敏章部长为第一届心力衰竭学术会题贺词“总结经验，切磋交流，提高医术，开拓思路，不断探索，勇攀高峰，贺全国心力衰竭学术交流会　一九九一年九月”。

2. 陈敏章部长为《充血性心力衰竭》一书题词“勤实践，善思考，多总结，出真知，一九九一年一月”。

3.1992年11月3日陈敏章部长出席在北京召开的中日医学大会，任大会主席，张子彬教授亦出席此会，陈部长在人民大会堂接见了张子彬教授，并合影留念，张教授代表心力衰竭协会向陈部长表示衷心感谢，并简要汇报了协会的工作情况。

4. 各位顾问都是德高望重的老前辈、医学成就卓著的著名心血管病专家，对心力衰竭协会的各项工作都给予亲切关怀和精心指导，这是协会取得突出

成绩的可靠保证。

（1）陈灏珠院士：①多次参加协会召开的学术交流会，并作精彩的学术报告。若因事不能出席会议，就及时写一贺信祝大会圆满成功。②协会的代表作《充血性心力衰竭》及《充血性心力衰竭学》先后出版 4 次，陈灏珠教授不仅为每版写序、题贺词，而且指导修订工作，使该书水平不断提高，并写书评向读者推荐。③在协会组织大规模多中心临床试验研究（MCA-CHF 研究）时，陈教授是协作中心的顾问成员，对该研究仔细指导。④在 2003 年 4 月，协会授予陈教授伯乐奖，表彰其对协会的杰出贡献。

（2）方圻教授：①指导协会代表作《充血性心力衰竭学》的编写，并为该书题词祝贺。同时，还写书评发表在杂志上，扩大该书的影响。②因年事已高不便参加心力衰竭学术交流会，即写贺信祝贺大会取得圆满完成，同时指出研究的热点和难点。③是 MCA-CHF 研究的顾问，给予多方面指导。④在 1992 年 11 月参加北京国际学术会期间，张子彬教授登门拜访方教授，代表协会向方教授致谢，并聆听教诲，与方教授合影留念。

（3）陶寿淇教授：生前对心力衰竭协会的工作十分关心，多次写贺信祝贺学术交流会召开，指导 MCA-CHF 多中心研究的开展，对《充血性心力衰竭》一书的修订提出指导性意见。1992 年 11 月 2 日在北京参加国际学术会时，张子彬教授拜见陶老并合影留念。陶老已去世多年，我们永远怀念他。

（4）刘力生教授：刘教授在百忙中对心力衰竭协会工作给予全面指导，尤其对 MCA-CHF 多中心临床试验研究，从研究方案、疗效观察及判断，以及最后的总结和论文撰写都予以具体指导，遇有不明事项去信请教，刘教授及王文主任总是及时复信详细答复，使整个研究顺利完成。对协会代表作的编写给予指导，并写“书评”鼓励。

（5）顾复生教授：① 1997 年应邀出席第四届全国心力衰竭学术交流会，在开幕式上致贺词，并做了内容丰富的学术报告，受到与会代表的热烈欢迎。对未能出席的学术交流会则及时写信祝贺。②对协会代表作《充血性心力衰竭学》一书的编著进行全面指导，并亲自撰写有关章节，为该书增色添彩，2002 年如期出版。③对 MCA-CHF 多中心研究进行认真指导，研究结束写出论文后，顾教授又认真审修，进一步提高了论文的水平。④由于顾教授对协会工作的巨大贡献，2003 年协会授予顾教授伯乐奖。⑤写书评向读者推荐。

(6) 都本洁教授：生前对协会工作十分关心，多次参加协会召开的心力衰竭学术交流会，并作精彩的学术报告。对心力衰竭系列著作的编著出版给予认真指导和大力支持。1986 年在山东出版张子彬教授主编的《心力衰竭》一书后，都教授写“书评”给予热情鼓励，此后的《充血性心力衰竭》及《充血性心力衰竭学》出版后，都教授再次及时写出“书评”，向广大读者推荐介绍。协会永远怀念他，缅怀他对协会的重大贡献。

(7) 毛焕元教授：生前对协会各项工作都十分关心，给予认真指导，对请教他的问题总是及时而仔细地回答，直到圆满解决。毛教授对协会的代表作心力衰竭系列专著，更是关注有加。每当新版问世，他都及时应邀写出书评，对作者热情鼓励，向广大读者推荐介绍，对扩大心力衰竭系列专著的影响发挥了重要作用。毛教授因年事已高，不便到会指导，但通过现代通信手段及时与协会联系，他的心是与协会在一起的，协会永远怀念他。

(8) 阮景纯教授：他是山东心血管病学会主任委员，张子彬教授多次参加阮教授组织主持的学术年会，有机会经常请教他，有良师益友的关系。在泰安市召开首届全国心力衰竭学术交流会时，阮教授代表山东医学会到会祝贺，并做了精彩的学术报告，受到广泛好评，并应聘为协会顾问，对协会工作认真指导。

协会代表作《充血性心力衰竭学》系列专著出版，阮景纯教授不仅写“书评”给予热情鼓励，而且在申请科技进步奖时，又应邀作为同行评议专家写出中肯的推荐意见。在协会组织 MCA-CHF 多中心研究时，阮景纯教授是协作中心顾问，对该研究仔细指导，研究完成写出总结论文时，阮教授对全文认真修改审正，保证了论文的准确性和科学性。

(9) 张文博教授：他与张子彬教授同一工作单位，又是从事相同的专业，是张子彬教授身边的老师，数十年如一日，互相关心，互相爱护，互相帮助，建立了深厚的友谊，是良师益友的关系，张子彬教授取得的一切成绩，都与张文博教授的亲切指导和大力支持密切相关。张子彬教授 1978—1979 年在上海胸科医院心内科进修，期满返回滨州萌发写一本心力衰竭小册子的想法，这一想法首先得到张文博教授的全力支持，此后出版的心力衰竭系列专著共6版，均应邀担任主审，指导该书的编著和仔细审阅修改，使该书在国内外产生了重要影响，成为中国心力衰竭协会成立和发展的坚实基础。在张子彬教授担任协会主任委员的12年中，张文博教授总是全面指导、全力支持，多次参加心力衰竭学术交流会，并作学术报告。在开展MCA-CHF多中心临床试验研究工作中，张文博教授是协作中心领导委员会成员，对研究的设计、观察指标、统计分析和最后总结论文的撰写等一系列工作进行认真指导，对论文初稿仔细审修，使该项研究圆满完成。总之，张文博教授为协会的创建和发展做出了突出贡献，付出了辛勤劳动，协会的每项成绩都浸透他的心血和汗水。在第七届全国心力衰竭学术会上授予他伯乐奖。

（10）胡大一教授及张运院士在第七届全国心力衰竭学术会上被聘请为协会顾问，在协会的各项工作中，两位教授不仅给予大力支持和指导，而且也积极参与其中，以实际行动促进工作的开展。心力衰竭协会的代表作《充血性心力衰竭学》一书，两位教授都是副主编，撰写了重要章节；在开展MCA-CHF研究中，两位教授都给予指导，对咨询的有关问题予以详细解答；张运院士还在百忙中参加第四届及第七届全国心力衰竭学术交流会，并作学术报告，受到与会代表一致好评。

5. 滨州医学院及附属医院的大力支持。

（1）1980年及1986年张子彬教授主编《心力衰竭》一书，在山东出版后受到部分专家的好评及广大读者的欢迎，成为畅销书，很快售缺，读者纷纷来信要求再版，以应急需。为提高该书的水平，应邀请全国的心血管病专家共同编著新版。张教授将上述想法向医学院领导做汇报，院领导对此十分重视，完全同意张教授的请示报告，在青岛召开心力衰竭编委会，深入研究《心力衰竭》的修订工作，为便于到会专家的工作安排，将会议名称确定为“全国心力衰竭专题研讨会”，由滨州医学院主办，心力衰竭编委会具体组织，并派学校科研处李治淮处长代表滨州医学院到会致贺词，协助办好此次会议，并对该会进行资助，使1990年6月8日至9日的研讨会取得了圆满成功，正式成立编委会，为新版心力衰竭专著的编写和以心力衰竭编委会为主体成立中国心力衰竭协会奠定了基础。

（2）中国心力衰竭协会成立后，为了规范协会工作，必须制定一个“协会章程”，主任委员张子彬教授先起草了一个初稿，在第三届全委会上正式通过。会章第十七条明确规定，协会会址设在山东省滨州市黄河二路 661 号滨州医学院附属医院内，该院领导表示完全同意。

（3）当国务院颁布社团管理条例，各社会团体必须依法进行登记，医学院在院办公会上研究后，院长李武修签发2000年11号文件，发函给民政部门，表示同意给心力衰竭协会提供办公地点和活动经费，使协会顺利办妥法人登记，法人代表为张子彬，登记证号 M0043 号（参见医学院文件）。

（4）由于滨州医学院及附属医院给予大力支持，协会分别于 1991 年 10 月 28 日及 1999 年 6 月 5 日两次写感谢信表示感谢。

6. 泰山医学院及附属医院的大力支持。

（1）1990 年 6 月 8 日至 9 日在青岛召开的心力衰竭专题研讨会上，成立了心力衰竭编委会，对《心力衰竭》一书进行修订，同时决定以心力衰竭编委会为基础成立心力衰竭学术团体，召开首届心力衰竭学术交流会，会址确定在泰安市，时间为 1991 年 10月下旬。此后成立了由心力衰竭编委会、泰山医学院附属医院及《临床荟萃》杂志社组成的第一届全国心力衰竭学术交流会筹委会，为学术会作准备。筹委会的工作得到泰山医学院及附属医院的大力支持，组织人员做了大量会务工作，这些工作主要有开会会场确定、与会代表的住处联络、会议资料的印刷、代表的接送及返程车票和机票办理、会务费的收取和开支记录、代表游泰山的安排、代表合影、代表通讯录制作等。院领导出席开幕式并致贺词。

（2）会章第三条（三）协会主办《心力衰竭杂志》，杂志社设在泰山医学院附属医院，该院表示同意并为该社提供工作便利。

（3）第七届全国心力衰竭学术交流会于 2003 年 4 月 21 日在泰安市召开，与首届会一样，泰山医学院及附属医院对会议的召开给予大力支持，在开幕时该院王家富院长在主席台就座。泰山医学院附属医院做了大量会务工作，保证了大会的顺利召开。

7. 各有关单位的大力支持和帮助。

第三届心力衰竭学术交流会于 1995 年 5 月在大连市召开，解放军 210 医院领导及内科王沙南主任；第四届全国心力衰竭学术交流会于 1997 年 5 月在青岛市召开，青岛医学院附属医院及心内科的任桂芝主任；第六届全国心力衰竭学术交流会于 2001 年 5 月在无锡市召开，南京医科大学附属无锡市二院郑义通教授以上各单位都为全国心力衰竭学术会的召开做了大量会务工作，使会议顺利召开，取得圆满成功，他（她）们的劳绩是值得特别赞扬的。

回眸中国心力衰竭协会 25 年发展史，尤其最初 12 年走过的历程，是历史的车轮和运行轨迹把张子彬教授推到中国心力衰竭协会创始人和奠基者的位置，他为协会发展付出了辛勤劳动，做出了重大贡献，他的劳绩将记入中国心力衰竭协会的史册，留在各位委员及广大会员的记忆里。

将中国心力衰竭协会建立及发展过程总结为简表（见附录 A 的表 A1）。

第二章　心力衰竭系列专著出版回顾

《心力衰竭》一书是一本系列专著，近25年来，张子彬教授作为本系列专著的第一主编，每5年左右修订一次，先后出版6次，前已叙及，早在1980年他撰写了31万字的《心力衰竭》一书。5年以后，作者增至5位，扩充内容，字数增至近40万字，于1986年在山东科学技术出版社出版。20世纪80年代国内尚无心力衰竭专著，因此上述两版书的出版，受到了广大读者的欢迎和部分专家的好评，这是对作者的极大鼓励，也是作者继续修订好本系列著作的巨大动力。

张子彬教授充分意识到，要进一步提高本系列专著的水平，必须邀请国内外著名心血管病专家参加，成立编委会，共同编著，这一设想在1990年6月8日青岛市召开的全国心力衰竭专题研讨会上得以实现，正式成立心力衰竭编委会，启动了新版心力衰竭专著的编写，于1991年10月在北京科学技术文献出版社出版发行，书名为《充血性心力衰竭》，并以心力衰竭编委会为基础成立了中国心力衰竭协会。新版书邀请美国乔治·华盛顿大学医学院Tsung O. Cheng教授任第二主编，使该书成为中美专家合写的专著，字数达71万字，作者增至41位，并作为中国心力衰竭协会的代表作呈现在读者面前。时隔5年，1997年又出了修订第二版，字数达近100万字，作者增至56位，著作水平显著提高。卫生部陈敏章部长为该书题词，陈灏珠院士应邀作序。

进入21世纪，心力衰竭患者的患病率明显增高，对心力衰竭的研究进一步深入，成为医学领域的研究重点之一，并取得重大进展。张子彬教授认为，必须及时反映国内外的最新研究成果，其中包括中国心力衰竭协会于1999年完成的MCA-CHF多中心临床试验研究结果，以及2001年5月第二次修订左室舒张功能障碍性心力衰竭诊断标准，使协会的代表作能不断追赶本领域发展前沿，以适应新世纪的需要。有鉴于此，张子彬、Tsung O. Cheng、张玉传 3 位教授，组织中国、美国、澳大利亚的 85 位专家教授，对 1997 年《充血性心力衰竭》（第二版）进行全面修订，字数增至 174 万字，因其内容及范围更广泛、更丰富、更系统，故书名改为《充血性心力衰竭学》，于 2002 年出版。2003 年申请的国家科学技术学术著作出版基金获得批准，对原书内容略加增补，字数增至 175 万字，印出了国家出版基金资助版，承蒙著名心血管病专家陈灏珠教授及方圻教授两位顾问题词，陈灏珠院士惠予作序，为该书增辉添彩。

心力衰竭系列专著先后 6 次出版，承蒙两位著名心血管病专家胡丽霞教授和张文博教授任主审，为该系列专著的顺利出版和水平不断提高付出了辛勤劳动，浸透了无数心血和汗水，编委会及各位作者将永远铭记在心。

回顾过去 20 多年的历史，心力衰竭专题系列专著，由 1980 年《心力衰竭》31 万字的小册子，至 2003 年国家出版基金资助出版的《充血性心力衰竭学》175 万字的大型专著，达到国内同类著作的领先水平，有的专家评论时认为，本书是一部关于心力衰竭的百科全书，是一本难得的优秀学术专著。协会代表作的按时修订再版，不仅浸透了编委会作者和审阅专家的心血和汗水，也反映了国内外对心力衰竭研究的不断深入、心力衰竭防治事业的蓬勃发展，该系列专著是全体编委智慧的结晶，是作者和审阅者及各位顾问辛勤劳动、不懈努力的科研成果。回顾这段历史，不难看出，《充血性心力衰竭》是成立中国心力衰竭协会的基础，而协会的建立和发展又大大促进了专著的不断提高，专著与协会是相辅相成、互相依存的，这是协会发展 25 年之路给我们的重要经验和启示。

为了具体而详细地了解心力衰竭系列专著的重要信息，特将每次出版的专著中的以下部分转印于此，以飨读者。这些部分包括：顾问、审阅者、主编及编委会委员、序言及前言等。

张子彬教授医学著作、科研论文一览见表 1-2-1、表 1-2-2。

各版基本内容简介

《心力衰竭》（1980 年版）

编者：张子彬　黄薇　审阅：胡丽霞　张文博　前言：见下

前言

心力衰竭是临床常见的危重症，近年来国内外对心力衰竭的基础理论和临床诊治都做了大量研究，取得了重要成果。为了适应当前医疗卫生工作的迫切需要，笔者参考国内外文献，结合个人有限的临床经验和体会，编写了本书。

对本书的编写，既照顾到临床实际需要，又希望大体上反映出近年来进展的概况，使普及与提高相结合，力求深入浅出，通俗易懂，而以临床实际需要为重点。

在本书编写过程中，受到医学院及附属医院各级领导的亲切关怀与大力支持，使本书在较短时间内得到顺利完成。

在初稿写成之后，承蒙上海胸科医院心脏内科胡丽霞主任及我院内科教研室张文博教授在百忙中全面审阅，山东中医学院内科教研组主任周次青副教授审阅第十章，我院基础教研室诸位教授审阅有关章节，内科教研室主任史镜铭教授及苏芝华副主任认真指导，热情鼓励，孙家祥医师亦提出宝贵意见。并请寄生虫教研室主任冯义生教授绘制部分插图，小儿科教研室黄薇医师撰写第九章第二节，河北医学院四院王其彰医师精心设计封面，谨在此一并致以深切的谢意！

由于编者水平有限，资料缺乏，时间仓促，本书的缺点、错误在所难免，恳切希望读者批评指正。

编者　张子彬

一九八〇年三月

《心力衰竭》（1986 年版）

主编：张子彬

编者：张子彬　黄　薇　刘玉华　朱文华　张效梅

审阅：胡丽霞　张文博　周次青

插图：冯义生

前言：略

《充血性心力衰竭》（1991 年第一版）

● Congestive Heart Failure

《充血性心力衰竭》编著委员会

顾问　陶寿淇　陈灏珠　林传骧

主编　〔中〕张子彬　〔美〕郑宗锷

副主编　（以姓氏笔划为序）

方卫华　卢　兴　朱文华　刘桂蕊　陈长熙　陈传荣　陈国伟　吴树燕　苏哲坦
范迪钧　祝善俊　姜　楞　都本洁　顾汉卿　顾菊康　萧明第　樊万福

主审　胡丽霞　张文博

编委会名单（以姓氏笔划为序）

马敬霞　方卫华　王学儒　王若楷　王振忠　卢　兴　朱文华　刘玉华　孙自君
刘肖林　刘志福　刘炳德　任桂芝　刘桂蕊　刘登岳　杜丙辛　陈长熙　陈传荣
陈国伟　李治淮　吴树燕　苏哲坦　张子彬　张永华　张文博　张开滋　张玉传
郑发昌　范迪钧　郑宗锷　张效梅　祝善俊　姜　楞　都本洁　顾汉卿　顾菊康
黄　薇　曹永荣　萧明第　雷兆京　樊万福

序

从病理生理的角度看，心力衰竭是在有足够静脉回流的情况下，心脏不能泵出足够的血液以供应身体的代谢需要，而产生一系列的症状和体征，所形成的临床综合征。它是心脏负荷过重，心肌贮备力耗竭，失去代偿能力的结果。各种心血管病都可导致心力衰竭。事实上，患心脏病的人最终多因发生心力衰竭而死亡。由于心脏病患者日益增多，因而作为临床综合征的心力衰竭也显得更加重要。

20 世纪 70 年代以来对心力衰竭的研究，包括与心力衰竭有关的心肌超微结构改变、心肌收缩和舒张机制变化、心肌生化代谢异常、心肌分子生物学改变、血流动力学演变及神经体液影响等方面，取得了重大进展，提出了舒张功能不全，心肌细胞基因表达异常等新概念。在临床治疗上提出了应用 β- 受体阻滞剂等新措施。

1985 年滨州医学院张子彬教授和其他 4 位同志编写了《心力衰竭》一书，系统地向国内读者介绍了国内外有关心力衰竭研究的进展和作者的多年临床实践经验，出版以来深受广大读者的欢迎。时隔 5 年，国内外对心力衰竭的研究又有许多新进展，他们及时对本书进行了修订。修订后的新版本扩充为 27 章，组织国内外 20 多个单位 41 位专家共同编著。内容涉及心力衰竭的病因、发病机理、临床表现、诊断和鉴别诊断及治疗的各个方面，而以更多的篇幅阐述各种治疗措施。深入地评价强心甙、非甙类强心剂、利尿剂、血管扩张剂、β- 受体阻滞剂、中药及外科手术的治疗作用。与旧版本相比较，新版本增加 β- 受体阻滞剂的应用、舒张功能不全性心力衰竭的治疗、心源性休克的治疗、心力衰竭伴发心律失常、不同心脏病引起的心力衰竭特点、心力衰竭的外科治疗及肾脏病与心力衰竭等章，内容更为丰富和新颖。此外，本书阐述简明，引用文献多，理论与实践结合，实用性强，是一本可供临床医师、科研人员、医学院校师生参考的专著。可以预期，本书出版之后必将受到读者的欢迎，故乐为作序。

上海医科大学附属中山医院

上海市心血管病研究所

陈灏珠

1991 年 1 月 22 日

前言

心力衰竭是临床常见急重症之一，严重危害着人们的健康。医务工作者迫切需要一本系统论述心力衰竭的专著，以指导临床诊治工作。鉴此，1985年以我为主编，邀请我院黄薇副教授等4位同志在原来《心力衰竭》（1980年）的基础上进一步充实提高，于1986年在山东科学技术出版社出版问世。出版后受到广大读者的热烈欢迎及国内一些专家的好评，这是对我们的极大鼓励和支持，也是我们继续修订好本书的动力。

《心力衰竭》正式出版迄今已逾5载，有关心力衰竭的基础理论及临床诊治都有了重大进展，很有必要修订再版，以满足读者的迫切需要。为了进一步提高本书的质量，特邀请了国内外20多个单位的41位专家、教授共同参加修订。首先经充分酝酿协商撰写了修订大纲，并召开编委会进行了讨论和分工，然后分别进行撰写。参加修订的单位有（以撰写章节先后为序）：乔治·华盛顿大学医学院医疗中心、滨州医学院、山东医科大学、西安医科大学、丹东市第一医院、天津医学院、上海医科大学、北京医科大学、潍坊医学院、广州医学院、中国医科大学、中国医学科学院心血管病研究所、青岛医学院、第三军医大学、上海市心血管病研究所、大连医学院、中山医科大学、广东省心血管病研究所、全国心血管病防治研究办公室、泰山医学院、临沂医学专科学校及河北医学院等。

在修订过程中，我们根据充实、更新和提高的原则，使新版书充分反映国内外的新进展、新成就、新观点，具有科学性、先进性、实用性，成为一本高级专著性临床参考书。参加编撰的专家、学者总结了自己的临床实践经验和科研成果，并参考国内外文献千余篇，经群策群力，辛勤耕耘，终于顺利完成了修订任务。根据国际命名和国内沿用历史，将新版书定名为《充血性心力衰竭》。

参加修订的编委会成员，大都是国内外名家，在心力衰竭领域进行过深入研究，有数十年丰富的临床实践经验。特别值得提出的是美国乔治·华盛顿大学医学院医疗中心教授 Tsung O. Cheng（郑宗锷）博士，他是国际著名心脏病学专家，1925 年生于上海，1945 年获上海圣约翰大学学士学位，1950 年获美国宾夕法尼亚大学医学院博士学位，1972 年开始担任美国乔治·华盛顿大学医学院医疗中心心脏科主任、教授，并在国内应聘担任多所医学院校、研究所及医院的名誉教授，先后回国讲学近 10 次。主编医学专著多部，1986 年主编出版的《国际心脏病学》为其代表作，迄今发表医学论文 515 篇，并兼任美国多种学术组织职务，其成就和事迹 1980 年被载入《美国名人大辞典》与《世界名人大辞典》。此次与我共同主编《充血性心力衰竭》一书，贡献尤大。他的劳绩是特别值得赞扬的。

中华人民共和国卫生部部长陈敏章教授为本书亲笔题词，特致衷心谢意。

本次修订，承蒙著名心脏病学专家、医学界老前辈陶寿淇、陈灏珠、林传骧三位教授应邀任顾问，陈灏珠教授惠予作序，胡丽霞、张文博二位教授在百忙中任主审，为本书的审定付出了辛勤劳动。天津医学院石毓澍教授、山东省医学科学院阮景纯教授、青岛医学院朱震教授等给予热情鼓励和指导，在此一并表示衷心谢意。

本书的编写与出版得到许多同志的大力支持与积极帮助，在此特别对以下单位与同志表示感谢：科学技术文献出版社的领导及责任编辑、滨州医学院及附属医院的各级领导及帮助抄稿和绘图的我科青年医师们。在这里还要对我院赵桂华讲师的出色打字工作表示谢意。

由于本人才疏学浅，能力有限，在编撰过程中难免有遗漏和谬误之处，敬希读者批评指正。

滨州医学院附属医院　张子彬

1991 年 3 月

《充血性心力衰竭》（1997 年第二版）

《充血性心力衰竭》编著委员会

顾　问：陶寿淇　陈灏珠　林传骧　顾复生　都本洁　阮景纯

主　编：[中] 张子彬　[美]Tsung O. Cheng，M.D.

副主编：（以姓氏笔画为序）

方卫华　卢　兴　朱文华　刘力生　刘玉华　刘肖林　刘炳德　刘桂蕊

陈长熙　陈传荣　陈国伟　吴树燕　张开滋　张玉传　苏哲坦　范迪钧

祝善俊　姜　楞　顾菊康　晁储璋　黄　薇　韩学文　萧明第　樊力福

主　审：胡丽霞　张文博

编委会委员：（以姓氏笔画为序）

马建群　马敬霞　于树莉　方卫华　王沙南　王学僖　王临海　邓　洁

卢　兴　白小涓　朱文华　刘力生　刘玉华　刘玉夏　刘如秀　刘肖林

刘炳德　刘桂蕊　孙自君　任桂芝　伍贵富　陈长熙　陈传荣　陈国伟

陈桂荣　李治淮　李跃荣　李翠香　吴同果　吴树燕　张子彬　张开滋

张玉传　张效国　张效梅　苏哲坦　孟庆华　郑发昌　郑宗锷　周崇伦

范迪钧　胡爱华　祝善俊　姜　楞　顾菊康　顾汉卿　晁储璋　黄　薇

高改地　曹永荣　董金芳　韩学文　萧明第　傅友红　樊万福　戴景宜

插　图：姜军舰　刘玉萍

第二版　序

由张子彬和郑宗锷教授主编的《充血性心力衰竭》一书于 1991 年出版。该书是在 1986 年出版的由张子彬教授主编的《心力衰竭》一书的基础上，增加编者，扩充内容，特别是增加了β-受体阻滞剂的应用、舒张功能不全性心力衰竭的治疗、心源性休克的治疗、心力衰竭伴发心律失常、不同心脏病引起的心力衰竭特点、心力衰竭的外科治疗及肾脏病与心力衰竭等章，并在原有各章中增加许多新的资料，使之成为一本阐述详尽、引用文献多、理论与实践结合、实用性强、深受读者欢迎的专著。

时隔5年，两位主编又组织了这一次修订，参加编写的专家学者达到了56位，增加了高血压病引起的心力衰竭、慢性肺心病引起的心力衰竭、心肌病引起的心力衰竭、心力衰竭的维护心肌代谢治疗、心力衰竭的分子生物学改变与基因治疗、高动力循环性心力衰竭特点、微循环与心力衰竭、自由基与心力衰竭、无症状性心力衰竭9章，对原有章节又都做了大幅度的增删，增加了新观点、新成就和新方法，使本书的整体质量上有较大的提高，成为内容更全面、更为实用的临床参考书。

作为一个临床综合征，充血性心力衰竭仍很常见。尽管对心血管的预防和治疗取得了许多重大的进展，但充血性心力衰竭仍然是许多心血管病患者最终要经历的阶段，其患病率和发病率仍在增加，病死率也高。由于人们的平均寿命延长，老年充血性心力衰竭患者增多；由于急性心肌梗死患者急性期存活率增高，后期发生充血性心力衰竭者也增多；由于瓣膜病治疗上的进步，使其中患急性心力衰竭的患者仍得以存活，其后发生充血性心力衰竭者也增多。因此，充血性心力衰竭近年来备受医家的重视，而对它的研究工作，无论是基础理论和临床实践的研究，生物化学和分子生物的探讨，深入的病理生理和病理解剖的阐明，以及治疗药物的开发和外科手术的应用等都取得了进展。对此，本书都适时地予以介绍。

承蒙编者邀请再次作序，得以有幸阅读全书，深觉它是一本为临床医师、科研人员和医学院校师生所参考的专著，故乐为推荐。

陈灏珠 1996年2月23日

于上海医科大学附属中山医院

上海市心血管病研究所

第二版 前言

充血性心力衰竭是常见的临床综合征，严重危害着人们的健康。国外资料表明其患病率约占总人口的1%，且有不断增高的趋势。医务工作者迫切需要一本高水平、高质量、系统论述心力衰竭的专著，以指导临床诊治和科研工作。鉴此，1991年我与国际著名心脏病学专家美国乔治·华盛顿大学医学院 Tsung O. Cheng 教授共同主编了《充血性心力衰竭》一书。该书出版后，受到广大读者的热烈欢迎和国内一些专家的好评，曾多次获奖。1992 年该书在华盛顿展出，受到国外专家的好评。这是对我们的极大鼓励和支持，也是促使我们继续修订好本书的动力。

《充血性心力衰竭》出版迄今已逾 5 载，有关心力衰竭的基础理论研究及临床诊治都有了迅速发展，新药物、新观点、新疗法不断涌现。为及时反映国内外的最新进展，更好地满足广大读者的需要，在 1995 年 5 月大连召开的第三届全国心力衰竭学术会议期间，与会的中国心力衰竭协会委员一致认为，很有必要对《充血性心力衰竭》一书进行修订再版，并确定本次修订应本着充实、提高、更新的原则，博采众长，精心选材，广泛参考国内外最新文献，力求充分反映当代在心力衰竭领域的新观点、新成就、新进展，同时又注重实用，注意总结自己的研究成果和实践经验，使之具有先进性、科学性和指导性，成为一本权威性专著。

新版书由原来的 27 章增至 35 章，增加了高血压病引起的心力衰竭、慢性肺心病引起的心力衰竭、心肌病引起的心力衰竭、心力衰竭的维护心肌代谢治疗、心力衰竭的分子生物学改变与基因治疗、高动力循环性心力衰竭的特点、微循环与心力衰竭、自由基与心力衰竭及无症状性心力衰竭等 9 章。对原有各章大都重新编写，或做了较大的补充修改。在格式与体例上仍保持原貌，突出新颖和实用的特点。

为进一步提高本书的编写质量，特邀请了中华心血管病学会主任委员、中国高血压联盟主席刘力生教授等 15 位专家参加修订，使编委会委员增至 56 位。参加修订的单位有（以撰写章节先后为序）：乔治·华盛顿大学医学院、滨州医学院、丹东市第一医院、山东医科大学、西安医科大学、上海医科大学、天津医科大学、北京医科大学、潍坊医学院、广州医学院、中山医科大学、中国医科大学、深圳孙逸仙心血管病医院、青岛大学医学院、第三军医大学、海南省人民医院、解放军 210 医院、同济医科大学、广东省人民医院、中国医学科学院中国协和医科大学阜外心血管病医院、泰山医学院、湘乡市人民医院、中国中医研究院广安门医院及寿光市人民医院等。参加修订的编委会成员，大都是国内外名家，在心力衰竭领域进行过深入研究，有数十年丰富的临床经验。特别值得提出的是美国乔治·华盛顿大学医学院教授 Tsung O. Cheng 医学博士，他是国际著名心脏病学专家，从医近 50 年，医学成就卓著，学术造诣极深，此次与我共同主编修订《充血性心力衰竭》（第二版），贡献尤大，他的劳绩是特别值得赞扬的。

中华人民共和国卫生部陈敏章部长在繁忙的政务工作之余，关注本书的编著，并为本书亲笔题词，特致衷心谢意。

本次修订承蒙著名心脏病学专家、医学界老前辈陶寿淇、陈灏珠、林传骧、顾复生、都本洁 5 位教授应邀任顾问，给予我们热情指导和鼓励。陈灏珠教授惠予作序，为本书增色颇多。著名心血管病专家胡丽霞、张文博两位教授在百忙中任主审，为本书的审定付出了辛勤劳动。在此一并表示衷心感谢。

在本书的修订过程中，得到编者各单位的大力支持，得到科学技术文献出版社的鼎力相助，姜军舰及刘玉萍两位同志精心绘制插图，我科部分医师抄写稿件，在此一并表示衷心谢意。

由于本书编写时间仓促，加上编者水平有限，编写人员分散，因此在编写形式上难以做到完全统一，缺点、错误和遗漏之处在所难免，敬请读者批评指正。

中国心力衰竭协会主任委员　张子彬

1996 年 3 月

于滨州医学院附属医院

国家科学技术学术著作出版基金资助出版

充血性心力衰竭学

CONGESTIVE HEART FAILURE

主　编　张子彬
Tsung O. Cheng［美］
张玉传

科学技术文献出版社
Scientific and Technical Documents Publishing House
北　京

编著委员会名单

顾 问 陈灏珠 方 圻 林传骧 刘力生 顾复生
都本洁 毛焕元 阮景纯 张文博

主 编 张子彬 Tsung O. Cheng[美] 张玉传

副主编 （以姓氏笔画为序）
马建群 方 圻 方卫华 王士雯 卢 兴
白小涓 刘力生 刘肖林 刘桂蕊 朱文玲
孙宝贵 陈长熙 陈世波 陈国伟 李跃荣
李隆贵 肖明第 张开滋 张 运 张 麟
吴树燕 吴同果 苏哲坦 祝善俊 胡大一
赵铭山 侯应龙 高广道 高政地 郭继鸿
黄永麟 唐其柱 晁储璋 顾复生 顾菊康
曾祥鸿 傅向阳 韩学文

主 审 胡丽霞 张文博

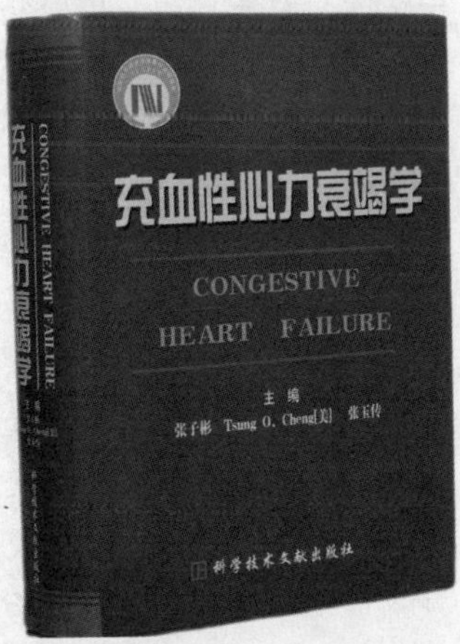

图 1-2-1 《充血性心力衰竭学》2003 年出版国家科学技术学术著作出版基金资助

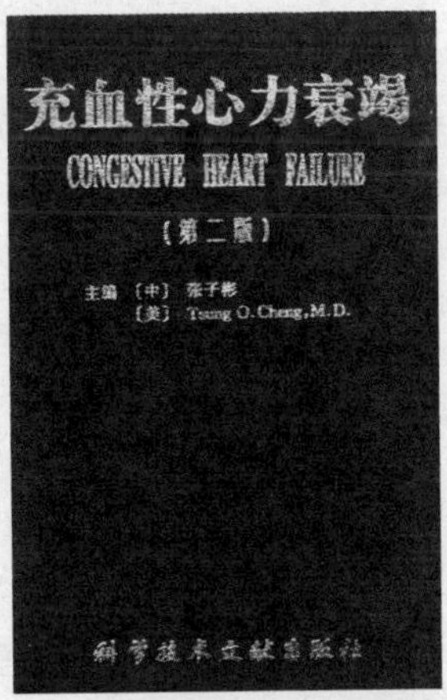

图 1-2-2 《充血性心力衰竭》1997 年出版（第 2 版）

编　委（按章节先后为序）

Tsung O.Cheng	[美]乔治·华盛顿大学医学院	博士	教　授
张子彬	山东滨州医学院附属医院		教　授
张开滋	丹东市第一医院		教　授
张玉传	山东滨州医学院附属医院		教　授
郑发昌	山东大学齐鲁医院		教　授
侯应龙	山东省千佛山医院	博士	教　授
裴建明	第四军医大学	博士	教　授
卢　兴	西安交通大学医学院		教　授
高广道	西安交通大学医学院		教　授
杜晓军	澳大利亚 Baker 医学研究所实验心脏学研究室	博士	高级研究员
程晓曙	江西医学院心血管病研究所	博士[日]	教　授
雷　寒	重庆医科大学附属第一医院		教　授
李鲁明	山东威海市职工医院		副主任医师
刘桂蕊	天津医科大学附属第二医院		教　授
李景霞	上海复旦大学医学院附属中山医院		副主任医师
曾蒙苏	上海复旦大学医学院附属中山医院	博士	副教授
李晓平	山东大学齐鲁医院		副教授
张　运	山东大学齐鲁医院	院士	教　授
陈绍亮	上海复旦大学医学院附属中山医院		教　授
顾菊康	上海市第一人民医院		教　授
邓开伯	卫生部北京医院		教　授
许顶立	第一军医大学附属南方医院		教　授
孙宝贵	上海市第一人民医院		教　授
张之炯	中南大学湘雅医学院		教　授
李跃荣	山东滨州医学院附属医院		副教授
吴振西	合肥市解放军 105 医院		副主任医师
黄永麟	哈尔滨医科大学附属第一医院		教　授
吴树燕	北京大学第一医院		教　授
曹永荣	山东潍坊医学院附属医院		教　授

编著委员会名单

王凤芝	山西医科大学附属第二医院		教　授
陈长熙	中国医科大学第一附属医院		教　授
白小涓	中国医科大学第一附属医院	博士后[美]	教　授
于　波	中国医科大学第一附属医院	博士	
唐其柱	武汉大学人民医院		教　授
方卫华	深圳市孙逸仙心血管医院		教　授
任桂芝	青岛大学医学院附属医院		教　授
顾复生	首都医科大学附属北京友谊医院	博士[苏]	教　授
曾祥鸿	成都市第二人民医院		教　授
祝善俊	第三军医大学第二附属医院		教　授
张清潭	山东滨州医学院附属医院		副教授
吴　彦	北京大学人民医院		副教授
郭继鸿	北京大学人民医院		教　授
高政地	中医研究院北京广安门医院		主任医师
傅亚龙	中医研究院北京广安门医院		副主任医师
宋庆桥	中医研究院北京广安门医院		副主任医师
李治淮	山东滨州医学院		研究员
陈　岗	上海市第一人民医院	博士	
肖明第	上海市第一人民医院		教　授
范迪钧	中国医学科学院北京阜外心血管病医院		教　授
王质刚	首都医科大学附属北京友谊医院		教　授
石湘芸	解放军海军总医院		教　授
赵　静	山东大学齐鲁医院	博士	
陈世波	上海复旦大学医学院附属中山医院		教　授
姜　楞	[美]波士顿 Baystate Medical Center Derector Noninvasive Cardiology		教　授
苏哲坦	海南省人民医院		教　授
王沙南	大连市解放军210医院		副主任医师
陈国伟	广州中山医科大学附属第一医院		教　授
伍贵富	广州中山医科大学附属第一医院	博士	
马建群	山东滨州医学院附属医院	博士	教　授
胡大一	北京大学人民医院		教　授

张　麟	首都医科大学附属北京朝阳医院		主任医师
王宏宇	北京大学人民医院	博士后	
刘力生	中国医学科学院北京阜外心血管病医院		教　授
傅向阳	第一军医大学珠江医院		教　授
赵铭山	山东滨州医学院附属医院		教　授
李隆贵	第三军医大学第二附属医院		教　授
韩学文	山东滨州医学院附属医院		教　授
于苏国	山东滨州医学院附属医院		副教授
董金芳	山东滨州医学院附属医院		教　授
钱永如	重庆医科大学附属儿童医院		教　授
黄　薇	山东滨州医学院附属医院		教　授
王士雯	中国人民解放军总医院	院士	教　授
李法升	山东滨州医学院附属医院		教　授
戴景宜	山东滨州医学院附属医院		副教授
吴同果	山东泰山医学院附属医院		教　授
晁储璋	山东泰山医学院附属医院		副教授
刘炳德	山东泰山医学院附属医院		教　授
孔宪明	山东大学齐鲁医院		教　授
高海青	山东大学齐鲁医院		教　授
朱文玲	中国医学科学院、中国协和医科大学、北京协和医院		教　授
方　圻	中国医学科学院、中国协和医科大学、北京协和医院		教　授
周崇伦	湖南省湘乡市人民医院		副主任医师
杨忠信	国家核工业部417医院		主任医师
刘肖林	山东滨州医学院附属医院		教　授
李　静	首都医科大学附属北京朝阳医院		副主任医师
李翠香	山东滨州医学院附属医院		副主任护师

其他编著者 （按章节先后为序）

张青山　朱文华　刘玉华　孙宝莹　刘宇翔　李　锋　惠　波

石　洁　朱贵月　马敬霞　张效梅　刘朝晖　孟庆才

序

充血性心力衰竭是临床上很常见的综合征，是许多心血管疾病的重要并发症。尽管对心血管病的预防和治疗取得了重大进展，但充血性心力衰竭仍然是许多心血管病患者最终要经历的阶段，其患病率和发病率仍在增加，病死率也很高。由于人们的平均寿命延长，老年充血性心力衰竭患者增多；由于急性心肌梗死患者急性期存活率增高，后期发生充血性心力衰竭者也在增多；由于心瓣膜病治疗方面的进步，使其中患急性心力衰竭的患者仍得以存活，其后发生慢性心力衰竭者也在增多。因此，充血性心力衰竭近年来倍受医家重视，无论是基础理论和临床实践的研究、生物化学和分子生物学的探讨、深入的病理生理和病理解剖的阐明，还是治疗药物的开发、介入治疗和外科手术的应用等都取得了重大进展。但是，目前心力衰竭发病率增高的情况仍然存在，它反映了充血性心力衰竭仍在肆虐，医学家仍在不懈地与它做斗争。因而介绍该领域取得的成果和对前景的展望正是本书的核心所在。

张子彬、郑宗锷、张玉传 3 位教授组织中国、美国及澳大利亚的 80 余位专家学者编写了《充血性心力衰竭学》，对指导心力衰竭诊断、治疗及预防必将产生深远影响。

本书结构严谨，内容全面、系统、实用，层次清楚，对心力衰竭这一临床综合征，从基础理论到临床诊治均给予详细的阐述，字数达 180 余万。

承蒙编者邀请作序，有幸先睹本书的内容，深感它是一部不断追赶本领域发展前沿的专著，值得为临床医师、科研人员和医学院校师生所参考，故乐为推荐和作序。

陈灏珠

2003 年 1 月 27 日

于复旦大学上海医学院附属中山医院

上海市心血管病研究所

前言

《充血性心力衰竭学》是一部系统论述心力衰竭的专著。近年来，有关心力衰竭的基础理论及临床研究都有了迅速发展，新理论、新观点、新药物、新技术、新疗法不断涌现。为了及时地反映国内外的最新进展，更好地满足广大读者需求，我们邀请了中国、美国及澳大利亚的80余位专家教授编著本书。作者本着博采众长、精心选材的原则，广泛参考国内外最新文献，注重临床实用，注意总结自己的研究成果和实践经验，力求充分反映当代心力衰竭领域的新进展，以适应新世纪的需要。

全书有6篇55章，180余万字。第一篇除介绍与心力衰竭有关的解剖、生理、生化等内容外，重点论述了心力衰竭的病理生理变化、发病机制、分子生物学及心功能的评定；第二篇分别阐述了收缩性心力衰竭、舒张性心力衰竭及急性心力衰竭的临床表现；第三篇除介绍心力衰竭分类、心力衰竭的诊断与鉴别诊断外，着重叙述心力衰竭的各种诊断技术和方法，包括心电图、X线、超声学、核医学、心阻抗血流图、心机械图、磁共振成像、运动试验及血流动力学监测等；第四篇心力衰竭的治疗学，为本书的重点，详细介绍了对心力衰竭各种治疗（包括药物治疗、电学治疗、中医药治疗、外科治疗、介入治疗、基因治疗和血液净化治疗等）的新进展；第五篇为各论，论述了各种心血管病引起心力衰竭的诊治特点，同时专章介绍了心力衰竭的相关学科、康复和护理等内容；第六篇介绍了心力衰竭的预防、预后及研究展望。全书力求从循证医学出发，从不同角度、不同侧面多次引证了多中心临床试验的研究成果，并辟专章系统介绍了心力衰竭的循证医学，以期让读者有一全面认识。附录中列出国内外心力衰竭诊治指南，供读者借鉴和参考。书末附中英文索引，以便检索。

本书编委分布在中国、美国和澳大利亚三国的40多所高等医学院校或研究院、所，他们大多是经验丰富的资深专家和著名教授。同时也邀请了部分有专长、有造诣的中青年学者参与编写。中国工程院院士陈灏珠教授、著名心血管病专家方圻教授，应邀惠予作序、题词，为本书增色颇多。各位顾问都给予精心指导，热情鼓励。著名心血管病专家胡丽霞、张文博两位教授应邀主审，为本书的审定付出了辛勤劳动。在此一并致以衷心的谢意。

全体作者在日常工作十分繁忙的情况下，不辞艰辛，夜以继日，为本书的编写付出了巨大努力。他（她）们所在单位的领导也都给予积极的支持。对以上各单位和各位作者所做的贡献，致以诚挚的感谢。

谨以本书的出版庆祝中国心力衰竭协会成立 12 周年。

由于我们的经验和能力所限，本书中不足或欠妥之处在所难免，敬请广大读者不吝指正。

中国心力衰竭协会主任委员　张子彬

2003 年 1 月 30 日

于山东滨州医学院附属医院

图 1-2-3　《充血性心力衰竭》一书于 1991 年出版，1992 年作为优秀科技著作参加美国华盛顿图书展览，图为展出时照片

图 1-2-4　《充血性心力衰竭学》由中国、美国及澳大利亚三国专家、学者合著，在 1997 年《充血性心力衰竭》（第二版）的基础上，大幅增加新内容修订再版问世。郑宗锷教授代表编委会将该书赠给国际著名心血管病权威专家 Michael De Bakey 医学博士，图为赠送时合影照片

右起：郑宗锷、Bakey M D

领导题词、顾问简介、主编简介

卫生部陈敏章部长题词

中华人民共和国卫生部原部长陈敏章为《充血性心力衰竭》一书的题词。

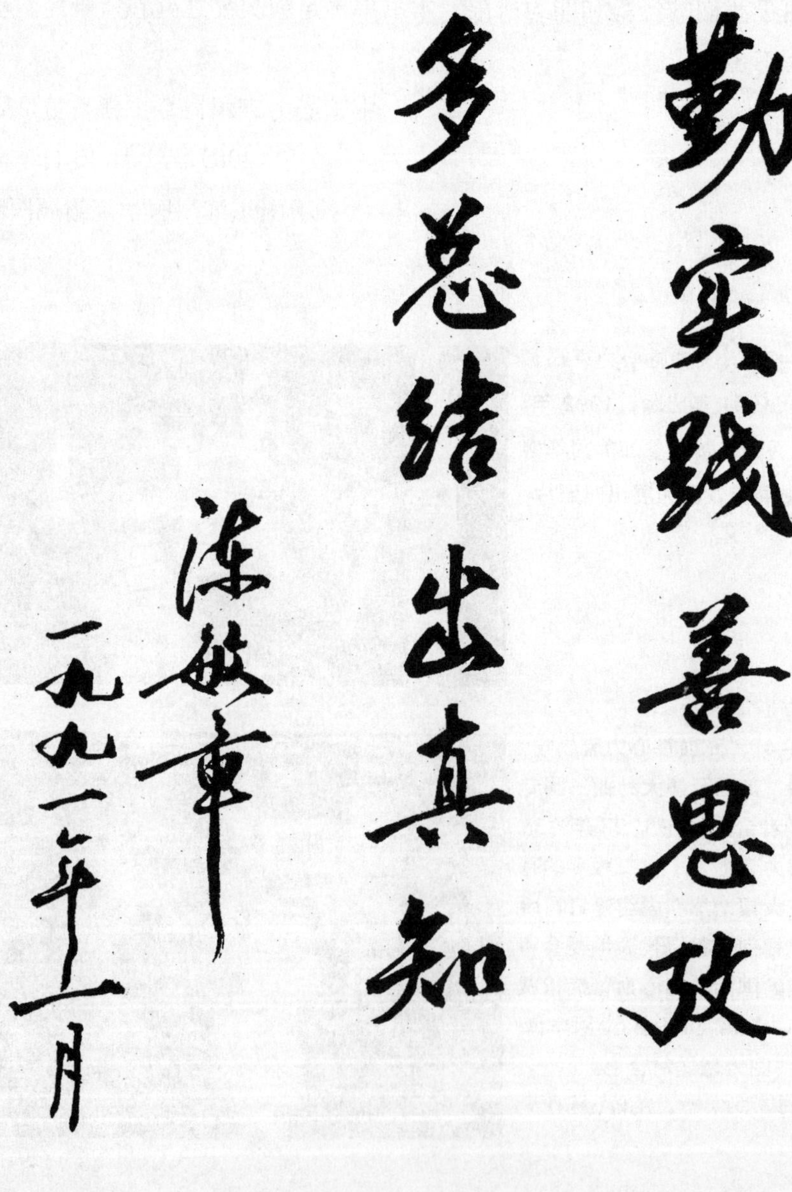

《充血性心力衰竭学》（2003年版）题词顾问简介

陈灏珠，中国工程院院士，男，1924年11月出生，1949年毕业于前国立中正医学院。现任复旦大学上海医学院（原上海医科大学）附属中山医院内科教授，博士研究生导师，上海市心血管病研究所所长。

主要贡献：从事心血管病内科医疗、教学、科研工作50余年，为我国心血管病侵入性诊治法奠基人之一。率先做左心导管、选择性染料和氢离子稀释曲线、冠状动脉造影和血管腔内超声等检查，提高了诊断水平；率先用电起搏和电复律治疗快速性心律失常达国际先进水平；率先用活血化瘀法治疗冠心病并阐明其原理；抢救濒死心肌梗死外宾成功，1976年被美国《内科文献》杂志详细报道，产生了良好的国际影响；研究出的我国健康人血脂值，现被公认为真正的正常值；在20世纪50年代提出我国心脏病病种变迁、流行趋势和防治对策，经过4个年代追踪证明其正确。率先开展多种非侵入性诊断法。1976年在国内外首先用超大剂量异丙肾上腺素抢救“奎尼丁晕厥”成功。为国家重点学科、上海市领先专业和上海市心血管病临床医学中心学科带头人，世界卫生组织心血管病研究和培训合作中心主任和专家咨询委员会委员，卫生部学位委员会委员，中华医学会心血管病学会顾问，上海医学会心血管病学会名誉主任委员，中华医学杂志、中华心血管病杂志和中华内科杂志顾问。获国家科技进步二等奖1项，全国科学大会重大贡献奖2项、部省级科技进步和教学成果奖一等奖6项，其他等级奖8项。

历年发表论文300余篇，主编书8本，参编书20余本。主编的《中国医学百科全书——心脏病学》、《内科学》（第三、第四版）、《实用内科学》（第十版）、《实用心脏病学》（第三版）、《心脏导管术的临床应用》（第二版）等均是国家水平之作。从事医疗工作中立功2次，培养博士后、博士和硕士研究生共59名。

应邀任中国心力衰竭学会顾问，为学会代表作《充血性心力衰竭》《充血性心力衰竭学》各版次写“序”及题词。陈灏珠教授是德高望重、医学成就卓著的老前辈，是中国心血管病学及内科学的奠基人之一。

方圻，男，1920年2月出生。1946年毕业于成都华西大学医学院，并获医学博士学位。1946—1948年在天津前中央医院内科工作；1948年起在北京协和医院工作，历任住院医师、主治医师、讲师、副教授、教授，曾兼任内科副主任、主任、副院长等职，现任内科教授、名誉院长。

1950年开始从事内科心血管病学工作，早年在心电图的改进和推广应用，开展心脏导管检查术、先天性心脏病的诊断、风湿性瓣膜病，以及血流动力学等方面从事临床及科研工作；以后从事心律失常、心电生理、冠心流及心血管药物等方面的工作。曾撰写科学论著50余篇，主编《心脏导管检查术》《临床心电生理学》《现代内科学》（获全国优秀科技图书一等奖）等专著。为博士生导师。曾获卫生部科技进步二等奖2次。

曾任中华医学会副会长、中华内科学会主任委员、中华心血管学会副主任委员、中华心血管杂志主编，世界卫生组织医学研究顾问委员及专家组成员。现任中华医学会常务理事会理事。

《充血性心力衰竭学》（2002年版）主编简介

首席主编张子彬教授

张子彬教授，1937年1月生于山东省寿光市。1963年毕业于青岛医学院医疗本科，同年分配至该校附属医院工作，1976年至今在滨州医学院工作。历任滨州医学院内科教研室主任、附属医院内科主任兼心内科主任、山东风湿病学会委员、滨州地区中医院名誉院长等职。现任滨州医学院内科学教授及主任医师、国际卫生医学研究院（IHMA）一级教授、博士生导师、中国心力衰竭协会主任委员（创始人）、《美国中华心血管病杂志》副主编、世界医药研究中心研究员等职。

长期从事心脏内科工作，医疗、教学、科研成绩斐然，尤其对心力衰竭的诊断和治疗有深入研究。迄今在国内外20多种医学期刊发表论文110余篇。主编及合著的医学专著有《充血性心力衰竭》《现代心脏内科学》等38部。自1980年以来，获世界传统卫生组织（WTHO）、美国人体科学研究院、中国卫生部、山东省及滨州医学院等科研成果奖和科技进步奖共35项。参与组织和主持第一至第六届全国心力衰竭学术交流会。组织和领导 MCA-CHF 全国大规模多中心临床试验研究，历时两年完成，观察患者 1659 例，取得了丰硕成果。1993 年领导中国心力衰竭协会在国内率先制定左室舒张功能障碍性心力衰竭诊断标准，为国内外引用。1992 年被评为山东省卫生厅专业技术拔尖人才。1993 年被批准享受国务院有突出贡献专家的特殊津贴。1999 年 5 月荣获中国心力衰竭协会杰出贡献奖，同年 12 月 16 日又获 WTHO 圣塔莫尼卡明星人才医学科学家奖。2001 年 1 月香港国际医学科学研究院授予“国际医学成就奖”。多次被评为滨州医学院优秀教师及附属医院先进工作者。

图 1-2-5　在第七届全国心力衰竭学术交流会开幕式上，同时举行三书首发式（2003 年 4 月 20 日 · 泰安）

图 1-2-6　三书由中美专家合著
《充血性心力衰竭学》第一主编张子彬
《现代心脏内科学》（第二版）第一主编陈国伟
《临床心电信息学》第一主编张开滋

证　书
CERTIFICATE

经世界传统卫生组织学术委员会评审，张子彬 先生/女士《充血性心力衰竭》著作获 WTHO 圣塔莫尼卡科技进步一等奖

This is to certify that Mr./Mrs. Zhang Zibin is awarded the prize of WTHO Santa Monica Scientific Progress (First Prize) for his/her Congestive Heart Failure

此证
1999 年 12 月 16 日

Issued by World Traditional Health Organization

图 1-2-7　《充血性心力衰竭》获 WTHO 科技进步 一等奖

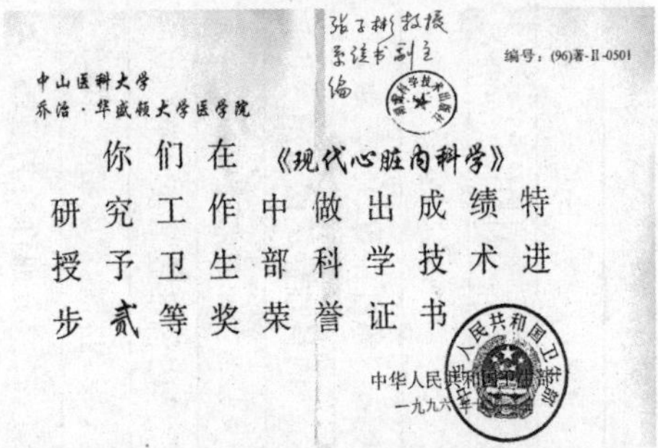

张子彬教授系该书副主编

编号：(96)著-II-0501

中山医科大学
乔治 · 华盛顿大学医学院

你们在《现代心脏内科学》研究工作中做出成绩特授予卫生部科学技术进步贰等奖荣誉证书

中华人民共和国卫生部
一九九六年

图 1-2-8　《现代心脏内科学》被评为卫生部科技进步二等奖，该书主编陈国伟、郑宗锷 [美]，张子彬为副主编

表 1-2-1　张子彬教授医学著作一览（1976—2005 年）

序号	书名	字数（万）	参与方式	出版社	年份
1	急性中毒	40	编委	人民卫生出版社	1976 年
2	心力衰竭	31.2	主编	滨州出版局准印	1980 年
3	急性中毒（第二版）	69.1	编委	人民卫生出版社	1985 年
4	内科难症笔谈（第一集）	26	编委	山东科学技术出版社	1985 年
5	心力衰竭	39.2	主编	山东科学技术出版社	1986 年
6	内科难症笔谈（第二集）	30	编委	山东大学出版社	1987 年
7	内科病最新治疗（Ⅰ）	29.5	编委	天津科技翻译出版公司	1987 年
8	充血性心力衰竭	71.2	主编	科学技术文献出版社	1991 年
9	食管心脏调搏	11.2	主编	科学技术文献出版社	1991 年
10	心脏病患者生活保健指南	10.8	主编	科学技术文献出版社	1992 年
11	内科病最新治疗（Ⅲ）	21.3	编委	天津科技翻译出版公司	1992 年
12	心动过速的诊断和治疗	32.9	副主编	科学技术文献出版社	1993 年
13	器官功能衰竭的现代治疗	54	编委	济南出版社	1993 年
14	现代心脏内科学	229.4	副主编	湖南科学技术出版社	1994 年
15	心血管遗传病学	54.9	编委	北医大协和医大联合出版社	1994 年
16	心脏骤停的抢救及预防	11.9	副主编	金盾出版社	1994 年
17	实用心电信息学	32	副主编	丹东新闻出版社	1995 年
18	中毒治验集锦	44	编委	中原农民出版社	1995 年

续表

序号	书名	字数（万）	参与方式	出版社	年份
19	充血性心力衰竭（第二版）	97.9	主编	科学技术文献出版社	1997 年
20	心搏骤停与现代复苏	21.7	主编	科学技术文献出版社	1997 年
21	现代临床急救治疗学	140	主编	北京科学技术出版社	1997 年
22	内科危重病症现代治疗	80	特邀编委	湖北科学技术出版社	1997 年
23	中国科学技术文库	500	编委	科学技术文献出版社	1997 年
24	心电信息学	122.2	副主编	科学技术文献出版社	1998 年
25	现代内科急重症治疗学	70	编委	四川科学技术出版社	1999 年
26	中华医学研究精览文库	300	编委	军事医学科学出版社	1999 年
27	中华当代医学家学术成果荟萃	306	编委	香港天马图书有限公司	2000 年
28	心脏血栓病学	150	编委	人民卫生出版社	2000 年
29	现代心力衰竭学	70	编委	汕头大学出版社	2000 年
30	现代临床整体序贯急诊救护治疗学	150.7	主编	军事医学科学出版社	2001 年
31	老年心血管病诊断与鉴别诊断学	52	主编	青岛海洋大学出版社	2001 年
32	充血性心力衰竭学	174	主编	科学技术文献出版社	2002 年
33	临床心电信息学	380	副主编	湖南科学技术出版社	2002 年
34	现代心脏内科学（第二版）	280	副主编	湖南科学技术出版社	2002 年
35	当代内科学	972.8	编委	中国中医药出版社	2002 年

续表

序号	书名	字数（万）	参与方式	出版社	年份
36	充血性心力衰竭学 （国家出版基金资助版）	175	主编	科学技术文献出版社	2003 年
37	心血管疾病现代治疗	120	编委	人民军医出版社	2005 年
38	临床动态心电图学	243	编委	中国医药科技出版社	2005 年

序号	书名	字数（万）	出版社	年份
39	2002 Innovative Excellent Achievement of Medicine in the world	145	欧洲自然科学院出版	2002 年
40	Excellent Symposium of Barcelona International Medical Conference	122	欧洲自然科学院出版	2002 年
41	International New Technology Symposium for Excellent Production on Iatrology	75	德国 UNLTE 出版集团有限公司	2002 年

表 1-2-2　张子彬教授部分科研论文一览（按发表时间顺序排列）

科研论文	发表期刊
胆固醇性胸膜炎一例报告	青岛大学医学院学报，1975
心源性晕厥	青医北镇分院学报，1979，1：86-91
急性呋喃丹中毒 1 例报告	北镇医学院学报，1981
难治性心力衰竭	北镇医学院学报，1982，2：33-53
农民急性心肌梗塞特点的探讨	滨州医学院学报，1983
急性呋喃丹中毒 46 例临床分析	实用内科杂志，1983
急性心肌梗塞的血流动力学监测及心功能分级	山东医药，1983
难治性心力衰竭纠正电解质紊乱及酸碱平衡失调	山东医药，1984，6：34-35
急性胸痛的诊疗原则	山东医药，1985
洋地黄中毒与心律失常	滨州医学院学报，1985，2：44-49
急性心源性肺水肿的治疗	滨州医学院学报，1985，2：56-61
卡那霉素过敏致死 1 例	滨州医学院学报，1986，9：91
电解质与高血压	滨州医学院学报，1986
肥胖呼吸困难嗜睡综合征	滨州医学院学报，1986
致心律失常性右室发育不全	滨州医学院学报，1987，10：43-48
甲氰咪胍引起阿托品化样精神症状 1 例	滨州医学院学报，1988
农药中毒致急性肺水肿的救治体会	滨州医学院学报，1988
新型强心剂应用现状	山东医药，1988
几类新近农药中毒的救治	医师进修杂志，1988
临床病例讨论	医师进修杂志，1989
应用超声心动图测定心功能价值的探讨（附 1100 例心功能测定分析）	全国首届心功能学术交流会论文集，1988
原发性醛固酮增多症 1 例报告	滨州医学院学报，1989，12：94-95
用血液动力学指标对高血压进行分型和治疗的探讨	滨州医学院学报，1990
流行性感冒并发胸腔积液 1 例报告	滨州医学院学报，1990
甲状旁腺功能减退性心肌病	滨州医学院学报，1990，13：40-42
先天性二叶主动脉瓣的超声心动图诊断	滨州医学院学报，1990
冠心病与 SSS 之间关系的探讨	滨州医学院学报，1990，13：43-46

续表

科研论文	发表期刊
临床病例讨论：胸闷、水肿、心包积液、低血压	滨州医学院学报，1990
原发性肥厚型心肌病的心电图特点	滨州医学院学报，1990
体外反搏治疗冠心病心绞痛 125 例疗效分析	滨州医学院学报，1990，13：53–55
心电向量图对充血性心力衰竭诊断价值的探讨	第二届全国心功能学术交流会论文汇编，1990
农民心肌梗塞流行病学特点分析	第十次全国心血管病流行病学及人群防治学术会，1990
冠心病与病窦综合征关系的探讨	山东医药，1990
Marfan Syndrome in China：A collective review of 564 cases among 98 families	Ame Heart J，1990，120：934–948
Marfan 综合征 610 例遗传学探讨	遗传与疾病，1990
脑血管病患者的心血管表现	山东医药，1989
超声心动图测定心功能的价值	滨州医学院学报，1990
农民急性心肌梗死发病危险因素及临床特点的探讨	临床荟萃，1991，6：156–157
体外反搏在中老年病康复中的应用	中国康复医学杂志，1991
第一届全国心力衰竭学术会纪要	山东医药，1992，32：47–50
谈谈有关心室晚电位的几个问题	心功能杂志，1991，3：149–152
马凡综合征（附 5 例报告）	滨州医学院学报，1992，15：37–38
左室舒张功能不全诊断标准	滨州医学院学报，1993，16：封三
急性心肌梗塞患者心功能不全的预防	临床荟萃，1992，7：444–446
生物频谱医学概述	滨州医学院学报，1993
心力衰竭新概念及诊疗新进展	临床荟萃，1993
马凡综合征标记染色体研究	第十七届国际遗传学大会论文集，1993
充血性心力衰竭的预后	临床荟萃，1993
遗传性心血管－上肢畸形综合征 21 例遗传学分析	临床心血管病杂志，1994
心力衰竭的新概念及诊疗新进展	滨州医学院学报，1994，17：179–182
心力衰竭的治疗进展	新医学，1995
心力衰竭诊断与治疗新进展	医学综述，1995

续表

科研论文	发表期刊
左心室条索的研究进展	医学综述，1995
加速的室性逸搏心律研究进展	医学综述，1995
四药联合抢救心源性急性肺水肿 21 例分析	医学综述，1995
老年心力衰竭诊治新进展	滨州医学院学报，1995
卡托普利对前壁与下壁心肌梗死作用差异的临床试验	中华心血管病杂志，1995
胰岛素抵抗与冠心病	滨州医学院学报，1996
充血性心力衰竭的基因治疗	医学综述，1996
陈旧性心肌梗塞 37 例猝死因素分析	滨州医学院学报，1996，19：497–498
心力衰竭的现代概念及诊疗现状	中国心力衰竭研究，1997
心力衰竭的现代概念及诊疗新进展	山东医药，1997
卡托普利对 AMI 患者早期病死率和并发症影响的多中心临床试验——全国大规模随机双盲安慰剂对照试验 14962 例资料总结	中华血管病杂志，1997，25：245–251
马凡综合征临床与遗传学研究报告	医学综述，1997
心先安的药理作用和临床应用进展	医学综述，1998，4：封二
心力衰竭的诊疗现状及展望	医学综述，1998
心力衰竭预防研究进展	中国心血管杂志，1998，3：301–304
充血性心力衰竭患者肿瘤坏死因子和白介素 –6 的动态变化及其临床意义	UCJA，1999
AMI 后左室重塑及对心功能影响的研究现状	UCJA，1999
心先安注射液治疗充血性心力衰竭的多中心临床试验 1659 例资料总结	UCJA，1999，1：1–4
晚期心力衰竭的诊断与治疗进展	现代诊断与治疗，1999
环磷酸腺苷葡甲胺注射液治疗充血性心力衰竭的多中心临床研究报告	临床心血管病杂志，1999，15：285–288
心先安临床应用新进展	国际心血管杂志，1999，1：334–335
AMI 并 LBBB 的诊断	UCJA，2000
心力衰竭时能量代谢的研究进展	UCJA，2000

续表

科研论文	发表期刊
左室舒张功能障碍性心力衰竭诊断修订标准	心血管病学进展，2002，23：封二
对“慢性收缩性心力衰竭治疗建议”的几点浅见	中华心血管病杂志，2002，30：696
Meglumine cyclic adenylate（MCA）injection in treating 1659 patients with congestive heart failure–A multicenter，randomized，placebo–controlled–clinical trial	International New Technology Symposium for Excellent Production on Latrology（德国，柏林），2002
Meglumine cyclic adenylate（MCA）injection in treating 1659 patients with congestive heart failure–A multicenter，randomized，placebo–controlled clinical trial	Inovative Excellent Achjevement of Medcine in the World（美国，洛杉矶），2002
Meglumine cyclic adenylate（MCA）injection in treating 1659 patients with congestive heart failure–Amulticenter，randomized，placebo–controlled clinical trial	Excellent Symposium of Barcelona International Medical Conference（西班牙，巴塞罗那），2002
老年心力衰竭的特点分析	中国现代医药，2003
无症状性心力衰竭研究进展	中国现代医药，2003，1：148–150
急性心力衰竭的现代治疗	临床急诊杂志，2003，4：1–3
慢性收缩性心力衰竭的诊疗进展	中国现代医药，2003
老年心力衰竭的特点分析	中华老年多器官疾病杂志，2003，2：314–318
心力衰竭的时辰生物学研究进展	中国现代医药，2003，1：368–370
人体心脏舒张最大吸力的模拟实验研究	中国医学物理学杂志，2004，21：30–32
慢性收缩性心力衰竭诊治新策略	滨州医学院学报，2007，30：446–448

注：在 2001 年前后，两次向寿光市人民医院捐赠医学书刊 1000 余册，已捐出的杂志无法查找，故上述论文中部分条目未能列入；有的论文缺卷、期、页，未能予以补充，特此说明。

为了提高广大人民群众的健康素养，增强体质，及时防治疾病，张子彬教授应有关报纸之约，先后在“惠民大众”“滨州卫生报”“康寿福音报”等报纸上发表科普文章 50 余篇，受到读者的好评，图 1–2–9 是部分报纸的剪集。

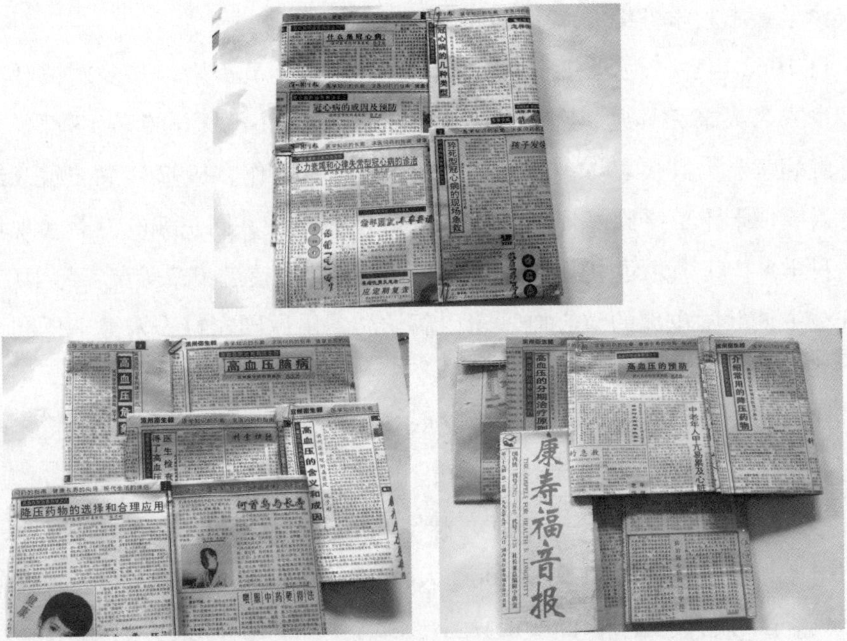

图 1-2-9　张子彬教授在报刊发表的部分科普文章

第二主编郑宗锷教授

Tsung O. Cheng（郑宗锷）医学博士，教授。1926 年 3 月 30 日生于上海，1950 年在上海圣约翰大学获医学博士学位，1951 年在美国宾夕法尼亚大学医学院进修，1956 年获医学硕士学位，1954—1959 年分别在西北大学医学院、霍浦金斯大学医学院、哈佛大学医学院等院校任心血管病研究组成员，曾在世界著名的心脏病专家保罗·怀特教授指导下工作。1959—1970 年在纽约州大学任 Downstate 医学院内科副教授，1972 年至今任乔治·华盛顿大学医学院内科教授。

自 1970 年以来，担任以下重要杂志的顾问、评议人：《美国心脏杂志》《美国心脏病学杂志》《脉管学》《内科学纪事》《内科学文献》《心导管术与心血管诊断》《美国心脏病学协会杂志》《胸科》《循环》《放射学研究》《美国医学协会杂志》《新英格兰医学杂志》《柳叶刀》《英国医学杂志》等。1999 年后任“Catheterization and Cardiovascular Interventions”及《中华误诊学杂志》学务编委。

自1962年后，他具有多个国际学术团体的会员资格，并多次被载入美国及世界名人录和辞典。迄今发表论文1130篇，主编医学专著13部，《国际心脏病学》为其代表作，现已成为世界性权威著作。1992年又主编《经皮气囊瓣膜成形术》受到好评。1994年与陈国伟教授共同主编的专著《现代心脏内科学》，获第九届中国图书奖及中国卫生部科技进步二等奖。与李广镰、张开滋主任共同主编的《心血管遗传病学》，由原国家科委宋健主任题词，卫生部前部长陈敏章题写书名并题词。

郑教授学术造诣极深，医学成就卓著，应世界上许多国家之邀当客座教授或名誉教授，包括英国牛津大学，法国巴黎大学，南非的Witwatersrand大学、Natal大学、Cape Town大学，意大利罗马天主教大学心血管病研究所、米兰市国家科学院，德国的Düsseldorf大学、Hamburg大学、Hannover大学、Berlin大学，澳大利亚Melbourne大学、New South Wales大学、Sydney大学，Madrid大学。1999年被选进英国伦敦皇家医学会会员，又被中国多所高等院校和研究所聘请为名誉院长、所长和名誉教授，1991年其事迹被载入《海外上海名人录》。

关于邀请国际著名医学专家美国 Tsung O. Cheng 教授访问我院并受聘名誉职务的请示报告

医学院党委：

郑宗锷（Tsung O. Cheng）博士是美国乔治·华盛顿大学医学院教授，是爱国美籍华人，从医近50年来，致力于心血管病的临床及研究工作，学术造诣极深，科研成果卓著，在美国及国际医学界享有盛誉。迄今发表论文560多篇，出版医学专著8部，300多万字的《国际心脏病学》为其代表作，在欧美十几个国家出版发行，成为世界名著。他从1973年起，先后10次回国讲学，最早在北京、上海及广州等地指导开展了冠状动脉造影术，把先进医学成果和技术介绍到中国来，并应邀担任了北京、上海、广州及青岛等地医学院校及科研机构的名誉教授、院长、所长等职务，他还兼任美国及国际多种学术职务，其成就和事迹1980年被载入《美国名人录》《世界名人录》。他回国后曾多次受到前科学院院长郭沫若及李鹏总理的接见。1990年与我院内科张子彬主任等专家合写论文在《美国心脏杂志》发表，1991年又共同主编了《充血性心力衰竭》专著，在科学技术文献出版社出版发行，并应邀担任了中国心力衰竭协会名誉主任委员。郑教授怀着一颗海外赤子的忠心，为促进祖国医疗卫生事业的发展，在中美医学界之间架起了一座金桥，为中美医学交流做出了卓越贡献。

为使我院教学和医疗水平不断提高，及时了解国际医学信息，吸取国外先进经验，争取著名医学专家的指导，特建议聘请郑宗锷博士为我院名誉教授和名誉校长，以上建议当否请批示。

内科教研室　张子彬

1992年3月20日

滨州医学院党委收到内科学教研室主任张子彬教授的请示报告后，院领导高度重视，及时进行研究，同意邀请郑宗锷教授来我院访问，并委托张子彬教授转达学校的邀请，郑教授愉快地接受了邀请，按商定时间来访。郑宗锷教授是自改革开放以来到我院访问的第一位国际著名医学专家，从而使我院揭开了与国际医学界交流新的一页，是具有里程碑意义的历史性访问，产生了深远的影响。

漂洋过海　几番甘苦扬名世界
乡情难禁　一颗红心热恋故土
——记国际著名医学专家郑宗锷教授

张子彬

郑宗锷博士是乔治·华盛顿大学医学院内科教授，毕生致力于心血管病的研究，学术造诣极深，医学成就卓著，是国际著名医学专家，拟于10月上旬访问我院并将荣任我院和附院名誉职务，为增加对他的了解，现将其简历和事迹介绍如下。

打工度日　终成一代名医

1926年3月，郑宗锷出生在中国上海一个普通的知识分子家庭。他自幼天资聪明，勤奋过人。20世纪40年代中期，他以品学兼优的成绩考取上海圣约翰大学。从此便迷上了医学，经常捧着人体模型，研究攻读至深夜。

1950年，郑宗锷到美国宾夕法尼亚大学医学院进修深造，学费和生活无着落，只好白天在课堂读书，晚上到医院里打工。凭着他过人的毅力和勇气，1952年他终于获得医学理科硕士学位，随后成了芝加哥西北大学医学院附院的一名内科住院医师。

为寻找心血管病的治疗之路，郑宗锷决定致力于这方面的探索。自1955年起，他先后在哈佛大学、霍浦金斯大学等多所院校的心脏病专业当了几年研究生，在世界著名的心脏病专家保罗·怀特教授指导下工作。他从导师那里获得了很多教益，对他的医术提高影响很大。1959年起，他在纽约州立大学当助教兼心导管室主任。不久，他和一位当护士的美国姑娘结了婚。1962年加入美国国籍。1972年至今，在乔治·华盛顿大学医学院任内科教授。功夫不负有心人，他的医疗技术和研究课题硕果累累，迄今已发表论文600篇，主编医学专著9部，300多万字的《国际心脏病学》为其代表作，成为世界名著，医学成就卓著，在美国医学界和社会上享有盛誉。他的成就和事迹被载入以下名人录和辞典：《美国科学名人》（1965年）、《美国男女科学家》（1965）、《南方与西南名人辞典》（1973年）、《智慧佼佼者》（1973年）、《国际传记辞典》（1975年）、《东方名人辞典》（1977年）、《美国名人辞典》（41版，1980年）、《世界名人辞典》（5版，1980年）。

乡情难禁　最早踏上故土

郑宗锷在美国功成名就，生活富裕，但他仍怀着一颗海外赤子之心，时时刻刻在眷恋着生他养他的祖国。早在20世纪60年代，他就通过各种途径打听来故乡探亲的可能性。1972年5月，他在美国与中国没有直接通航的情况下，只身一人经加拿大渥太华乘飞机来中国探亲，实现了他多年在海外的渴求和夙愿。他在上海探望了离别20多年的双亲，领略了故乡欣欣向荣的建设风貌，与中国的医学同行进行了学术交流。他决心为增进中美两国人民的友谊和学术交往做出自己的贡献。1973年，他受中华医学会的邀请，携带妻儿第二次来到故乡。在北京，受到科学院院长郭沫若的接见。

不遗余力　促进中美交流

1972年10月，郑教授受美国政府委派，接待了中国第一个访美医学代表团。在代表团访美的一个多月里，他不辞辛劳，全程陪同代表团在美国各地的参观访问活动。

20多年来，他先后10次访问中国，不遗余力地促进中美医学交流，做出了杰出贡献。1973年，他在北京阜外医院示范做了中国第一例冠状动脉造影术，中国还特地将“造影术”的全过程拍成电影。之后，他又在上海、广州共做了11个造影术，为故乡撒下了新颖的“造影术”的种子，培养了治疗心血管疾病方面的人才。他还把带来的一些技术资料和心导管器械赠送给上海仁济医院。

以后，他又多次率领美国医学代表团到中国进行学术交流活动，并去内蒙古、新疆等地访问。在访问中到各地讲学，既把自己的一些医学科研成果贡献出来，也努力把中国同行的研究成果介绍给国际医学界。

为了促进国内医学的发展，及时介绍国际先进经验，在国内一些院校、科研机构和医学院应邀担任了名誉职务。1986 年，他受聘为北京协和医院客座教授、上海第二医科大学名誉教授。1988 年，他又受聘为丹东市第一医院名誉院长兼技术顾问。1989 年应邀任青岛医学院名誉教授和心血管病研究所名誉所长。1991 年应邀任中国心力衰竭协会名誉主任委员和心力衰竭杂志顾问。今年 10 月，他将应邀回国访问北京、山东、上海及广州，并在各地讲学，介绍心血管病研究的最新进展。届时将应邀任滨州医学院名誉教授和附属医院名誉院长、泰山医学院名誉教授和附属医院名誉院长、广东省心血管病研究所名誉所长。他还与国内专家合作，共同主编了《充血性心力衰竭》及《现代心脏内科学》（待出版）等专著。

1989 年，他在中国访问期间，受到了李鹏总理的接见。1990 年 10 月，他第 10 次访问中国，受到当时的上海市市长朱镕基的接见。上海市长宁区政府聘任他为该区同仁医院的名誉院长。

郑宗锷教授还担任了华盛顿“美中医生友谊协会”的副会长。

重任在身　致力医学发展

他在对心血管病潜心研究，得到卓越成就的同时，还担任了许多医学期刊及社团的重要职务，对医学发展做出了突出贡献。

自 1970 年后，担任以下重要杂志的顾问评论员：《美国心脏杂志》《美国心脏病学杂志》《脉管学》《内科学纪事》《内科学文献》《心导管术与心血管诊断》《胸科》《循环》《放射学研究》《美国医学协会杂志》《新英格兰杂志》。

自 1983 年后，任血管医学副主编。1988 年，任 IM-国际医学专家编辑顾问部成员。1991 年后任心导管与心血管诊断编委，1992 年后，任血管术医学主编。

自 1962 年后，具有以下学术团体会员的资格：美国内科医师学会（1962 年）、美国胸科医师学会（1963 年）、美国心脏协会及美国心脏病学会（1964

年）、国际血管学学会（1972年）、心脏血管学协会（1977年，创始人）、美国血管学学会（1980年）、美国老年心脏病学会（1987年，创始人）。还兼任以下会员：美国联邦临床研究、美国心脏协会、美国科学研究。

郑宗锷教授德高望重，医术高超，在美国及国际医学界享有盛誉。他每次从中国回美国后，经常把祖国医学宝库中的有关中国针灸和针刺麻醉的一些情况介绍给美国同行。当时的尼克松总统闻知后，把郑宗锷请去，请他在白宫放映了上海二医大附属仁济医院王一山教授在针麻下做的体外循环手术的电影。看完电影后，尼克松盛赞中国的针麻，对中国的传统医学甚为敬重。这在美国医学史上是独一无二的，是史无前例的。

——转自滨州医学院报1992年9月28日第3版

恋故国跨洋过海　莅小城传道授业
美籍学者郑宗锷教授访问我院并荣任我院及附院荣誉职务

附院讯　国际著名医学专家，美国乔冶·华盛顿大学医学院医学博士郑宗锷教授于10月5日到达我院，进行了为期4天的访问和讲学。在校期间，郑教授被聘为滨医名誉教授及附院名誉院长。

郑宗锷教授是应卫生部及中华医学会的邀请来华访问、讲学的，将先后访问北京、山东、上海、广州及澳门。郑教授在京期间，受到了国务院副总理朱镕基的接见。

6日上午，学院举行隆重仪式欢迎郑教授到来，并向郑教授颁发证书，聘请为学院名誉教授和附院名誉院长，郑教授愉快地接受了聘请。滨州行署有关领导、我院领导、我院内科教研室张文博教授、张子彬副教授、青岛医学院副院长、心血管病研究所所长朱震教授等参加了欢迎及聘请仪式。应邀出席的还有淄博市中心医院、东营胜利油田中心医院、滨州地区人民医院、滨州中心医院及其他市县代表。河南省安阳市、濮阳市及杭州高等学校自动化研究所的领导也赶来出席了会议。

会议由院领导李文主持，首先我院副院长张韬致欢迎词，郑教授致答词表示衷心感谢。随即颁发聘书，互赠礼品，郑教授将他主编的300多万字的《国际心脏病学》这一世界名著赠给我院，全场响起了热烈的掌声。下午及10月7日上午郑教授做了两次学术报告，主要讲述了二尖瓣脱垂、气囊瓣膜成形术、充血性心力衰竭及心房颤动等方面的研究成果及国际最新进展。内容丰富，观点新颖，使与会者深受教益。10月7日下午举行了座谈会，解答我院及各地医务人员的临床疑难问题。郑教授在紧张的讲学之余，还参观了我院、附属医院及护校，对我院的各方面工作和迅速发展给予高度评价和热情鼓励。

——转自滨州医学院报1992年10月20日头版

中　华　医　学　会

接待美国乔治·华盛顿大学医学中心郑宗锷教授计划

（此件业经卫生部批准）

（92）医会外字第196号

北京、山东、上海、广东省（市）人民政府外办：

中华医学会的老朋友，美国乔治·华盛顿大学医学中心内科教授郑宗锷先生和夫人，应我会邀请，拟于1992年9月30日来华访问。

郑宗锷教授是著名的美籍华裔心脏学专家，20年前第一次访问中国时，在广东心血管病研究所为我国作第一例冠状动脉造影术。郑先生此次访华亦受到上海市邀请，讨论再建一所新的St.Luke's医院的计划，并去山东省接受滨州医学院和泰安医学院名誉教授的称号，郑先生还准备接受广东心血管病研究所的邀请赴穗接受名誉所长的荣誉。在北京期间国务院副总理朱镕基同志将会见郑宗锷教授。

郑宗锷先生在北京的费用由我会招待，在各地的费用由各地邀请单位承担。请各地本着热情友好的精神做好接待工作。

具体安排如下：

一、抵、离京时由我会领导人接送；

二、外宾在北京住北京饭店双人间1间；

三、外宾用车一辆；

四、外宾行李请海关给予方便。

五、外宾在京期间由我会领导宴请一次；

中华医学会

1992年9月22日

联系人：北京：游自珍　电话：550394，5133311－207　FAX：5123754

山东：张子彬　电话：05431－22752

上海：陆余芬　电话：021－2402866

广东：罗征祥　电话：020－776001

鉴于郑宗锷教授对中美医学交流和促进中国医疗卫生事业发展做出的巨大贡献，自1973年6月至1998年1月的25年内，受到江泽民、朱镕基、李鹏、郭沫若等我国领导人的接见，并合影留念。

30多年来，郑宗锷教授多次访问中国，到各地进行医学交流，及时介绍国际先进经验、新技术、新观点，并荣任多个医学院校、医院及研究机构的名誉职务。1992年10月5日至9日应邀访问滨州医学院及附属医院，受聘为名誉教授及附属医院名誉院长，该院院报对郑教授的访问进行了详细报道，并在名人专访栏内对他的动人事迹作了长篇报道：

滨州医学院报1992年10月20日第一版右上角报道访问过程；

滨州医学院报1992年9月28日第三版“名人专访”，介绍郑教授事迹。

20多年来，张子彬教授与美国郑宗锷教授进行了卓有成效的密切合作，并建立了深厚的友谊。两人共同主编了《充血性心力衰竭》（1991年）一书，时隔6年又修订出第二版（1997年），该书成为中国心力衰竭协会的代表作，是协会成立和不断发展的基础。5年后在原书的基础上增加编者，邀请张玉传教授任第三主编，共同主编出版了《充血性心力衰竭学》（2003年）一书，字数达175万字。张子彬教授与郑宗锷教授合写论文，在中美两国杂志发表。当召开两年一次的全国心力衰竭学术交流会，郑教授不能亲自出席大会时，即写一封热情洋溢的贺信，祝贺大会取得圆满成功。郑教授还与协会的其他专家如张开滋教授及陈国伟教授合写论著出版，产生了深远影响，受到一致好评。

第三主编张玉传教授

张玉传，男，1951年9月出生，山东省博兴县人。1976年12月毕业于山东医学院（现称山东大学医学院）医疗系，同年分配在滨州医学院内科教研室及附属医院内科工作。1997年晋升为内科教授、主任医师。任滨州医学院内科教研室主任、诊断学教研室主任（兼）、附属医院内科主任、心血管内科主任。兼任中国心力衰竭协会副主任委员、全国无创性心功能协会委员、山东省心功能协会理事、山东省心血管病专业委员会委员、山东省风湿病学会委员、山东省诊断学专业委员会副主任委员、山东省医师协会内科分会理事、滨州市心血管病专业委员会副主任委员。2015年授予中国心力衰竭学会名誉主任委员称号。

长期从事心脏内科学医疗、教学、科研工作，在“心力衰竭”和“心电生理”方面的研究成绩突出，成为心内科学科带头人。参加编写著作23部，其中任主编、副主编的医学专著有《心脏骤停的预防与抢救》《简明临床心电图学》《食管心脏调搏》《充血性心力衰竭学》《猝死诊断防治学》《临床心律失常》《实用心血管综合征学》《现代临床急救治疗学》《心脏病患者保健与生活指南》《实用心内科掌中宝》10部，《充血性心力衰竭学》于2003年获山东省高校优秀科技成果二等奖。分别在《中华心血管病杂志》《中国康复医学杂志》《中国实用内科学杂志》《临床心血管病杂志》《天津医药》《山东医药》《临床荟萃》《滨州医学院学报》等省级以上杂志发表论文50余篇。获山东省、滨州医学院科研成果、科技进步奖共17项。1999年获中国心力衰竭协会杰出贡献奖。2005年被评为滨州市突出贡献专业技术人员。多年来共获省级、地市级、医学院、附属医院荣誉表彰56项。2015年被授予中国心力衰竭学会名誉主任委员称号。

专家“书评”及心力衰竭系列专著的获奖情况

在心力衰竭系列专著中，当新版书问世后，除受到广大读者的欢迎外，同时也受到国内外专家的好评，部分专家写“书评”发表在报刊上，现将对《充血性心力衰竭》（第二版）（1997年）及《充血性心力衰竭学》（2002年版）的书评，选择数份转载如下。

心力衰竭系列专著的多个版本先后在国内外获奖。《充血性心力衰竭》一书于1991年出版后，曾作为优秀科技著作在美国华盛顿展出。

对《充血性心力衰竭》（第二版）的评价

顾复生

滨州医学院附属医院张子彬教授与美国乔治·华盛顿大学医学院医疗中心郑宗锷教授联合主编的《充血性心力衰竭》（第二版）最近由科学技术文献出版社出版。充血性心力衰竭是心血管疾病得不到有效控制而最终发生的严重并发症，是临床上经常遇到的复杂的病理生理综合征。因此，对心血管疾病的及时诊断和治疗是预防发生心力衰竭的重要措施，应予高度重视。高血压病、冠心病心肌梗死及风心病是当前引起心力衰竭的主要原因，发病率高，因而充血性心力衰竭的发生率亦很高，是心血管病患者住院的主要原因之一。预防和终生治疗心脏病及心力衰竭是我们面临的重要任务，是当前临床及基础研究倍受重视的课题，医务工作者迫切需要一本系统论述心力衰竭的专著以指导医疗和研究工作，《充血性心力衰竭》一书的及时修订，适应了这一需要。本书第二版由第一版的70多万字增至近100万字，由27章增至35章，增加了中国心力衰竭协会制定的左室舒张功能障碍性心力衰竭诊断参考标准、心力衰竭的基因治疗、无症状性心力衰竭及各种常见心血管病引起心力衰竭的特点等9章，书末附世界卫生组织及美国心脏病学会制定的心力衰竭处理指南，使全书内容更充实、新颖、全面、实用，反映了近5年来的新进展。《内科学》及《实用心脏病学》等名著的主编、我国著名心血管病专家陈灏珠教授为本书作序，给予较高评价。相信第二版的问世会受到广大医务工作者的欢迎，是一本供临床实际应用和参考的较好佳作，在此表示对本书再版的祝贺，并向同道们推荐。

——转自《中华心血管病杂志》1998年第26卷第1期78页

评《充血性心力衰竭》一书再版

中国医学科学院北京协和医院　方圻

由滨州医学院张子彬教授和美国乔治·华盛顿大学医学院郑宗锷教授主编的《充血性心力衰竭》一书在1991年出版后，经过6年的时间又见再版，是我国心血管病学界所喜闻乐见的事。

心力衰竭十分常见，它是诸多种类心脏病最后的转归，随着多种心血管治疗手段的提高，患者的寿命延长了，但是心力衰竭的患病率却并未减少，足见其问题的严重性。近年来，对充血性心力衰竭无论是病理生理的论述、治疗措施、疗效的评价及临床研究方法等方面都有十分重要的进展。概括地说，对心力衰竭的代偿机制要认识到它的“两面性”，从短期效果来看能增强心肌的收缩性，改善心肌的收缩力和临床症状，但是长期的“代偿”特别是交感神经兴奋及肾素—血管紧张素—醛固酮系统活性的增强，却导致心脏负荷的增加，心肌血管的重塑，以及心肌细胞过早的死亡。因此，各种治疗措施旨在抑制神经内分泌过度代偿的治疗手段，发挥了良好的效果，其中最为突出的是血管紧张素转换酶抑制剂的作用，在改善充血性心力衰竭的预后方面已被多个大系列的临床试验所证实。β-受体阻断剂的启用，也受重视。对治疗效果的评价，也从过去的短期症状及血流动力学的改善，转变为更长期的以降低死亡率和提高生活质量为中心的评价方法。在研究方法上组织多中心、前瞻性大系列的临床试验，提高了结果的可信性和说服力。这些方面在本书的第二版中都充分地得到反映，具有很强的先进性与科学性。

再版的内容较之前一版更加充实，特别是增加了“舒张功能不全性心力衰竭”及“β-受体阻滞剂应用于心力衰竭治疗”两章，这些是受很多读者所关注的问题，作者从理论、意义和实际应用上都给予了精辟的阐述。各种不同心脏病引起的心力衰竭，不单是使读者从不同的病因和发病机制上理解心力衰竭的发生和临床表现，更促使读者重视心力衰竭的病因治疗，特别是早期治疗的重要性。

心力衰竭涉及许多十分重要的基础理论问题，如分子生物学、细胞生物学、能量转换等问题，在本书中也有阐述，但是目前的研究还很不充分，一些问题未能达成共识，有待于今后不断地提高，将能有力地改善心力衰竭的治疗和预后。

总之，本书是一本值得向读者推荐的优秀专著。

——转自《美国中华心血管病杂志》1999 年第 1 卷第 3 期 206 页

喜读《充血性心力衰竭》（第二版）

毛焕元

同济医科大学心血管病研究所（武汉，256603）

充血性心力衰竭的患病率很高，是绝大多数心血管病患者最终要经历的阶段，其致残、致死的危害性极大。长期以来，医学界一直非常重视对它的研究，也不断取得进展。但由于种种原因，充血性心力衰竭的发病率仍很高，目前仍然困扰着众多的患者，并给患者家庭带来沉重负担。

滨州医学院附属医院张子彬教授多年来对充血性心力衰竭甚为关注，早在 1980 年及 1986 年就主编过《心力衰竭》专著，填补了国内空白。1991 年他与国际著名心血管病专家、美籍华人郑宗锷教授共同主编了《充血性心力衰竭》第一版，受到国内外专家的好评和广大读者的热烈欢迎，并多次获奖。时隔 5 年，他俩又组织老、中、青年专家 56 位通力编写，在总结近年来充血性心力衰竭的新观点、新成就的基础上，增加了大量新内容，今年出版了第二版。该书从基础（涉及自由基、基因等分子生物学改变）到临床诊治，从小儿到老年和妊娠分娩的患者，以及各种各样心血管病引起的心力衰竭的特点，都进行了精辟的论述。例如“左室舒张功能障碍性心力衰竭”写了 3 万字，并收录了中国心力衰竭协会制定的诊断参考标准；“强心甙的应用”写了近 5 万字，突出了近年应用的革新和对药理作用的新认识；“非甙类强心剂的应用”写了近 3 万字，介绍了国内首创的新药心先安（环磷酸酰苷葡甲胺），对磷酸二酯酶抑制剂给予客观评价；“血管扩张剂的应用”写了 10

万多字，是内容最丰富的一章，详细论述了血管扩张剂在心力衰竭治疗中的重要作用，并举例介绍了作者的临床应用经验，对发展较快的血管紧张素转换酶抑制剂阐述尤为详尽。此外也清楚地详述了祖国医学对本症的认识和成就。全书共近100万字，是当代难得的最详尽、最新颖的充血性心力衰竭专著。

该书深入浅出，内容翔实，行文流畅，堪称广大临床医师的良师益友，可供系统学习和放在案头随时翻阅，同时也给研究工作带来方便。

总之，这本详细、新颖、实用的优秀专著很好地总结了充血性心力衰竭的医学基础和临床知识，它的出版和推广使用必将产生深远影响和巨大社会效益，特向广大读者推荐。

——转自《中国心血管杂志》1998 年 10 月第 3 卷第 5 期 331 页

喜读《充血性心力衰竭》（第二版）

河北医科大学二院　都本洁

由滨州医学院张子彬与美国 Tsung O. Cheng 两位教授主编的《充血性心力衰竭》从第一版到第二版的问世间隔 5 年时间，最近由科学技术文献出版社出版了。在这 5 年之中，为了进一步提高本书的编写质量，编委会从 41 位增至 56 位；由原来的 27 章增至 35 章，内容新颖，收集国内外心力衰竭的最新成就，堪称心力衰竭的最佳巨著。第一版的出版就受到国内外专家的好评，第二版的问世无疑对于推动与提高广大医务人员心力衰竭的知识水平起到极大的作用。这本巨著有以下优点与特点值得深入详细阅读。

1. 内容新颖

心力衰竭为心脏血管疾病的常见死亡率较高的并发症。熟悉心力衰竭，降低心力衰竭的死亡率，提高治愈率十分必要。《充血性心力衰竭》第二版由原来的 27 章增至 35 章，增加了高血压病引起的心力衰竭、慢性肺心病引起的心力衰竭、心肌病引起的心力衰竭、心力衰竭的维护心肌代谢治疗、心力衰竭的分子生物学改变与基因治疗、高动力循环性心力衰竭的特点、微循环与心力衰竭、自由基与心力衰竭及无症状性心力衰竭 9 章。对原有各章大都重新编写，或做了较大的补充修改。在格式与体例上仍保持原貌，突出了新颖和实用的特点。

2. 内容实用

在心力衰竭的发生机制中提到心肌丧失和构型重建（重塑）、细胞能量“饥饿”和信息传递系统障碍、基因结构和表达异常；在代偿机制中提到心肌肥大（肥厚）和神经内分泌的激活；既阐述收缩功能障碍性心力衰竭，又阐述舒张功能障碍性心力衰竭；既谈临床型心力衰竭的诊断，又谈亚临床型心力衰竭的诊断；既介绍成人心力衰竭，又介绍老年人心力衰竭与小儿心力衰竭；在治疗中加上β-受体阻滞剂的应用与难治性心力衰竭的治疗等，可以说内容比较齐全，有助于临床提高与实用。

3. 文字通顺易懂、深入浅出、中英文对照、图文并茂

本书简明易懂，深入浅出为一大特点。可供各级临床医生之用。我国土地辽阔，人员众多，渴望有《充血性心力衰竭》一本深入浅出、既普及又提高的佳著。《充血性心力衰竭》适应这一需要，必将成为广大医生的良师益友。

4. 中西医结合

增加与增强了心力衰竭的中医中药治疗。既叙述了中医对心力衰竭的认识，又叙述了心脏与其他脏腑功能的关系及心力衰竭的中医治疗原则与中医辨证施治。《充血性心力衰竭》反映了中国医学的特点与优点。

5. 普及与提高并举

阅读《充血性心力衰竭》，既有助于了解心力衰竭的一般知识，如了解心力衰竭的表现、诊断与一般治疗，同时又了解心力衰竭的维护心肌代谢治疗、分子生物学改变与基因治疗等高深知识。如1984年Inoun等报道了经皮球囊二尖瓣分离扩张术，为二尖瓣狭窄的治疗开辟了一条新途径；关于急性肺水肿的治疗提到了其提高血浆胶体渗透压的作用。这些新知识均对心力衰竭的提高是十分必要的。

总之，该书是一本优秀专著，是值得放在案头或书架上经常阅读和参考的佳作。

——转自《心血管病学进展》1998年第19卷第1期封三

对《充血性心力衰竭》（第二版）的初步评价

经过仔细阅读《充血性心力衰竭》（由滨州医学院张子彬教授及美国乔治·华盛顿大学医学院 Tsung O. Cheng 教授主编，1997 年 4 月科学技术文献出版社出版）一书后，受益匪浅，启发很大。本书具有高度的科学性、系统性、完整性、先进性和实用性，对心力衰竭的病因、发病机制、临床表现、诊断和鉴别诊断到全面详尽的治疗等方面都进行了全面系统的论述，本书还集中反映了国内外的新概念、新观点、新理论、新技术及新进展，并介绍了作者本人的临床实践经验，确系一本值得推荐的优秀专著，适合于临床各级医师、科研人员应用，亦适合于医学院校师生参考。深信在此基础上作者会定期修订出版，不断更新，使本书一版比一版更完善、更先进、更实用，以满足读者的迫切需要。

张之炯　1997 年 10 月 4 日

于湖南医科大学附属湘雅医院

——转自《滨州医学院学报》1998 年第 21 卷第 1 期封四

评《充血性心力衰竭学》一书

复旦大学上海医学院附属中山医院、上海市心血管病研究所　陈灏珠

心血管病是我国的常见病、多发病。充血性心力衰竭是心血管病患者住院和致残、致死的主要原因之一。由张子彬、Tsung O. Cheng、张玉传 3 位教授主编的《充血性心力衰竭学》一书，由我国专家与美国和澳大利亚专家 80 余人联名编写，执笔者有国际著名心血管病专家、中国工程院院士、研究生导师、国内著名心血管专家和相关学科有精深造诣的专家，阵容强大。全书共 6 篇 55 章，175 万字（2002 年在科学技术文献出版社出版），内容从临床实际出发，结合编写者丰富的诊疗经验和研究成果，参考国内外近年大量的医学文献，全面系统地论述了充血性心力衰竭的病理生理，分子生物学，

发病机制，临床表现，诊断和鉴别诊断，各种治疗和预防措施。本书从循证医学出发，紧跟最新研究成果和诊疗技术，充分反映了20世纪90年代末和21世纪初的新进展。该书内容丰富，结构严谨，资料翔实，观点新颖，阐述简明，理论联系实际，提高与普及结合。本书适合各级医院的内科、急诊科、外科、妇产科、小儿科、中医科及医学院校师生和科研工作者阅读与参考，将有助于提高充血性心力衰竭的诊断和防治水平，预期将产生重大社会效益。

本书及其前身《心力衰竭》（1980年、1986年在山东出版）填补了当时国内空白。本书是一系列专著，每5年左右修订1次，新版书达到了同类著作的国际先进水平，是一本优秀学术专著，故乐向读者推荐。

——转自《中国现代医药》2003年第1卷第4期247页

喜读《充血性心力衰竭学》

华中科技大学同济医学院心血管病研究所　毛焕元

充血性心力衰竭是大多数心脏病患者最终要经历的阶段，其致残、致死的危害性很大，故长期以来，为医学界所重视。但由于人们生活工作节奏加快，寿命延长等原因，充血性心力衰竭的发病率仍在增加。

滨州医学院附属医院张子彬教授自20世纪80年代就对充血性心力衰竭有著作出版，1991和1997年与美国乔治·华盛顿大学医学院医疗中心郑宗锷教授联合主编《充血性心力衰竭》第一版和第二版，到2002年加上张玉传教授共同主编出版《充血性心力衰竭学》，后者在原有基础上，全书在各方面有很多增补，使全书达175万字。除基础理论更为深入外，尤其在临床方面更加充实，例如对ACEI、ARB、基因治疗、电治疗学、血液净化、介入及外科治疗等更为详尽，并具有很强的先进性和科学性，使本书成为研究心力衰竭工作者的很好参考书和临床工作者随时查阅的难得的案头书，使社会受益良多。故乐向读者推荐。

——转自《中国现代医药》2003年第1卷第3期179页

《充血性心力衰竭》再版受欢迎

由滨州医学院张子彬教授和美国乔治·华盛顿大学医学院郑宗锷教授共同主编的《充血性心力衰竭》一书，最近在科学技术文献出版社出版了第二版，由第一版的70多万字增至近100万字。短短数月协助出版社销售近1000册，新版书受到众多专家的好评和广大读者的热烈欢迎。现将部分评论摘录于下，以飨读者。

著名心血管病专家、《中华心血管病杂志》总编辑、首都医科大学博士生导师顾复生教授与著名高级编审诸永康主任共同写的书评中指出：预防和治疗心脏病及心力衰竭是我们面临的重要任务，是当前临床及基础研究倍受重视的课题，医务工作者迫切需要一本系统论述心力衰竭的专著以指导医疗和研究工作，《充血性心力衰竭》一书的及时修订再版，适应了这一需要。新版书较第一版内容更充实、新颖、全面、实用，反映了近5年来的新进展，著名心血管病专家陈灏珠教授为本书作序，给予高度评价。

同济医科大学博士生导师、著名心血管病专家毛焕元教授在书评中说：张子彬教授多年来对充血性心力衰竭甚为关注，早在1980年及1986年就主编过《心力衰竭》专著，填补了国内空白。1991年与国际著名医学专家美国郑宗锷教授共同主编《充血性心力衰竭》第一版，受到国内外专家的好评和广大读者的热烈欢迎。时隔5年，在总结了近年新观点、新成就的基础上，增加了大量新内容，今年出了第二版。新版书从基础到临床进行了精辟论述，全书近100万字，是当代难得的最详尽、新颖的充血性心力衰竭优秀专著，它的出版和推广使用，必将产生深远影响和巨大社会效益。

河北医科大学博士生导师、著名心血管病专家都本洁教授在书评"喜读《充血性心力衰竭》（第二版）"中指出：该书内容新颖，收集国内外心力衰竭的最新成就，堪称心力衰竭的最佳巨著。纵观全书，内容翔实，深入浅出，行文流畅，图文并茂，中英文对照，中西医结合，普及与提高并举，是一本优秀专著，值得放在案头或书架上经常阅读和参考。

卫生部心血管药物临床药理基地主任、湖南医科大学心血管病研究室主任、著名心血管病专家张之炯教授评论说：经过仔细阅读《充血性心力衰竭》（第二版）后，受益匪浅，启发极大，本书具有高度的科学性、系统性、完整性、先进性和实用性，集国内外关于心力衰竭的新概念、新观点、新理论、新技术和新进展，进行了全面系统的论述，且总结了作者自己的丰富临床经验，是一本值得推荐的好书，是广大读者的良师益友。

著名心血管病专家、白求恩医科大学博士生导师刘忠铭教授指出：喜读该书，感到此专著内容丰富，观点新颖，涉及范围广泛。本书的特点是理论联系实际，实用性强，阐述简明易懂，提出了许多新概念、新知识、新观点，是一本很好的供临床各科医师及医学院校师生应用的高级专著。

南京医科大学第二附属医院陈尔昌教授指出：《充血性心力衰竭》一书，内容极为丰富，堪称心力衰竭的百科全书。

上海市吴淞中心医院院长陆祖祥主任医师认为：该书层次分明，条理清楚，阐述全面，文笔精练，语句流畅，紧密联系临床实际，可称为当代关于心力衰竭的权威性佳作，可视为辞典一样查阅的专著。

新版《充血性心力衰竭》不仅受到众多专家的好评，而且受到广大读者的热烈欢迎。全国各地邮购该书者数以百计，其中不仅有医务工作者，而且有心力衰竭患者。湖南省电力试验研究所的李发琛同志获悉《充血性心力衰竭》一书修订再版，特汇款给滨州医学院图书馆要求邮购，并寄来了一封感人肺腑的信，要求转给张子彬教授，信中说：我十余年前因冠心病心力衰竭，在当地医院治疗效果不佳，出院后买了《心力衰竭》一书，读后照书中所述自医自护，是这本书挽救了我的生命，改善了生活质量，现在浮肿、胸闷气急等症状早已消失，心律不齐及交替脉也消除了，扩大的心脏恢复了正常。我要向作者表示衷心感谢和崇高敬意！

限于篇幅，仅摘录众多书评和来信的一部分，字里行间反映了对《充血性心力衰竭》一书的高度评价和急切需求，相信此书会定期修订出版，紧跟时代的步伐，满足读者的急需。

（中国心力衰竭协会供稿）

——转自滨州医学院报 1997 年 12 月 31 日第二版

图 1-2-10　在第六届全国心力衰竭学术交流会及首届心电信息学术会上合影

左起：马建群、张文博、张子彬、张玉传、李跃荣

2001 年 5 月 31 日于三国影视城

图 1-2-11　在出席第七届全国心力衰竭学术交流会上合影

左起：李跃荣、张子彬、张玉传、马建群

2003 年 4 月 20 日 · 泰安

第三章　多中心临床试验研究（MCA-CHF 研究）获得丰硕成果

研究课题的设计及实施

根据 1997 年 5 月在青岛召开的第四届协会委员会的决议，决定进行大规模多中心临床试验研究，具体研究课题为环磷酸腺苷葡甲胺（商品名心先安，MCA）治疗充血性心力衰竭（CHF）的疗效研究（MCA-CHF 研究）。在各位顾问的精心指导下，成立该研究协作组，组织全国 50 多家医院参加该项研究。

协作组设在山东滨州医学院附属医院中国心力衰竭协会所在地，从课题设计到临床实施，协作组先后向各医院发出 6 次通知及 MCA-CHF 研究方案（附观察表），现在把这些通知和研究方案串联起来，就可明确地看出整个 MCA-CHF 研究的全过程。

- 1997 年 9 月 30 日，《关于进行大规模多中心临床试验研究的意见》。
- 1997 年 11 月 20 日，《致参加全国 MCA-CHF 研究协作组各医院的信》。
- 1997 年 11 月，《寄各医院的研究方案及观察表》。
- 1997 年 11 月，《关于 MCA-CHF 研究的补充意见》。
- 1998 年 8 月 21 日，《关于 MCA-CHF 多中心研究阶段总结及今后工作的意见》。
- 1998 年 10 月 10 日，《关于结束全国 MCA-CHF 多中心研究的通知》。
- 1999 年 4 月，《关于 MCA-CHF 研究总结的通知》。

正是以上的周密计划和及时解决研究中出现的各种问题，才使该项研究得以顺利完成。现将分发给各医院的方案和通知原件转印如下（除 1997 年 9 月 30 日信件外，其他各件参见组合照片图 1-3-1）。

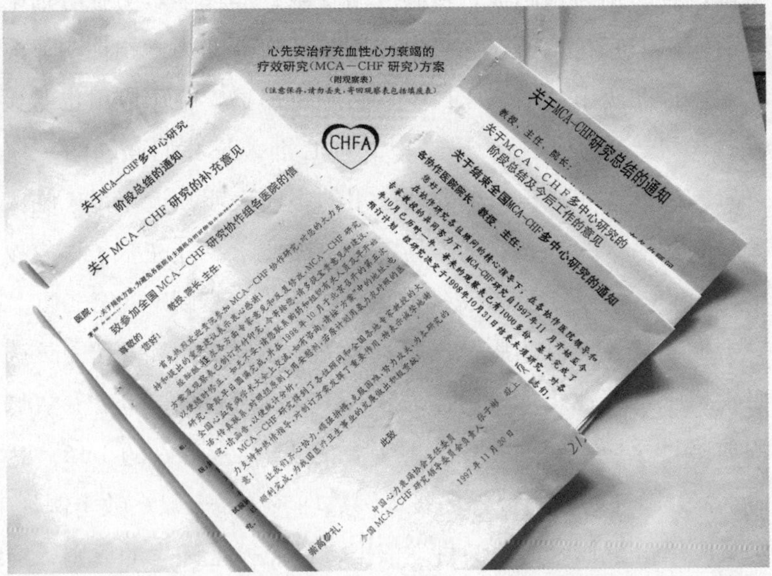

图 1-3-1　中国心力衰竭协会发给参加协作各医院的文件

关于进行大规模多中心临床试验研究的意见

教授、主任：

您好！

根据 1997 年 5 月在青岛召开的第四届中国心力衰竭协会委员会的决议，为提高我国心力衰竭的诊治水平，成立临床药学研究等专业组，进行大规模多中心临床试验研究，对治疗心力衰竭的某些新药进行验证，做出客观评价，为临床提供疗效确切、安全可靠的药物。经部分专家和委员的提议，拟对心先安进行多中心临床协作试验研究，现将有关意见简述如下。

1. 课题名称：心先安治疗充血性心力衰竭（CHF）的疗效研究。心先安化学名为环磷酸腺苷葡甲胺（MCA），故该研究可简化为 MCA-CHF 研究（即 MCACHFS）。

2. 立题依据：CHF 十分常见，而且发病率逐年升高。强心剂为一线治疗药物，但洋地黄类毒性大，安全范围狭窄，有的敏感患者，即使用小剂量也会引起中毒，有的则为禁忌证，使其应用受限；非洋地黄类强心剂中磷酸二酯酶抑制剂如氨力农、米力农等，用药后虽然血流动力学指标明显改善，但不良反应大，长期应用会增加死亡率，且药价昂贵，临床应用也明显受限。鉴此，寻找一种安全有效且价格适中的强心剂，是我们面临的一项重要课题。从上海、江苏、北京、山东等地应用的报道表明，近年用于临床治疗心力衰竭等心血管疾病的心先安基本具备了上述要求，并在张子彬教授与美国 Tsung O. Cheng（郑宗锷）教授主编的《充血性心力衰竭》（第二版，207 页，1997 年 4 月科学技术文献出版社出版）一书中予以介绍和评价。该药有正性肌力和血管扩张及其他药理作用，治疗 CHF 的有效率在 80% ～ 90%，应用中未见明显不良反应，而药价仅为氨力农的 1/9，米力农的 1/15，其具有广阔应用前景。但以往的研究报告观察病例数均较少，一般在数十例到 100 例。为使心先安广泛用于临床，提供科学依据，遵照循证医学的原则，组织实施大样本多中心临床协作研究，进一步证实心先安的有效性和安全性是十分必要的。

3. 研究方案：成立全国 MCA-CHF 协作组，进行大规模多中心随机分组对照研究。观察病例在 1000 例以上，随机分为治疗组和对照组，治疗组用心先安注射液，按规定剂量用药 7 ～ 14 天为一疗程；对照组用氨力农，按规定剂量用药，疗程与治疗组相同。以上两种药物均为国家正式批准生产的准字号药，各医院一般都具备。若个别医院无药，可与心先安（徐州生化制药厂产）及氨力农（山东齐鲁制药厂产）的医药代表联系购进。入选的两组心力衰竭患者在年龄、性别、原发病病种构成比（AMI 引起的泵衰竭暂不入选）、心功能分级等方面均有可比性。用药前进行血常规、尿常规、肝功能、肾功能、血电解质、胸部 X 线片、心电图、心功能指标（用超声心动图法测定，部分有条件医院可用创伤性方法测定）等项检查，作为基础资料，疗程结束后重复检查一次。根据各种检查结果进行统计学分析，确定治疗前后及治疗组与对照组之间有无差异和相关性。综合各项指标（包括心功能分级的变化），根据卫生部 1993 年 7 月公布的关于新药疗效评定标准，判定显效率、有效率及总有效率，并总结有无不良反应。研究结束后写出总结和相应论文。

4. 实旅措施：为确保本研究在 1 年左右的时间内顺利完成，除各协作医院的密切配合和中国心力衰竭协会的协调外，特聘请我国德高望重的心血管病专家陶寿淇、陈灏珠、方圻、刘力生、林传骧、顾复生、阮景纯及张文博等教授任顾问和指导。本课题是一项巨大工程，工作量大，需要大量人力和物力，要付出辛勤劳动，务请各位委员所在医院积极参加，热烈欢迎各兄弟医院的专家、教授、学者参加本项研究，并请提出宝贵意见和建议。为便于做好各项准备工作，务请于 10 月底前将预计观察的病例数尽早函告，并请告知联系人、地址及电话等信息，详细研究计划、观察表格及有关资料容后寄上。让我们齐心协力，顽强拼搏，按时完成研究课题，为我国医疗卫生事业做出应有贡献！

中国心力衰竭协会

1997 年 9 月 30 日

联系人：张子彬

地址：山东省滨州市黄河二路 661 号，滨州医学院附属医院心内科

邮编：256603

MCA-CHF 研究协作的组织机构

MCA-CHF 研究是一项艰巨而复杂的工作，要想顺利完成，必须有一个强有力的领导班子，有一个严密的组织机构来执行计划，这是完成该项研究的可靠保证。协作组主要研究人员如下。

中国心力衰竭协会 MCA-CHF 研究协作组主要研究人员名单

顾　问： 陶寿淇　方　圻　刘力生　陈灏珠　林传骧　顾复生　毛焕元　阮景纯　张文博

协作研究中心领导委员会：（排名不分先后）

张子彬　刘力生　邓开伯　王　文　黄永麟　祝善俊　陈国伟　陈世波
徐成斌　张文博　张玉传　马建群　苏哲坦　方卫华　张开滋　顾菊康
刘炳德　晁储璋　吴树燕　刘忠铭　曾祥鸿

质量监控委员会：张子彬　张玉传　马建群　徐天和

资料整理与写作小组：张子彬　张玉传　徐天和　张效国　祁爱珍
王　玖　石德文

中国各省市协作单位参加研究人员名单

（排名顺序不分先后）

张子彬　张玉传　马建群　张文博　黄永麟　祝善俊　陈国伟　陈世波
徐成斌　张开滋　顾菊康　刘炳德　晁储璋　徐天和　祁爱珍　王　玖
石德文　雷　寒　傅向阳　王凤芝　程晓曙　吴振西　张金枝　吴印生
侯应龙　杨　晔　薛树仁　陈运珍　王　建　李跃荣　刘肖林　李宗清
王临海　孙经武　曹庆博　沈彦明　郑德胜　闫培泉　龙　生　王彦英
张光征　张志刚　高庆来　李修壮　刘加森　祝福安　赵继栋　王效凤
闫晓梅　李茹香　崔来喜　尹忠民　王明军　杨世焕　刘建敏　张克信
贾玉和　刘建瑾　王东凤　王加锋　田建辉　李方江　朱镇恒　李隆贵
覃　军　刘英明　徐洪涛　薛玉生　谢伯雅　杨欣国　杜日映　杨曙光
迟东升　苏玉文　章杨龙　王梦洪　郑泽淇　吴友平　王守宁　方玉珍
丽　红　苏子德　苑克正　魏爱民　王爱平　王聊发　章仁品　陈　训
彭　俊　高　超　冯宁路　吴清华　吴延庆　程应樟　张雪娥　白春林
王联英　杨志明　张兆斌　谭学军　李亦文　陈战三　张华文　牟小平
张可方　丁　明　许华强　曲德萍　赵大庆　孙立海　陆春凤　胡承恒
周玉芳　孙永军　葛平娟　泮　伟　杨仁翠　李明信　崔月霞　周云岭
李贵双　张效国　张汝敏　丁国锋　李景森　郝　东　覃　数　张效梅
刘玉华　宋明云　董金芳　李翠香　马敬霞　孟庆才

研究结果及总结论文

在研究过程中，各位顾问给予精心指导和大力支持，尤其是原中华心血管病学会主任委员刘力生教授及研究室王文主任，给予较多的指导和帮助，研究方案及写出的总结论文都经两位审修，以保证研究的科学性及准确性，对遇到的问题均给予帮助并及时解决。顾复生教授、阮景纯教授、张文博教授对论文仔细审修，逐字逐句修改。质量监控、资料整理和写作，张子彬、张玉传、马建群 3 位教授做了大量深入细致的工作，滨州医学院卫生学教研室徐天和教授在制订研究方案和统计学分析中给予热情帮助和指教。

在各位顾问专家的指导下，经协作组各位成员的辛勤工作和具体领导，通过全国 50 多家医院各级医师的共同努力，历时 1 年 6 个月，该项研究终于圆满完成，观察病例 1659 例，最后写出总结论文，发表在 UCJA 杂志，1999 年第 1 卷第 1 期第 1 页。阶段总结论文发表在临床心血管病杂志（1999 年 6 月第 6 期 285 页刊出）。

心先安注射液治疗充血性心力衰竭的多中心临床试验

——随机分组安慰剂对照多中心临床观察 1659 例资料总结

中国心力衰竭协会 MCA-CHF 研究协作组

摘　要　目的：本研究评估心先安注射液（MCA）治疗充血性心力衰竭（Congestive Heart Failure, CHF）的疗效及安全性。方法：采用多中心随机分组安慰剂对照临床试验方法，选择 CHF 心动能Ⅲ～Ⅳ级住院患者。心先安注射液治疗组（*n*=820 例）与安慰剂对照组（*n*=789 例）。两组基本临床特征具有可比性。治疗前后分别进行临床症状、体征计分和心功能分级、心功能指标及心电图测定，观察疗效和有无不良反应。结果：治疗 1 周后，治疗组临床总有效率 92.1%，对照组总有效率 72.2%（$P < 0.001$）；按心功能指标评定的总有效率，治疗组为 82.0%，对照组总有效率为 18.3%（$P < 0.001$）。治疗组在用药过程中未发现有毒不良反应。结论：心先安注射液是治疗充血性心力衰竭患者安全有效的新型药物，明显优于对照组，值得推广应用。

关键词：随机临床试验　充血性心力衰竭　环磷酸腺苷葡甲胺（心先安注射液）

Meglumine cyclic adenylate (MCA) injection in treating 1659 patients with congestive heart failure-A multicenter, randomized, placebo-controlled clinical trial

Chinese MCA-CHF Study collaborative Group

Correspondence: Zhang Zibin, Zhang Yuchuan, Ma Jianqun, The Affiliated Hospital of Binzhou Medical College, Shandong, China, 256603

[Abstract] Objective: To investigate the efficacy and safety of MCA in treating congestive Heart failure（CHF）. Methods: This is a multicenter, randomized, placebo-controlled clinical trial. The Patients with CHF（NYHA class Ⅲ ～ Ⅳ）were treated for one week. The baseline clinical characteristics of patients were similar between the MCA group（*n*=820）and placebo group（*n*=789）. Before and after the treatment, clinical symptoms, signs, cardiac functional classes inotropic indices, and ECG of both groups were investigated, the sideeffects were also observed and recorded. Results: Total effective rate of the MCA group vas 92.1% and the placebo group was 72.2%（$P < 0.001$）. MCA was associated with a higher rate of improvement in NYHA functional class 82.0% vs 18.3%（$P < 0.001$）and ECG changes（52.1% vs 11.2%, $P < 0.001$）. There were no significant side-effects observed in the MCA group. Conclusions: MCA was a safe , effective and new type drug for the patients with CHF.

[Key words] randomized clinical trial; congestive heart failure; meglumine cyclic adenylate injection

---

中国心力衰竭协会　联系人：张子彬　张玉传　马建群
中国山东省滨州市黄河二路 661 号 滨州医学院附属医院　256603

近年有少数文献报道[1,2,7]，认为心先安注射液（MCA）治疗充血性心力衰竭（CHF）疗效良好。为进一步验证 MCA 治疗 CHF 的疗效和安全性，1997 年 11 月 1 日至 1998 年 11 月 30 日，全国有 50 多家医院参加协作研究，共观察患者 1659 例，剔除不合格的 50 例，现将资料完整的 1609 例总结报告如下。

1　资料和方法

1.1　病例选择标准 入选病例均符合《内科学》（陈灏珠主编，卫生部规划高等医学院校教材，1996 年第四版）诊断标准确诊的 CHF 患者，心功能Ⅲ级、Ⅳ级。

1.2　分组方法　由协作研究中心根据随机数字表，编制出各不相同的随机数字。分发各参加协作医院。按以上数字表随机分为心先安治疗组和安慰剂对照组。

1.2.1　心先安治疗组　共 820 例，其中男 459 例，女 361 例，年龄 18 ～ 88 岁，平均（67.7 ± 11.5）岁，病因：按病例数多少依次为冠心病、高血压性心脏病、风湿性心瓣膜病、肺心病、扩张型心肌病、病毒性心肌炎、先天性心脏病及其他心血管疾病（老年瓣膜退行性变、甲亢性心脏病等）。病程 3 个月～ 23 年，平均（7.7 ± 6.2）年。

1.2.2　安慰剂对照组　共 789 例，其中男 429 例，女 360 例，年龄 18 ～ 93 岁，平均 (66.9 ± 11.8) 岁。病因：依次为冠心病、高血压性心脏病、风心病、肺心病、病毒性心肌炎、扩张型心肌病及其他心血管疾病。病程 0.5 ～ 25 年，平均（8.3 ± 6.3）年。

两组基础临床特征相似，有可比性。两组治疗前心功能分级见表 1。

表 1 两组治疗前心功能分级的比较 *

分级	治疗组		对照组	
	例数 / 例	%	例数 / 例	%
Ⅲ	369	45.0	363	46.0
Ⅳ	451	55.0	426	54.0

注：* 经 Ridit 检验，$P > 0.05$。

从表 1 可见，两组治疗前心功能分级无显著差异（$P > 0.05$）。

1.3 给药方法

1.3.1 心先安治疗组 用心先安注射液（徐州生化制药厂产，每支 30 mg，1997 年及 1998 年出品）180 mg 加入 5% GS 250 mL 中，缓慢静脉滴注 3 ～ 4 h 每日 1 次，7 天为一疗程。

1.3.2 安慰剂对照组 用安慰剂 5% GS 250 mL（外观与心先安注射液相同）静脉滴注 3 ～ 4 h，每日 1 次，连用 7 天。

两组常规基本治疗相同，包括口服地高辛、利尿剂及转换酶抑制剂（ACEI）等药物。

1.4 观察指标

1.4.1 按 NYHA 标准进行心功能分级 分Ⅰ级、Ⅱ级、Ⅲ级和Ⅳ级，疗程结束后记录分级变化。

1.4.2 临床症状和体征记分法 每天记录体温、呼吸、心率、心律、血压等指标。各种症状、体征的评分按研究方案的观察表中规定记分。

1.4.3 心电图 常规记录十二导联心电图。以 NST 和∑ ST 表示心肌劳损、缺血或损伤的程度。NST 代表十二导联中 ST 段压低＞ 0.5 mm 的导联数，∑ ST 代表上述导联中 ST 段压低的总和（mm）。同时记录 T 波的改变和 PTF-V_1。

1.4.4 心功能测定 用超声心动图测定左室收缩及舒张功能。按研究方案规定的统一操作方法测定各项指标，其中较重要的指标有心脏指数（CI）、射血分数（EF）、平均肺动脉压（MPAP）、E 峰、A 峰及 E/A 等。

1.4.5　化验室检查　包括血常规、尿常规、肝功能、肾功能、血电解质及二氧化碳结合力等。

1.5　观察方法　两组患者由主管医师在治疗前对上述各项指标检查一次，疗程结束后再重复检查一次，并详细记录在观察表中。

1.6　疗效评定标准 根据中华人民共和国卫生部药政局制订的《新药治疗研究指导原则》疗效标准评定。

1.6.1　临床症状、体征疗效评定　显效：治疗后心功能进步 2 级以上，而未达到 I 级心功能，症状、体征基本消失或症状积分值下降≥ 2/3。有效：心功能进步 1 级，而未达到 I 级心功能，症状、体征及各项检查有所改善，或症状积分值下降 1/3 ～ 2/3。无效：心功能无明显变化或加重或死亡。

1.6.2　心功能指标疗效评定　显效：治疗后较治疗前 CI 升高 1.0 L/min · m^2，MPAP ≤ 12 mmHg。有效：治疗后 CI 升高 0.5 L/ min · m^2，12 mmHg ＜ MPAP ≤ 18 mmHg。无效：未达到有效指标者。

1.6.3　心电图疗效指标评定　显效：静息心电图恢复正常。有效：静息心电图 ST 段下降，治疗后回升 1.5 mm 以上（指各导联回升总和），或以 R 波为主的导联倒置 T 波变浅达 50% 以上，或 T 波由平坦变直立，PTF-V_1 改善。无效：静息心电图治疗后无变化或加重。

1.7　不良反应观察　对两组患者出现的不良反应记录在观察表中。

1.8　组织协调与质量控制　协作中心成立领导委员会、质量监控委员会等机构。各协作医院统一执行试验研究方案，使用统一观察表格；主管医生观察并填写《观察表》，协作中心有专人复审，疗效评定由质量监控委员会审定，并负责剔除不合格病例。

1.9　资料处理与统计方法　全部资料由协作中心专人处理，合格资料输入微机由统计学专家按“意图处理”原则统计。临床疗效、心功能及心电图的疗效，均计算疗效百分比。两组疗效的比较采用 Ridit 检验，左室功能指标的比较采用 U 检验。进一步的统计使用 SAS 软件进行系统分析。

2 结果

2.1 临床疗效

从表 2 可见，治疗组经心先安治疗后，临床改善总有效率为 92.1%，对照总有效率为 72.2%，经 Ridit 检验，两组临床疗效差异有高度显著性（$P<0.001$）。

表 2 两组临床疗效的比较 *

组别	例数 / 例	无效		有效		显效		总有效率	
		例数 / 例	%	例数 / 例	%	例数 / 例	%	例数 / 例	%
治疗组	820	65	7.9	164	20.0	591	72.1	755	92.1
对照组	789	219	27.8	455	57.7	115	14.6	570	72.2

注：* 经 Ridit 检验，$P<0.001$。

2.2 心功能疗效

从表 3 可见，治疗组经心先安治疗后，心功能改善总有效率为 82%，对照总有效率为 18.3%，经 Ridit 检验，两组心功能疗效差异有高度显著性（$P<0.001$）。

表 3 两组心功能疗效的比较 *

组别	例数 / 例	无效		有效		显效		总有效率	
		例数 / 例	%	例数 / 例	%	例数 / 例	%	例数 / 例	%
治疗组	820	148	18.0	429	52.3	243	29.7	672	82.0
对照组	789	645	81.7	119	15.1	25	3.2	144	18.3

注：* 经 Ridit 检验，$P<0.001$。

2.3 心功能主要指标变化的比较

从表 4 可见，反映左室功能的两项主要指标 CI 与 MPAP，治疗前后差值的变化，经 U 检验，治疗组与对照组相比较，差异有高度显著性（$P<0.001$）。

表 4　两组心功能指标的比较

项目	治疗组		对照组		P 值
	例数 / 例	差值 *$x \pm s$	例数 / 例	差值 *$x \pm s$	
CI	820	0.68 ± 0.56	789	0.23 ± 0.13	$P < 0.001$
MPAP	820	-6.69 ± 3.88	789	-3.58 ± 2.16	$P < 0.001$

注：* 差值指治疗后减治疗前，两组样本用 U 检验。

2.4　心电图疗效

从表 5 可见，治疗组经心先安治疗后，心电图改善总有效率为 52.1%，对照组总有效率仅为 11.2%，经 Ridit 检验，两组心电图疗效差异有高度显著性（$P < 0.001$）。

表 5　两组心电图疗效的比较 *

组别	例数 / 例	无效		有效		显效		总有效率	
		例数 / 例	%	例数 / 例	%	例数 / 例	%	例数 / 例	%
治疗组	820	393	47.9	320	39.0	107	13.1	427	52.1
对照组	789	701	88.8	70	8.9	18	2.3	88	11.2

注：* 经 Ridit 检验，$P < 0.001$。

2.5　依从性与不良反应　治疗组与对照组均全部完成试验，治疗后血常规、尿常规、肝肾功能及生化指标未见显著异常变化。治疗组有两例滴速较快时有心悸和恶心，患者能耐受，减慢滴速后症状消失。未见其他不良反应。

3　讨论

本研究为多中心随机分组安慰剂对照临床试验，方案简练，观察指标可行，随机方法可靠，治疗组与对照组患者基础特征相似，具有可比性。本研究结果表明，心先安注射液治疗组临床总有效率为 92.1%，心功能指标总有效率为 82.0%，心电图改善总有效为 52.1%；对照组则分别为 72.2%、18.3%、11.2%，经统计学分析，两组差异有高度显著性（$P < 0.001$）。在治疗中未见明显示不良反应。

心先安化学名为环磷酸腺苷葡甲胺，葡甲胺作为配基与环磷酸腺苷（cAMP）结合，它通过增强 cAMP 的脂溶性，提高 cAMP 的纯度（达 95% 以上），易于透过细胞膜，使 cAMP 的药理作用得到最大限度发挥 [3]。

药理试验及临床研究表明 [3-6,8,9]，通过复杂的生化过程心先安能促进 Ca^{2+} 内流，提高心肌细胞内 Ca^{2+} 浓度；使血管平滑肌细胞结合 Ca^{2+} 的能力降低，从而产生正性肌力作用和扩张周围血管作用，发挥强心和降低心脏前后负荷的效应，同时降低冠脉阻力，增加心肌供血供氧，改善心肌代谢。在扩张外周血管的同时，心率并不增快，甚至略减慢，使心肌耗氧减少。因此，各种心血管病引起的充血性心力衰竭是心先安的最佳适应证，本研究的结果证实了心先安的上述重要药理作用。

本次大规模多中心临床试验研究表明，心先安注射液治疗充血性心力衰竭疗效显著，安全可靠，可作为心力衰竭综合治疗药物之一用于临床。

（本文承刘力生、顾复生、王文、阮景纯教授审修，特致谢忱）

参考文献

[1] 张子彬, Tsung O Cheng. 充血性心力衰竭 . 2 版 . 北京：科学技术文献出版社，1997：207-210.

[2] 于棉荣，黄明延，张佩文 . 心先安治疗心血管疾病 60 例报告 . 北京医学，1995，17（增刊）：113.

[3] 赵升皓，心先安作用的分子基础 . 徐州医学院学报，1984（4）：3-18.

[4] 张开滋，张子彬 . 心先安药理学作用及临床应用进展 . 医学综述，1997，4(6)：封二 .

[5] 张子彬 . 心力衰竭的诊疗现状及展望 . 医学综述，1998，4（4）：249.

[6] 陈曙霞 . 心先安的药理学效应及临床应用进展 . 中国心血管杂志，1997, 2 (4)：283.

[7] 朱富新，马庆海，刘道兰 . 心先安治疗难治性心力衰竭 40 例 . 医学综述，1998，4（5）：359.

[8] 徐州医学院附属医院内科心血管组，南京医学院第一附属医院内科心血管组，苏州医学院第一附属医院内科心血管组，等 . 心先安临床应用总结 . 徐州医学院

学报，1984，4：43.

[9]　Buser PT,Wu SY,Parmley WW,et al.Distinct modulation of myocardial performance,energy metabolism,and [Ca^{2+}]　transients by positive inotropic drugs in normal and severly failing hamster hearts.Cardiovasc Drugs Ther，1995，9（1）：151.

中国心力衰竭协会 MCA-CHF 研究协作组主要研究人员名单

顾　问：陶寿淇　方　圻　刘力生　陈灏珠　林传骧　顾复生　毛焕元　阮景纯　张文博

协作研究中心领导委员会：（排名不分先后）

张子彬　刘力生　邓开伯　王　文　黄永麟　祝善俊　陈国伟　陈世波　徐成斌　张文博　张玉传　马建群　苏哲坦　方卫华　张开滋　顾菊康　刘炳德　晁储璋　吴树燕　刘忠铭　曾祥鸿

质量监控委员会：张子彬　张玉传　马建群　徐天和

资料整理与写作小组：张子彬　张玉传　徐天和　张效国　祁爱珍　王　玖　石德文

中国各省市协作单位参加研究人员名单

（排名顺序不分先后）

张子彬　张玉传　马建群　张文博　黄永麟　祝善俊　陈国伟　陈世波
徐成斌　张开滋　顾菊康　刘炳德　晁储璋　徐天和　祁爱珍　王　玖
石德文　雷　寒　傅向阳　王凤芝　程晓曙　吴振西　张金枝　吴印生
侯应龙　杨　晔　薛树仁　陈运珍　王　建　李跃荣　刘肖林　李宗清
王临海　孙经武　曹庆博　沈彦明　郑德胜　闫培泉　龙茹生　王彦英
张光征　张志刚　高庆来　李修壮　刘加森　祝福安　赵继栋　王效凤
闫晓梅　李茹香　崔来喜　尹忠民　王明军　杨世焕　刘建敏　张克信
贾玉和　刘建瑾　王东凤　王加锋　田建辉　李方江　朱镇恒　李隆贵

覃　军　刘英明　徐洪涛　薛玉生　谢伯雅　杨欣国　杜日映　杨曙光
迟东升　苏玉文　章杨龙　王梦洪　郑泽淇　吴友平　王守宁　方玉珍
丽　红　苏子德　苑克正　魏爱民　王爱平　王联发　章仁品　陈　训
彭　俊　高　超　冯宁路　吴清华　吴延庆　程应樟　张雪娥　白春林
王瑞英　杨志明　张兆斌　谭学军　李亦文　陈战三　张华文　牟小平
张可方　丁　明　许华强　曲德萍　赵大庆　孙立海　陆春凤　胡承恒
周玉芳　孙永军　葛平娟　泮　伟　杨仁翠　李明信　崔月霞　周云岭
李贵双　张效国　张汝敏　丁国锋　李景森　郝　东　覃　数　张效梅
刘玉华　宋明云　董金芳　李翠香　马敬霞　孟庆才

——转自 UCJA 1999,Vol 1,No.1

环磷酸腺苷葡甲胺注射液治疗充血性心力衰竭的多中心临床研究报告

中国 MCA-CHF 研究协作组

摘要　目的：评估环磷酸腺苷葡甲胺（心先安）注射液（MCA）治疗充血性心力衰竭（CHF）的疗效及安全性。方法：采用多中心随机分组安慰剂对照临床方法，选择 CHF 心功能Ⅲ～Ⅳ级住院患者。心先安注射液治疗组（*n*=642 例）与安慰剂对照组（*n*=609 例）患者两组基础临床特征有可比性。治疗前后分别进行临床症状、体征计分和心功能分级、心功能指标及心电图测定，观察疗效和记录有无不良反应。结果：治疗 1 周后，治疗组临床总有效率 91.1%，对照组总有效率 70.8%（$P < 0.001$）；按心功能指标评定的总有效率，治疗组为 82.1%，对照组为 14.0%（$P < 0.001$）；按心电图改善程度评定的总有效率，治疗组 51.1%，对组为 9.0%（$P < 0.001$）。治疗组在用药过程中未见毒副作用。结论：心先安注射液是治疗充血性心力衰竭患者安全有效的新型药物，明显优于对照组，建议推广应用。

关键词　随机临床试验　充血性心力衰竭　环磷酸腺苷葡甲胺（心先安注射液）

Meglumine cyclic adenylate (MCA) in jection in treating Patients with congestive heart failure

Chinese MCA-CHF Study Collaborative Group

Correspondence：ZhangZibin Zhang Yuchuan Ma Jianqun

The Affiliated Hospital of Binzhou Medical College, Shangdong 256603

Abstract Objective: To investigate the efficacy and safety of MCA in treating congestive heart failure（CHF）. Method: The patients with CHF (NYHA class Ⅲ ～ Ⅳ) Were treated for one week.The baseline clinical characteristics of patients were similar between the MCA group（n=642）and placebo group（n=609）. Before and after the treatment, clinical symptoms, signs, cardiac functional classes, inotropic indices, and ECG of both groups were investigated, the sideeffects were also observed and recorded. Rcsult: Total effective rate of the MCA group was 91.1% and the placebo group was 70.8%（$P < 0.001$）. MCA was associated with a higher rate of improvement in NYHA functional class 82.1% vs 14.0%（$P < 0.001$）and ECG change（51.1% vs 9.0%, $P < 0.001$）. There were no significant side-effects observed in the MCA group. Conclusion: MCA was a safe, effective and new type drug for the patients with CHF.

Key words: randomized clinical trial; congestive heart failure; meglumine; cyclic adenylate injection

---

联系人：张子彬　张玉传　马建群

地址：滨州医学院附属医院（山东滨州，256603）

——本文系 MCA-CHF 研究的阶段总结，研究结果与整个研究完成的总结论文结论相似，故正文从略。正文见临床心血管病杂志，1999 年 6 月第 6 期 285 页。

论文在国内外的学术交流

MCA-CHF 研究论文于 1999 年 4 月，由滨州医学院张子彬、张玉传、马建群 3 位教授写出初稿，经刘力生、顾复生、王文、阮景纯及张文博 5 位教授审修，最后定稿，于 1999 年 6 月 1—4 日在山东烟台召开的第五届全国心力衰竭学术会上宣读，受到与会代表的热烈欢迎和专家的好评，出席大会的张运院士给予充分肯定。原中华心血管病学会主任委员刘力生教授也在其他学术会上对此予以好评并向各位同行推荐介绍 MCA-CHF 研究的成功和临床价值。

经国家有关部门推荐，MCA-CHF 研究论文于 2002 年 10—12 月分别参加德国汉堡、美国洛杉矶、西班牙巴塞罗那国际学术会，在大会上进行学术交流，引起国外同行的关注，心先安是我国专家首先研制成功的，MCA-CHF 研究为我国争得了荣誉。出席国际学术会的证书和优秀论文获奖证书。

第四章　协会的组织建设和发展壮大

中国心力衰竭协会于1991年10月28日在山东省泰安市成立，第一届委员会有顾问5名，名誉主任委员1名，主任委员1名，副主任委员13名，委员27名，秘书3名。以上各位委员为协会的创始委员（名单参见第一章）。

第二届委员会产生于1993年10月25日第二次全国心力衰竭学术会议上，委员人数增至28名。第三届委员会产生于1995年5月21日在大连召开的第三次全国心力衰竭学术会上，委员增至36位。第四届委员会产生于1997年5月25日在青岛召开的第四次全国心力衰竭学术会上，顾问增至7位，委员增到47位，并进行了专业分工，成立学术研究部，下设流行病学、基础研究、心功能心电信息、临床医学、诊断标准、介入诊断治疗等专业组；在心功能心电信息专业组的基础上成立了中国心电信息学分会。第五届委员会增至51位委员。第六届委员会增加至53位委员，不断充实新鲜血液，增加新生力量。在第七届上又增补部分新委员。协会会员人数不断增多，截至2003年已有近2000位，一批又一批医务工作者参加到协会中来，他们积极支持协会工作，热爱心力衰竭的防治事业。为了规范协会的工作，必须建立自己的会章，于1993年12月制订了草案，经广泛征求意见和讨论后，于1995年5月21日第三届全委会通过并实施。由此我们可以看出，协会组织建设不断加强，队伍逐步壮大，事业持续发展，全国大多数省、自治区和直辖市都有了我们的委员和会员，作为一个民间学术团体经过20多年的发展，已经得到了医学界的公认，在学术界占有一席之地，这是全体委员共同努力，艰苦奋斗的结果。为了协会的长治久安，持续发展，使我们协会后继有人，弃满生机活力，我们要把四五十岁，有专业学术造诣、有管理能力的专家教授，提选到主要领导岗位上来，形成以常委为主体的核心领导。

在过去的20多年里，协会中涌现了一批先进人物，他们为祖国的医疗卫生事业做出了突出贡献，根据会章第九条表彰先进的规定，经酝酿和征求各方面的意见后，决定在第五届全国心力衰竭学术会开幕式上，对以下6位教授授予杰出贡献奖，他们是陈国伟、刘桂蕊、晁储璋、张开滋、张玉传、张子彬。在第六届会上授予杰出贡献奖的有祝善俊、苏哲坦、顾菊康、方卫华4位教授。在第七届会上对陈灏珠院士、顾复生教授、张文博教授3位顾问授予伯乐奖，对刘炳德、曾祥鸿、吴同果、马建群4位教授颁发杰出贡献奖。对退下来的老一代委员，给予相应名誉称号，对担任第一至第六届主任委员的张子彬教授授予名誉主任委员称号。

为加强国际学术交流，与国际接轨，以提高中国心力衰竭防治水平，协会委托曾祥鸿副主任委员，利用参加世界心力衰竭学术会的机会，与世界心力衰竭协会建立联系，经过他的不断努力，终于确立了中国心力衰竭协会与世界心力衰竭协会的协作伙伴关系，他为中国心力衰竭协会走向世界做出了积极贡献。

《充血性心力衰竭》及21世纪初出版的《充血性心力衰竭学》是学会的代表性专题著作，已为医学界所公认，一致认为该书在出版时是国内权威性名著。为保持学会代表作的先进性和权威性，原3位主编特起草了一份学会代表作的必备条件和修订要求的提案，提交新一届学会全委会审议，并于2013年1月1日写了授权书，授权李广平主任委员为首席主编，副主任委员马建群教授为主编之一，组织修订学会代表作，现将提案及授权书转载如下。

第十届全国心力衰竭学术交流会于2012年7月12—15日在天津召开，7月14日晚召开了全委会；同年10月12日在国家会议中心召开了第十届学会委员会第一次主任委员会。上述两个会议对今后工作进行部署，均对修订再版学会代表作《充血性心力衰竭学》做出了明确决定，并写入两个会议纪要中。

关于中国心力衰竭学会代表性专题著作的确认程序、必备条件及修订要求的提案（草案）

中国心力衰竭学会（原称协会）的代表性专题著作（代表作）是产生学会的基础。为维护学会代表作的权威性、科学性及先进性，根据学会成立20多年的发展史和积累的宝贵经验，参照兄弟学会的惯例，进一步规范我学会代表作的确认程序、必备条件及修订再版要求，以期对学会可持续发展有所裨益，特提本提案，请新一届学会全委会审议。

一、历史背景

早在1980年、1986年，张子彬教授即主编《心力衰竭》一书，先后在山东省出版发行，填补了当时国内尚无心力衰竭专著的空白。1990年6月滨州医学院在青岛组织召开全国心力衰竭专题研讨会，并正式成立心力衰竭编委会，由张子彬教授任主编，美国乔治·华盛顿大学医学院郑宗锷教授任第二主编，来自北京、上海、天津、沈阳、广州、大连及山东的各位专家担任副主编及编委，在《心力衰竭》一书的基础上，由中美专家合著《充血性心力衰竭》一书，并决定在1991年召开全国心力衰竭学术交流会，成立中国心力衰竭协会。1991年10月首届全国心力衰竭学术交流会在山东省泰安市如期召开，会上除论文交流及专家讲学外，以心力衰竭编委会为基础正式成立中国心力衰竭协会（2012年7月在第十届全委会上更名为中国心力衰竭学会），张子彬教授任主任委员，美国郑宗锷教授任名誉主任委员，各位副主编及编委分别担任副主任委员及委员。《充血性心力衰竭》一书在会议期间出版，分发各位委员及与会代表，受到大家的欢迎。新版书问世后，不仅受到广大读者的热烈欢迎，而且也得到众多专家的一致好评，纷纷写“书评”发表在杂志上，给予赞扬并向读者推荐。该书还获得山东省科技进步奖及滨州医学院科研成果一等奖，并在美国华盛顿作为协秀科技著作展出。1995年在大连召开第三届全国心力衰竭学术交流会，在全委会上一致通过了中国心力衰竭协会章程，作为协会的行动纲领。根据《充血性心力衰竭》出版后4

年来在医学界的检验及评论，以及获得的各种奖励及产生的社会效益，经全委会讨论和审议，一致同意将《充血性心力衰竭》一书，作为协会的代表作写进会章中，会章还确定每两年召开一次全国心力衰竭学术交流会，每5年左右修订再版一次协会的代表作《充血性心力衰竭》一书。经过全体委员的共同努力，于1997年在青岛召开的第四届学术会上，《充血性心力衰竭》第二版出版问世，学术水平较第一版有了进一步提高，字数由70多万字增至近100万字，受到医学界的欢迎和好评。

为使协会代表作及时反映国内外医学最新进展，更好地满足广大医务人员的迫切需要，进入21世纪后，张子彬与美国郑宗锷两位教授邀请张玉传教授加盟，共同主编协会代表作，组织中国、美国、澳大利亚三国的80余位专家，经过5年的努力，于2002年出了新版协会代表作，因书的内容更系统、更深入、更丰富、更全面，故书名改为《充血性心力衰竭学》，字数增至174万字，学术水平有了大幅度提高。2003年获得国家科学技术学术著作出版基金资助，对书的内容略加增补，出版了国家出版基金资助版。郑宗锷教授将新版《充血性心力衰竭学》赠送给国际著名医学专家Michael De Bakey M.D.等，受到高度评价，赢得了世界医学名家的赞扬，扩大了协会代表作在国际上的影响。

回顾过去33年，《心力衰竭》专著从1980年第一本近30万字的小册子到2003年的近175万字的巨著，每10年出版两次，先后出了6版，已成为《心力衰竭》系列专著。特别是自1991年由中美专家合著，并确定为协会代表作后，伴随学会的不断成长和发展壮大，《心力衰竭》专著有了质的飞跃，在编写中除参阅国内外数千篇文献外，还将协会自己的科研成果写进代表作中，形成有中国特色的《心力衰竭》专著，这些成果主要有以下3点：①1993年在天津召开的第二届心力衰竭学术会上，由刘桂蕊、张玉传、苏哲坦、张子彬4位教授起草，全委会通过而制定的左室舒张功能障碍性心力衰竭（简称左室舒张性心力衰竭）诊断参考标准。在杂志上发表后被国内外引用，日本文献称为中国天津标准，在1995年及2001年的第三届、第六届年会上进行了两次修订。②1997—1999年协会组织的大规模多中心安慰剂对照的临床试验研究（即 MCA-CHF 研究，环磷酸腺苷葡甲胺治疗充血性心力衰竭患者）。观察患者 1659 例，此为循证医学的研究成果，总结论文及阶段总结论文发表在国内外医学期刊上，并在国内外学术会上进行交流，获得奖励，受到好评。③用祖国医学对心力衰竭患者进行辨证施治，中西医结合治疗患者，取得了宝贵经验。

协会代表作各版次出版后，我国著名心血管病专家、医学界老前辈陈灏珠、方圻、刘力生、顾复生、毛焕元、都本洁、林传骧、阮景纯、刘忠铭、张之炯等十几位教授，纷纷写"书评"给予热情赞扬和鼓励，"书评"发表在中华心血管病杂志、国际心血管杂志等十余种医学期刊和杂志上。协会代表作曾获得国内外多次奖励。原卫生部部长陈敏章教授为 1991 年版《充血性心力衰竭》题词。陈灏珠院士、方圻教授为 2003 年版《充血性心力衰竭学》题词。以上资料详见为庆祝中国心力衰竭协会成立 20 周年（1991—2011 年）而编写的《史志》初稿上，限于篇幅，现仅摘录两份总结表及一张照片（《心力衰竭》系列专著）供各位委员参阅。

学会成立的 22 年来在各方面都取得了令人瞩目的成绩，代表作先后出版 4 版，这些成绩应归功于卫生部、中华心血管病学会、山东省卫生厅及医学会等各级领导的亲切关怀与大力支持，归功于医学界老前辈及各位顾问的真诚指导与热情鼓励，归功于滨州医学院及泰山医学院的大力支持与诚恳帮助，归功于协会各位委员及心力衰竭编委会各位编委的辛勤劳动与顽强拼搏。学会代表作的每一次新版或修订再版，都是各位委员和编委付出无数心血和汗水的结晶，凝聚了他（她）们的辛劳和智慧，是学会不断发展的一座座里程碑，他（她）们的劳绩和卓越贡献已记入协会的《史志》，永远为后人所铭记。借此机会，向一贯支持我们工作的各位顾问、各位委员及编委表示衷心谢意！

协会成立 22 年的历史和发展之路，充分证明《充血性心力衰竭》这一代表作是协会产生的基础，是联系委员、编委和广大会员及读者的桥梁与纽带，不断修订再版这一代表作，是促进学会持续发展的强大动力，学会与代表作相辅相成，互相促进，这是我们学会"著书立会，以会促书，编书育人"

的优良传统和基本经验。通过协会几代人的努力，《充血性心力衰竭》及《充血性心力衰竭学》共4次出版，这是留给中国心力衰竭学会的宝贵学术财富，我们深信学会一定能将前辈的优良传统及治学精神代代相传，努力开创学会工作的新局面，谱写出更加光辉灿烂的新篇章，为我国医疗卫生事业做出新的更大贡献。

二、确认程序

一部专著，从构思、撰稿、组稿、统稿、定稿、绘图、交出版社后的审稿、制图、校样、印刷到装订出版，要经过一系列的步骤，其学术水平和印装质量受许多因素的影响，如作者的学术造诣及编写能力、出版社及印刷厂的等级等。

回顾《充血性心力衰竭》一书自1991年出版至4年后被确认为协会代表作的历史，大体上可总结为以下几个步骤：

(1) 收集资料：包括编委会的整体水平，作者的学历、学位及职称，书稿的质量（有无作者的重要研究成果及创新等），出版社的级别和印刷装订质量，出版发行后读者的反映，著名专家的评论，临床应用的价值，医学期刊引用的情况，销售状况，评奖及获奖情况，尤其以专家评委会对书的评审意见最为重要。

临床实践的检验和书的社会效益如何？需4～5年的观察总结，方可得出科学及符合实际的结论，《充血性心力衰竭》一书1991年出版，1995年被确定为协会代表作，并写进会章第三条中，与作者积累了翔实的资料为基础有密切关系。

(2) 整理资料：上述所收集的资料是原始素材，要经过分类整理，去粗取精，仔细筛选，突出重点，最后总结出一份系统、全面、客观的资料，供评审代表作及申报各种奖励使用。

(3) 评议审定：首先由学会主任委员将资料提交常委会或直接提交全委会，经认真审议，认为符合代表作的条件，表决时超过与会委员半数以上，即最后完成确认程序，正式成为学会的代表作，并写进会章之中。整个确认过程均在主任委员的直接领导下进行。

三、必备条件

(1) 从全书内容到印装质量整体达到国内领先或国际先进水平。

(2) 作者为正高职称或副高职称并获博士学位或有博士后经历以上者(个别医技科室作者可为副高职称)。若能邀请外国著名专家参编，则有助于提高代表作的水平及知名度。

(3) 获得省、部级（含）以上科技进步奖或国际奖励。

(4) 书中有作者自己的近年重要科研成果，编写格式有创新性突破。

(5) 学会主任委员是学会的法人代表（据国务院颁布的社团登记管理条例），学会代表作必须由主任委员出任首席主编，并组织主持全书的编写和修订再版工作。否则，专著不具备学会代表作的资格。

(6) 《充血性心力衰竭学》为中国心力衰竭学会的唯一代表作，2003 年由国家科学技术学术著作出版基金资助出版，由中外专家合著，国家级出版社出版发行，目前学会正在积极组织修订再版，已列入正式工作计划（参见学会 2012 年两个会议纪要）。

(7) 根据上述条件，经学会全委会审议一致通过。

四、修订再版要求

(1) 学会代表作每 5 年左右修订再版一次，或 10 年内修订再版两次，以保持代表作的先进性，及时反映国内外的最新进展，指导临床诊治及预防，发挥更大的社会效益。

(2) 学会主任委员若因年事已高或身体健康等原因不再担任学会职务时，可授权新当选的主任委员任首席主编，并组建新一届编委会负责学会代表作的修订再版工作。为体现代表作的连续性，原主任委员及名誉主任委员可受邀任名誉主编。

(3) 代表作的修订再版工作，必须在学会主任委员兼首席主编的领导下进行，以确保代表作整体质量达到国内领先或国际先进水平。

以上是依据《充血性心力衰竭》一书确立为协会代表作的全过程及基本经验，并结合新形势下的实际需要总结而成为本提案，以使其更规范、更实用，进而制度化，以促进学会持续性健康发展。

我们3位原主编基本上遵照上述原则，组织中外专家、学者编著和修订再版协会的代表作，主要表现在以下几个方面：

(1) 协会的主任委员及名誉主任委员担任代表作的第一、第二主编。

(2) 21世纪两次出版的《充血性心力衰竭学》达到了当时国内领先水平，并多次获奖。

(3) 每10年修订再版两次。

(4) 编委会委员由中外专家组成，均为高级职称，其中有多位著名心血管病专家教授。

(5) 尽管《充血性心力衰竭》一书已被医学界公认为中国心力衰竭协会的代表作，并于1995年写进会章第三条中，但主编在4次出版的前言中，从未提及该书是协会的代表作，因为出版前即自定为代表作是不严谨、不科学、不客观的，是否达到代表作的水平自有公论，尤其要由全委会根据相关条件和一定程序来决定，已在上文详述。

(6) 第一主编张子彬教授因年事已高及身体健康原因，于2003年4月召开的第七届学术会上主动辞去学会主任委员职务，据会章第九条全委会授予他名誉主任委员称号。于2011年7月召开的第九届学术会上，选举李广平教授担任新一届委员会的主任委员，2012年1月1日张子彬教授给李广平教授发函祝贺他荣任主任委员，同时提出修订再版代表作的建议，并寄上原著（2003年国家出版基金资助版）1本，供修订时参考之用。2012年7月和10月召开的学会全委会及主任委员、副主任委员、秘书长、副秘书长会议上，将修订再版《充血性心力衰竭学》列入学会的工作计划，并写进两个会议的纪要中，2012年12月下旬经与李广平教授进一步沟通，达成共识后，于2013年1月1日向李广平教授发出授权书，授权他任首席主编，马建群教授任主编之一，由李广平教授提名确定其他主编、副主编及编委，主持和组织《充血性心力衰竭学》的修订再版工作。至此，新老交替，交接班工作正式完成。

由于我们3位原主编水平所限，本提案不当之处在所难免，敬请学会各位委员指正，并提出宝贵意见，以便修改和补充。本提案获得通过后，建议将本提案的主要精神写进学会工作条例中，以利学会的持续性健康发展，为我国医疗卫生事业做出更大贡献。

提案人：心力衰竭编委会　原 3 位主编

张子彬　Tsung O. Cheng [美]　张玉传

2013 年 4 月 26 日

《充血性心力衰竭学》一书著作权授权书

《充血性心力衰竭学》是一部系统论述心力衰竭的专著，是中国心力衰竭学会的唯一代表作。自 1991 年第一版问世以来，先后共出 4 版，2003 年版由国家科学技术学术著作出版基金资助出版，由中国、美国、澳大利亚三国专家共同编著，张子彬、Tsung O. Cheng [美]、张玉传 3 位教授任主编。学会代表作出版后受到国内外专家好评及读者欢迎，曾荣获国内外多种奖励。该书作为学会的专著，于 1995 年写入会章中。

近年来，有关心力衰竭的基础理论及临床研究都有迅速发展，取得了重大的研究成果，为了及时反映国内外的最新进展，更好地满足广大读者需要，很有必要修订再版学会的代表作。鉴于我们 3 位主编，因年事已高和健康原因，难以胜任繁重的修订工作，经我们共同商定，特授中国心力衰竭学会主任委员李广平教授为首席主编，副主任委员马建群教授为主编之一，由李广平教授提名确定其他主编、副主编和编委，尽早组成新一届编委会，共同完成修订学会代表作的重任。

《充血性心力衰竭学》编著委员会原主编

张子彬　Tsung O. Cheng [美]　张玉传

执笔人：张子彬

2013 年 1 月 1 日

图 1-4-1　5 位教授获得杰出贡献奖

根据会章第九条“在学术上有杰出成就，对本会工作有重要贡献，可分别予以表彰或授予名誉称号”的精神，对以下委员颁发杰出贡献奖：左起：晁储璋，张子彬、刘桂蕊、张开滋、陈国伟，颁奖仪式在第五届全国心力衰竭学术交流会开幕式上举行。

中国医药信息学会心力衰竭信息学专业委员会第十届委员会第一次全体会议纪要

中国医药信息学会心力衰竭信息学专业委员会（中国心力衰竭学会）第十届委员会第一次全体会议于 2012 年 7 月 14 日晚 8 时在天津心脏病学研究所举行。会议首先由主任委员李广平教授宣布学会工作条例，就中国心力衰竭学会的目标及宗旨，工作任务，委员条件，经费及管理情况做了介绍。中国医药信息学会黄会长做了重要指示，提出中国心力衰竭学会要做到横向联合，参与国际协作，并做好各个学组的建立工作，随后黄会长代表总会宣读了第十届委员会委员名单。

参会委员及学会顾问就学会今后的发展展开讨论。副主任委员吴同果教授建议学会应每年定期召开学术年会，在有条件的城市轮流办会，扩大学会的学术影响力。学会顾问张开滋教授祝贺中国心力衰竭学会正式成立，并圆满解决挂靠单位问题，建议发扬学会优良传统，著书立会。学会顾问顾菊康教授建议尽快建立学会网站，将心力衰竭知识普及到基层乡村医生及广大心力衰竭患者。副秘书长马建群教授建议尽快再版《充血性心力衰竭学》，强调科研及实用技术推广，利用媒体宣传扩大学会影响。顾问陈国伟教授提出医药生产企业代表可以参与学会工作，推动学会发展。顾问晁储章教授回顾了学会成立 21 年来的历史，提示撰写心力衰竭诊疗规范，每 2 ～ 3 年更新 1 次。最后，李广平教授提出了今年的工作计划：1）召开第十届心力衰竭年会，已经胜利闭幕；2）积极筹备出版《心力衰竭》专著及讲义；3）举行国家继续教育培训班；4）争取在年底前长城会期间召开一次副主任委员以上专家参加的会议，确定明年的主要工作。最后，参会委员和学会资深顾问合影留念，会议圆满结束。

中国医药信息学会心力衰竭信息学专业委员会第十届委员会第一次主任委员会议纪要

中国医药信息学会心力衰竭信息学专业委员会（中国心力衰竭学会）第十届委员会第一次主任委员会议于 2012 年 10 月 12 日中午 12 时在国家会议中心大酒店举行。主任委员李广平教授、副主任委员华伟教授、张健教授、吴同果教授、边云飞及高奋教授代表肖传实教授、秘书长袁如玉教授、副秘书长马建群教授、秘书刘彤副教授出席了会议。主任委员李广平教授介绍了中国心力衰竭学会第十届会议情况，第十届会议在 2012 年 7 月 12—15 日在天津海河之滨心血管病会议期间召开，会议为期 3 天，共 1570 位代表参会，会议期间召开了第一次全委会，出席委员超过 2/3，标志第十届委员会正式成立。

学会在总会的领导下制定了自己的工作章程、标识牌、图章、建立通讯录、并计划着手与国外心力衰竭学会积极建立联系。目前的主要工作是对过去二十年学会的发展简史做《史志》，请张子彬教授和马建群教授组织编写，学会建议增补马建群教授为副主任委员，并介绍了目前学会的委员及秘书情况。

随后，参会专家对学会今后的发展进行了充分的讨论。华伟教授建议学会应与国外心力衰竭学会建立联系，促进国际学术交流；此外，建议增补有关心力衰竭药物治疗方面的专家作为学会委员。马建群教授建议注意学会的地域性构成，注意西部及边远地域、关注学会的梯队建设、积极吸纳年轻委员；建议在学会下筹备成立学组、如药物治疗学组、非药物治疗学组、基础研究学组、继续教育学组等；同时建议积极开展心力衰竭的基础科研工作。李广平、吴同果教授建议加强国内心力衰竭药物多中心临床试验的实施。李广平教授建议积极筹备再版《心力衰竭》专著，撰写心力衰竭诊疗规范和进展。

最后，李广平教授代表学会为参会副主任委员及学会秘书长颁发了聘书，会议圆满结束。

第二篇　奉献社会

50多年来，张子彬教授在各级领导的关怀与指导下，在同事及医学界朋友的大力支持与帮助下，通过自己的刻苦学习及勤奋工作，在临床医疗、教书育人、科学研究及学术活动等各方面取得了优异成绩，奉献了自己的青春年华，退休后谢绝多家医院高薪聘请，返聘在滨医附院工作6年后，因听力明显下降而离开医疗和教学第一线。此后，继续发挥余热，关心学校发展，献计献策，举荐人才，受到学校表彰。张教授几十年如一日，顽强拼搏，艰苦奋斗，辛勤耕耘，无私奉献，执着追求，开拓创新，为我国医疗卫生及医学教育事业做出了突出贡献，赢得了社会各界的赞誉及党和国家的多项荣誉。现在让我们循着张教授的足迹，回眸他的医学生涯和光辉历程。

第一章　临床医疗　服务患者

张子彬教授从医50余年，在医疗第一线工作40余年，按时在门诊上班或查病房，12年前在返聘工作6年后因听力下降才离开第一线，不用按钟点上班了，但为患者看病从未间断，家中的客厅成了“第二门诊”，或被患者家属请去诊治患者。要问张大夫自工作以来看过多少患者？他自己也无法计算清楚，有人为他估算过，经他诊治过的患者，应以“万”为单位统计，在这数以万计的患者中，从无医疗差错和事故，从未与患者红过脸，广大患者对他的印象是：看病仔细、认真，服务态度好，没有架子，有求必应，不仅医术高，而且医德好。给患者留下了好口碑，受到患者及患者家属的赞扬。

不开贵的　只开对的

1977年10月1日这一天，是一个特别值得纪念的日子，不仅仅是因为国庆节，对滨医人来说还有一个值得纪念的重要原因，因为这一天滨医附属医院正式建成开诊，滨医附院诞生在鲁北大地。

附院刚开诊时，规模小，设备简陋，全院职工仅167人。附院所在地当时称北镇，属惠民地区，是山东贫穷落后的北三区之一，当地老百姓收入低，生活困难，温饱还没有解决，自然更是缺医少药，看病难可想而知。

20世纪70—80年代，工作人员公费医疗，但北镇人口少，且划区分片就诊，因此来附院看病的工作人员甚少，大部分是农村来的农民，比有工资的人困难大得多，造成小病忍着，实在忍不住了，病情重了迫不得已才到医院就诊，东借西凑也只有几元钱，身上超过10元的患者都不多。张大夫自幼在农村长大，深知得了病治疗难，感同身受，因而对农村来的患者有一种强烈的同情心，由此产生了既要治病，又要让农村患者花钱少的责任感。有时还询问就诊的患者，你来看病带了几元钱？根据他带的药费来开药，否则给患者开了药，患者没有那么多钱，买不到药就白跑一趟医院。

在20世纪中后期，农村的常见病以消化道疾病最多，例如，慢性胃炎和胃及十二指肠溃疡为常见病，张大夫经过多年治病的经验总结，虽然可供治疗的药有很多种，但疗效可靠而且价格便宜，首推中和胃酸且保护胃黏膜的“复方氢氧化铝（胃舒平）”及“盖胃平”，杀灭幽门螺杆菌的呋喃唑酮（痢特灵），上述两类药组合应用，对大多数慢性胃炎及溃疡病有较好疗效。而价格比较，用 H_2 受体拮抗剂或质子泵抑制剂则要高出5～10倍以上。因此，对农村来的患者，张大夫的用药原则是：只开对的，不开贵的。只要对症，效果较好，为农村的患者节省每一分钱，决不开贵药。按照上面所述原则，用药一个疗程，不超过10元，而且效果让患者满意。张大夫的老伴顺口就能举出许多例子来，尤其从农村老家来的亲戚和朋友，她都记得清楚。当然，胃肠病“七分养三分治”，张大夫总是向患者详细交代饮食注意事项，这也是疗效好的重要原因。

张大夫也不是对所有患者都用便宜药，这要看病情需要，对一些住院的危重患者，张大夫也一定会果断地用疗效好而价格较高的药，甚至在必要时使用进口药。

“三心”服务　医患和谐

患者对张子彬医师有许多称呼，大夫、医生、教授、老师、主任、专家、先生等。要问他喜欢哪一种称谓，他会不假思虑地说：最喜欢患者叫我“大夫”或“医生”。他认为作为一名医务工作者，其天职就是为患者治病，解除痛苦，听到“大夫”或“医生”的称呼时，使你时时想到要尽心尽力地为患者治好疾病，更加爱岗敬业。

张大夫从医50多年，因为服务态度好、医术高，受到广大患者的交口称赞，许多经他治好的患者及亲属，送来锦旗、牌匾和感谢信。但张大夫却从不挂出来，有人问他为什么不摆放在客厅里，他平静地表示："治好患者是医生应尽的责任，是分内的事，不需要去夸耀。"

张大夫几十年的医疗生涯，从无差错，更无医疗事故，做到患者"百问不烦"，有求必应，态度和蔼，从未与患者争执红过脸。曾有采访的记者问他："在医患关系比较紧张的今天来看，您有一个和谐的医患关系，的确不易，您有什么秘诀和经验吗？"张大夫说："其实并没有什么秘诀，我主要是靠'三心'为患者服务"。他还幽默地说："这'三心'可不是平常群众所说的'三心二意'的'三心'哦！几十年来，我对待每一位患者要求自己做到爱心、细心、耐心。其中以'爱心'最为重要，有爱心才能关爱患者，细心检查患者，才能处处为患者着想，耐心听取患者及其亲属的诉求，这样患者会怀着感谢感恩的心情对待医生，使医患双方互相尊重，互相体谅。当然政府加强法治工作，维护医院的正常秩序，保护医护人员的正当权益，防止'医闹'的发生，也是必不可少的。"

农村亲戚　礼尚往来

由于张大夫对患者态度和蔼，尽职尽责，医术高超，治病效果好，患者不花冤枉钱，患者治好后回到农村，口口相传，一传十，十传百，许多患者慕名而来。还有的患者恢复了健康，不忘感恩，在过年过节时，带上农副产品来看张大夫，张大夫很受感动，于是也买些农村喜欢的糕点和糖果回赠，礼尚往来，久而久之就像亲戚一样走动。有一位张姓农村老人，病愈后让儿子每到春节或中秋节便来看望张大夫，亲切地称张大夫为叔叔，很像是他的亲侄子一样，当这个侄子结婚时，老人请张大夫去喝喜酒，张大夫愉快地答应了，到了侄子结婚的那一天，早早起床，骑上自行车，行程近30里(15千米)，上午9点多就赶到农村的亲戚家贺喜，还随份子送了礼金，这件事成了当时这个村子的头条新闻，乡亲们互相传开了"快来看啊！城市里大医院的大专家来贺喜了"，对张大夫来说，这不过是多位农村亲戚中的一个。

对排号的患者　吃一粒“定心丸”

张大夫看专家门诊时，来看病的人都很多，需要排号等待。每当这时，张大夫看看等待中的农村患者，总是对他（她）们说：“你们都别着急，凡是挂了号的，我一定都看完再下班，尽管放心”，张大夫亲切认真的几句话，给等待的患者吃了一粒“定心丸”。张大夫说到做到，不管多晚，也一定要看完所有挂号的患者，因而经常是中午 12 点半，甚至下午 1 点才下班，而且对所有患者都一样认真和仔细诊治，受到患者的一致好评。按医院的制度，上午 11 点 30 分就下班了，但张大夫深知，下班前必须把患者需要开的化验单、透视单、心电图等开出来，中午检查完，下午上班后就可明确诊断，开出药物，否则患者当天看不完，还要再来医院一次，增加了患者的负担。等候就诊的患者，看在眼里，记在心里，别的大夫都已按时下班了，唯独张大夫还在饿着肚子认真看病、不慌不忙，与刚上班时一样仔细询问病史和查体，有的患者觉得过意不去，反而关心地劝张大夫下班吃过饭再看病，张大夫把上述原因说一遍，就诊患者对张大夫处处为患者着想的高尚医德，感动不已。如此，患者与医生互相关心，互相体谅，充分体现了良好的医患关系。

仪器检查　从简到繁

随着我国科技水平的提高，用于诊治疾病的医疗仪器设备不断更新，或出现新的诊疗手段和相应设备，这是医学的进步和发展，以造福人民。作为一名临床医生，如何选择常规设备和先进而复杂的仪器，是摆在医务人员面前的一个现实问题。

张大夫认为要治病必须先明确诊断，然后才有的放矢地采取各种治疗手段，方能取得好的效果。虽然现在有许多仪器和设备用于诊断，但第一步必须详问病史、仔细体检，对诊断有一个初步的印象，然后根据病情需要，再选择恰当的辅助检查。通常先用常规检查项目，若仍不能明确诊断，再逐步升级，选择较复杂的检查手段，此时要充分考虑患者的经济状况和承受能力，与患者仔细沟通，说明检查方法的作用和应用目的，以及可能出现的风险，取得患者的密切配合，这样才能有一个好的效果。总之，要处处为患者着想，既要明确诊断，又要节约开支，减轻患者负担。

张大夫看门诊时，常遇到一些患者因胸痛、心慌、胸闷等症状来就诊，尤其是农村中年妇女较常见，在生气或精神受刺激时加重，基层医院疑诊冠心病，介绍来医院做冠状动脉造影和安装支架。来门诊检查时心率快达每分钟 90 ～ 100 次，有时面部发热，易出汗，失眠，易发脾气，月经紊乱，测心电图 ST-T 有非特异性改变，T 波低平或倒置。对这类患者，张大夫并不急于给患者做复杂的检查，初步印象诊断以更年期综合征可能性较大，做一个普萘洛尔（心得安）试验就可明确诊断，只不过服 4 片普萘洛尔，做 3 次心电图，费用仅几十元就可做出诊断。若病情需要再进一步检查，如果是自主神经功能失调，内分泌紊乱所致，治疗费也不多，但常遇到一些患者，在基层医院长期按冠心病治疗，不仅花了许多冤枉钱，还增加了精神负担。类似的例子还真不少，但必须强调的是，确诊功能性疾病要慎重，必须排除器质性疾病，以免误诊。

深夜急症　攀爬大门

20 世纪 70—80 年代，滨医附属医院建院初期，内科的青年医生多，短时间内还不能独当一面，因此病房夜间值班，除青年医生在一线外，还要安排二线听班大夫，多为中年人，职称为主治医师或副高专家，夜间可以在家睡觉，若遇急重症患者，听班大夫立即赶赴病房，指导抢救。张大夫正处在听班这个年龄段，夜间在家睡觉待命，接到电话立即起床前往病房，张大夫身体好，走路快，从北院职工宿舍到病房仅需十几分钟，夜间 12 点以前，看大门的大爷没睡下，叫一声即可起床开门，如果过了深夜 12 点，他年纪 60 多了，叫门也不开了。实际上，那么大岁数的老人，也不忍心惊动他，他 24 小时看大门，白天也不能休息。

有一天夜间 12 点后，张大夫接到电话说有重患者病情突然加重，张大夫迅速起床一溜小跑到了北院大门口，太晚了，叫看门的大爷不应声，怎么办呢？患者紧急，电话就是命令，看看用铁管焊的大门，高度在2米以上，为了尽快赶赴病房现场，只有越门而过。可从来没有攀爬过铁大门的他，好在曾当过基干民兵连的连长，那还是1964年全国备战大比武的年代，青岛医学院附属医院按上级要求成立基干民兵连，训练4大战救（止血、包扎、固定、搬运），张大夫入选民兵连，还担任了连长，摸爬滚打训练数月，在青岛市大比武时还得了奖。当年的训练在爬大门时排上了用场，情急之下，爬到大门顶部，又翻越大门跳下来，并未觉得有太大困难和惊险。此后，爬的多了，也熟练了，速度也加快了，只是在严冬时节，手抓到铁管上，像握寒冰一样，等越过大门后，双手都麻木了。现在回想起来虽已过去30多年了，张大夫仍记忆犹新，印象深刻。

远方患者　以书治病

张教授的患者很多，由于知名度高，慕名而来看病的也不少。他的患者，在20世纪60年代主要在青岛及胶东地区，到滨州工作后，患者来自鲁北平原及黄河三角洲地区。主要是省内患者，省外患者因路程远、交通不便，就以其他形式诊治疾病，具体说就是以书信或医学著作，为患者服务，给予指导，其中以湖南省电力试验研究所的李发琛同志最具有代表性。

李发琛是一位工程师，老知识分子，20世纪80年代患冠心病心力衰竭，曾读过张教授于1986年出版的《心力衰竭》一书，该书是我国最早的心力衰竭专著，他读后受益匪浅，印象深刻。当李发琛从杂志上看到张教授与国外专家合著的《充血性心力衰竭》1991年出版书讯后，因在当地买不到此书，特汇款给滨州医学院图书馆要求邮购，并寄来了一封感人肺腑的信，请图书馆工作人员转交给张子彬主编，这封信是这样写的：

尊敬的张子彬教授：

您好！我十余年前得了冠心病心力衰竭（冠心病的一个类型），在当地医院治疗效果不佳，出院后到书店买了一本您主编的《心力衰竭》（1986年山东科技出版社出版），详细读了这本书后，照书中所述在家自医自护，是这本书挽救了我的生命，改善了我的生活质量，现在浮肿、胸闷、气急等症状早已消失，心律不齐及交替脉也消除了，扩大的心脏恢复正常。我要向您表示衷心感谢和崇高敬意！

张子彬教授收到图书馆转交的这封远方来信，心情也很激动，感到十分欣慰，是众多患者来信中写得病情最具体感情真挚而动人的一封，而且用书指导患者自己治疗，取得满意疗效，作为书的作者，看到自己的付出收到了良好的社会效益，患者恢复了健康，感到十分高兴，也深受鼓舞，从而产生了继续修订再版这一著作的强大动力。张教授很快给患者寄去书，并附信给予指导和鼓励其继续努力。

此后，张子彬教授与李发琛同志书来信往，在共同与疾病的斗争中建立了深厚友谊，每当修订后有了新版《心力衰竭》专著，张教授就寄赠一本给老朋友李发琛同志。对平时来信询问的治疗问题，也总是及时回信说明。

21世纪初，2002年1月，退休工程师李发琛老人给张子彬教授寄来一本自己单位印制的台历，封面上印着“生命礼赞”几个醒目大字，台历印制精美，每页都配以大自然摄影插图，体现对生命的赞歌，其用意含蓄而深刻，封面上有给张教授的题词：敬赠张子彬教授天天心情好。署名：从您的妙书神医中拯救生命的李发琛老人于21世纪。这是一份有特殊意义的新年礼物，饱含患者对张教授发自内心的感谢之情，张大夫一直珍藏至今，作为医患之间深厚情谊的纪念和见证。

一贯和蔼　唯一严肃

张大夫对患者一贯和蔼，服务态度好，认真负责，这些都是大家公认的，受到患者的赞扬。但在特殊情况下，也有对个别患者十分严肃的时候。

20世纪80年代，国际彩虹医疗队来滨州附院工作一段时间，主要是手术治疗先天性疾病——兔唇，属人道主义技术援助，经手术治愈了许多患儿，受到患者及附院的欢迎。但其中有1例手术中意外死亡。患者家长大闹医院，尤其以其母为甚，因有心悸、气短等心脏症状，住到内科西病房，做了多项心脏检查，均无心脏病证据。此事件震动全院，张大夫早有耳闻，有一天他去查房，对此患者的处理已有所准备，可以说是“有备而来”。当查到这个患者时，仔细询问病情，认真查体，尤其对心脏听诊特别注意。然后仔细查看病历及各项检查结果，这时死亡患儿之母又要“闹”，提无理要求。张大夫对患者认真地说：“经各种检查，你没有心脏病，是精神受刺激引起的临时症状，吃吃药过一段就会好起来。”但患者听不进去，还想辩解，张大夫突然严肃起来，问患者：“手术以前大夫与你谈过话吗？”患者说：“说过。”“大夫对你讲过手术的风险吗？”张大夫接着追问。患者说：“说了。”张大夫又问：“你愿意承担风险吗？”患者回答：“愿意。”张大夫紧接着又问：“你签字了吗？”患者说：“签名了。”最后张大夫质问：“手术都是由国外专家做的，按正规操作，没有问题。孩子死亡是意外想不到的风险，你既然愿意承担风险，同意手术，你还闹什么？”这时患儿母亲目瞪口呆，张着嘴巴说不出话来。平时有关领导都说一些安慰的话，安抚患者，她没有想到张大夫的一连串询问，特别是最后的质问，竟无言对答。张大夫看看时机已到，立即向其他医生下医嘱：患者可以出院，开上镇静剂和维生素 B_1 带回家服用。说完头也不回，迅速到其他病床前检查患者。这个闹了好长时间的患者，低头不语，过了一段时间，才抬起来头来对陪床的人说：“唉！孩子短命，命该如此，老大夫发话了我还有什么好说的。”第二天就带着药平静出院回家了，这一场“医闹”终于收场了结。陪同查房的医护人员议论说，从来没看到张大夫这样严肃过，还真起作用。以后提到这件事时，张大夫认为当时出现这种意外，不仅要维护医院的正常秩序，也关系到国际彩虹医疗队的声誉，是在特殊情况下必须采取的态度 。在张教授50余年的医疗生涯中，这是对患者唯一一次严肃。

第二章　著书立说　科学研究

《心力衰竭》系列专著为协会代表作

张子彬于1977年年底至1979年年初，赴上海胸科医院心内科进修深造，积累了许多文献资料和临床经验，学习期满返院后，在院领导的大力支持下，在胡丽霞及张文博两位教授的指导下，于1980年撰写了《心力衰竭》一书，印刷2万册，3个月销售一空。为了满足广大读者的急需，于1986年补充新内容，在山东科技出版社出版《心力衰竭》一书，以上两书填补国内在心力衰竭方面的空白，属创新之作，受到广大读者欢迎及专家好评。

为了进一步提高《心力衰竭》一书的水平，张教授在滨医校领导的支持下，邀请中美两国专家，共同编著《心力衰竭》专著，1990年6月成立《心力衰竭》编委会，由张子彬教授与国际著名医学专家美国乔治·华盛顿大学医学院内科学教授Tsung O. Cheng（郑宗锷）博士共同担任主编，经历1年多的努力，于1991年10月《充血性心力衰竭》一书在科学技术文献出版社出版，在第一届全国心力衰竭学术交流会上分发与会代表，受到热烈欢迎。1993年5月，第三届全国心力衰竭学术交流会在大连召开，全委会一致通过了《中国心力衰竭协会章程》，《充血性心力衰竭》一书作为协会的代表性专题著作写入会章中。1997年5月，第四届全国心力衰竭学术交流会在青岛召开，《充血性心力衰竭》第2版出版，较第1版水平有了进一步提高，字数增至近100万字，国内多位著名专家写“书评”发表在杂志上，给予高度评价。

进入21世纪后，张子彬与美国郑宗锷两位教授邀请著名心血管病专家张玉传教授加盟，共同主编协会的代表作，因内容更丰富、更系统、更全面，故书名改为《充血性心力衰竭学》，由中、美、澳三国80余位专家学者参加编著，字数增至174万字，于2002年出版发行。2003年该书获得国家科学技术学术著作出版基金资助，略加增补，出版了国家出版基金资助版，德高望重的著名资深心血管专家陈灏珠院士及方圻教授为该书题词，陈灏珠院士作序。

自1980年出版《心力衰竭》，至2003年出版《充血性心力衰竭学》（国家出版基金资助版）的23年间，先后印出6版，每10年出两版，从而形成心力衰竭系列专著，总印数近5万册，取得了良好的社会效益。尤其在1991年出版的《充血性心力衰竭》一书，曾作为优秀科技图书在美国华盛顿展出。2002年出版的《充血性心力衰竭学》，郑宗锷教授代表编委会将该书赠送多位国际著名心血管病权威专家，受到一致好评。该系列著作先后数次荣获国内及国际奖，成为中国的代表性心力衰竭专著，走向国际舞台。

辛勤耕耘　著作等身

回顾过去著书立说的道路，尤其20世纪70—80年代，可以说充满艰辛，困难重重，感慨万千。由于各级领导的大力支持，各位德高望重老前辈和著名专家的亲切关怀与精心指导，以及各位同事及医学界朋友的热情帮助，使张子彬教授充满信心、顽强拼搏、开拓创新、艰苦奋斗、克服困难、锐意进取、执着追求，主编及参编医学专著41部，38本在国内出版，3本在欧洲出版，在国内外杂志发表论文110余篇。详见第一篇第二、第三章及表1-2-1和表1-2-2。

张大夫35年前写《心力衰竭》一书的，都是使用原始的方法，用笔一个字一个字地在稿纸上写，即通常所说的“爬格子”。白天照常上班，只有晚上写作，一般写到11～12点。绘图画表等都是手工操作，复杂的图请冯义生老师帮助。一天天积累，写满的稿纸逐渐增多，成了厚厚的一堆。在接近完成时，为了赶写出来印刷，连续两个通宵未眠，只在天快亮时闭一会儿眼。

那时的生活条件十分艰苦，吃饭靠粮食定量买的饭票。冬天室内取暖用一个小煤炉，买煤也是定量供应。夏天则用手摇扇，后来托熟人买了一个当地生产的小台扇，放在背后吹风。就在这样环境下，经过半年的艰苦奋斗，克服重重困难，他的“处女作”——31 万字的《心力衰竭》一书， 终于脱稿印刷出来。此后的生活条件逐年改善，写作方法也逐步提高，但艰苦年代的著书立说情景，他至今记忆深刻。

为了挤时间写作，白天上班忙碌，只有晚上时间可以利用，看电视只看新闻联播及天气预报，星期天及节假日也都用在业务学习和写作上，这已成了多年的习惯。甚至春节大年初一这一天，在全国人民沉浸在欢乐中的时刻，张教授除了到病房给值班的医护人员拜年及慰问，或看一下重患者外，也用在著书立说和写论文上。饭做好了，家人催几遍才去进餐，晚上有时通宵达旦，真到了“废寝忘食”的地步，这也引起了的老伴埋怨和不满，说许多唠叨话，对此张大夫只一笑了之。

“梅花香自苦寒来”，没有几十年的顽强拼搏和艰苦奋斗，就不会有今天的成就，不会有党和国家给予的许多荣誉，不会有硕果累累、著作等身。每当回顾起这些时，张教授总忘不了各级领导的关怀与支持，忘不了老前辈及恩师的亲切指导，忘不了各位同事及医学界朋友的热情帮助，更忘不了家中有一贤内助全天候的鼎力支持，包揽了全部家务活，好后勤功不可没，子女儿媳的支持也是必不可少的。

创新驱动发展　成果走向世界

作为一名医务工作者，为了不断提高医疗水平，更好地为伤病员服务，必须终生学习，活到老学到老，为患者治病到老。医学是一门实践性很强的科学，要不断总结经验，将诊治能力提到一个新的高度；每当有新的学说和理论出现时，又必须与时俱进，紧跟时代的步伐，用新理论和新方法指导临床医疗实践，形成理论—实践—理论—实践的良性循环。在这一过程中，创新是动力，创新驱动并促进医疗卫生事业的发展，以满足广大人民群众对健康的迫切需要和追求。

要创新必须搞科学研究，将研究的结果总结后写成论著，就会进一步提高理论水平，反过来又指导临床实践，通过实践来验证新理论和新疗法，在验证中不断丰富和完善新理论和新方法，医疗水平上升到一个新的层次。因此，搞科研与写论著相辅相成，互相促进，像一对孪生姐妹，同时存在，这是促使医学不断发展的模式。

滨州医学院是中国心力衰竭协会的发起和创始单位，而张子彬教授是协会的创始人和奠基者，协会自 1991 年成立迄今已度过了 25 个春秋，纵观协会的创建与发展史，始终贯穿创新这一主线，创新要靠科学研究，科研的结果则撰写出论著发表和出版，在这一过程中，创新是动力，医学杂志及著作是研究成果的载体和交流平台。协会 25 年的发展史和取得的研究成果，可总结为以下 4 点创新。

①《心力衰竭》系列专著出版：如上所述，1980 年及 1986 年在山东出版的《心力衰竭》一书，填补国内空白，属创新之作；1991 年及 1997 年由中美专家合著的《充血性心力衰竭》是协会的代表作，2002 年及 2003 年（国家出版基金资助版）由中、美、澳三国专家合著的《充血性心力衰竭学》，均为国内权威性名著。

② 1991 年 10 月下旬，以《心力衰竭》编委会为基础，在第一届全国心力衰竭学术交流会上，正式成立中国心力衰竭协会，是国内第一个心力衰竭专业学术团体，卫生部陈敏章部长为大会题写贺词。

③ 1997 年 11 月至 1999 年 5 月，协会组织了大规模多中心随机对照临床试验研究（MCA-CHF 研究），在国内外学术交流会上受到好评，获得世界医学创新优秀成果奖。

④ 在 1993 年 10 月天津市召开的第二届全国心力衰竭学术交流会上，在国内率先制定左室舒张功能障碍性心力衰竭诊断参考标准，又在第三及第六届全国心力衰竭学术交流会上修订，在杂志上发表后被国内外引用，外国文献称“中国天津标准”。

创新驱动发展，创业成立协会，创新创业促使协会取得了辉煌成就，已为医学界所公认。协会的发展之路，完全符合当前党中央、国务院“大众创业，万众创新”的号召和战略部署。

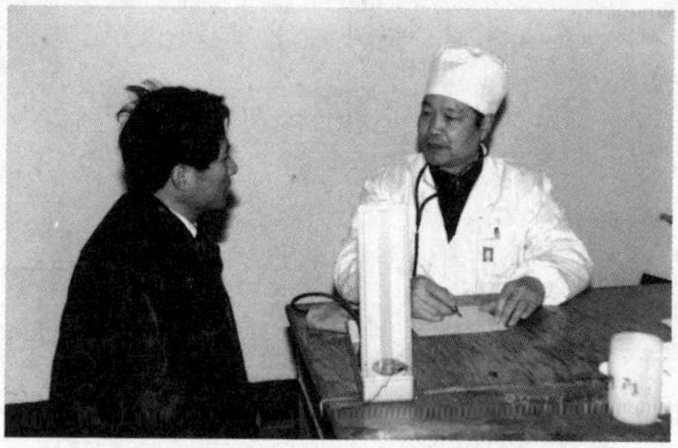

图 2-2-1　张子彬教授在门诊值班时，对每一位患者都详问病史，认真体检，正确施治

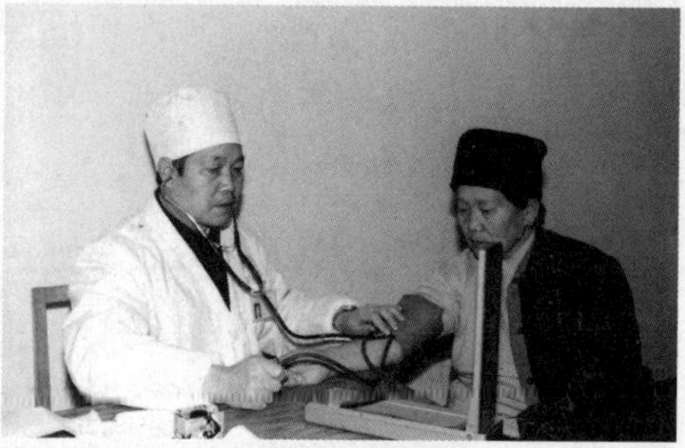

图 2-2-2　他为患者仔细检查，发现异常体征，辅以必要的检查项目，最后对症施治，确保医疗质量

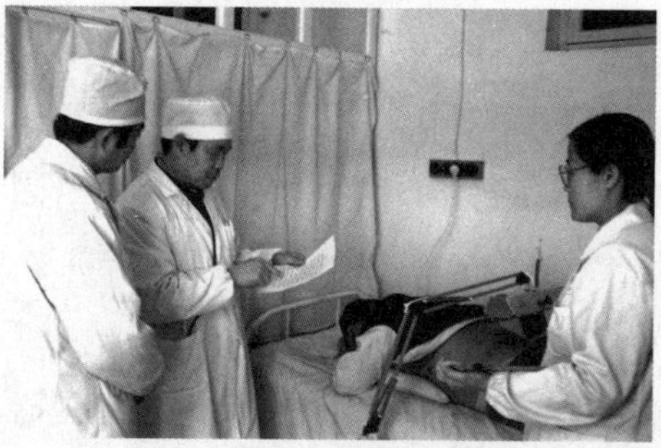

图 2-2-3　对治疗效果欠佳的患者，提出新的治疗方法和药物，以进一步提高疗效

图 2-2-4　张子彬在内三病房查完患者后，与医护人员合影。该病房成为以后的保健病房及老年医学科病房

前排左起：李翠香（现为主任护师）、张子彬、李跃荣（现为内科教授、硕士生导师、心内科副主任）、周护士

第三章　献计献策　举荐人才

张子彬教授虽已退休十几年，但仍十分关心学校及附属医院的建设与发展。2013 年 5 月学校组织“为学校科学发展献一策活动”，张教授响应学校号召，将“对滨州医学院烟台附属医院建设的几点建议”交给学校，经评选获得奖励，受到表彰。2013 年 7 月，学校召开第一次人才与师资队伍建设工作会议，号召全院教职医护员工为学校推荐人才，张教授以实际行动落实会议精神，先后向学校举荐 7 位国内外高层次人才，体现了一位老教师、老党员关心学校发展，无私奉献的情怀。

对滨州医学院烟台附属医院建设的几点建议

一、广泛宣传，提高附院知名度

我乘公交车到牟平汽车站下车后，在大街上先后询问 5 名不同性别和年龄的成年市民，均不知道烟台附院的地址，甚至未听说附院的名字，最后从交警同志那里获悉附院地址及乘车前往的路线，可见附院的知名度有待大幅度提高。

建议：①利用一切媒体（报刊、电视、广播、网络等）广泛宣传附院的有关信息，让广大群众了解附院；②在交通要道建立大型广告牌，介绍附院的名称、级别、宗旨、规模、地址等为明年开诊奠定舆论基础，也有利于日后长足发展。

二、改善交通状况，方便群众就医

此次去牟平不仅可以近距离亲眼看见附院建设情况，而且以“假想患者”

的身份体验从城市中心区到附院就诊的过程和感受。从学校生活区乘62路公交车先到牟平汽车站下车，出站后转乘601路市区车，经十几个停车点才到牟山路北首的附院工地，停留半个多小时，仔细观察了门诊及病房楼施工现场及周围环境，细读门诊楼前关于附院的宣传广告牌，然后返回学校住处，历经2.5小时，乘车、中转、问路等占用了许多时间。目前还没有从烟台中心市区（芝罘、莱山区）直达附院的公交车，去牟平有62路（到牟平汽车站）和456路公交车（终点为牟平中医院），均不经过附院，牟平区内也只有601路公交车在附院处有停车点。总之交通十分不便，不利于患者就医，这也是制约附院发展的一个瓶颈，极需改善交通状况。

建议：尽快与交通部门联系，解决以下交通问题：①现有去牟平区的62路及456路公交车途经附属医院，设立固定停车点，命名为“滨医附属医院”站；②如有可能应开通由芝罘区、莱山区直达附院的车次；③牟平区内除601路外应开通到附院的其他车次；④与滨州交通部门（交通局等）联系，从滨州开往威海的长途汽车，途经牟平时到附院短暂停留，像在滨医烟台校区附近（烟台东站）固定时间停留那样，以利明年烟台附院开诊后方便滨州附院医务人员的往来。

三、加强人才梯队建设，提高医疗服务水平

建设一所现代化的知名综合医院，主要有3个要素：管理、人才及设备。现在烟台附院已有一个以党委为核心的强有力的领导班子，这是建设好附院的根本保证，这方面无须多述。设备及基础设施等硬件是必要的，是办好医院不可缺少的条件（此点后面详述），但只要资金充足，严把质量关，在不太长的时间内即可完成。但要培养一支德才兼备、高素质、高水平的专业队伍，必须付出巨大努力，经几十年几代人的奋斗才能完成。一名青年医生要成长为独当一面的业务技术骨干，没有十几年的顽强拼搏和刻苦学习是无法实现的，成为知名专家的漫长之路更是自不待言。因此，人才是医院发展的基础，是医疗质量不断提高的关键。医疗卫生领域的竞争，实质上是人才的竞争，谁拥有了一批高素质人才，谁就占领了制高点，立于不败之地。

烟台附属医院是胶东半岛唯一的省属三级医院，规模大（床位 1500～2000 张）、任务重（医、教、研、康复、预防等）、起点高（甲等），展望未来，任重道远。但附院目前的专业人才在数量和质量上均远远不能满足需求，与其规模及目标不适应、不相称。人才问题已成为制约发展的第二个瓶颈。

建议：①多渠道、多途径、多方式引进人才：可设立招聘人才办公室，有专职人员负责此项工作，制订一整套引进人才的要求、目标、办法、程序、考核、待遇等，同时应发动本院的专家及有关人员，积极协助推荐人选，提供信息。今年 6 月上旬我来烟台途经寿光市（我的故乡），顺便到寿光市人民医院看了一下（我女儿、女婿的工作单位），该院正在面向全国招聘 100 名高级专业技术人才，在报纸、电视台、网上发布了详细招聘启事，建议派人去该院考察，吸取其有益经验，可使烟台附院在招聘人才工作中收到事半功倍之效。

②采取各种方式培养人才：本院的中老年专家在工作实践中，通过传、帮、带培养青年医护人员及医技人员；有计划地选派中青年人才出国或到国内名校进修、深造；请国内外著名专家学者来院讲学，指导开展新技术、新疗法。总之，就地培养人才应成为一种切实可行的主要方式，其优点有：投入少、收效大，出人才数量多等诸多方面，符合多、快、好、省原则。

③千方百计留住人才：经多年培养脱颖而出的优秀人才，对附院的可持续性发展十分重要，是附院的宝贵财富，对这些人才应给予政策上的倾斜，营造良好的工作环境和生活条件，使他们安居乐业，积极奉献，要防止人才的流失。

④聘请滨州附院已退休的 60～70 岁临床各科专家参加医疗工作，有利于烟台附院的发展和提高。

四、注重基础设施建设，购置医疗设备器械

现在门诊及病房大楼主体已完工，进入室内施工阶段，深信院领导始终严格把关，狠抓质量，使其成为优质精品工程，以造福广大群众。随着附院建设的全面推进和明年开诊的临近，其他的基础设施建设应提到日程上来。附院设计床位 1500 张，按比例职工应为 1800 人左右，专业技术人员应在

1600人以上，为使职工住有所居，安心工作，职工住房的建设势在必行，对于引进人才，稳定专业人员队伍，留住人才均具有重要意义。高层住房的建设周期长，从施工到投入使用短则3年，长则4年以上，而且开工前有大量准备工作要做，对此院领导可能早有安排和计划。医疗设备及各种器械是建设高水平医院的必备条件，可能院领导早已按计划购置，但如何充分发挥这些诊疗仪器的作用，使其效益最大化？关键在于医技人员的素质和专业技能。

建议：①住房建设：a. 如建设用地尚未办完征购手续，应抓紧办理，此项工作难度大，涉及面广，需上至国务院下至村委会层层审批。b. 征地完成后需尽快规划，住房设计，建材订购，建筑单位招标等各项工作。住房设计图纸及以后施工，建议吸取学校生活区（二期）及附院（滨州）西区宿舍的经验，广泛征求有关人员的意见和建议，使烟台附院宿舍成为群众满意的精品工程。滨州附院住房建设周期长，房价偏高（均价3200元/m^2），而烟台学校生活区（二期）从开工至今已4年多，配套工程仍未完成（天然气及道路等），有待解决。c. 寿光市人民医院为职工建住房6座高层楼（每栋30～33层，每层4户，户型120～180 m^2），2009年秋季开工，2012年8月19日入住，3年完成，配套工程（水、电、暖、天然气、地下车库、贮藏室、院内水泥路及绿化等）也全面完成，房价适中，初步估算均价在2600元/m^2，外墙皮底3层贴大理石板材，4层以上为仿石料，质量上乘。建议派人具体考察，吸取和借鉴寿光人民医院的有益经验。

②仪器设备：为充分利用各种设备为临床第一线服务，不断提高医疗护理质量，建议选用业务素质好的医技人员，专业对口培训和进修，培训期1年以上。大型精密仪器设备最好选相关专业本科生培训，或引进高层次人才使用这些设备。

③门诊楼前停车场较小（比滨州附院小得多），而今后用私家车就诊的患者会越来越多，提供大型停车场，可方便患者就诊，有利于扩大门诊量。建议向门诊楼东侧及南侧（金埠大街南侧）购地，扩建停车场。

五、建筑图书馆，为医护人员提供学习和学术活动场所

专业技术人员的医疗、教学、科研及各种学术活动，都离不开阅读专业书刊、文献检索和查新，遇到疑难患者或进行一项科学研究，或写一篇论文及做一次学术报告（讲座），或著书立说都要多次到图书馆查阅文献资料，因此图书馆与医务人员密切相关，对医院的医疗质量和业务水平的提高图书馆都发挥重要作用。但附院距学校图书馆较远，查阅资料及学习均十分不便，附院建图书馆是迫切需要的一项工程。

建议：①为了使未来的图书馆更好地为临床第一线服务，应及早选定负责阅览、采编、医学情报的管理人员，并到学校图书馆培训，熟悉馆内各项工作，以便开馆后更好地为医疗、教学及科研服务；②馆内同时建一个多功能学术活动厅，可用于召开全院职工大会或科室负责人会议；③动员退休的专家捐赠书刊给图书馆。

由于在牟平停留时间较短，可谓“走马观花”，了解很不全面，再加上个人水平所限，以上初步建议不妥或错误之处在所难免，恳请各位领导指正。

愿我以上的18条建议，能为烟台附属医院建设添砖加瓦，奉献微薄之力。

烟台附属医院党委、院行政给张子彬教授的复函

张教授：

您好！来信已收到，勿念。

感谢您以慧心才智提出的宝贵建议，也感谢您为学校及烟台附院发展做出的积极努力。您的真知灼见使我们深受启发，也深受感动，它体现了像您这样的老干部心系事业发展的大局胸怀和老有所为、与时俱进的精神风貌。正是因为有了您的支持和帮助，我们的各项工作才日益进取、不断进步；也正是因为有了您的远见卓识，我们的事业才卓有成效、不断发展。我们一定会把您这样高度负责的工作态度和一丝不苟的工作作风传承下去，发扬下去，使我们的事业实现更好更快地发展!

您在信中对各位院领导及张明哲教授的问候我们会代为转达，请您放心。也希望您保重身体，怡然舒心，继续关注学校和烟台附院发展建设！

此致

敬礼!

烟台附属医院党委　院行政

2013年8月3日

关于成立滨州医学院烟台附属医院心脏中心的建议和设想

尊敬的滨州医学院及烟台附属医院各位领导：

世界卫生组织（WHO）及我国近年的统计资料表明，发病率和死亡率占前3位的疾病是呼吸通疾病、心脑血管疾病和肿瘤疾病，心脑血管病是当今威胁我国中老年健康长寿的第一大“杀手”。因此，对心脑血管病的基础理论及临床诊治、康复和预防的研究，已成为国内外医学界研究的重点、热点和难点，医学院及烟台附院领导对此高度重视，积极筹划建设脑科中心等十几个中心，这是大力推进胶东半岛医学中心建设的重要举措，是建设省属大型综合性现代化三级医院的必经之路。

心血管病是常见病、多发病，随着经济社会的快速发展，其发病率逐年增加，而且危重症、急症甚多，严重危害人民的身心健康。为了让广大群众有机会享受现代医学和科技进步成就，人人享有健康，积极筹建心脏中心，同样是势在必行，为广大群众所迫切需求。心、脑血管病患者有相似的血管病理改变（动脉粥样硬化），有共同的发病危险因素（高血压、高血脂、吸烟、肥胖及糖尿病等），许多危重病例心与脑同时受累并产生心脑综合征。由于生活节奏加快和工作竞争性带来的压力，以及现代生活方式不合理产生的影响，使冠心病（心肌梗死等）及高血压心脏病等发病年龄有年轻化的趋势，40岁以前患者明显增多。因此，整合资源，加大投入力度，积极创造条件，争取早日成立心脏中心，以适应社会发展和医疗卫生事业进步的需要。鉴此，特提出在烟台附院成立心脏中心的如下设想和建议，供领导研究时参考。我的以上建议希望起到抛砖引玉及助力器的作用和效果。

一、成立心脏中心的宗旨和重要意义

(1) 成立心脏中心的宗旨是真正体现以患者为中心综合服务的医学理念，一切从患者利益出发的规范制度和团队协作，大大提高工作效率和心血管病的诊治、预防及康复水平。

(2) 成立心脏中心有以下重要意义。

①整合心内科、心外科、导管室、功能检查科、影像科及麻醉科等多学科的力量和资源，加强协作和创新，使临床医学效益最大化，大幅度提高医院的综合医疗水平。

②有独立的门诊、病房、CCU 室、ICU 病床和基础实验室，不仅有利于不断提高心血管急重症和疑难病的诊治水平，也有利于防治心血管病的深入研究，协作攻关，取得突破性科研成果。

③制订一系列心血管病患者的诊治流程，建立心内、心外科医生共同会诊制度、查房制度，严格把握适应证、控制并发症、降低死亡率，加强医患之间的沟通和人性化服务。总之，成立心脏中心有利于医护质量的不断提高，使各种医疗及护理制度更健全、更规范，各项工作都有制度保证。

④成立心脏中心后，统筹安排医疗、教学及科研等各项工作，有利于人才培养，形成高素质、高水平的人才梯队，在实践中锻炼成长，用“请进来”和“派出去”等方式不断加强人才队伍建设，以现有高、中级人才为基础，积极引进高层次专业技术人才和各学科带头人，确保心脏中心可持续性发展。

⑤与脑科中心等兄弟学科资源共享，加强协作，优势互补，形成山东半岛危重病会诊救治中心的支柱。正如前述，心脑血管病不仅发病率和死亡率占我国人口的前两位，而且急危重症多。

⑥成立心脏中心，有利于落实今后我国医疗改革的指导原则和基本政策，即“分级诊疗”，一般常见病在一、二级医院诊治，疑难病及危重症到三级医院就诊。烟台附院是省属三级医院，不断提高对疑难及急重症的诊治和抢救水平，是国家卫计委的要求，也是解决群众“看病难”和大医院人满为患的迫切需要。

二、心脏中心的组成

心脏中心由下列科室组成：

(1) 临床科室：心血管内科，心血管外科（包括麻醉科）。

(2) 功能检查科：心脏超声、心电图、心血管临床检验、运动试验（活动平板、踏车等）。

(3) 导管室：心血管造影、介入诊断及治疗、电生理检查等。

(4) 放射影像科。

(5) CCU 及 ICU。

(6) 根据临床及科研的需要，建立冠心病、高血压、电生理、心力衰竭及流行病学等专业研究学组（室）。

(7) 护理团队。

三、心脏中心的组织领导

滨州医学院党委、烟台附属医院党委及院行政领导的正确领导和大力支持，是心脏中心筹建和正式成立的关键，是持续发展的根本保证。

心脏中心设主任一名，副主任数名，共同主持心脏中心的各项工作。各专业科室及学组均设负责人，领导日常工作。病房设护士长负责护理工作。

为了使心脏中心不断开拓创新、锐意进取，人才素质和专业水平逐渐提高，为我国医疗卫生事业和心血管病诊治、预防及康复做出积极贡献，除心脏中心人员艰苦奋斗、顽强拼搏、刻苦学习和努力工作外，还必须有著名心血管病专家的精心指导和热情帮助。因此，我推荐学术造诣深，医学成就卓著的著名心血管病专家：高润霖、胡大一、李广平、张麟 4 位教授为心脏中心顾问，4 位专家都有创建和领导心血管病研究所及心脏中心的丰富经验，都是博士研究生导师，高润霖教授是中国工程院院士，胡大一教授是国际欧亚科学院院士和国家重点学科负责人，4 位教授的业绩详见其简历。

四、今后展望及设想

以上是根据我国当前发病率及死亡率的权威统计数据和急危重症的病种分析，结合山东及胶东半岛的实际情况，以及烟台附属医院肩负的使命和防治疾病的重任，提出成立心脏中心的建议，强调心血管内外科及各医技科室资源和技术的整合，以期尽快提高烟台附属医院心血管病的诊治、预防和康复水平，满足广大群众的迫切需要。以上建议吸取和借鉴了上述4位顾问的宝贵经验，尤其是胡大一教授与他的团队，在20年前创建的首都医科大学附属朝阳医院心脏中心，以后又指导全国近百家医院成立心脏中心，实践充分证明，心脏中心模式是十分成功的，他们的经验是十分宝贵的。

时代在发展，医学模式在创新。当前国内外医学界已达成共识，一致认为医学整合是大势所趋，是患者利益最大化的体现，是我们医疗改革的方向。

所谓医学整合，它的主要内容和举措有以下几点：①将各级医疗机构（一级、二级、三级医院及社区医疗单位等）有机、有效统筹，建立心血管疾病预防、诊治、康复一条龙综合服务体系，实现医院—社区—家庭无缝隙链接；②倡导团队医疗服务理念，加强医患沟通，实现共同决策；③心血管病患者康复的5大处方：药物、心理、营养、运动、戒烟，这些措施必须综合同步实施。

近期目标是积极创造条件，争取在较短时间内正式成立心脏中心。远期目标是在条件和时机成熟时，成立烟台心血管病研究所，在心血管病领域的重大课题研究上有所突破，力争成为东亚沿海心脏研究中心，在国内外有较高知名度，为心血管病的防治做出更大贡献。

由于个人水平所限，以上建议不当之处，在所难免，敬请指正。所提建议仅供参考。

几点说明：

（1）所邀请的心脏中心顾问，须预先征得本人同意；

（2）由于我年事已高，听力明显降低，正如以前表示过的，不能担任烟台附属医院的任何职务；

（3）关于医学整合的论述，请参阅2011年国外出版畅销全球200万册的权威性专著《医学整合》（也称《再造医学》）。

滨州医学院内科学教授、主任医师

张子彬

2014年6月16日

为学校举荐人才

关于聘请国际著名医学专家郑宗锷博士兼任烟台附院名誉院长建议的请示报告

离退休工作处并请转呈校党委：

郑宗锷博士是国际著名医学专家，是美国乔治·华盛顿大学医学院内科学教授，美籍华裔学者。1992 年 9 月 30 日应卫生部和中华医学会邀请第 10 次来华访问，到北京、山东、上海及广州讲学并接受各地名誉职务的聘请。我受中华医学会的委托担任山东的联系人，及时向我院领导汇报，提前做好接待郑教授的各项准备工作。郑教授于 10 月 5 日到达我院，10 月 6 日上午我院举行隆重的欢迎仪式，原党委书记江连仲同志等各位院领导出席，致欢迎词，并向郑教授颁发证书，聘请他为滨州医学院名誉教授及附属医院名誉院长，郑教授致答词，表示感谢。随后郑教授作了数次学术报告及答疑，介绍国际最新进展，内容丰富、观点新颖，使与会的省内外代表深受教益，同时也扩大了我院的影响，郑教授的访问取得了圆满成功，为以后中美学者的交流与合作奠定了良好基础。

回顾近 20 年来，我院内科教研室与郑教授保持密切联系，经常进行学术交流及卓有成效地合作，主要有以下几方面：①合写医学专著 4 部：《充血性心力衰竭》《现代心脏内科学》《心血管遗传病学》《充血性心力衰竭学》，郑教授均为美方主编；②合写论文在中美杂志发表；③共同创建中国心力衰竭协会，召开全国心力衰竭学术交流会 8 次，该协会会址设在滨州医学院（1991—2003 年），郑教授任名誉主任委员，张子彬教授任主任委员，张文博教授任顾问；④郑教授经常将新发表的论文及出版的专著寄给我院，我们将他介绍的新观点、新技术用于临床医疗及教学，促进了我院的工作；⑤组织及指导多中心临床试验研究；⑥郑教授与我院合写的代表性专著《充血性心力衰竭》及《充血性心力衰竭学》（国家出版基金资助出版），参加华盛顿的书展，或赠送美国著名的心脏病专家，并在他发表的论文中予以介绍，在学术交流的同时也扩大了我院在国际上的影响。

郑教授学术造诣极深，医学成就卓著，发表论文1300余篇，主编专著13部，《国际心脏病学》为其代表作，成为世界医学名著。自1972年起多次回国讲学，进行学术交流。最先在广州为我国做了第一例冠状动脉造影术，此后在北京、上海做了多例。他被多所国内院校及研究所聘请任名誉职务。由于他的杰出成就和突出贡献，被英、法、德、意、澳等十几个国家的著名大学聘请为名誉教授。他与陈香美女士共同筹资在上海于20世纪90年代建立一所医院，以回报祖国的养育之恩。由于郑教授对促进中美学术交流及祖国医疗卫生事业的发展做出了突出贡献，曾受到江泽民、朱镕基、李鹏等党和国家领导人接见。

郑教授多次访问中国，到各地讲学，指导新技术的开展，担任名誉职务，或与国内学者合写论著，但均不收取任何报酬，这种无私奉献的精神和一颗海外赤子之心是特别值得赞扬的。2010年夏天他应邀来上海参加国际学术会，他身体硬朗、思维敏捷、侃侃而谈，给与会代表留下深刻印象。

目前，烟台附属医院的建设正在全面展开，为将该院建成一所高水平的综合性医院，为使我校成为知名医科大学，不断吸取国外先进经验，加强国际学术交流，争取国际著名医学专家的指导，特建议聘请郑宗锷教授兼任我校烟台附属医院名誉院长。以上建议当否请批示。（如需要我当面详细汇报，请电话通知，电话：86663）。

内科学教研室　张子彬

2011年3月3日

张子彬教授给刘树琪书记、王滨院长及李文喜副书记的荐才信

您好！工作一定很忙吧！

我于去年为庆祝教师节写的“对烟台附属医院建设的几点建议”，今年5月响应党委的号召，参加了“献一策”活动，被评为三等奖，这是校领导对我的鼓励，对我所提“建议”的认可，借来信之际表示衷心谢意！

我虽已退休，但仍十分关心学校的发展，把自己的命运与滨医的发展联系在一起，以“滨医兴为荣、滨医衰为耻”，2012年9月10日写成的上述“几点建议”，就是我关心学校发展的一次具体行动。

最近，我仔细拜读了您在人才建设工作会议上的重要讲话及实施意见，深受鼓舞和启发。这次会议十分重要，也非常及时，是校党委站在医学教育的前沿，高瞻远瞩，使滨医持续发展的战略部署，是今后一个时期学校发展的指导思想，是解决制约滨医发展瓶颈的重大举措。狠抓人才建设，取得实际成效，就抢占了医学教育领域激烈竞争的制高点，就会永远立于不败之地。

我是一名滨医的老教师、老大夫、老党员，亲历学校自1970年搬迁北镇办学，至今43年的沧桑巨变，对滨医有深厚感情，为学校的发展奉献微薄之力，是我义不容辞的义务。有鉴于此，向校领导做出如下汇报，提出几点建议，以实际行动贯彻落实人才工作会议的精神。

1. 往事回顾

(1) 20世纪90年代，我校一批学科带头人及业务骨干先后离开学校，人才的流失使我十分不安，我与时任校党委书记贾玉忱同志长谈近1小时，提出如何加强师资队伍建设，改善教师工作及生活条件，留住人才。总之是围绕人才工作，提出一些建议，可惜是列提纲口头汇报，未写成书面报告。

(2) 1997年我已60岁，按国家规定办理了退休手续，学校及附属医院返聘我继续工作，我欣然接受，对南方数家医院的高薪聘请，我毅然谢绝。在学校举行的“老人节”座谈会上，我在发言中表示衷心感谢党委多年来对我的培养和关怀，在工作中取得的成绩应归功于党组织，这也与科室同志们的大力支持分不开的。在发言中我特别提及，我院引进人才是必要的，但千方百计创造工作和生活条件，留住人才，是更现实的问题，人才流失已引起全院职工的极大关切，这是一个值得深思和应尽快妥善解决的大事，深信校领导会采取有效措施，使滨医人才济济，事业兴旺，共创美好明天。详见1997年11月1日院报第三版“老人节感言”。

(3) 山东省老教育工作者协会三届四次年会于2001年5月8日在潍坊召开，滨医老教协会推荐我出席会议并作大会发言，发言稿以我在学校老人节座谈会发言为基础撰写，学校老教协对发言稿进行审定并加了一个“按语”。经省老教协会推荐，发言稿在《现代教育导报》2001年6月6日第3版发表。

20世纪90年代末，南方数家医院来信来电以年薪10万元（还可视效绩酌增），配送住房一套，以学科带头人名义（大内科主任兼心内科主任）引进，在当时可谓待遇优厚，极具吸引力。但考虑到当时学校面临人才流失，师资短缺局面，母校培养我40多年，给了我许多荣誉（享受国务院政府特殊津贴、省卫生厅专业技术拔尖人才、优秀教师等），在学校发展遇到困难的时候，我作为一名老党员，应与学校风雨同舟，同命运，共呼吸，服从学校的工作需要。我毅然谢绝省内外多家医院聘请，把余热奉献给母校，以实际行动支持学校留住人才，稳定教师队伍。我的上述在两个会议上的“发言”，是一种郑重的承诺和宣示，向在校教职工传递一个积极的信号，产生稳定人才队伍的正面影响。事实证明，我当时的抉择是正确的，2003年7月我被评为滨州医学院优秀共产党员，这是我毕生最重要、最珍视的荣誉。

(4) 作为一名工作40余年的临床教师和医务工作者，对附属医院及临床教学医院的建设与发展尤为关注，2012年7月利用在烟台生活区小住机会，专程到建设中的烟台附属医院去实地观察，返回后经反复思考，写出一份4100多字对烟台附属医院建设的几点建议，提出18条建议供院领导参考，其中以主要篇幅详细说明人才梯队的建设和医疗质量提高的各种建议，强调人才的引进、培养和留住，概括为“引得进，用得上，留得住”。这些建议受到各级领导的认可和重视，并在学校2013年5月“献一策”活动中获奖。

2. 几点建议

通过对学校7月召开人才队伍建设工作会议文件的初步学习，使我提高了认识，明确了方向和任务。为了更好地贯彻落实会议精神，我有几点不成熟的建议，提供给校领导参考。

（1）在引进人才时，需介绍我校的各方面情况及背景资料，急需一本图文并茂的学校简介，或称宣传手册，使引进工作取得更好效果，该手册应把我校的长项、强项等内容详细介绍，配以精美图片，一目了然，形象生动，尤其要把“天时、地利、人和”的特色全面阐述。宣传部及院报编辑部有丰富资料，尽快编印应无困难，以应急需。

（2）明确主管部门，建议设“人才引进办公室”，编制系统的引进人才流程，明确引进人才资格、学历、学术水平和成就、审核或考试、录用后的待遇等，公布办公室的联系方式（办公位置、电话、传真、网址、电子信箱），以便联系。

（3）根据会议中的领导讲话及实施意见，建议制订更具体，便于操作、检查和督促的文件，以便于全院教职医护员工执行。

3. 引进人才

这次人才工作会议十分重要，十分及时。今后重在行动，重在落实，从我做起。我向校党委推荐以下 3 位人才，分别担任相关职位，请校领导批示。

（1）推荐国际著名医学专家，美国乔治·华盛顿大学医学院郑宗锷教授兼任烟台附属医院名誉院长的请示报告。现仅呈请示报告复印件，因附件内容较多，请阅原件，已由离退休工作处送人事处。

（2）推荐中国工程院院士，著名医学专家复旦大学医学院内科教授陈灏珠教授任滨州医学院名誉教授及烟台附属医院名誉院长，请示报告及附件另外行文送呈。

（3）推荐著名心血管病专家、医学博士 / 博士后（美国）、天津医科大学第二医院博士生导师、天津市心脏病学研究所所长李广平教授任特聘教授，请示报告及附件另行文送呈。

在以上推荐的专家人选中，有两位是名誉职务，充分利用他们在医学界的巨大影响，发挥名人效应，扩大我校的影响面，同时也可通过讲学等措施，指导工作。另外，可通过提供人才信息，协助引进高端人才。李广平教授是著名留学美国回国的中年专家，除讲学、查房、科研等方面具体指导外，还可帮助引进国内外人才，故建议聘请为特聘教授。

以上报告当否请批示。

此致

敬礼!

滨州医学院内科教授、主任医师
张子彬
2013 年 8 月 3 日

图 2-3-1　滨州医学院聘请胡大一教授为特聘教授

左起：张子彬、刘树琪书记、胡大一、张培功副院长、吕长俊副院长

2014 年 6 月 19 日 · 滨医烟台校区

刘树琪书记对张子彬教授荐才信的批示

文件处理单

密级	

编号：3　　　　　　　　　　　　　　　　　　　　收文日期：2013 年 9 月 4 日

<table>
<tr><td>来文
机关</td><td>人事处</td><td>文号</td><td>滨医人字 [2013] 108 号</td><td>等级</td><td></td><td>份数</td><td>1</td></tr>
<tr><td>文件
标题</td><td colspan="7">关于离退休工作处有关问题办理情况的报告</td></tr>
<tr><td colspan="8">拟办意见：请刘书记、王院长、李书记阅示，
校办公室负责督导落实领导意见。

赵景刚（签字）　6/9</td></tr>
<tr><td colspan="8">领导批示：
同意。离退休工作处主动作为，充分发动、发挥离退休同志的作用，为学校发展荐举贤才，献计献策，尤其是张子彬教授的高度责任感，让我们感动。请总结推广离退休工作处的经验，表彰张教授等同志。</td></tr>
<tr><td>签名
日月</td><td colspan="7">刘树琪（签字）　11/9</td></tr>
<tr><td colspan="8">处理情况：</td></tr>
</table>

（注：本件为复制电子版，详见原件。）

滨州医学院办公室

张子彬教授给烟台附院孙祥军书记的信

尊敬的孙祥军书记：

您好！工作一定很忙吧！身体可好！

我虽已退休，但仍十分关心学校的发展，尤其对烟台附属医院的建设更加关注。去年7月我特地到烟台附属医院的建设工地详细观察，返回后写出“对烟台附院建设的几点建议”，共18条建议，这是我关心附院建设和今后发展的实际行动。此“建议”托孙经武副院长转交给您，党委对“18条建议”十分重视，进行了认真研究，并给我写了一封回信，据孙副院长电话告诉我，因党委尚未刻制图章，待以后盖章后再寄给我。我虽未见信件，但党委的重视和对建议的认可，已使我深受感动，待以后拜读回信后，定会受到更大鼓舞和激励！借来信之际向您表示衷心感谢！

今年5月，校党委组织开展了一次“我为学校发展献一策活动”，离退休工作处向我们传达文件，要求我们积极参加此项活动。当我向处长谈到去年9—10月写出的“18条建议”时，处长认为此内容完全符合党委下发文件的精神，可以送学校参加此项活动。我进一步说明，此“18条”早已送烟台附院党委，并复函表示认可和支持，要再送学校，应征得附院党委的认可和支持为妥，于是我给孙经武副院长打电话，但在两天内数次电话均未接通，可能他工作甚忙之故，由于“献一策”活动有截止日期的限制，只好将“建议”送处领导统一上报学校，处长认为学校的“献一策”及给附院的“建议”，目标是完全一致的，没有什么不妥之处。经学校评选，我的“18条建议”获得“三等奖”，是离退休职工获奖人员中奖级最高的，这是对我的极大鼓励，如果没有您及孙副院长的大力支持（尤其在我准备写“建议”前，征求孙副院长的意见，他积极鼓励和支持），“18条建议”是难以写成的，故再次向二位致以诚挚的谢意！以上汇报说明相关情况，不妥之处，敬请见谅。

回顾我写的“18条建议”，4000余字，内容显得烦琐冗长，涉及医院诸多方面，正如文中所叙，许多重要方面可能党委已有全面规划，实施了具体措施加以解决，或正在解决，但出于对附院建设的关心，凡我想到的认为重要的问题，都尽量提出建议，包括一些不成熟的设想，旨在向党委提出一些可供选择的意见和意向，请党委参考，借来信之处再次说明。如上所述，建议虽多，但重点在“人才梯队建设和医疗质量的不断提高”方面，强调“医院要发展，人才是关键”“人才问题是制约医院发展的瓶颈”，提出“引进人才，培养人才，留住人才”的重要性及具体措施，可概括为“引得进，用得上，留得住”等。最近我反复学习了校党委7月召开的人才与师资队伍建设工作会议文件，使我深受鼓舞和启发，校党委把人才队伍建设提到学校发展的战略支点高度来认识，号召全校师生医护员工积极提供信息，举荐人才。我在去年写的“建议”中也明确提出发动各位专家及相关人员（主要指医护员工等）提供信息，共同努力，引进医院急需的人才。我的设想和建议，也完全符合学校人才队伍建设工作会议的精神。刘树琪书记在会上讲：“滨医来烟台10多年了，还没有真正被老百姓所认可和接纳，很重要的一个原因是没有一所有影响力的附属医院。烟台附院明年三四月就可运营使用，需要一大批医疗人才，特别需要名医。如果不大规模吸纳人才，要想成为烟台乃至胶东半岛的医学中心，是绝对不可能的”。这些讲话“一语中的”，深刻地提出了附院发展的关键和要害问题。我作为一名老党员、老医生、老教师，一方面要积极响应党委号召，投入到人才建设工作中来；另一方面也要以实际行动落实我提出的“18条建议”，倡议别人做到的，首先要以身作则、身体力行，从自身做起、从现在做起。为此，我提出以下几点具体行动和建议，向党委汇报，供领导参考。

（1）推荐著名专家，引进急需人才。

最近我写出3份请示报告，推荐3位国内外著名专家、名医，建议聘为相关职务。请示报告及专家简介已请离退休工作处送呈校党委及主管部门，可能不久会批转到附院。因我已退休，属离退休工作处部门，故按组织程序隶属关系送呈报告为妥。3位专家的具体情况详见报告及附件，还有这次我给党委的信，此不赘述。为便于领导了解郑宗锷教授业绩，特总结归纳为12条，一目了然。另外有李广平教授去年年底应邀来滨医附院讲学资料照片，作为附件一并附上，是对请示报告的补充。若需我当面详细汇报，请电话告知。

(2) 注重全面发展，培育重点学科。

省属三级医院应是综合性高水平大型医院，不仅各学科齐全，而且要全面发展，诊疗水平较高，才能成为医学中心，更好地为广大群众服务，赢得好的口碑，有好的声誉。但是，代表一所医院的知名度和在省内的水平，乃至在全国的影响，还必须有重点学科，拔尖人才，领军人物，总之要有名医。为此，要有计划地引进重点学科带头人，配置好人才梯队，以及各种设备等硬件。

目前，据医学报道和国家统计资料，死亡率占前3位的是：呼吸道疾病、心脑血管病及肿瘤（癌症）。因此，建议将心胸外科、心内科、神经内外科及肿瘤科，培育成重点学科，在引进人才及购置仪器设备上予以重点考虑。当然，其他学科的带头人及业务技术骨干，同样要千方百计地引进来，不可忽视。滨医院报5月4日报道心血管病学术团队的引进，是一个很好的模式，其他学科如能引进类似团队，无疑会十分有利于烟台附院的快速发展。

(3) 加快图书馆（室）的建设。

为业务技术人员开展工作，提高医疗、教学及科研水平，创建良好的环境和氛围，均十分重要。但为第一线服务的种种书刊资料，在短时期内难以配置齐全，因而，我曾倡议退休的专家学者向附院捐赠书刊资料。为此，我从自己做起，整理了一部分权威性、实用性较高的国内外书刊，内容虽不十分新颖，但对青年医师会有较大帮助，书刊内的经典部分是青年医务人员在巩固基础理论和苦练基本功方面不可或缺的。

以上不成熟设想和建议，仅供您参考，不当之处请指正。

此致

敬礼！

张子彬　敬上

2013年8月22日

张子彬教授请国内知名教授为滨医推荐人才的信函

尊敬的　　　教授：

您好！久未通信联系，念念！您一切都好吧！

我因听力明显降低，再加夫人患病（重型类风关），在2003年召开的第七届心力衰竭协会全委会上，请求辞去主任委员一职，尽管许多资深委员一再挽留，但考虑到我的实际困难，最后全委会同意了我的请求，并根据协会“会章”第九条授予我协会名誉主任委员称号，借来信之际衷心感谢您多年来给予我的大力支持和热情帮助！

我虽然不在第一线了，但仍十分关心协会的发展，发挥余热，为协会奉献微薄之力。在第九届全委会上，李广平教授当选新一届主任委员，我写信祝贺，并寄赠协会代表作《充血性心力衰竭学》一书，同时提出修订再版的建议；当李教授提出要编写协会《史志》，让我提供协会发展史的资料时，在短短2个月的内便完成了这一任务，将各种协会的原始资料整理出来，供协会编写《史志》之用。

由于同样的原因（听力降低等），我在我们本单位也不参加医疗第一线的工作了，但仍十分关心学校及附属医院的发展，并在今年5月滨州医学院组织的“我为学校科学发展献一策活动”中获奖。今年7月我校党委召开了人才及师资队伍建设工作会议，号召全校教职医护员工积极行动起来，向学校提供人才信息，推荐引进人才，以促进学校及附院的科学发展，为把我校建成国内知名的医科大学而努力奋斗，本次来信拜托您帮助我院引进人才，对此不胜感谢！

借来信之际，对我校概况向您做一简要介绍。我校下设滨州及烟台两个校区，前者在黄河三角洲，后者在沿海故称“蓝黄两校区”，现有在校全日制本科生15 800余人，有临床学院、中西医结合学院、护理学院等11个二级学院（系），大多数在烟台校区。于十几年前新建的烟台校区占地面积1500余亩，地处沿海城市，交通方便，气候宜人，经济发达，有利于办学和快速发展，详见附件“滨州医学院概况”。

经过3年多的建设，现已建成烟台附属医院。滨医现有滨州、烟台两个直属的附属医院，13个非直属的附院，138个教学及实践医院，新落成的烟台附院明年春季将投入使用，占地面积近400亩，开放床位1600张，目前正在安装设备、配置及培训各科人才队伍。新建的烟台附院距海岸仅几百米，乘车十几分钟即到达国家4A级旅游风景区“养马岛”，秦始皇东巡时在此养过马，故得此名。烟台环境优美，生态环境极好，当北方有的城市$PM_{2.5}$是400的时候，烟台$PM_{2.5}$是25，而且生活成本（住房等）也不高。

烟台附院是新建单位，为省直属三级医院，现已有医、护、技术人员500余人，为了完成繁重的医、教、研、康复等各项任务，还需引进大批高级人才，如博士研究生、各科室的专业技术骨干和学科带头人，特别是副高职称以上的专家更为需要。您不仅学术造诣极深，医学成就卓著，而且桃李满天下，培养了一大批高级专业技术人才，为了帮助和支持我校特别是附属医院的发展，特来信拜托您向我院推荐各学科人才，如蒙惠允，不胜感激！如有合适人选，请寄他（她）的个人简历（包括联系方式及信息），以便我向领导推荐引进人才。

欢迎您有时间和方便时来我校及附院光临指导，顺便到沿海城市烟台观光，这里景点甚多，也是避暑度假胜地。

话长纸短，余言后叙，敬盼回音。敬祝工作顺利，身体健康，万事如意！

挚友张子彬　拜上

2013年9月26日

关于推荐李广平教授的请示报告

中共滨州医学院党委：

为了及时贯彻落实学校最近召开的关于人才建设工作会议精神，早日实现滨州医学院成为国内知名医科大学的梦想，特推荐著名医学专家、留美博士/博士后、天津医科大学第二医院博士生导师、天津心脏病学研究所所长李广平教授任滨州医学院客座教授。

李广平教授医学成就卓著，担任多项国家及天津市的学术和学位职务，其详细情况参见李广平简历。在美国留学多年，学成回国后曾任天津医科大学第二医院副院长、副书记，现任党委书记。他是国家重点学科带头人及领军者。

以上报告当否请批示。

简历（略）

滨州医学院内科学教授、主任医师　张子彬

2013 年 8 月 3 日

关于推荐胡大一教授的请示报告

中共滨州医学院党委、院领导并人事处及烟台附院党委：

为贯彻落实今年 7 月召开的人才与师资队伍建设工作会议精神，早日实现滨州医学院成为国内知名医科大学的梦想，特推荐著名心血管病专家、医学教育家、同济大学医学院院长、北京大学人民医院博士生导师、中华医学会心血管病分会主任委员胡大一教授任滨州医学院特聘教授。

胡大一教授学术造诣极深，医学成就卓著，对医学教育有突出贡献，享受国务院政府专家津贴，其业绩见简历（见附件 1）。当我去信请他向我院推荐专家人才时，他复函表示："一定努力推荐"，并就来我院讲学、联合培养研究生等工作提出积极建议（见附件 2）。为使我院得到著名医学专家的大力支持和指导，特呈送本报告，并建议与胡大一教授早日会商长期合作事宜。

以上报告，当否请批示

简历（略）

滨州医学院内科学教授、主任医师　张子彬

2013 年 12 月 10 日

关于推荐陈灏珠院士的请示报告

中共滨州医学院党委：

为了及时贯彻落实学校最近召开的关于人才建设工作会议精神，早日实现滨州医学院成为国内知名医科大学的梦想，特推荐著名医学专家、中国工程院院士、中国内科学及心血管病学奠基人之一、复旦大学上海医学院附属中山医院内科教授、博士生导师、上海心血管病研究所所长陈灏珠教授任滨州医学院名誉教授及烟台附属医院名誉院长。

陈灏珠教授医学成就卓著，学术造诣极深，是德高望重的老前辈，担任世界卫生组织心血管病研究和培训合作中心主任、卫生部学位委员会委员等多项职务，对我国教育及医疗卫生事业有突出贡献，详见陈教授简介。

以上报告当否请批示。

简历（略）

滨州医学院内科学教授、主任医师　张子彬

2013 年 8 月 3 日

关于推荐张麟教授的请示报告

中共滨州医学院党委、院领导并人事处及烟台附院党委：

为贯彻落实今年 7 月召开的人才与师资队伍建设工作会议精神，早日实现滨州医学院成为国内知名医科大学的梦想，特推荐著名心血管病专家、医学教育家、首都医科大学优秀博士生导师、附属朝阳医院心脏中心张麟教授任滨州医学院客座教授。

张麟教授学术造诣极深，医学成就卓著，作为课题负责人，先后主持国家自然科学基金项目、国家 863 课题子课题项目等 12 项，科研论文发表在国内外著名杂志，被 SCI 收录 23 篇，多次被邀请在国际学术会上发言交流，其中 5 次在美国心脏病学年会（AHA）大会发言。多次获得科研成果、科技进步奖及国家发明专利。担任国家级多种学术团体的职务。因培养研究生取得突出成绩而荣获优秀博士生导师称号。

以上报告当否请批示。

简历（略）

滨州医学院内科学教授、主任医师　张子彬

2013 年 12 月 27 日

关于推荐陶国枢教授的请示报告

中共滨州医学院党委、院领导并人事处及烟台附院党委：

为贯彻落实今年7月召开的人才与师资队伍建设工作会议精神，早日实现滨州医学院成为国内知名医科大学的梦想，特推荐著名老年医学专家、解放军总医院老年医学研究所顾问（原所长）、中华医学会老年医学分会副主任委员、北京老年医学专业委员会主任委员陶国枢主任医师任滨州医学院特聘教授。

陶国枢主任老年医学成就卓著，是我国老年医学的奠基人之一，从事老年医学事业53年，发表论文110余篇，主编专著20余部，获国家及军队科技进步奖多项。陶主任是中央保健委员会专家，多次立功受奖。创办国家级"中华保健医学杂志"，并任主编。从1992年起享受国务院政府特殊津贴。

以上报告，当否请批示

简历（略）

滨州医学院内科学教授、主任医师　张子彬

2013年12月14日

关于推荐高润霖院士的请示报告

中共滨州医学院党委、院领导并人事处及烟台附院党委：

为贯彻落实2013年7月召开的人才与师资队伍建设工作会议精神，早日实现滨州医学院成为国内知名医科大学的梦想，特推荐中国工程院院士、中国医学科学院阜外心血管病医院原院长、博士生导师高润霖院士任滨州医学院客座教授。

高润霖院士医学成就卓著，学术造诣极深，对我国医疗卫生及医学教育事业有突出贡献，详见高院士简介。

以上报告当否请批示。

简历（略）

滨州医学院内科学教授、主任医师　张子彬

2014年1月5日

滨州医学院给张子彬教授的回信

滨 州 医 学 院

滨州医学院给张子彬教授的回信

尊敬的张子彬教授:

您好!

《张子彬教授为烟台附院举荐人才相关资料汇编》收悉，我们被您心系学校、与滨医同呼吸共命运的大局胸怀，老有所为、无私奉献的献身精神，与时俱进、敢为人先的担当意识，深入调研、严谨细致的工作作风深深感动。感谢您以慧心才智提出的宝贵建议，感谢您为学校事业发展所作的辛勤努力，感谢您为烟台附属医院举荐的高层次、高水平人才。

近年来，尤其是去年以来，学校在深入调查、反复研判的基础上，经过广泛征求意见和建议，确立了“一个战略目标、一体两翼战略布局和五个战略支点”的办学定位和发展思路，并以此为指引，推进了各项事业又好又快发展。这离不开象您这样的老同志、老领导的默默支持和无私奉献，离不开您们呕心沥血的辛勤工作，更离不开您们具有远见卓识的宝贵建议。我们一定会把您艰苦奋斗的精神、不怕困难的毅力、高度负责的态度、一丝不苟的作风和与时俱进的品格继承下来、传承下去并发扬广大，使学校和附院事业实现更好更快的发展!

我们衷心希望您保重身体，同时也希望您能够一如继往地关心支持学校和附院的建设和发展。

1

衷心祝您身体康健，生活舒心，心情愉快，阖家幸福！

此致

敬礼！

滨州医学院

2014年9月1[illegible]

图 2-3-2　滨州医学院聘请陶国枢教授为特聘教授

左起：郝玉玲副院长、张子彬教授、陶国枢教授、张培功副院长、张玉龙处长、张建民书记、牟新博科长

2014年10月23日·滨医烟台校区

图 2-3-3　刘树琪书记会见胡大一教授，滨州医学院有关领导及张子彬教授在座

右起：刘树琪、胡大一、张子彬

2014 年 6 月 19 日 · 滨医烟台校区

图 2-3-4　在附院及学校领导陪同下胡大一教授参观医学院烟台附属医院，在门诊楼大厅合影留念

左起：第 2 位孙书勤副院长、翟新处长、杨军院长、胡大一教授、张子彬教授、孙祥军书记、孙经武副院长

2014 年 6 月 19 日 · 滨医烟台附院

图 2-3-5　在滨医及烟台附院有关领导的陪同下，陶教授参观了新建的烟台附属医院，并在院前广 场合影留念

右起：牟新博、郝玉玲、陶国枢、张子彬、张德海

2014 年 10 月 24 日 · 滨医烟台附院

图 2-3-6　胡大一教授作了精彩的学术报告，受到热烈欢迎，烟台附院杨军院长主持报告会

左起：胡大一、杨军

2014 年 6 月 19 日 · 滨医烟台校区

张子彬教授给滨州医学院人才工作领导小组及附属医院各位领导的工作总结报告（摘要）

尊敬的滨州医学院及附属医院各位领导：

您好！

2013 年 7 月，学校召开了第一次人才及师资队伍建设工作会议，我作为一名老教师、老党员，积极响应校党委的号召，关心学校及附院的建设和发展，利用中国心力衰竭学会及心力衰竭编委会的人才资源优势，先后向学校推荐 7 位高层次国内外人才，取得了一定成效，现简要汇报如下。

1. 向学校推荐的人才基本情况

(1) 陈灏珠教授：中国工程院院士，著名资深心血管病专家，中国近代内科学及心血管病学奠基人之一，是德高望重成就卓著的老前辈，上海复旦大学医学院附属中山医院内科学教授，博士生导师，上海市心血管病研究所所长，中国心力衰竭学会名誉主任委员及顾问委员会主任委员等多种学术职务。

（2）美国乔治·华盛顿大学医学院郑宗锷教授：国际著名医学专家，医学成就卓著，发表论文1500余篇，主编医学专著近20部，以《国际心脏病学》为其代表作，是国际著名权威专家。应邀任英、法、德、澳、西班牙、意大利等十几个国家著名大学的名誉教授等职务。因其为中美医学交流做出了巨大贡献，曾多次受到中国党和国家领导人江泽民、朱镕基、李鹏等接见。1992年应邀访问滨州医学院，应邀任名誉教授及附院名誉院长。兼任中国心力衰竭学会名誉主任委员及心力衰竭编委会第二主编。

（3）高润霖教授：中国工程院院士，著名资深心血管病专家，历任中国医学科学院心血管病研究所所长、阜外心血管病医院院长，该院学术委员会主任、博士生导师、首席专家、欧洲心脏病学会专家委员、美国心血管介入学会专家会员、中华医学杂志总编辑，是我国介入心脏病学的先驱者之一，医学成就卓著发表论文500余篇，获国家科技进步奖3项、中华医学科技进步奖二等奖3项、卫生部科技进步三等奖2项。

（4）胡大一教授：国际欧亚科学院院士，著名资深心血管病专家，北京大学人民医院心血管病研究所所长、内科学教授、博士生导师，第八届中华医学会心血管病学分会主任委员，国家突出贡献专家，享受政府专家津贴，国家重点学科负责人，医学成就卓著，获国家科技进步奖7项、卫生部科技进步奖6项、省部级20项。医学教育家，培养博士、博士后及硕士研究生150余名。

（5）陶国枢教授：著名老年医学专家，是我国老年医学的奠基人之一，从事老年医学工作54年，医学成就卓著，发表论文110余篇，主编专著20余部，获国家及军队科技进步奖多项，自1992年起享受国务院政府特殊津贴。历任解放军总医院老年医学研究所所长及顾问、中华医学会老年医学分会副主任委员、北京老年医学专业委员会主任委员等职，中央保健委员会专家，多次立功受奖。

（6）李广平教授：著名心血管病学专家、美国留学海归专家、内科学教授、博士生导师、天津心脏病学研究所所长、天津医科大学第二附院党委书记、心内科主任。任国务院学位委员会第六届学科评议组成员、中华医学会心电生理与起搏分会常务委员、中国心力衰竭学会主任委员等多种学术团体职务。医学成就卓著，获省部科技进步 5 项，发表论文 200 余篇，出版医学专著 30 余部。

（7）张麟教授：内科学教授，博士生导师，著名心血管病学专家，首都医科大学附属北京朝阳医院心脏中心专家组成员，卫生部中国高血压治疗指南学术委员会委员、中国心力衰竭学会常务委员、中国高血压联盟理事等多种学术职务。荣获首都医科大学优秀博士生导师、北京市巾帼劳动奖章、首都医科大学吴阶平优秀教师奖等多种荣誉称号，获省部级科技进步一等奖 1 项、三等奖 2 项、国家发明专利 2 项。医学成就卓著，在国内外发表论文 100 余篇，为 SCI 收录 23 篇。

在推荐的高层次人才中，有中国工程院院士 2 人，国际欧亚科学院院士 1 人，京、津、沪 3 市的心血管病研究所所长 4 人，中华心血管病学会第七、第八届主任委员；年龄梯队结构呈老、中、青结合（老年＞ 75 岁，中年 65 ～ 75 岁，青年 55 ～ 65 岁）；专业结构为心血管病学及老年医学著名专家；既有国内著名顶尖级专家，又有国际著名权威专家。

2. 受推荐专家的聘任情况

对上述受推荐专家，经多次用各种途径和形式向学校及附属医院推荐及详细介绍，自 2013 年 7 月—2015 年 6 月，写给领导的“建议”“请示报告”“工作总结”“专家介绍资料”及与专家的信件往来计 50 余件，十几万字，为让领导查阅专家资料提供方便，于 2014 年 9 月编辑印出《张子彬教授为烟台附院举荐人才相关资料汇编》呈送学校及附属医院领导。

经学校及附院领导，与主管部门的多次研究和沟通，在受推荐专家中，有的已被学校聘请为特聘教授，有的根据学校及附院发展和工作需要时聘用，属高层次待聘储备人才；有的因年龄和健康原因暂未聘用。

3. 举荐人才工作的几点体会

通过两年多来的工作，张子彬教授在为学校举荐人才及协助引进人才方面，取得了较好成绩，同时也有许多体会，主要有以下几点。

（1）认真学习，深刻领会学校第一次人才及师资队伍建设工作会议精神，这是做好人才引进工作的基础和可靠保证。

(2) 党委及有关部门（人事处、离退休工作处、宣传部等）领导的关怀、指导及大力支持与具体帮助，是引进人才工作顺利开展，并取得一定成效的关键。党委领导的批示，使张教授受到极大鼓舞，增加了做好工作的信心。

(3) 充分利用中国心力衰竭学会及《心力衰竭》编委会这两个平台，发挥桥梁和纽带作用，是做好引进人才工作的重要途径。所推荐的7位高层次人才，主要来自以上两个平台的重要领导人，其中有顾问、主任委员、名誉主任委员等著名专家。

(4) 在引进专家人才正式聘任前，举荐人要主动作为，做好桥梁工作；当引进的人才已正式聘任后，如何发挥引进专家的指导作用，此时接收单位应与应聘专家主动联系、充分沟通、主动作为，此点最为重要。因举荐人的任务已基本完成，不宜去主动过问，以免有越位之嫌。只有接收单位主动提出要求举荐人协助联系时，才可做一些力所能及的工作。

(5) 对受邀专家指导附院工作的各种形式，如查房、会诊疑难患者、远程会诊、电子邮件指导等设想，只有在正式聘任后方可实现，按签订的协议执行，对未能聘任的专家，谈以上的指导方式是不现实的。

退而不休献余热　夕阳更是别样红

——滨州医学院离退休老干部关心学校发展侧记

本报通讯员　吕海波　房甲

2013年8月3日，校党委书记刘树琪、院长王滨、党委副书记李文喜同时收到了离退休老同志张子彬教授一封饱含深情的荐才信，推荐国际著名医学专家郑宗锷教授、中国工程院陈灏珠院士、著名心血管病专家李广平教授担任我校名誉职务或特聘教授。离退休老同志退而不休、老有所为，关心支持学校事业发展的精神让我们感动。9 月 18 日，记者怀着崇敬的心情，来到了滨州校区，对离退休老干部和离退休工作处进行了采访。

一、退而不休，主动为学校举荐贤才

来到滨州校区后，记者在离退休老干部活动中心见到了张子彬教授，虽已 76 岁高龄，但精神矍铄、身体硬朗。得知我们的来意后，张教授高兴地和我们攀谈起来，详细介绍了他在滨医 40 多年的成长、工作、学习、进修的经历和退休之后专注医学研究，撰写专著等情况。从张教授的讲述中，我们能深切地感受到，老同志对党的培养的感恩、感激，对学校对事业的执着和热爱。

当问及他积极为学校举荐贤才的时候，张教授激动地说："今年 7 月，学校召开了人才队伍建设工作会议，我仔细拜读了刘书记的重要讲话和学校的实施意见，深受鼓舞和启发。这次会议十分重要、非常及时，是校党委站在医学教育前沿，高瞻远瞩，使滨医持续发展的战略部署，是解决制约滨医发展瓶颈的重大举措。狠抓人才建设，取得实际成效，就抢占了医学教育领域激烈竞争的制高点，就会永远立于不败之地。""我是一名滨医的老教师、老大夫、老党员，亲历学校自 1970 年搬迁北镇办学至今 43 年的沧桑巨变，对滨医有深厚感情，为学校发展奉献微薄之力，是我义不容辞的责任和义务。"

举贤荐才，张子彬教授只是其中的一个代表。学校召开人才建设工作会议后，离退休工作处高度重视。为落实好全校领导干部会议精神和人才建设工作会议精神，发挥离退休人员的资源优势，积极举荐和吸引国内外高层次人才，离退休工作处及时把会议精神传达给离退休老同志，并发动老同志主动作为。他们积极响应，一大批老干部纷纷推荐贤才人选，主动为学校事业发展贡献自己的余热。

二、老有所为，积极为学校献计献策

离退休老同志是学校发展的见证者、实践者和推动者，学校的发展凝聚着他们辛勤的付出和汗水，凝结着他们深厚的感情和智慧。他们以"滨医兴为荣、滨医衰为耻"，虽然已经退休，但依然十分关心学校事业的发展，积极通过书信、电话、座谈等多种形式，为学校献计献策。

今年5月，在“我为学校科学发展献一策”活动中，广大离退休老同志积极作为，主动建言献策20余条，如学校更名升格、老年医学专业、老年产业、烟台附属医院建设、青年教师培训、人才培养等，均事关学校长远发展。通过采访，我们了解到，为了提高自己建议的针对性和可行性，老同志们都做了认真的调查和深入的分析，经过深思熟虑后才提出的。在有关烟台附属医院建设的建议上，有些老同志冒着盛夏酷暑，专程从滨州校区赶到烟台，进行实地考察论证，了解情况。

党的群众路线教育实践活动开展以来，广大离退休老同志一方面加强自身的政治学习，吃透中央精神，另一方面积极宣讲滨医的优良传统和作风，为开展好教育实践活动建言献策。今年8月学校举办领导干部暑期工作研讨班，原校党委书记贾玉忱专程从滨州赶到烟台，结合自身工作经历和学校发展，为全校副处级以上党员干部宣讲滨医的历史、滨医的传统、滨医的精神和滨医发展历程中感人故事，深深感动、感染了在座的每一位同志。报告催人奋进、提神振气，让广大党员干部受了一次生动、深刻的滨医优良传统、优良作风教育。在9月召开的教育实践活动离退休老同志座谈会上，与会老领导、老同志本着对学校事业发展负责的态度，畅谈了对教育实践活动开展和学校发展的意见建议。贾玉忱等老领导带着对学校深厚的感情，希望学校把教育实践活动与学校的发展问题有机结合起来，紧紧围绕“一个战略目标、五个战略支点”的思路谋划发展，制定符合学校实际的切实有效的制度措施，确保活动不走过场，取得实效。

三、鞠躬尽瘁，甘愿为学校奉献一生

“人生的意义，不在于索取，而在于奉献。”已故原校党委副书记梁树樱就是广大离退休老同志忠诚党的事业，热爱学校、兢兢业业、无私奉献的一个典型写照。

梁树樱书记生前经常说：“个人的事儿再大与学校的事儿相比也是小事儿，学校的事儿再小与个人的事儿相比也是大事儿。”“学校是大局，不要给学校增加麻烦，让在职同志一心一意抓好工作。学校的事情搞好了，大家都跟着好了；学校乱了，我们老同志可能连安定的生活环境，基本的物质生活条件都没有了，哪里还谈得上提高生活水平啊！所以，我们要自觉维护学校党委班子的威信，支持在职同志的工作，有利于团结的话说，有利于团结的事做，反之则不说不做。”他是这样说，也是这样做的。他热爱自己所从事的工作，热爱自己工作的滨州医学院，把支持学校建设和发展当成自己毕生义不容辞的职责。2007 年 11 月，梁树樱书记病故。他临终立下遗嘱，把自己的遗体捐献给学校，用于教学和科学研究，实现了他生前的誓言，“生是党的人，百年后是党的魂”。

不仅如此，建党 90 周年前夕，梁树樱书记的遗属——宋春芳老人，怀着对党的深厚感情，上缴特殊党费 1 万元，以表达对党的热爱和忠诚。宋春芳老人认为，自己已不能继续工作了，不能为党做贡献了，希望以此来为党尽一份绵薄之力。她一再表示，自己的行为微不足道，只是一名普通党员表达对党的感情，希望不要对此事进行宣传报道。

爱党爱校、无私奉献，是广大离退休老同志高尚品格的一个生动体现，更是学校仁爱文化的精髓所在。他们用自己的实际行动，践行着对党的忠诚，对学校的热爱，兢兢业业，鞠躬尽瘁。

四、“五心”服务，努力让老同志们满意

俗话说“家有一老，如有一宝”。离退休老同志过去为学校的建设、改革和发展的做出了重要贡献，现在也是我们宝贵的财富。

学校领导每逢重大节日主动走访慰问老同志，学校重大决策主动征求老同志们的意见，老同志们遇到的困难都主动去解决……这让离退休老同志们感动不已。离退休工作处一班人，主动作为，精心谋划，扎实工作，切实做好党委和离退休人员的桥梁和纽带，用爱心、耐心、孝心、热心、贴心的要求，时时刻刻为老同志着想，积极主动为老同志们服务，让老同志们暖心、安心、放心。

2012 年冬天，青岛最冷的一天。一名住在青岛的老教授生病了，得知这一消息后，离退休工作处的同志连夜赶到青岛，当第二天早上捧着鲜花走到老人床前的时候，让生病的老同志非常感动，激动地说：“我给学校添麻烦了，感谢党委的关怀，感谢大家。”老人不知道，这已是离退休处的同志一周内第 3 次赶到青岛看望慰问生病住院的老同志了。

离退休老同志退而不休、老有所为，关心支持学校事业发展，不仅源自于离退休老同志对党的忠诚，对事业的热爱，更源自于学校党委、行政对他们的关怀和照顾。

在谈及下一步离退休工作时，离退休工作处崔良波处长说："几年来，我们满怀感情做事，甘于奉献、团结协作，以勇创一流的精神，扎扎实实工作，取得了一定成绩。下一步我们将以教育实践活动为契机，进一步查摆、改进自身的不足，努力打造服务老同志的'五心'文化品牌，强化亲情服务意识，更加主动、更加细致地为离退休老同志服好务；积极作为，勇于担当，在建设国内知名医药大学的进程中，奉献智慧和力量，让党委放心，让老同志们满意。"

——转自山东教育报 2013 年 10 月 14 日第 7 版

第四章　教书育人　为人师表

张子彬教授除临床医疗工作外，第二项主要任务就是给各届学生讲课并带见习，每年按专业分工和教学计划，努力完成教学工作，因教学质量高，受到学生的欢迎和好评，多次被评为优秀教师。于1997年按国家规定的年龄办理了退休手续，因学校师资不足及附院工作需要，返聘工作6年，轮到教学时，除讲课外，每周带4次见习，工作量比退休前还大，66岁那年因听力明显降低，才恋恋不舍地离开医疗第一线和3尺讲台。他参加教学工作40余年，为祖国教书育人付出了辛勤的劳动。

课堂讲解

张教授在上课前认真备课，仔细写教案，这已是他的老习惯，尽管按专业分工对有的病已讲过十几次，甚至几十次，但每当讲此课时，都像讲新课一样，写出规范教案，仔细看全国统一教材，在课堂上画什么图，举什么例子，哪些是重点等，都写在教案中。直到晚上10～11点，对第二天要讲的课，闭目能背熟，才上床休息。

在课堂上讲课，由于做了充分准备，基本不看教案，或偶而扫一眼，把全部精力集中在对学生讲课上，从听课学生的眼神中，即可判断出学生听懂了没有。每一个病都讲的概念清楚，重点突出，重点内容有时再重复强调一下，甚至问一个学生听明白了没有？为了加深学生的印象，还举一些临床工作中遇到的典型病例，介绍自己的经验体会，使学生印象深刻，课堂效果好。

在课堂上给学生讲课，除口头讲解外，板书的作用也十分重要。张教授的板书清楚，条理分明，特别是语言不易听清的新词或外文单词，都及时写在黑板上，有利于学生记忆和做笔记。对有一些症状和体征产生的机理，没有正式挂图的，他就画在黑板上，并详细讲解，既生动形象，又直观便于理解和记忆。例如，许多心脏病异常心音及心脏杂音的产生机制，单纯口头介绍比较抽象，难以记忆，而用图解，结合心脏结构异常和血流动力学改变，一目了然，效果甚好。心电图的讲解，更需要图解，可收到事半功倍之效。

在讲诊断学时，每当讲到心脏杂音和心律失常时，张教授利用多年练成的口技，模仿各种心脏杂音和心律失常的特点，比如风心病二尖瓣狭窄产生的舒张期滚筒样杂音，可用舌的震动来模仿；主动脉瓣关闭不全的哈气样杂音，可用喉音模仿，比单纯理论讲解更易听懂和记忆。

课后辅导

张教授白天讲完课后，晚上利用学生的自习时间，准时到教室辅导，这也是他雷打不动的习惯。一般晚上 7 点左右到教室，在课桌间走道上，轻轻走来走去，当有学生提出在白天上课时没有听懂的问题时，他会小声地详细解答，直到学生理解为止。

若有部分学生提出的疑难问题相同，也就是共性问题，属白天课程中的难点，这时张教授会向在教室内自习的全体学生详细重点讲解这些问题，并让学生提问，张教授有针对性的解答，直到学生完全明白为止。这种形式虽不常应用，但可作为白天上课的一种补充，解答特殊疑难问题，受到学生的欢迎和好评。

最后一课

每届学生的内科学循环系统课，张教授按教学计划分给他的讲课内容，在快要讲完的最后一堂课，下课前留出数分钟，用简短而精练的语言，讲一下自己从医几十年爱岗敬业的体会，重点在告诉他的学生们只要刻苦学习、勤奋工作、执着追求、顽强拼搏，都可成为国家栋梁之材，为国家为人民做出突出贡献，祝各位同学将来成为名医和专家。这些话语重情深，寄托着一位老教师对即将走上工作岗位学生们的殷切厚望，每当这时全体同学都会报以热烈掌声，此时此刻，张教授带着十分欣慰的心情，充满对学生的希望走下讲台。

张教授从事医学教育数十年，教过的学生数以万计，可谓桃李满天下，他（她）们有的成了一代名医专家；有的成为科学家、学科带头人；有的则在管理岗位上做出了杰出贡献，成为医科院校、大型医院或研究机构的领导人；更有的留学国外成为异国医院的名家。他经常用几句经典名言看待他的学生，“青出于蓝而胜于蓝”“长江后浪推前浪，一代更比一代强”。

老年大学

自 1970 年青岛医学院搬迁惠民地区北镇办学后，惠民行署有关部门也办起了老年大学，20 世纪 80 年代随驻地更名，滨州市老年大学应运而生，学校有许多班，如卫生保健、书法绘画、太极拳剑、美食烹饪等，其中以卫生保健的学员最多，深受离退休干部职工的欢迎，反映了老年人希望健康长寿的强烈愿望和追求。张子彬教授应邀到滨州老年大学任教 20 余年，主要讲老年人心血管疾病的诊治和预防，因他讲课内容通俗易懂，深入浅出，注重实用，受到老年学员的欢迎。

张教授主要讲的病有高血压、冠心病、心律失常、心力衰竭等，这些都是老年常见病，在学员中有不少人患有不同程度的上述疾病，所以在听课时都十分认真，大多数人还边听边做学习笔记。课间休息或讲完课后，围着老师问一些自己关心的问题，张教授总是耐心解答，直到老年学员满意为止。

张教授针对老年学员对卫生保健知识一知半解，领会问题慢，记录写字慢，文化水平高低不一等特点，讲课时语速尽量减慢，注重语言通俗易懂，尽量不用医学术语，或转化为群众用语说明，做到深入浅出，而且与学员的日常生活密切结合，学后能用得上，注重实用。另外，针对民间保健谚语，用医学科学道理加以解释，并正确认识和掌握科学知识，比如“饭后百步走，活到九十九”说明不要饭后立即走，应在半小时到 1 小时以上再散步，走路速度及持续时间要量力而行，适当运动；“愁一愁白了头，笑一笑十年少”，说明保持乐观情绪和心理平衡的重要，不要大喜大悲，这样方使人体神经系统、内分泌系统、免疫系统等保持正常功能，从而预防疾病的发生，达到健康长寿的要求。

各地讲学

为了向医学界同行介绍心血管病诊治新进展，不断提高我国心血管病的防治水平，从 1980 年起，滨州医学院及附属医院多次举办内科危重症学习班、心电图应用学习班、心血管病诊治新进展讲学班，心血管病新技术、新观点、新概念研讨班等，张子彬教授积极参加并给与会学员授课，收到良好效果，受到学员们的欢迎，学校及附院为我国医疗卫生事业的发展，不断做出新贡献。

张教授不仅在本地区各种形式的学习班讲学，而且应邀到省内外各种学术会做学术报告，先后在河北、河南、陕西、安徽、江苏等省学术会讲学，介绍心血管病诊治新进展及中国心力衰竭学会组织的大规模多中心临床研究成果，受到与会代表的热烈欢迎和好评。20 多年内，共讲学、做学术报告 100 余次，产生了良好的社会效益。

第五章　基层医疗　救灾防病

20 世纪 60—70 年代，正是张子彬医师的中青年时期，由于国家的需要，张大夫经常参加青医组织的下乡巡回医疗，为农民防治疾病。尤其在“三年自然灾害”时期，农村医疗条件差，缺医少药，疾病多发。因而，下乡为群众治病是经常性的一项工作。

1962 年张大夫随青医附院医疗队到聊城地区高唐县，防治疾病数月，吃住在老乡家，除诊治疾病外，也到田地干农活，帮助老百姓锄地、收割。此后的几年里，主要到距青岛不远即墨、城阳、掖县（今莱州）。因农民收入低，买药治病困难，张大夫等常用“一根针”“一把草”为农民治病，其实就是用针灸和中草药，既治病又少花钱或不花钱，颇受农民的欢迎。由于张大夫在眼科实习时，勤学苦练，学会了许多外眼病的手术治疗方法，下乡时在室内，上面扯一条床单，防止灰尘下落在患者面部，即可做眼部小手术，在农村传开了，还小有名气。

下乡到基层防病、治病，有时以乡镇医院或县分院为依托，边治病，边对基层医生传、帮、带，帮助基层医生提高医疗水平，与乡村医生成了好朋友。20 世纪 80 年代，有的基层医院购进了心脏监护仪和除颤器，但不会使用，张大夫手把手地教会了这些医生。同时还指导医生如何写论文，如何分析病例等。当时拍摄的一些照片，张教授至今保存完好，是他支援基层医院发展的见证。

救灾落水　惊险一幕

1964 年夏天，山东北三区（惠民、德州、聊城）遭受严重水灾，山东省委、省政府指示省级医院组成医疗队，参加灾区的救灾工作。按照上级的指示，青岛医学院附属医院的抗灾医疗队赴惠民地区邹平县开展救灾工作，我是其中的一员，带上医院分发的药箱、雨衣、长筒胶靴等物品，于9月初赶赴灾区，在一个多月的时间里，先后到9个公社的40多个村庄，深入基层一线，宣传防病救灾的卫生保健常识，治疗胃肠道等各种常见病，分发治病药品，特别对烈、军属及贫困家庭，送医送药上门，热情服务，受到广大群众的热烈欢迎和衷心感谢。

回顾51年前的那次救灾往事，历历如在目前。其中，使我终生难忘的一件事是过桥时落水遇险，至今记忆深刻，可谓惊心动魄。

有一天，救灾医疗队出发到一个村去工作，途中路过一桥，雨后上游大量洪水下泄，虽已漫过桥面约2厘米，但根据桥边的浪花，不难辨别桥两边的位置，故能顺利通过。下午返回时，水位进一步上涨，桥上面水位已超过膝盖，水流加快，河面增宽，桥的两边界限更难分辨，而天黑以前必须过河返回住处。医疗队里大都为女医护人员，不会游泳，看着这水急、河宽、桥窄的情景，心中惊慌不安，怎么办呢？一时难以决定，个个愁眉苦脸。那年我27岁，身强力壮，又是共青团员和入党积极分子，在困难面前，我临危不惧，为了队员们的安全，应挺身而出，于是果断地告诉大家："我自幼学会游泳，在青岛海水浴场汇泉湾可游1000米，大风大浪都不怕，还怕一条小河吗？我在前面桥边探路，其他人在桥中间跟进，请大家放心，不会有问题。"我的话增加了各位队员的信心和勇气，稳定了情绪。事不迟疑，立即行动，并叮嘱大家，过桥时不要抬起脚走路，只能贴近桥面移动，否则，一旦抬起脚，有被水冲倒的危险。

说罢，我挽起裤脚，脱下长筒靴，赤脚下水稳步前进，其他同事们在桥中间小心慢行，大约距河对岸5米处，因水流的冲击，桥的一边被冲毁，使桥面不能与对岸完整相连接，也就是桥面缺了一块，但因水深我无法看清，一脚踏空，落入水中。幸好我早有提防，时刻警惕险情的出现，此时，我用过去练过的潜水要领，憋气、闭眼，顺水势奋勇前游，向岸边方向拼命划水，像百米赛跑的终点冲刺一样，用全身最大的力气，顽强拼搏，心想坚持就是胜利，被洪水冲向下游20多米处，终于浮出水面，游到河岸边，努力爬上岸来，整个人成了“落汤鸡”，手里仍提着一双长筒靴，手腕戴的手表秒针还在跳动。已到岸上焦急等待的同事们，关切地跑过来。有的说：“可把我们吓坏了，直盼着您早浮出水面。”有的说：“看到您掉进河水里，心都跳到嗓子眼了……”有的同事激动地说：“您把危险留给自己，把安全让给大家，真不知道怎样感谢您！”我最后说：“非常感谢同事们对我的关心。你们都不会游泳，过河前我很担心，一旦掉进河里，后果不堪设想，现在都安全过河上岸了，我感到十分欣慰。我们共同战胜了洪水，为邹平人民救灾贡献了一分力量。”

——张子彬教授接受鲁北晚报记者采访回忆录　2015 年 2 月 16 日

图 2-5-1　讲课前张教授认真备课

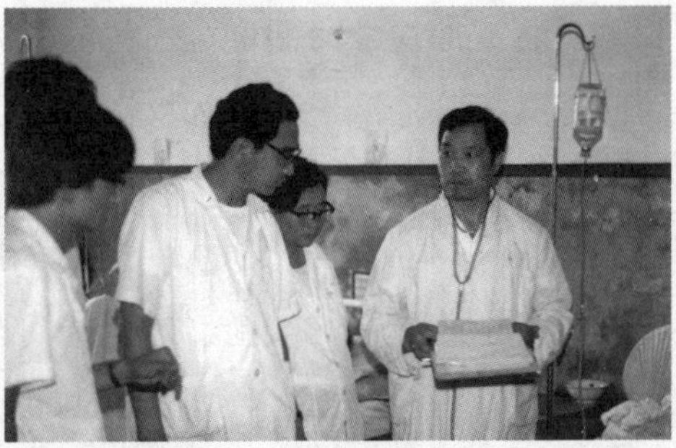

图 2-5-2　张子彬教授在其他医院会诊患者

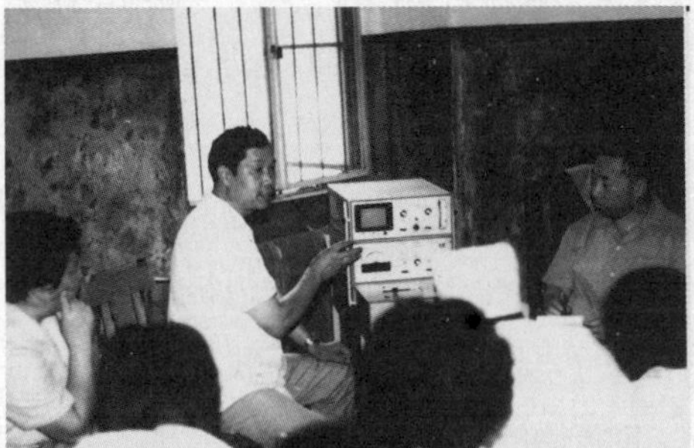

图 2-5-3　张子彬教授指导基层医院开展新诊治方法

图 2-5-4　张教授应邀在各地做学术报告

第六章　媒体报道　彰显风采

自2013年9月以来，滨州医学院新闻中心、山东教育报、齐鲁晚报、滨州日报、鲁北晚报等多家媒体，对张子彬教授的先进事迹进行了多次报道，现总结列表如下（表2-6-1）。滨州医学院即将出版的《滨州医学院百名教授先进事迹风采》一书，以“心系滨医，奉献社会——记我国著名心血管病专家、中国心力衰竭协会创始人张子彬教授”为题，印入该书中，现全文转载于下（编者按：据最新数据信息，对张子彬出版医学著作数目予以修订）。其他各报的报道，以图片形式编入本章末。

心系滨医，奉献社会

——记我国著名心血管病专家、中国心力衰竭协会创始人张子彬教授

张子彬，内科学教授，主任医师。1937年出生，山东寿光人。历任滨州医学院内科学教研室主任、附属医院内科主任兼心内科主任、国际卫生医学研究院（IHMA）一级教授及博士生导师、滨州地区中医院名誉院长等职。1963年7月毕业于青岛医学院（青医），9月在青岛医学院附属医院工作。1970年10月，在党的号召下，张子彬随青岛医学院搬迁至滨州（当时为惠民地区北镇）办学，以后建立了青岛医学院北镇分院。1983年学校随驻地更名为滨州医学院（滨医）。张子彬在校任教期间，发起和创建了我院发展史上第一个学术性合法社团——中国心力衰竭协会。他主编、副主编和参编《心力衰竭》《充血性心力衰竭学》《现代心脏内科学》等41本医学著作（其中3本在国外出版），主审《急性心肌梗塞》等6部书籍，在国内外医学杂志发表论文110余篇，获得国内外科研成果及科技进步奖35项，多

次被评为滨州医学院优秀教师及附院先进工作者，1992 年被评为山东省卫生厅专业技术拔尖人才，自 1993 年起享受国务院政府特殊津贴，2003 年被评为滨州医学院优秀党员，并在 2013 年“我为学校科学发展献一策”活动中获奖，受到表彰。回顾张子彬教授从医、从教 50 余年来，辛勤耕耘、无私奉献、执着追求、开拓创新，为我国医疗卫生和医学教育事业做出了突出贡献。

交通通信，沧桑巨变

回想 1970 年刚到北镇时的情景，张子彬记忆犹新。张子彬说：“当时的交通设施很不发达，从青岛到北镇需要 8 个小时以上的路程，道路狭窄，弯弯曲曲，车速很慢，过黄河时还需要走水陆小船摆渡。”

“柏油路，黄土盖，电话不如跑得快”几句顺口溜生动反映了当时的交通及通信设施不发达的状况。当时张子彬的家属还在潍坊寿光，而电话通信都用手摇式电话机。中继线及总机都是人工手动接转。因此，打一次电话需要较长时间，而且经常占线打不通。从潍坊打来的电话要先接通滨州老校区东面邮电局的电话。听电话，需要从学校一直跑到邮电局才能接听。张子彬说，当时职工家庭没有电话机，往寿光打电话也必须到邮电局去。

马路两侧是明沟，夏天雨后积水，生蚊子很多，有个顺口溜是这样形容当时的情景：“臭水沟，蚊子团，到了晚上碰你脸。”

艰难过去，幸福今天

学校到地区医院到处都是土路，晴天一身土，雨天一身泥。雨季，学校大门口到教室 50 米的距离变成了大泥塘，泥泞难走。出门距离不到 3 里（1.5 千米）的路程，需要走上 1 个多小时。当时没有出租车、公交车，就连骑自行车的人都很少。当时的老师都风趣的称出门就等于上了 11 路公交车，其实 11 路就是象征着人的两条腿。

不但是出门，就连最基本的生活饮水都很成问题。当时北镇只有一个小自来水厂，而且生产能力非常低，水也大都是盐碱水，水流速度非常慢，职工们的生活用水只能靠院子里的几个公用水龙头，造成了“提着桶，挑着担，早晚排队一长串”。有时水龙头出水就像输液一样，一滴滴需要耐心等待。冬天非常难熬，办公室及教室取暖都要用火炉，却没有大烟囱，满屋子都是煤烟和灰尘，卫生条件极差。许多职工家庭，每天早上 5 点起床用煤生炉火做饭。

学校的教室及办公室都是用的原地区农校 20 世纪 50 年代建的平房，破旧不堪。头几年新生报到时，看到学校的环境都十分惊讶，不敢相信这样的环境居然是大学的校园，有的同学宁可再考一年，也选择放弃学校。

张子彬今昔对比后激动地说：“自 20 世纪 80 年代以来，回顾既往，改革开放和大发展的春风，吹遍滨州大地，滨州人经过 30 多年的艰苦奋斗，使滨州地区旧貌换新颜，交通及通信的落后，生活的困苦，均已成为历史。滨医人早已成为滨州大家庭的一员，溶入鲁北平原，热爱滨州，关心滨州，享受幸福的今天，共创美好的未来。”“从 1970 年来滨州算起，至今已 45 年，滨州是我的第二故乡，滨医是我的第二母校，我已是地道的滨州人，把根牢牢地扎在滨州大地上。”

立志著书立说，填补国内空白

青岛医学院北镇分院未建立附属医院前，张子彬时刻谨记医学理论与实践结合的重要性。在筹建附属医院的 3 年时间里，除了完成教学计划，张子彬老师就坐火车返回青岛，在青医附属医院中继续积累临床经验，便于在以后的实践教学中使用。

1977 年，滨州医学院附属医院建成后正式开诊，张子彬与其他老师一样，一边在学校进行医学理论教学，一边在附属医院为患者治病。1977 年年底，张子彬在校党委的安排下，前往上海胸科医院心内科进修。

在上海的一年多时间里，张子彬白天跟随老师查房积累临床经验，晚上查阅资料，攻克疑点难点。他在进修期间积累的读书笔记，就达 100 多万字，为他在以后的教学及临床实践工作，以及撰写医学学术著作打下了坚实的基础。

1979 年初，张子彬进修结束回到学校。在外学习一年，他迫切感觉到因当时医学著作的匮乏，对医学研究及医务人员学习所带来的不便。为了能更加广泛地向医学界传播医学知识，他决定通过自己在上海进修时所积累的临床实践经验和资料撰写成书。随后，张子彬将自己的想法向校党委进行了汇报，党委成员给予高度重视，并表示大力支持张子彬老师的写作计划。

在党委的全力支持下，张子彬仅用了半年的时间，于 1980 年就完成了 31 万余字的医学著作——《心力衰竭》一书，填补了国内尚无此类书的空白。当时印刷 2 万册，供全国各医学院校师生及医院医务人员订购，仅 3 个月的时间就销售一空，受到广大读者的热烈欢迎，并扩大了学校的影响。

中美专家合作，成立学术社团

1990 年 6 月，全国心力衰竭专题研讨会在青岛举行，张子彬代表滨州医学院出席会议，作为会议的发起人，他与来自全国主要城市的心内科专家一起成立了《心力衰竭》编著委员会（《心力衰竭》编委会），他当选为首席主编。之后，在该会的基础上，于 1991 年 10 月正式成立了中国心力衰竭协会（2012 年更名为学会），上述学术活动得到滨州医学院的大力支持，并派滨医原科研处李治淮处长到会协助组织会议，这是滨医发展史上成立的第一个学术性合法社团，张子彬作为协会的创始人，当选第一至第六届主任委员。会址设在滨州医学院附属医院，并写入该协会会章中，学校作为协会主管部门，发出滨医函字 [2000]11 号文件予以确认，并在民政部门进行注册登记。协会于 1993 年在国内率先制定了左室舒张性心力衰竭诊断标准，为国内外应用。1997—1998 年张教授主持 MCA-CHF 全国多中心临床试验研究，观察病例 1659 例，取得了丰硕成果，在国内外学术会交流，受到好评。自 2003 年后，张子彬教授担任协会名誉主任委员。

1992 年，在滨医与国际医学界交流史上，第一位国际著名医学专家美国乔治·华盛顿大学医学院郑宗锷博士应邀来我校访问，受聘为我校名誉教授及附院名誉院长，作了数次学术报告，召开小型学术交流座谈会，并在以后的医学研究中进行合作。我校第一次走上了国际医学界学术舞台，在世界范围内扩大了滨医的影响并促进了医、教、研的提高。郑博士当选为协会名誉主任委员和编委会第二主编，此后，共 4 次出版中美专家合著的《充血性心力衰竭》及《充血性心力衰竭学》专著，该书成为协会的代表作，被医学界称为权威性名著。

青医的“魂”，滨医的“心”

张子彬说，20 世纪 90 年代中期，学校及附院一批业务技术骨干先后离开学校及附属医院，造成人才流失的危机，所带来的困难比当时物质生活所带来的艰难还要严重。张子彬说：“我作为一名老教师、老党员，毅然谢绝南方数家医院的高薪聘请，继续在滨医工作，以此传出正能量，有利于稳定教职工队伍。”而当时校领导出台了许多政策，培养人才，留住人才，并成功建立了烟台校区，是学校发展史上的里程碑和转折点。当时，校领导所做的决定，充分利用了烟台天时地利人和的优势，改变了滨医的发展前景和命运，这是战略性决策的重大举措，具有深远意义，赢得了重要机遇。

张子彬说，今天滨医形成一体两翼的大好局面，呈现出欣欣向荣、勃勃生机的大好景象，共享改革和发展的成果，更体会到“梅花香自苦寒来”的内涵和不易，增添了实现滨医梦的决心和顽强拼搏的巨大动力。

张子彬教授意味深长地说：“回顾走过的 50 余年足迹，可以说，我是青医的‘魂’，滨医的‘心’。老青医艰苦的年代，对所有教职工也是一种锻炼和考验，滨医人艰苦奋斗、勇于克服困难的传统就是在那时养成的，而这种传统正是产生滨医精神的基础，也因而造就了一大批不怕困难、艰苦创业、为滨医发展默默无私奉献的干部和教职工队伍，成为今天滨医的宝贵财富。”“今后我一定继承和发扬老青医的传统，一如既往地关心滨医的发展，弘扬滨医精神，心系滨医，与滨医同呼吸、共命运，把自己与滨医的发展紧紧联系在一起，生命不息、奉献不止，在校党委的正确领导下，为实现滨医梦，将我院建成国内知名医科大学而努力奋斗！”

感恩回报，继续贡献

1997年，按照国家规定，张子彬60岁那年办理了退休手续，卸下附属医院内科主任及心内科主任的职务，却没有卸下他作为一名教师，培养下一代医务人员的责任。他像往常一样，每个星期4次到病房带见习医生，和其他医师一起查病房，参予会诊。直至因年事已高导致听力下降，返聘工作6年后，于2003年恋恋不舍地脱离临床第一线工作。

张子彬十分郑重地说："作为一名内科大夫，耳朵是获取人体内部病因的重要器官，在检查心内疾病时，灵敏的听觉尤其重要，心脏内每一个异常的声音都可能是找出病因至关重要的线索。虽然我现在听力明显下降了，但我还可以用眼睛观察、用手写作，还要继续发挥余热，为学校发展奉献绵薄之力。"

张子彬从1997年办理退休手续至今已有18年，但他对医学研究的热忱始终没有消减。期间他共主编、参编了19本医学著作，与退休前出版的医学著作数持平，目前自工作以来共累计出版41本医学著作，其中3本在欧洲出版。不单是在医学研究方面的贡献，退休期间，校党委下达的每一份文件和每一次会议精神，张子彬都会和其他退休老干部一样认真学习，领会党委的会议精神，并落实在实际行动上。

2013年5月，在滨州医学院组织开展的"我为学校科学发展献一策"活动中，张子彬积极参加，提出"烟台附属医院建设的18点建议"；7月学校召开第一次人才工作会议后，他充分利用自己的人才资源，向学校推荐了7位包括两位中国工程院院士在内的高层次人才。

张子彬饱含深情地说："我靠国家发的一等助学金圆我大学梦，有机会到高等学府接受教育，毕业后又在医疗和教学岗位上做出了成绩，这些都是党和人民赋予我的。母校给了我许多荣誉，这一切都是党组织关怀和培养我的结果，抚今忆昔，感慨万千，千言万语归为一句话——永远跟党走，绝不辜负党的委托和人民的信任。"张子彬说，从上学、就业工作至今50多年，我的心中只有一个观念，那就是响应党的号召，听从党的安排，感恩回报，继续贡献。

——本文为滨州医学院新闻中心及鲁北晚报记者采访录，于 2015 年 1—10 月分别发表在鲁北晚报、齐鲁晚报、滨州日报及滨州医学院报上，并收录于滨州医学院出版的《滨州医学院百名教授先进事迹风采》一书中。

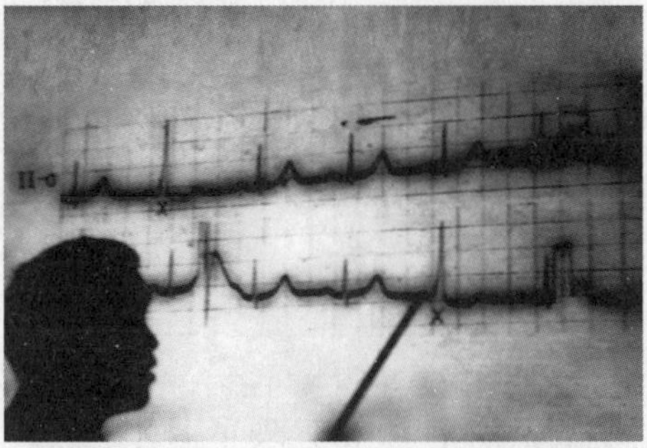

图 2-6-1　张教授为学员讲解心电图

图 2-6-2 张子彬教授在滨州市老年大学任教，上图为校领导与教师合影，后排右起第 3 位张子彬

图 2-6-3　张子彬教授给青年医生学术讲座

图 2-6-4　张教授讲解电复律治疗心律失常

滨医老教协会为张子彬教授大会发言稿写的“按语”

张子彬教授，在国内外和人民群众中是一位德高望重的老教授、老专家。一贯注重学习政治，注重业务上的精益求精，虽已退休，他谢绝一切外地重金（年薪10万元）的聘请，一心为人民健康，为母校发展教育事业，继续做贡献。他这种重义不重利全心全意为国为民默默无私奉献的精神是值得我们大家学习的。

滨州医学院老教协会

2001年4月15日

退而不休，默默奉献

滨州医学院　张子彬

1997年1月是我60周岁，到了退休年龄，同年10月办理了退休手续。3年多来，我退而不休、默默奉献、发挥余热、老有所为，毫无失落感，而觉得生活充实，忙忙碌碌，工作量较退休前有增无减，在各方面取得了可喜成绩。所做的事虽千头万绪，归纳起来主要有以下几个方面。

加强政治学习，跟上时代步伐

虽然从年龄上看是退休了，但思想不能退休，通过看电视，每天的新闻联播是必看节目，读报纸和“老干部之家”等刊物，不断用“三讲”精神和“三个代表”的思想武装头脑，关心国家和学校的大事，从思想上跟上时代的步伐。同时崇尚科学，反对邪教，与“法轮功”做斗争，参加了签名活动。有了精神支柱，方向明确，做起事来浑身是劲。

继续教学，教书育人

退休后根据工作需要，又上课两年多，上课学时数比退休前还多，既有课堂上课，又带见习。每次上课前仍像过去一样认真备课到深夜，尽管有的课讲过几十次，却像第一次讲新课一样对待。除根据教学大纲介绍书本上的知识外，还把30多年来积累的临床实践经验讲给学生听，每当讲完课听到全班同学热烈的掌声时，心中都感到无比欣慰。

加强科研，多出成果

1998年我组织了一个全国多中心临床研究项目，即“心先安治疗心力衰竭的临床研究”，有全国50多家医院参加协作，观察患者1659例，历时一年半完成，研究论文发表在《美国中华心血管病杂志》及《临床心血管病杂志》上，受到国内专家及广大读者的好评。并在全国心力衰竭学术交流会及山东省心血管病年会上进行介绍。

我还应邀参加了全国自然科学科研及省、地市科委组织的科研项目的成果鉴定，为我国科技创新，促进医疗卫生事业的发展贡献了一分力量。

救死扶伤，服务患者

退休后虽不在临床第一线工作了，但找我看病的人仍然不少，在门诊找不到就找到我家中，我总是像过去一样热情接待、仔细诊治、百问不厌、一视同仁。心内科开展新的诊治方法，我闻讯后尽量参加，虽不上台在第一线操作，但会提出一些建议和注意事项，关心科室的发展和诊治水平的提高。另外，我还多次参加院外的会诊，解决临床的疑难问题，受到兄弟医院的欢迎。

不断著书立说，组织学术活动

退休后业余时间相对增多，我不断总结30多年临床的经验和科研成果，参考国内外文献，著书立说，传给后人。退休3年多，主编及合著以下专著：《充血性心力衰竭学》《临床心电信息学》《心电信息学》《现代心脏内科学》（第二版）4部，主审专著：《猝死诊断防治学》及《实用心血管综合征学》两部。我是中国心力衰竭协会主任委员，要抽出一定的时间加强组织建设，开展学术活动。1999年5月在烟台召开了第五届全国心力衰竭学术交流会，我致开幕词，并作学术报告。目前正组织召开第六届全国心力衰竭学术交流会，将5月底在江苏省无锡市召开，准备工作已大体就绪。目前心力衰竭协会已有委员50多名，并按“国务院社团管理条例”进行了注册登记。这是政府正式批准的合法学术团体，并且正在不断发展壮大。

获得多项荣誉，为国为校增光

由于多年来在医疗、教学、科研及学术活动等多方面所做的工作，特别是近3年来的显著成绩，我获得了国际国内的多项荣誉，主要有：1998年世界文化艺术研究中心颁发的铜质“世界名人证书”，1999年5月获中国心力衰竭协会颁发“杰出贡献奖牌”、1999年国际中华名医协会颁发“二十世纪中华名医金牌”、1999年12月荣获世界传统卫生组织（WTHO）圣塔莫尼卡科技进步一等奖及明星人才医学科学家奖，并获金牌一枚。

1998年后还兼任以下职务：中华当代医学家学会名誉会长、国际卫生医学研究院（IHMA）一级教授和博士生导师、美国世界传统医学科学院院士（全世界共聘任100名）、东方名人研究院院士等。

谢绝高薪聘请，余热奉献母校

近几年，我接到省内外多家医院的高薪聘请，如浙江省温岭市人民医院、玉环人民医院等年薪10万元，该院院长曾多次来信或来电话邀我去工作，条件十分优厚。对此我曾反复考虑过，现在学校已经给我创造了良好的环境和生活条件，月薪1600多元，还有国务院特殊津贴，住全院最好的房子，毫无后顾之忧，内心已很满足，可谓老有所养，老有所乐。母校培养我40多年，我的一切成绩和荣誉应归功于党和人民，归功于学校各级领导的关怀与支持，因此应把余热奉献给母校，做力所能及的工作。最后我终于下定决心，谢绝一切外聘。

来日方长，今后我还要继续努力，在“老有所为”的道路上不断前进，做出新成绩，迎接新世纪。

——本文系山东省老教育工作者协会第三届第四次年会上的典型发言，发表在《现代教育导报》2001年6月6日 第3版。

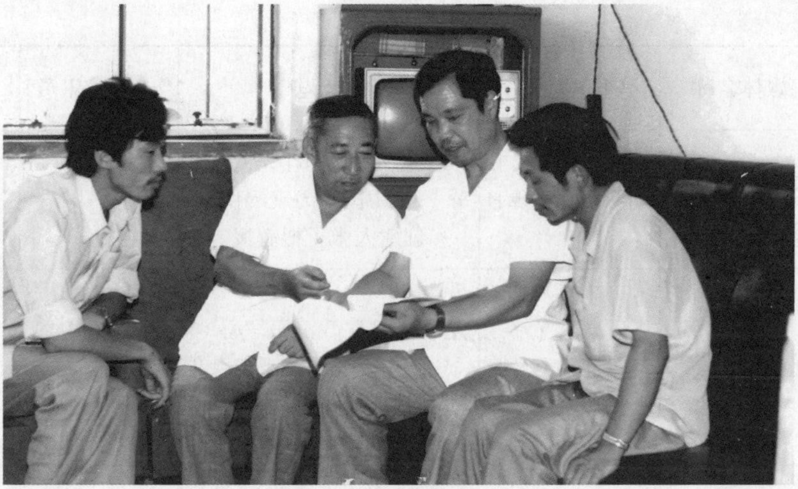

图 2-6-5　张子彬教授指导基层医生写论文

张子彬教授近年媒体报道

张了彬教授近年媒体报道情况见表 2-6-1。

表 2-6-1　张子彬教授媒体报道一览（2013—2015 年）

序号	媒体名称	报道时间	文　题	作者（通讯员）	报社记者
1	滨州医学院新闻网	2013 年 9 月 26 日	退而不休献余热 夕阳更是别样红 ——离退休老干部关心学校发展探访	吕海波 房　甲	
2	滨州医学院院报第 1 版	2013 年 9 月 26 日	退而不休献余热 夕阳更是别样红 ——离退休老干部关心学校发展探访	吕海波 房　甲	
3	山东教育报第 7 版	2013 年 10 月 14 日	退而不休献余热 夕阳更是别样红 ——离退休老干部关心学校发展侧记	吕海波 房　甲	

续表

序号	媒体名称	报道时间	文　题	作者（通讯员）	报社记者
4	滨州医学院新闻网	2014年10月19日	青医魂，滨医心 ——记中国心力衰竭协会创建人张子彬教授	房　甲	
5	齐鲁晚报 C08	2015年1月9日	青医“魂”，滨医“心” ——记中国心力衰竭协会创建人张子彬教授	徐　彬 张莹莹 崔冰洁 （滨医附院宣传处）	
6	滨州日报 第6版	2015年1月19日	青医魂，滨医心 ——记中国心力衰竭协会创建人张子彬教授	王素芳	
7	鲁北晚报 A09	2015年1月28日	心系滨州　奉献社会 记我国著名心血管病专家、中国心力衰竭协会创始人张子彬 教授	徐　彬	高　超
8	鲁北晚报 A03—A04	2015年3月13日	援建滨州青岛人寻踪·青医篇（五） 滨州医学院教授张子彬	吕海波 徐　彬	张卫建
9	滨州医学院报 第2版	2015年10月22日	敦厚仁心滨医人 ——访中国心力衰竭协会创建人张子彬　教授	房　甲	

濱州日報
青医魂　滨医心
——记中国心力衰竭协会创建人张子彬教授

鲁北晚报
心系滨州，奉献社会
记我国著名心血管病专家、中国心力衰竭协会创始人张子彬教授

齐鲁晚报
健康专刊
青医"魂"，滨医"心"
——记中国心力衰竭协会创建人张子彬教授

鲁北晚报
滨州医学院教授张子彬（下）
见证附院内科发展
著作填补国内空白

鲁北晚报
滨州医学院教授张子彬（上）
学校搬迁至北镇
艰苦中蕴含乐趣

现代教育导报
退而不休　默默奉献
关心学校

滨州医学院报
BINZHOU MEDICAL UNIVERSITY NEWS
退而不休献余热　夕阳更是别样红
敦厚仁心滨医人
——访中国心力衰竭协会创建人张子彬教授

图 2-6-6　报道张子彬教授先进事迹的部分报纸

第三篇　和谐家庭

张子彬教授有一个幸福美好的大家庭，全家人聚齐，共计 17 口，四代同堂，曾孙绕膝（两男一女），和谐相处，相互关爱，子孝媳贤，其乐融融，传统家风，世人羡慕。更值得全家自豪的是祖孙三代从医，成为医学世家。

第一章　医学世家

在张子彬教授的大家庭中，有近 10 人在医院或医学院工作。女儿、女婿及外甥都在市级医院工作，长子在职工医院工作，次子一家从医从教，一个大家庭有这么多人在医院工作，或就读医学研究生，究其原因，或多或少，直接或间接，与张子彬教授一生从医从教有关。

立志学医

张子彬的学医之志，要追溯到 70 多年前，有一个立志、形成、坚持和实现的漫长过程。

苦难童年

张子彬出生在农村的一个贫困家庭，正值 1937 年“七七”事变，日本疯狂侵略中国，国内抗战全面爆发，战火纷飞，民不聊生。从他能记事起，整天跟着大人们逃难，躲避日本鬼子。天上飞机轰鸣，地上枪炮声不断，人心惶惶。当时流传一句话“今天脱了鞋和袜，不知明天穿不穿”，反映老百姓的恐惧和绝望。由于当时种地方式仍为原始的耕作方法，又加之土地瘠薄，粮食产量少，人们过着糠菜半年粮的生活，在死亡线上挣扎。许多人生病无钱医治，过早离世。

亲人早逝

因爷爷 40 多岁病故，张子彬无缘与祖父见面，自幼跟祖母生活，因听话、懂事、孝顺老人，甚受奶奶喜爱。祖母在 50 多岁时，因病过早离世，给年幼的孙子造成永久的精神创伤。他还常听母亲说，他以前有一个长兄，乳名“新正”，不但长相好看，而且聪明活泼，因臀部疮疖而夭折，时年不到5岁，每当提起此事来母亲都深感悲伤和惋惜。

幼年伤痛

新中国成立前的旧中国，农村缺医少药，因生活贫困，患病后小伤小病等着自愈，实在不能等了，迫不得已也要求医。当时看病的医生有两种，一种是中医，用传统的中药治病，老百姓称为“本大夫”；另一种是西医，用外国传进来的医术治病，多用药片，或手术刀剪治病，老百姓称“洋大夫”或“洋先生”。前者靠诊“脉”（评脉），后者主要靠听诊器或器械诊断病。

战争时期，山河破碎，农村学校早已停办，学龄期儿童干什么？张子彬是孝子，听从父母安排，夏季、秋季上坡干农活，冬季到野外拾柴或上树砍枯枝，供家中烧火做饭之用。有一次在树上砍树枝时，斧头脱落，掉在头上，砍破头皮，鲜血满面，情况紧急，父亲请来洋大夫，清创伤面，剪去伤口周围的头发，消毒并敷上红药水后包扎，幸好头骨未破，经过七八天，伤口愈合了。

名师指点

幼年时期的张子彬，目睹了家中的亲人早亡、自己的伤痛，便暗下决心，自己长大了要学医，当一名大夫为人治病。他看到那些为老百姓治病的大夫，不管是本土大夫还是洋先生，都怀有一种敬慕的心情，又感到神秘莫测，毕竟一个农村的孩子，没有见过外面的世界，更没有科学文化知识，处在一种朦胧状态，只凭着自己善良的愿望和“感痛身受”的朴素情感，从而萌发了初步的学医志向。

就在此时，他的一位伯父，平时称呼为大爷，给予了他启蒙教育，对年幼张子彬的学医之路，产生了至关重要的影响。

他的这位大爷曾担任过小学教师，有一定的文化水平，敦厚善良，因学校停办，在家赋闲。张子彬很希望跟他学些文化知识，他痛快地答应了。于是伯侄关系又多了一层师生关系，利用每年秋末至来年春初这段冬闲时间，老师认真教，学生努力学，许多字学一二遍就学会了，日积月累，学习进步很快，老师很满意。张子彬这个名字就是这位伯父兼老师给起的。时间久了，张子彬成为他伯父的心爱学生，不仅教识字、教文化，而且还教他做人的道理。

有一天，老师问学生："你长大了干什么？"张子彬毫不犹豫地回答："我当一名大夫，为人治病。"老师满意地点点头，接着讲了诸葛孔明留给子孙的遗训："不为良相，便为良医"，并用白话做了解释，张子彬仔细听，听得入了迷，并深深地印在了脑海里。当一名好医生，为老百姓看病，从此成了他一生的追求和信念。此后张子彬更坚定了立志学医的信心和勇气。他伯父的这一理念不仅影响了张子彬的努力方向，也影响了他的父母。

勤奋学习

新中国成立后，迎来了和平生活，学校恢复了上课。小学老师刘玉梅及赵树潭看张子彬的学习成绩好，上课认真，因此一年级毕业后连跳两级，直接上四年级，因多年战乱而耽误的时间得到了部分弥补。

从五年级开始到外地上学，因本村小学只设 4 年的课程。到六年级毕业后，考入益都（今青州）第二中学读初中。因家境贫寒，为节约开支，自己带干粮上学（高粱面烙的煎饼），每次带 1 周的饭，学校没有条件给学生炒菜，就自带咸菜下饭。从老家到益都城里 55 华里（27.5 千米），星期六下午回家，第二天下午返回学校，来回一趟要走 110 里（55 千米）路，虽然辛苦，但也锻炼成了铁脚板。

1955 年初中毕业，寿光县开始设立高中，张子彬考入寿光第一中学读书，在生活上略有改善，每天吃 5 分钱的菜，早上 1 分钱咸菜，中午及晚饭各 2 分钱的大锅菜，一般都是盐水煮大白菜或青萝卜。

中学阶段，虽然生活艰苦，但张子彬的学习成绩却名列班内前 3 名，不仅数学、物理、化学得满分，甚至历史及地理等也常得满分。论智力张子彬并不是班内最优秀的，取得好的成绩全靠个人的勤奋努力，刻苦用功。张子彬觉得，生活越艰苦，学习的动力越大，学习时的付出，正是为了将来的美好生活，为了回报父母的养育之恩，为了担负家庭的一份责任。

梦圆青医

1958年高中毕业了，干什么工作？已成为摆在全家人面前的大事。可以考大学，也可以考当地的教师招生，成为学校老师。因立志学医，由来已久，已形成全家共识。若考本县的教师，考取后即可就业，拿到工资，家庭生活得到改善，利在当前，有很大吸引力。经过全家郑重商量，确定既报考医学院，也报考本县教师，看考试结果再决定志愿。

暑假参加考试，8月喜讯传来，金榜题名，青岛医学院寄来录取通知书，同时县教育局也公布录用为人民教师，真是双喜临门，全村庆贺，张子彬成了新中国成立后全村第一名大学生，临村也未听说有学生能考上大学，当时大学少，高中毕业生多，50～60名学生才有1人考入大学。

张子彬的家是贫下中农，论财力还不具备供1名大学生上学的条件，为了满足张子彬立志学医的夙愿，全家最后决定放弃从教的机会，送他上大学，父母东借西凑共有5元钱，他姐姐多年攒的私房钱（数块银圆）也拿出来赞助弟弟上大学，众志成城，全家协力，亲友相助，圆了张子彬的学医梦、大学梦。新中国成立前妻子送郎上战场，杀敌立功的场景常有；新中国成立后，妻子送丈夫到火车站，坐火车上大学，是村内第一家，一时在农村传为佳话。

张子彬到青岛医学院报到后，火车票及学杂费支付后，已是囊中羞涩。幸好国家及时对困难学生发放了助学金，张子彬享受一等助学金，这可是“雪中送炭”，解了燃眉之急，就靠这一等助学金，每月伙食费12元，零用钱3元，完成了大学5年的学业。

张子彬深知上大学深造，机会难得，来之不易，充分利用一切时间，全神贯注，刻苦学习。周末，除参加学校统一组织的看电影等集体活动外，他把时间全部用在学习上。上课聚精会神，课后认真复习，仔细做试验，严格操作规程，功夫不负有心人，考试成绩除体育等辅修课外，门门优秀，临床实习完成后，他成为各科全优学生。他还担任班内的团支部书记，积极参加学校组织的各种活动。

5 年的大学本科医疗系学习终于顺利完成，等待走向工作岗位，那时大学生的工作由国家统一分配。张子彬回顾 5 年的大学学习，依靠国家助学金得以完成，因而始终怀有一种感恩之情，毕业后要回报党和国家的培育之恩。不仅在平时班内的座谈会上，表示无条件服从国家分配，而且撰文发表在青岛日报上，表达一名忠心学子一切服从党和国家的分配，到困难的地方去，到国家最需要的地方去，决不辜负党与国家的培养和殷切期望。因张子彬的家在农村，他做好了到故乡基层医院去工作的准备，以回报父老乡亲的养育之恩。分配名单公布，出乎张子彬的预料，他留在青医附属医院工作，这样的省属单位是许多应届毕业生梦寐以求的地方。

张子彬多年立志学医的理想终于实现了，从此，开始了他 50 多年的医学生涯，这成为他人生道路上的里程碑。

奉献滨医

在青医附属医院工作的几年里，由于对医疗、教学等各项工作，认真负责，积极响应党的号召，处处走在前面，还是入党积极分子，因而张子彬曾被评为青医附院五好职工。

1970 年根据上级文件安排，张子彬随青医整体搬迁惠民地区北镇办学，从此扎根鲁北大地，成为滨州医学院的一员，这是他前进路上的又一个转折点。

在党委和各级领导的关怀与大力支持下，在各位同事们的热情帮助下，各项工作成绩斐然，为学校和青医附属医院奉献了青春年华。即使在退休后，仍关心学校及青医附属医院的建设和发展，发挥余热，老有所为，奉献绵薄之力，已于前文第二篇详述，此不多叙。

后继有人

张子彬教授一贯热爱自己的职业，爱岗敬业，做出成绩，受到好评。他也很希望自己的子女和孙辈从事医疗卫生事业，后继有人，成为医学世家。

几十年来，张教授一直维持良好的医患关系，许多经他治病的患者或其亲属，与他成了朋友，或像亲戚一样互相走动。张教授视患者如亲人，热情为患者服务的实际行动，都潜移默化地影响着他的后代；而广大患者对张教授的尊敬和感激之情，也自然使他的子孙后代看在眼里，记在心里，觉得医疗工作是一项受人尊重的职业。

女儿学医

20 世纪 70 年代，张大夫先是让女儿张效梅到青岛学习医疗一段时间，返回故乡后到公社医院工作，以后又正式进入胶县卫生学校学习，毕业后分配到寿光县人民医院工作。女儿工作认真，多次被评为优秀护士。女婿长期在该院急症室工作。

次子进校

次子张效国于 20 世纪 80 年代在滨州师专毕业后，经省招生办的安排，分配到医学院工作，以后与附院马敬霞结婚。

外孙进院

外孙刘爽于 20 世纪 90 年代到滨州医学院学习，期满后又在该校成人教育学院学习。此后，几经周转也到寿光市人民医院工作。

孙子奋进

孙子张凯，自幼聪明活泼，深得爷爷奶奶喜爱。高中毕业后，考入河北医科大学临床医学专业。爷爷对孙子寄予厚望，在开学前与孙子长谈 1 个多小时，把自己学习和工作几十年的经验体会，详细介绍给孙子，希望他成为优秀人才。

孙子不负家人众望，学习成绩逐年提高，顺利通过大学英语四、六级考试。在校学习 5 年内，他担任班长，被评为学校优秀学生干部，多次荣获优秀奖学金，2015 年最后一年获一等奖学金，这是对他学习成绩的充分肯定和褒奖。

毕业后报考研究生成为全家关注的焦点。由于孙子平时刻苦学习，成绩进步快，因此爷爷对此信心十足，鼓励他报考名校的研究生。最后决定报考天津医科大学心血管内科专业，在考试成绩还没出来前，他的父母及本人，心中忐忑不安。春节前夕，为了使大家安心过春节，在一次家庭聚餐中，爷爷特地提高嗓门，大声说："张凯一定会考出好成绩，根据他学习成绩上升的趋势，考上研究生没有问题。"这些话一是为张凯加油，使他心情放松，树立信心；二是让别人放心过年，不必担心。2015 年 2 月 27 日公布统考成绩为 360 分，网页上显示在报考天津医科大学内科的学生中排名第一，祖父母十分高兴，特颁发奖学金 1000 元以资鼓励。2015 年 6 月接到天津医大录取通知书，9 月 5 日入学报到。全家为之欢欣鼓舞。

2015 年 7 月底 8 月初，张凯的奶奶感冒后引起支气管肺炎，发热 38.5℃，咳嗽、吐痰，中毒症状明显，用一般抗生素效果不佳，这正是孙子大显身手的机会，也是对他实习成绩的一次检验。因在实习时跟一位呼吸内科老专家学习较长时间，学到了许多理论知识和实践经验，这时派上了用场。用有效抗生素 3 天见效，体温渐降，爷爷仔细观察，张凯体检仔细，诊治步骤规范，判断准确，治疗有效，爷爷认为孙子已达到 2 ～ 3 年住院医师水平，便放手让孙子给奶奶治病，治疗 1 周，症状基本消失，又用药 3 天，以巩固疗效。这时爷爷半开玩笑半认真地说："张凯可以晋升'家庭主治医师'了。"这些话实为对孙子学习成绩的认可和肯定。

快要开学前，全家聚餐为孙子送行，在吃饭时张子彬教授高兴地说："我们这个大家庭是医学世家，张凯被录取为研究生，我们家后继有人，可喜可贺。"

至此，医学世家正式形成，从医从教的光荣事业可以世代相传，为祖国的医疗卫生事业和医学教育做出更大的贡献！

世上最好的父亲

在我幼年的记忆中，父亲的形象已经模糊。我出生于 1954 年，是父母结婚的第 5 年。

至于父母结婚后的生活，后来才知道父亲在外上学，每到周末回家，母亲给准备一个星期的干粮。母亲白天干生产队的农活，晚上推磨，磨好煎饼糊，什么时候摊完煎饼我不知道，大约总是下半夜吧。父亲返回学校的时间大多是星期天下午，偶然有时是星期一早上，不知道母亲是否相送，大约当我醒来时父亲已经在路上了。看到现在的孩子，我也使劲去想伏在父亲的背上，或是被抱在怀里，但始终没有这样的印象。可能父亲在外求学，回家时间少，再加上年代久远，自然印象不深了。

我们老家对“父亲”的称呼多是“爷”“爹”“叔”，称呼“爸爸”的不多，大多是在外工作的。平时小伙伴们在一起夸起自己的父亲都是“俺爹”“俺爷”“俺叔”怎么怎么的。喊“爸爸”总是不那么顺口。我对称呼父亲为爸爸开始感到自豪是在父亲参加工作以后。那时农村缺少医生，高水平的医生更少。父亲以优异的成绩毕业后留在青岛医学院附属医院工作，回家后就成为小有名气的医生了。父亲的脾气特别好，对于求医的乡亲总是那么热情，就在平时对家人也很少高声呼唤，几乎没见过他对人发怒，我没记得自己被严厉训斥过，更别说打骂、体罚。每当人们问我“你爸啥时回来”，我会骄傲地说“快了，我爸放假必定回来”。人家的孩子盼过年，我盼父亲回家。

一个人性格的形成受先天成分影响居多，小心谨慎也许就是父亲从医的优势吧。裘法祖老先生说过“德不近佛，不可为医；艺不近仙，不可为医”。对待自己看过的患者，当天就会翻书查资料，第二天又会去询问，即使患者已经明显好转或痊愈，他也会很在意患者对症状的叙述。在我的记忆中，灯光下那个学习到深夜的背影就是我爸爸永久的形象。

父亲除了学习医书之外，几乎没有别的嗜好。烟、酒不沾，偶尔饮杯淡茶，更多的是喝白开水。尽管他很喜欢高雅的琴棋书画，但没有时间去深入研究。听父亲的同学张伯说：“你爸就是书虫，人家晚上都去跳舞，找女友，只有你爸在教室看书，不去跟风取乐。”在中苏友好的年代里，年轻人不会跳舞被认为是不跟形势，可父亲始终都没有去学跳舞，他胸怀大目标，学有所成才能报国为家。也许因为老成持重被选为班团支部书记。可能是不善于权谋之术吧，父亲不热衷行政职务，若论组织管理能力，父亲是很有一套的。亲自创建中国心力衰竭协会，几年内使其成为国内影响较大的专业学术组织。父亲的朋友真不少，有许多是国内外心内科权威专家，其中有老一辈专家，也有年轻一代后起之秀，更有国外的著名医学专家。父亲曾说："自己在同学中不属于最聪明的，论智商在中上，但升学、考试总能名列前茅，就在于能刻苦勤奋地学习。术业有专攻，经不住诱惑，耐不住寂寞，在专业领域能有所成那是不可能的。"这几句话，是父亲一生创新、创业，艰苦奋斗，顽强拼搏，爱岗敬业，为国家和人民做出贡献的精辟总结。

父亲生活节俭，这是从农村出来穷孩子的习惯，也来自祖父严厉的家教。父亲参加工作后买的一套中山装穿了近20年，一双皮鞋穿20多年。在家中几乎从没有倒掉过剩菜剩饭，这些年经济条件大好，看到冰箱里放着半碗剩菜和半干的馒头，平日节俭的我都觉得有些过分了。父亲没有不良嗜好，又不热衷社会交际，对于高档消费也是相当排斥。但对买书却舍得花钱，1995年专业藏书已经达到4000册。根据故乡医院发展的需要，把其中近3000册书刊赠送给了家乡医院，以报答故乡养育之恩。自己费尽心血出版的书籍，即使已经不能满足外地订购需要，也会拿出相当数量赠送给同行和学生。父亲对待亲戚、朋友从不吝啬，从不计较往来得失。

小时候对父亲的有些做法不理解。比如每当过年、过节，我都像盼星星盼月亮一样想念爸爸。当然，想的是新衣服、好吃的成分更多。可父亲回家总是绕村外半圈先到爷爷、奶奶家里，然后再到自己家，这也引起过母亲的抱怨。父亲总是顺从爷爷、奶奶，从没见过他对爷爷、奶奶高声说话，父亲是对父母非常孝顺的大孝子，在村内远近闻名。现在自己有了儿孙，更加敬重父亲孝老爱亲的美德，若每一个做儿子的都像父亲一样，那所有的家庭将会更加幸福，每当念及那时的父亲，总觉得自己亏欠父母的太多。

母亲没上过学，识得字就是布票、粮票、人民币上的大写简体数字。因为工作的缘故当时父母分居两地，难得通信。他们单独相聚的时候不多。母亲的记忆力特别好，家庭收支、人情往来账清清楚楚，两口人一见面，母亲总是不停地与父亲说家长里短，父亲总是先问张家病咋样了，李家手术后如何。总是三句话不离本行，母亲大概早理解了吧，这就是医生该做的吧！母亲个性刚烈，嗓门特大，偶尔听到母亲在“吵”，没听到父亲“争”过。过后还是母亲关照着父亲的一切。两人虽然做不到夫唱妇随、相敬如宾，但也算得上互相关心体贴与帮助了。一个高级知识分子，一个农家妇女，一生和睦相处，这就是缘分吧。

因为有一位慈祥的父亲，我感到幸福，不记得在什么时候还顶撞过父亲，唯有一次是表示过自己的异议和要求。那是 1974 年，我已经 22 岁。我在小学五年级后就开始过着面朝黄土背朝天的日子。每天累死累活才有五毛钱的收入，希望在哪儿？看到有人就工、上学，离开农村，强烈的渴望像他们一样。也许是冥冥之中的召唤，我喊出“我要上学”。父亲在村里维持的关系好，也是受长辈的福荫，终于梦想成真，我被胶县卫校录取，开始从医生涯。如父亲所说“平安是福”，从事护理工作 32 年，没有出现差错和事故，还被评过优秀护士，到年龄退休，没有给父母丢脸。感恩父亲，也感恩那些帮助过自己的人。

父亲已经 80 岁了，耳朵也背了，每次回家还是看到他在看专业书或给别人批改论文。这就是他的一生所好啊！当别的老人们在养花弄草、逗鸟遛狗的时候，父亲依然徜徉在书海之中。子非鱼，安置鱼之乐。我知道，知识的海洋，是他幸福的殿堂。

参加工作以后，离父母远了，更多了些牵挂。今年夏天母亲病了，我赶回家，一开门，看到父亲头发更稀少了，背有点驼，大热天，赤着背，皮肉下坠着；母亲躺在床上，脸有些肿，我的心一揪，鼻子发酸。你们都老了，我的老爸！我的老妈！你们为女儿操心太多，是女儿回报太少。回想自己儿时的伙伴，与她们的父母相比，你们二老是世界上最好的父亲、最好的母亲。也许做儿女的都如此想吧。父母双亲的养育之恩，比天高，比海深，是儿女永远回报不完的。

女儿　张效梅

2015 年 12 月 6 日

硕果累累　无私奉献

——祝贺父亲从医执教53周年暨80华诞

1964年我在老家寿光县前杨公社范于村出生的时候，父亲已从青岛医学院毕业1年余，因为父亲在大学学习及实习期间成绩突出，被多位专家教授看中推荐留院工作。父亲工作后有工资了，家庭生活条件得到了一些改善，我小时候有些体弱，父亲每月按时寄钱回家，在家务农的母亲为了我付出了许许多多的辛苦和操劳。

说起父亲的求学之路可谓异常艰苦，因为当时家庭经济条件不好，上中学期间一直是背着干粮步行数十里往返于家庭和学校之间，后来父亲的脚底磨起了厚厚的一层老茧。虽然当时的生活和学习条件很苦很差，但是父亲凭着坚韧的毅力和顽强地拼搏精神，最终以优异成绩顺利考取青岛医学院。在20世纪50年代，父亲是整个村庄里第一个考出去的大学生，可以说父亲是全村人的骄傲。

1963—1970年，父亲一个人在青岛打拼奋斗，很是不容易，当时父亲的工资收入比较低，多年后父亲经常跟我们提起，他毕业后的15个年头里一直是雷打不动的每月53.5元，父亲在生活上非常节俭，除去每月必需购买的生活用品外，总是尽量节约每一分钱，因为他知道在老家的双亲及妻儿更需要钱。父亲在忙碌工作的同时，总是尽量抽出时间回家探望爷爷、奶奶、母亲和孩子们。每当知道父亲快要回家的时候，我们姐弟几个总是异常兴奋和激动，日夜盼望父亲早点回到家中，因为父亲回家除了带些好吃好玩的，我想更多是血浓于水的亲情和思念吧！

1970年10月，父亲积极响应党的号召，跟随青岛医学院搬迁至惠民地区北镇（现滨州市）办学，当时的北镇非常落后，整个环境可以用“脏乱差”来形容。办学条件如此艰苦，父亲不但没有怨天尤人，反而发扬不怕苦不怕累的优良传统，始终本着扎根基层、服务劳苦大众的实干精神，为贫穷落后的鲁北地区唯一一所高等医学院校奉献青春和智慧。

1980年，我和弟弟同母亲一起跟随父亲举家搬迁至现在的滨州，当时的滨州可以用“贫穷落后”一词来概括，周围环境比较差，吃住也不怎么方便，但是作为一个从农村来到城镇的孩子，我从心里感觉还是很高兴的，更重要的是一家人终于团圆了。安定下来后父亲联系学校，让我到北镇中学读书，紧接着母亲也去学校幼儿园工作了，就这样全家开始了温馨有序的生活。刚刚改革开放的80年代初期，家庭经济条件比较差，但是母亲很会持家过日子，在母亲的辛勤操劳下，全家人的生活过得其乐融融、有滋有味的。就这样一晃30多年过去了，现在回想起来感觉那时的生活虽然清苦了些，但感觉很幸福、很快乐。

父亲从医的53年间，孜孜不倦，精益求精，在科研及教学工作中硕果累累，多年来勤于笔耕，主编和参编医学专著41部（含国外3部），发表医学论文110余篇，其中多部著作和论文获省部级奖励，并多次获得国际医学创新优秀成果奖。父亲几十年如一日，把毕生的精力全部用在了医疗、科研、教学、著书立说上，成为远近闻名的教授，他呕心沥血开创的“中国心力衰竭协会”就是最好的证明，父亲身兼数职却乐此不疲，因在工作中成绩斐然，多次受到嘉奖，成为滨州医学院首批享受国务院颁发的政府特殊津贴的专家。

父亲不仅医术精湛，而且为人坦诚、谦和，乐于助人，诊治患者时细心认真，处处为患者着想，友善对待每一位患者，几十年来没有出过一次医疗差错和事故，没有和患者发生一次口角，始终本着“仁心、妙术”的服务宗旨兢兢业业地工作着。由于父亲名气大、口碑好，所以找父亲看病的人特别多，每天早出晚归，回家吃饭总是晚点，父亲经常跟母亲和我说：“老百姓大老远跑来看病不容易，只要挂了号，不管多晚我都要给患者看完。”所以父亲加班加点是家常便饭，有时候遇到急诊半夜三更也会被叫走，工作如此辛苦忙碌，父亲从来没有一句怨言，多年来挽救危重患者无数，高尚的医德、精湛的医术，受到了广大患者及同仁们的夸赞。

50余年的从医生涯，父亲可谓桃李满天下。父亲对待他的学生们无一不倾心倾力，尽职尽责，对待学生就像对待自己的儿女一样尽力关心帮助。

后来父亲的学生们经常用敬重的语气说张教授治学严谨，博学多闻，德高望重却平易近人，在他们心目中的教授不仅是令人尊敬的老师，更是一名慈祥亲切的长辈和朋友，父亲的人格魅力和治学精神受到了学生们的广泛尊敬和推崇。

俗话说得好："百善孝为先。"感恩父母，孝敬父母是我们中华民族的传统美德，父亲在孝敬父母这点上可以说真正做到了无以复加。20世纪60—70年代，父亲的工资收入微薄，但他总是尽可能的省下每一分钱，按月邮寄给爷爷、奶奶及姥姥，总被乡亲们看在眼里，对父亲的孝心和辛勤付出交口称赞，父亲是名副其实的大孝子。

父亲和母亲感情很好，母亲小时候家里贫穷，没有条件上学，是个地地道道的文盲，身为大学教授的父亲，不但从来没有嫌弃过母亲，反而非常谦让母亲。平时母亲发发脾气，倾诉在农村受的苦和冤枉事，父亲从来不跟母亲计较，总是以和蔼的态度对待母亲。母亲60岁以后身患类风湿关节炎，生活不能自理，严重时几个月都不能下床，退休后的父亲婉言拒绝了好几个大医院的高薪聘请，细心陪伴呵护照顾母亲，多年来在父亲精心的治疗和调理下，母亲的疾病得到基本控制，为此父亲付出了很多很多……父亲经常语重情深地对我们说："年轻时我在外求学和工作回家少，你们的母亲受了许多的苦和累，把你们几个孩子养大成人很是不容易，所以你们以后一定要好好孝敬你们的母亲！回报养育之恩。"是啊，勤劳能干的母亲为了这个家付出得太多太多了，亲爱的父母亲，我们一定会好好孝敬您！

在父亲的影响下，我们晚辈中有好几个人也走上了从医之路，并且在各自的工作岗位上做出了较好的成绩，更让人欣喜的是，我的儿子从小就深受爷爷的影响和熏陶，好学上进，品学兼优，大学本科毕业后，以第一名的成绩被天津医科大学录取为心血管病学专业硕士研究生，使我们这个大家庭传承了医学世家的良好家风，成为家族医学事业的接班人。

品德高尚、成就突出的父亲是一盏明灯，照亮并指引我们前进的方向。俗话说"父爱如山"，父亲的宽阔胸襟和渊博知识必将使我们受益终生，衷心感谢父亲几十年来对我们的辛勤培养，父亲，我们永远热爱您！

值此敬爱的父亲行医53周年暨80华诞之际，衷心祝愿他生活幸福，精神愉快，健康长寿，万事如意！

儿子　张效国　儿媳　马敬霞

2015年10月28日

我心目中亲爱的爷爷

儿时

我出生在一个温馨的家庭，我的名字是爷爷起的，意为“凯旋归来”，希望我能有所作为。小时候懵懂不太懂事，爷爷给我留下的印象可以概括为“依赖”。小孩子，有好吃好玩的便开心得不得了，单纯得很。去爷爷家总是有不少美味满足我的馋嘴，而爷爷生活方面很是细心，每次去，家里都是干干净净的，给准备好了不少好吃的，常常特意准备些好的饭菜。

印象中，爷爷大部分时间都在书房，每次去爷爷家时，爷爷常常是从书房走出来。有一次，我印象特别深，我和爸妈晚饭后很晚才去爷爷家，唯独爷爷书房里的灯还亮着，已经退休的爷爷从书房里走了出来，看书学习早已成为爷爷的一种生活常态。在爷爷的书房里，书架上摆满了各种医学书籍，那时候年幼，根本看不懂，只是不禁感叹如此多的书籍，让我常常有不觉明厉的感觉。

成长

爷爷一直都很重视我的学习，学习上常常是亲自指导，生活上更是照顾有加，爷爷在教育方面一直高度重视，上学到现在，学费也一直是爷爷全部承担，作为激励我学习的动力，奈何我的勤奋与才智远远不及爷爷，总是难以取得更好的成绩。

爷爷奶奶常常跟我提及以前的艰苦生活，但生活上的各种艰辛没有阻断爷爷的求学之路。据我所知，爷爷是以前村庄里唯一的大学生，从小到大成绩都非常优异，大学进入了青岛医学院，凭借优异的学习成绩，爷爷成了一名优秀的医师。医学道路可谓路漫漫，充满了困难与艰辛，而爷爷凭借着认真仔细、刻苦钻研的态度，不断努力，成就了一番事业，为医学事业奉献了他的全部，给无数患者带来了福音。

长大

受爷爷的影响，父辈及亲戚中有许多人从事了医学事业。我因从小受家庭环境的熏陶，因此也走上了医学这条道路，而在这条路上走的时间越长，对爷爷的体会就越不同。可谓“隔行如隔山”，接触医学后，我对爷爷印象最深刻的是那种劲头，那种对事、对人及对待医学事业积极向上、孜孜不倦的热情，非常值得我学习。我觉得，人生能有一件可以让你如此投入、如此看重，并为此不断努力的事情是件很幸福的事。可是在现实生活中我们所从事或者为之奋斗的事情，又有多少是发自内心去热爱的。

当我成为一名医学生后，我觉得医学最开始的时候肯定是抱着最纯洁的想法——治病救人、解除他人痛苦，这应该也是每位医生一直追求的崇高境界。而我爷爷总是不断进取，总是为解除患者的病痛而不断努力。

希波克拉底誓言这样写道：健康所系，性命相托。当我步入神圣医学学府的时刻，谨庄严宣誓：我志愿献身医学，热爱祖国，忠于人民，恪守医德，尊师守纪，刻苦钻研，孜孜不倦，精益求精，全面发展。我决心竭尽全力除人类之病痛，助健康之完美，维护医术的圣洁和荣誉，救死扶伤，不辞艰辛，执着追求，为祖国医药卫生事业的发展和人类身心健康奋斗终生。每次重温医学生誓言总是能让人精神振奋，心潮澎湃，而此时我想到了我的爷爷，他的著作、高尚品德、言行都印证了什么是医学大家。

爷爷工作上一丝不苟，真正做到了医生应有的最高境界。而在家庭、生活方面他依然是做的那样完美，奶奶患类风湿关节炎 20 余年了，一直是爷爷认真仔细的照顾，奶奶的身体状况也因此一直不错；对待他的儿女子孙也是无微不至。工作上为患者奉献了他的全部，而生活上为妻子儿女子孙也奉献了很多很多。即便是生活条件改善了很多，爷爷依旧是勤俭节约，艰苦朴素，他省吃俭用多年积蓄下来的财物帮助了 4 个儿女，而自己却很少享受。

因为我从事了与爷爷一样的事业，所以不管是他的用心教育或是潜移默化带来的影响，都使我受益匪浅。我觉得爷爷给我的最大影响是让我学会了坚持，医学事业是任重而道远的，要面对的是人，而不是机器，正因为如此，如何对待医学？如何去学好医学？都是一门门很深的学问。今年刚步入研究生的生活，也经历大四大五的见习实习，如果问我，医务人员最重要的本领是什么？我觉得最重要的是不断进取、学习的精神。正是有了这份“坚持”，有了动力、有了梦想，才会更加努力地去拼搏去奋斗，只有这样才能把我们的医学事业做得更好，而爷爷的医学生涯把这阐释的淋漓尽致，他以他亲身的经历、以身作则的方式阐述了这份“坚持”。

爷爷即将迎来八十大寿，他也准备出一本传记，作为爷爷的孙子，我由衷地为他感到高兴。他的成就之大、德才之高，奈何我没有很好的文采，不能很好地描绘出来。唯有默默地向他学习、向他看齐，默默地祝福爷爷，衷心为他所做出的那么多成就而感到高兴与骄傲。在此祝愿爷爷健康长寿，生活愉快！

孙子　张凯　敬书

2015年10月6日

我的教授爷爷

我生活在一个温暖的大家庭里。在这个幸福的大家庭里，我最最喜欢的是我的爷爷。我知道爷爷在他4个孙子女中最疼我了，大家都说我是在“蜜罐”里长大的女孩，这是因为我有一个十分疼我、爱我的爷爷。

我的爷爷高高的个子，白皙的皮肤，一双炯炯有神的眼睛透着慈祥和善良，爷爷今年刚好80岁。除了耳背和头发已经花白以外，其他一点不减他年轻时的风采，行动依然很利索，走路昂首挺胸。爷爷的耳背比较重，我的一句话要说上三四遍，他才会听清楚弄明白，有一次我吃完中午饭去爷爷家，他问我吃过饭了没，我说：“吃过了！”“什么？”“吃过了！”“什么？”最后还是奶奶在一旁帮我大声说，爷爷这才听明白，微笑着放心地点点头，拿出一大堆好吃的水果小零食让我再吃点儿。爷爷还经常嘱咐我爸爸妈妈，一定让我多吃肉蛋奶，现在正是学习累、长身体的时候，多增加营养才能身体好、学习好。

记得小时候，我在小白鸽幼儿园上学，幼儿园教学楼就在爷爷家宿舍楼的后面，每天下午幼儿园放学时间一到，爷爷总会是第一个接孩子的家长，路上爷爷总是牵着我的小手，关心地问我幼儿园的事情，今天写字了吗？学唱歌了吗？好好吃饭了吗？回到家奶奶已经给我煎好鸡蛋火腿，看着我狼吞虎咽的都吃光，爷爷才放心的忙他的事情去。

爷爷生活俭朴，虽然退休金也不低，足够爷爷和奶奶生活得很好，但是爷爷依然保持着勤俭节约的生活习惯，时常教育孩子们不能浪费，要珍惜现在来之不易的好生活，要好好学习。爷爷小时候家境非常困难，听奶奶说，爷爷上学时条件非常艰苦，爷爷家里穷，买不起自行车，所以爷爷只能是一星期步行回家一次。当时爷爷还是青少年，必须不断徒步往返于学校和家庭之间来完成学业，家里困难没钱给孩子补充什么营养，爷爷严重营养不良，经常走一段路就坐在地上歇歇再走，学校离家有50多里路，爷爷下午放学徒步往家赶，总要走4个多小时到天色漆黑时才能到家。等到返校时我的奶奶总是给爷爷准备好下一个星期的干粮（自家腌的咸菜和烙的煎饼），给爷爷装个沉甸甸的包袱，爷爷背上干粮再徒步返回学校。时间久了爷爷脚底下就磨起一层厚厚的老茧。6年的中学时光爷爷就是在这样艰苦的条件下度过的。爷爷是个学习勤奋刻苦的学生，最终以优异的成绩考取了青岛医学院，成为村里的第一个大学生。

爷爷经过多年的努力，终于成了一名医学教授。多年来爷爷始终坚持孜孜不倦、精益求精的工作态度，在医学教育和临床诊治工作中取得了累累硕果。由我爷爷主编、参编的国内外医学专著共41部，发表医学论文110多篇，其中多部著作和论文在省内和国际获奖，并且成为滨州医学院首批享受国务院颁发的政府特殊津贴的专家。爷爷不仅学问大，医术精湛，而且医德高尚，多年来始终坚持坦诚、谦和对待每一位患者，处处为患者着想，所以在患者和同事中赢得了极佳的口碑，找爷爷看病的人络绎不绝，多年来由爷爷治好的患者不计其数，爷爷成为远近闻名的心血管病专家。

爷爷治学严谨，博学多闻，多年的教学生涯，如今可谓是桃李满天下。爷爷对待学生平易近人，就像是对待自己的孩子一样，所以受到学生们的尊重和推崇。

爷爷虽然年纪很大了，但始终保持看书学习的习惯，对待自己的孩子们也是要求勤学上进。对我和哥哥的学习一刻也不放松。记得有一次，爷爷出门打印医学资料不在家，我草草地写完老师布置的作业就急忙玩去了，爷爷回来问我："作业写完了吗？"我心里不安地说："早就写完了。"哪知道爷爷说的时候，已经把我的作业拿到手了，带起他的老花镜认真地看起来，爷爷神情很严肃，把作业里的每个错字、漏掉的字都给我画了出来。我心里越发不安了。爷爷耐心地跟我说，学习马虎不得，要有认真的态度，并且耐心地看着我把作业里的错误都一一改正了，才放心地去修改他的书稿。第二天爷爷特意跑去新华书店给我买了《新编小学生字典》，让我方便查不懂的字词。在爷爷的影响下，我的哥哥以第一名的成绩考取了天津医科大学的硕士研究生，我也跨进重点高中的大门，明年即将参加高考，争取成为一名大学生。从小就深受爷爷的影响和熏陶，我也要像爷爷那样，在学习上认真、好学，长大后做个对社会有用的人！

值此敬爱的爷爷即将80华诞之际，衷心祝愿最最亲爱的爷爷和奶奶身体健康，生活幸福，万事如意！

孙女　张晨

2015年12月8日

张子彬一家，祖孙三代从医从教，形成了医学世家，广受社会各界赞扬。德高望重、医学成就卓著的中国工程院院士陈灏珠教授为本书写的"序"中，结合当前医学界形势，对这个医学世家进行了精辟论述，对张子彬教授的医学世家予以高度评价，并对此表达敬意，这是十分难能可贵的，使全家深受鼓舞和激励。张子彬教授的医学世家家谱如表3-1-1。

表 3-1-1　张子彬教授医学世家家谱一览

一代	二代	三代	四代
张子彬 * 董玉芬	刘玉华 * 张效梅 *	刘　爽 * 梁艳芳	刘思彤 刘梁栋
	张效忠 * 马延青	张　鹏 左素贞	张志强
	张效国 * 马敬霞 *	张　凯 **	
	张效平 陈　平	张　晨	

注：* 为在医院或医教部门工作；

** 为天津医科大学心血管内科研究生（在读）。

图 3-1-1　张子彬夫妇与次子一家

前排左起：董玉芬、张子彬；后排左起：张效国、张凯、马敬霞

图 3–1–2　女儿一家

右起：张效梅、刘爽、刘玉华

第二章　四代同堂

一生中经历过两个四代同堂的人并不多见，而张子彬教授有幸亲历两个四代同堂，饱享天伦之乐的温馨和家庭幸福。

第一个四代同堂

张教授的母亲是一位慈祥、善良、勤俭、朴实的老寿星，自幼生活在寿光县农村，18 岁出嫁到范于村。一生育有三子一女，长子 5 岁前夭折。张子彬有一姐一弟，其母将 3 个孩子抚养长大成人，在农村艰难的条件下，受尽千辛万苦。由于老人的精打细算，勤俭持家，3 个孩子都健康成长，享尽母爱的温暖。

自 20 世纪 1980 年起，老人轮流到 3 个孩子家住，颐养天年。老人轮流到 3 个孩子家住，一来是随母亲的心愿，因在一家住的时间长了，就想其他两家的孩子；二来也是给儿女一个尽孝道、养老人的机会，回报母亲的养育之恩。

1984 年张教授有了第一个孙子，取名张鹏，1991 年又喜添第二个孙子，取名张凯，都是他亲自起名，一个鹏程万里，一个凯旋归来。一提起有两个孙子，张教授总是喜笑颜开，合不上嘴，心中美滋滋的，十分惬意。

1993 年 5 月，老母亲在滨州赡养，时间已久，就常唠叨挂念老家的子女和孙辈，希望回老家看看，正在这时，张子彬的弟弟张子亮来滨州接老母亲回寿光住一段时间。此时张子彬提议，四代人欢聚一堂，机会难得，大家都很高兴，是否合影留念？这一提议全家都一致赞同，张凯已 2 岁，抱在爷爷怀里，是老母亲的曾孙。这一幅四代同堂的合影照片，至今摆放在张教授的客厅内，成为珍贵的纪念照，见证这个和谐、幸福、美好的大家庭。

第二个四代同堂

张教授的老母亲活到 90 岁高龄，是全家的老寿星。十几年后，张教授的女儿张效梅，先后有了孙女刘思彤和孙子刘梁栋。2009 年他的长子张效忠也喜得一孙子，取名志强。这个大家庭人丁兴旺，张教授既有了曾外孙女和曾外孙子，又有了曾孙子。于是第二个四代同堂在祖籍寿光诞生了。每当第四代出生时，全家十几口人欢聚一堂，都热烈地庆祝一番，每个人的脸上都呈现出灿烂的笑容，欢声笑语在庆祝家宴上久久回荡，天伦之乐充满家中每个角落，给全家留下幸福的记忆。

第三章　钻石婚回眸

2009年是张子彬与董玉芬夫妇结婚60周年。这年10月全家组织了隆重的庆祝活动，内容丰富多彩，不仅有家庭宴会，还召开了庆祝会，长辈向晚辈四家发纪念册，各家成员都发言，孙辈有诗朗诵、唱歌、向长辈献花等，子女及儿媳写了庆贺文章，祝老人身体健康，生活幸福，歌颂两位老人对这个家庭的巨大贡献、高尚品德和优良传统。特别是张子彬教授写了一篇“钻石婚回眸”的长文，字数近5000字，详细记述与老伴的甘苦历程，歌颂她的贤妻良母之风和孝老爱亲的精神风貌，现转载如下，让子孙后代继承长辈的优良传统并发扬光大。

钻石婚回眸（1949—2009）

——记与老伴婚后60年甘苦历程

张子彬

妻子董玉芬出生于1932年12月16日（农历十一月二十九日）益都县（今青州市）口埠村一个贫寒的农家，姊妹五人，她排行第三，另有三位兄长。她的童年及青少年正处在抗日战争及解放战争年代，饱受战乱之苦。18岁那年，奉母命及媒妁之言，出嫁到寿光县范于村，时年1949年冬季，正值中华人民共和国成立后不久。

由于多年战争造成的破坏，全国百废待兴。尤其农村条件十分艰苦，家中一切吃的、用的、穿的主要靠婚后不久的妻子双手劳作完成。农忙时还要下地干活。经几年的努力，生活刚刚好转，就遇上了1958年的“大跃进”，连续疲劳“作战”，紧接着就是1960年前后的“三年自然灾害”“四清运动”“文化大革命”。社会处在一个动荡不安的状态，农村经济停滞不前，生活每况愈下，衣食等生活必需品都用粮票、油票、布票购买，饥寒交迫，难得温饱。婚后自1954年至1968年的14年内，妻子先后生下一女三男共四个孩子，在上述那种极其艰苦的情况下，她以顽强的毅力和吃苦耐劳的精神，克服各种困难，将四个孩子抚养长大，其负担之重，困难之多，是一般人难以承受的，是现代年轻人难以想象的。

孩子到了上学的年龄，她每日早起做饭，让孩子吃饱上学，一日三餐按时准备。白天下地干农活，晚上在小油灯下做衣服及缝鞋袜至深夜。我在结婚的第二年（1950年）到外地上学，从完小、初中到高中，都是每星期回家一次带6天的饭，妻子总是按时烙煎饼准备这6天的食用。我及我父母的衣服、鞋袜也大部分由妻子一针一线地来做。因此她从早忙到晚，日复一日，年复一年，承受家务的重担。

1958年我考上青岛医学院本科医疗系，妻子顾全大局，支持我上大学，并亲自送我到火车站乘上去青岛的列车，心中充满对我的信任和期待。1960年在自然灾害最困难的时候，因口粮少吃不饱，我在青岛得了浮肿病，不能回家过年，妻子知道后万分焦急，急忙用粮食换成粮票与煎饼一起寄给我，这可真是雪中送炭，情深义重。1963年我大学毕业了，并分配到青岛医学院附属医院工作，苦日子终于熬出了头，全家生活有了转机。我第一年的工资每月43.5元，第二年转正后每月增至53.5元，这是我们夫妇共同努力，克服重重困难，用无数心血和汗水，17年的寒窗苦读，迎来了盼望已久的收获！

1968年秋妻子生下了第四个孩子，我在青岛工作，每年只有半个月的探亲假，一般在春节回家团聚。因此，抚养四个孩子的重担就落在了妻子身上，另外还要赡养公婆，抽空下地干农活。妻子长期过度劳累，积劳成疾，得了胃溃疡病。在农村药物治疗效果不佳，为早日解除疾病的痛苦，1972年我安排她在青岛医学院附属医院做了胃大部切除术。术后在青岛疗养一段时间后，我送妻子回到农村老家，尽管带回了许多药物和营养食品，但当时农村生活条件仍较差，影响了术后的顺利康复，常发生低血糖，身体消瘦。这使我在外放心不下，时常牵挂，曾努力将妻子户口迁至青岛，以便照顾她的身体，但因各种条件所限未能办妥，对此深感遗憾。

1976 年前后，女儿效梅及长子效忠先后参加了工作，有了工资收入，家中经济生活进一步好转，给全家带来了新的希望，辛劳半生的妻子脸上也露出了欣慰的笑容。

1980 年是难忘的一年。我经多年刻苦学习和勤奋工作，晋升为主治医师和讲师，根据国家照顾科技人员的政策，农村户口的家属可转为非农业城市户口，我喜出望外，很快将妻子、老母亲及两个未成年儿子效国、效平的户口迁来滨州，与妻子分居 30 年后，终于团圆了，这是家史中的里程碑事件。

20 世纪 80 年代，中国的经济还较落后，我的工资收入不高，每月仅 60 余元，妻子考虑到光靠这些工资难以维持五口之家的生活，便到医学院幼儿园工作。除白天上班外，还包下全家的家务活，如买菜、做饭、洗衣、家中卫生清扫等都由她承担，全力支持我安心工作。从 1984 年开始，大儿子的孩子张鹏，也就是第一个孙子，每年冬天都来滨州，由奶奶带着上班。因此，妻子的工作量比在农村时还重，整天忙忙碌碌，十分辛苦，上伺候年逾古稀的婆母，下照看顽皮的孙子，成了这个四代同堂之家的顶梁柱。1986 年前后，骑自行车外出买菜时，先后发生 2 次骨折，一次是左腕关节上部，一次是腰椎压缩性骨折，都是由于劳累过度，从自行车上摔下所引起，虽经及时治疗而愈合，但却是为全家付出艰辛劳动的见证。

从 1981 年开始，妻子在幼儿园从事幼教工作，一干就是 10 年。由于她工作认真负责，教育有方，勤快利落，因此各班的老师都愿和她一起工作，分班时都争着要她，小朋友也十分喜欢她，经常围坐在她身旁，听她讲故事，共唱儿歌，充满欢乐气氛。她教过的小朋友，现在有的大学毕业后成了科技人员，有的成了各行各业的骨干。

60 岁那年，她从幼儿园退休，在家中依然忙忙碌碌，操持家务劳动，全力支持我干好各项工作，由于有这样的贤内助做后盾，再加上我的勤奋努力，因此在医疗、教学及科研中取得了优异成绩，获得多种奖励和荣誉。我深知这些成绩的取得与妻子的大力支持是分不开的，在晋升教授后，又被评为省卫生厅专业技术拔尖人才，享受国务院政府特殊津贴。为表示感谢妻子的支持，特让妻子手捧获奖荣誉证书与自己合影留念，共享这付出的回报和春华秋实的喜悦。

1991年第二个孙子张凯出生了，从此妻子高兴地承担起看护孙子的重任，一直到两岁半送幼儿园。在她的精心呵护下，孙子长得白白胖胖，聪明活泼，令人喜爱。

孙子入园后本应好好轻松一下，安度幸福晚年，补养一下多年劳累而消瘦的身体。“天有不测风云，人有旦夕祸福”，一种慢性而顽固的病降临在她身上，1994年由于多处关节肿痛确诊为类风湿性关节炎。虽经国内外各种药物及多种疗法治疗，病情逐渐好转，但也饱受此病的折磨，疾病的痛苦使她虚弱了很多。作为医生的我，也尽了最大努力，想尽各种办法精心治疗，在生活上耐心护理。在与疾病的斗争中，更进一步加深了我们夫妇的感情。

妻子辛苦大半生，为全家付出太多，我看在眼里，记在心里，总想对妻子补偿一下。20世纪80年代末，让她跟随我外出旅游，松弛一下天天紧张劳累的身心，可她总是以家务忙为由而婉拒，把旅游的机会让给了女和儿媳。90年代初，经过我的一再诚邀，遂与我借参加学术会之际，先后游览了泰山、济南、北京的名胜古迹，在雄伟的泰山、济南大明湖、北京的天安门广场和长城，饱览祖国秀丽山河，我们夫妇在各处合影留念。

从1978年至1994年的16年中，四个孩子先后结婚，婚前都要请木工做家具，自己做或购买衣服、被褥等各种结婚用品，结婚时更加忙碌。这些里里外外的事，大都由妻子操办，付出了无数心血和汗水，为子女完婚成人做出了巨大贡献。

妻子为人善良，是个孝顺公婆的贤惠儿媳。在农村老家时，尽心照顾公婆，老人有病或有事时，总是跑前跑后，做到别人的前边。对待娘家的母亲更是孝敬有加，虽从婆家到娘家口埠村有8里之远，但有时包了水饺用保温小罐送去，使老娘吃上热水饺。在妻子孝心的感召下，我大学毕业后拿到第一个月的工资时，取10元钱（月工资的1/4）经邮局寄给岳母，以表达对母女的感激之情，受到岳母的高度赞扬。从1980年起，妻子与我母亲一块来到滨州医学院，老母亲在冬天前后的半年内在滨州度过，妻子从各方面照顾老人，衣服和被褥由妻子做，及时用上。老人牙齿不好，妻子做菜时特意切细炒烂，包水饺时单独包易咬馅的给老人。老人最喜欢吃的鸡子、糖及香油等从未间断过，放在枕边或附近桌上方便食用。有时妻子病了自已吃不下饭，也还是煎了鸡蛋送到我母亲床前，带病伺候老人，充分体现了孝敬老人的传统美德，给后代做出了良好榜样。

1998年妻子因甲状腺腺瘤在滨医附院动了手术，子女及儿媳们都尽心照顾和轮流陪护。2000年因双眼白内障到青岛的省眼科医院由著名专家动手术治疗，植入进口的高质量人工晶体，效果令人满意，完全恢复了正常视力。我日夜守护在妻子床前，细心护理，二儿子效国一同前往，跑前跑后，照料母亲。在大家的共同努力下，使这次手术十分成功。

30多年来，妻子先后5次住院，动过3次手术，发生2次骨折，1994年又患了类风湿性关节炎（全身型），这些病大都和过度劳累有关。尤其晚年得的类风湿性关节炎，全身大多数关节都有过症状，病情严重时各关节红肿，一动就十分疼痛，曾卧床数月，不能脱衣睡眠。性格坚强的妻子，以顽强的毅力与疾病做斗争，咬紧牙关坚持，很少呻吟喊叫，也尽量不耽搁子女的工作，让他（她）们安心上班，自已默默忍受病痛的折磨。相反，在别人有病时，她却总是细心照顾，关怀备至。我母亲住院动眼科手术，女儿住院动妇科手术，以及儿媳住院生孩子，她都忙里忙外，做饭送饭，或在医院亲自陪护，或到医院看望，使住院的及早康复，坐月子的儿媳母子平安健康。这一切妻子功不可没，值得赞扬。在家中脏活累活抢着干，而好吃的东西总是先让给别人，可谓吃苦在前，享受在后，是最难能可贵的美德，也为后代留下了好传统。

在农村的30年里，生活十分艰苦，她克服种种困难，把四个孩子抚养长大，可谓女中强人。自1980年来滨州后，仍然保持勤俭节约、艰苦朴素的本色，在白天上班之余拾树枝和碎木头等柴火，自已起灶做饭，以节省开支，直到搬进三楼无法烧柴为止。她几十年如一日，勤俭持家，精打细算，量入为出，计划开支，从未浪费一针一线，一粥一饭，堪称治家理财的能人高手。因此，虽然我的工资并不高，而全家老少四代的开支不算少，但从未借钱欠债，而能维持收支平衡，且略有节余，以备急需之用。妻子的吃苦耐劳，治家有方，是令人难忘的，受到人们的一致好评和全家的赞扬。

2004年在我们结婚55周年之际，我总结了妻子的功德，现概括如下：四大功劳：①孝敬父母，养老送终；②支持丈夫，建功立业；③养育子女，长大成才；④发挥余热，看护孙子。四种品德：①吃苦耐劳，勤俭持家；②克服困难，坚韧不拔；③舍己为人，顾全大局；④顽强毅力，战胜疾病。这些都是留给子孙后代的宝贵精神财富，永远值得学习和发扬光大。

从1949年我与玉芬结婚，至今已度过了60个春秋，即将迎来钻石婚的庆典，这在我们的生命中可谓弥足珍贵，人生有几个60年！在这半个多世纪中，我们夫妇相依为命，风雨同舟，同甘共苦，进入老年后，更是相濡以沫，形影相随，恩爱有加。面对十几口人的这个大家庭，妻子的贡献最大，劳苦功高，可以说没有她就没有这个家。妻子为这个家付出了辛勤劳动和毕生心血，历经千辛万苦，终于苦尽甜来，她赢得了我的忠心和关爱，受到子女、儿媳、女婿、孙辈的孝敬和尊重，早已过上了小康生活，这是对她为家庭巨大付出的应有回报。相信在未来的岁月中，我们夫妇将携手共度幸福晚年，享受天伦之乐，我们夫妇的感情像陈年老酒，会更加芬芳香醇！

附“金婚”“钻石婚”诗作数首于后“第五章家庭诗选”中。

母亲生日祝词

尊敬的母亲，我们最亲爱的妈妈：

您好！

今天是您的生日，在这个喜庆的时刻，我最想说的是：妈妈——您辛苦了！妈妈——我们永远爱您！

59年以来，您为这个家，为我们，奉献着自己的爱，因为您无怨无悔的爱，才有了我们这个安乐的港湾、温馨的家。50余年来，您用那孱弱的肩膀撑起了我们这个贫穷的家。早时候爸爸在外求学，后来又只身一人工作在远离家乡的青岛，全部的生活重担就落在了您一个人的身上。您早起做饭，平时忙着种田的同时还要照看儿女，就连晚上也是在煤油灯下烦琐的针线活中度过的。您一生养育了我们四个儿女，含辛茹苦地把我们拉扯大，您在那么困难的状况下不知受了多少苦，流了多少泪，您所遭受的困难和曲折是无法用语言来描述的。

七十七年风风雨雨，七十七载生活沧桑。您最大的心愿就是想要我们成为有知识、有文化、有用的人。多年来，您一直用高标准要求奠定我们人生的起点，用奋发图强的精神激励我们开拓事业，用自己的言传身教，造就儿孙们今天的幸福生活。为了我们，您日夜操劳，您的每一根白发，每一条皱纹，都是劳作的见证。您的养育之恩是我们儿女永远报答不完的，而我们的实际行动是孝心的最有力见证。

您是平凡的，您把一生的勤劳和智慧都献给了我们这个大家庭；您是伟大的，您优良的品质言传身教给我们，使我们一生受用；您是个勇敢泼辣、吃苦耐劳、勤俭持家、善良忠诚的女性。我们说，有这样的妈妈是我们这一生最值得骄傲和自豪的精神支柱与宝贵财富。

“谁言寸草心，报得三春晖。”今天是您的七十七大寿，这杯酒奉献给劳苦功高的妈妈，祝您健康如意，福乐绵绵！您用伟大的博爱养育了我们，我们要让您在爱的氛围里安度幸福的晚年。祝您开开心心、快快乐乐！

福如东海长流水，寿比南山不老松。让我们举起酒杯，祝愿我们最亲最近的妈妈和爸爸健康长寿，富贵吉祥；也祝每个家庭都幸福安康，事业发达，工作顺利；更祝侄女张晨健康成长，学习进步！

儿子携儿媳　敬上　张效国　马敬霞

2008年12月26日

图 3-3-1　张效国一家

右起：张效国、张凯、马敬霞

庆国庆　贺家喜

今天是国庆节，在举国欢庆我们的祖国诞辰60周年的日子里，我们这个大家庭也迎来了四喜临门，第一是国家迎来了60周年国庆，我们大家一起祝贺国家更加繁荣昌盛。第二是今天是奶奶100周年诞辰的日子，如果奶奶知道她的子孙尊卑有道，长幼有序，夫妻恩爱，孝顺老人，家庭和睦，会有多欣慰啊！第三是爸爸和妈妈今年也迎来了他们的钻石婚，他们互敬互爱，相濡以沫，相互照顾，辛辛苦苦一辈子，全部的心血都为了儿女。在人的一生中，父母的关心和爱护是最真挚、最无私的，父母的养育之恩是永远也诉说不完的。我们揪着父母的心迈出了人生的第一步；在无微不至的关怀中成长；灾灾病病使父母熬过多少个不眠之夜；读书升学花去父母多少心血，立业成家铺垫着父母多少艰辛。可以说，爸爸妈妈为养育我们付出了毕生的心血。这种恩情比天高、比地厚，是人世间最伟大的力量。如果人类应该有爱，那么首先爱自己的父母，孝敬父母，不但要很好地承担对父母应尽的赡养义务，而且要尽心尽力满足父母在精神生活、感情方面的需求，特别是对年迈多病的父母，更要精心照顾，耐心安慰。所以无论何时何地都要记着爸爸妈妈：祝二老身体健康，幸福长久。第四是姐姐即将光荣退休，为社会交上一份满意的答卷。姐姐是我学习的榜样。

由于姐姐在外地工作，不能经常陪伴在父母身边，但是，她时刻挂念着父母，经常打电话问寒问暖，每隔 2 ～ 3 个月，就回来看看父母，每次都是洗衣做饭、缝缝补补，恨不能把家里的事情全部做完再走。有这样的姐姐我们感到很自豪，衷心祝愿姐姐姐夫身体健康、全家幸福。最后祝愿祖国越来越强大，我们的这个大家庭也越来越幸福。我和小陈都会努力工作，用实际行动去孝敬父母，多为父母着想；晨晨也一定会好好学习，将来有更好的出路，为我们全家争光。最后祝愿我们的大家庭和祖国一定会有更好、更辉煌的明天！

儿子：张效平　儿媳：陈平　孙女：张晨　敬献

2009 年 9 月 25 日

图 3-3-2　女儿张效梅陪同父母在美丽的海滨散步，空气清新，环境优美，共享天伦之乐

2001 年 7 月 · 威海

第四章　家训家教

家风由来

张子彬教授拥有一个和谐、美好、幸福的大家庭，全家17口人，具有几十年形成的优良传统和家风，其中有的小家庭还被评为单位的“五好之家”。在这个大家族中，有优秀党员、优秀教师、优秀护士、优秀护士长、先进工作者、三好学生、大学优秀学生干部等许多荣誉称号，反映他（她）们在工作和学习中取得的不凡业绩，以及自己具备的优良品德。若问这些成绩和优良传统的由来，除单位及学校领导的多年培养教育外，与长期的家庭熏陶、教育密切相关，特别是父母的言传身教起到了至关重要的作用。

众所周知，父母是孩子的第一任老师，是好榜样，在很大程度上影响孩子的一生。尤其身教重于言教，孩子在潜移默化中受到长辈的教育，影响其言行和思想品质。中央电视台有许多公益广告，感动了亿万中国人，其中一则说的是一位中年妇女给婆母洗脚，她的孩子看在眼里记在心里，不一会也端着一盆水，摇摇晃晃地走到母亲身边，奶声奶气地说：“妈妈洗脚！”他的妈妈满意地点点头，幸福地微笑着，这上行下效生动的一幕，给人留下了深刻印象，给许多孩子以启迪。

回顾张教授的四代同堂之家中，类似上述广告中的动人一幕，亦经常出现。张凯只有三四岁的时候，有一天中午吃饭时，大人给他煎了一碗鸡蛋，他端着这碗鸡蛋，迅速送到他老奶奶（曾祖母）面前，让老奶奶吃。老人高兴地说：“好孩子，你吃吧，我吃不了这么多。”张凯小小年纪，为什么把香喷喷的鸡蛋首先送给老奶奶而自己不吃呢？原来他从小就看到，每当大人们做好了饭菜或煮熟了水饺等好吃的，总是首先给老奶奶盛上，并送到面前，所以张凯也自然学会了。由此可见，榜样的力量是无穷的，孝老爱亲、勤俭持家等许多优良传统，就是在长期的言传身教中形成的，在潜移默化中逐渐养成的。

张子彬自幼孝敬父母，是他祖母的孝顺孙子。上学期间，尊父训和母教，刻苦学习，成绩优异。母亲看着儿子夜以继日的学习，生怕累坏了身体，还经常叫儿子出去玩玩，晚上不让睡得太晚。张子彬从幼年到成年，从未与父母顶嘴让老人生气过。参加工作有了收入，按时寄钱给老人。每次回老家探亲，总买一些糖果及糕点带回来，不是先回自己家给妻子和儿女，而是绕过村外半圈，先到父母家，问候老人，把好吃的食品先让老人留下，然后再将余下的带回自己的小家庭。这些孝敬老人的行动，受到村内乡亲们的一致称赞，他成了当地有名的孝子。

当张子彬的父母生病时，他接老人到青岛附属医院住院治疗。因当时工资微薄，自己平时不舍得买好吃的食品，却换着样买给老人吃，治好了病再送老人回原籍。他母亲因急性肾炎在青岛彻底治愈，再未复发；20 世纪 90 年代患急性青光眼，晚上发现症状，第二天就住到滨州附院及时治疗，取得了良好效果。

张子彬夫妇上孝顺父母，下关爱子孙后代，给晚辈树立了良好榜样，形成了孝老爱亲的良好家风。

家训内涵

张子彬与老伴结婚 60 周年时，在举行隆重的庆祝活动的同时，系统总结了治家经验和优良传统，形成以下八字家训，并列出 4 条给予具体解释。总之，家训有丰富而深刻的内涵，需要世代践行，以实际行动诠释。

孝顺　爱亲　勤俭　和谐

1. 孝老爱亲（孝顺父母，关爱亲属）

2. 家庭和睦（和谐家庭，团结互助）

3. 勤奋节俭（勤奋工作，生活俭朴）

4. 精打细算（计划开支，量入为出）

（1）子女孝顺要“三到”：想到、说到、做到

（2）和谐家庭要“三靠”：小靠父母抚养、老靠子女孝顺、家靠中年人支撑

（3）优良传统要“三教”：身教、言教、常教

人生各时期格言集锦

少年：1. 少年易老学难成
　　　一寸光阴不轻失
　　2. 一寸光阴一寸金
　　　寸金难买寸光阴

青年：1. 勤奋者必成功
　　　有志者事竟成
　　2. 钢梁磨绣针
　　　功到自然成

——青少年突出一个“学”字

中年：1. 历览前贤国与家
　　　成由勤俭败由奢
　　2. 一家之计在于和
　　　一生之计在于勤
　　3. 须将有日思无日
　　　莫待无时想有时

——中年突出一个“干”字

4. 量入为出　精打细算
   勤俭节约　细水长流
5. 夫妻恩爱幸福久
   外来插足祸临头
6. 超前享受快一时（消费）
   困难来临悔恨迟
7. 平时注入一滴水（储蓄）
   难时拥有太平洋
8. 少壮不努力
   老大徒伤悲

中年突出一个“干”字

老年：1. 事能知足心常泰
   人到无求品自高
2. 知足常乐　乐者长寿
   科学养生　健康幸福

老年突出一个“乐”字

感悟人生三部曲

张子彬

小靠父母抚养、老靠子女孝顺、家靠中年人支撑，即为“三靠”。

赡养父母是回报养育之恩，抚养子女是为自己老有所依，这些都是义不容辞的责任和应尽义务，要全力以赴去履行。

孝老爱亲是中华民族的优良传统和家庭美德，也是每个人思想品德的重要组成部分，是建立和谐家庭的可靠保证。

从幼年、中年到老年，是人生的三部曲。幼年需要呵护，老年需要孝敬，而中年人是家中的支柱，是孝老爱亲的中坚力量。中年人应该率先垂范，身体力行，勇挑家庭重担，为后代做出榜样，为自己的幸福晚年打下坚实的基础。只有如此才能国泰民安，家庭和谐，生生息息，世代相传。

人生旅途，漫长而又短暂。人在幼年时常想何时才老？待到古稀之年，回首往事，七十年如一日，弹指一挥间。古人云："少年易老学难成，一寸光阴不可轻。""少壮不努力，老大徒伤悲。"在青少年时代应刻苦学习，奋发向上，立志成才。至三十而立、四十不惑之年，在岗位上应敬业奉献，事业有成。在家中要上奉养父母，下教育子女。生活上要勤俭持家，精打细算，计划开支，细水长流。待到年逾古稀，老夫老妻，相互扶助，相濡以沫，知足常乐，益寿延年，保重身体，防治疾病，珍惜"枫叶正红，夕阳灿烂"的好时光，共度幸福晚年。还要发挥余热，对后代的健康成长及家庭幸福贡献微薄之力。

综观人的一生，如上所述，走好每一段路，人生三部曲才能成为和谐而美好的乐章。

古今中外的圣贤名士、诗人学者，对人生三部曲都有精辟地论述和感悟。

诗人刘大白曾赋诗赞人生三部曲："少年是艺术的，一件一件地创作；壮年是工程的，一座座地建筑；老年是历史的，一页一页地翻阅。"学者王鼎钧对人生三部曲体味得非常到位，他说："上帝把幼小的我们给了父母，把青壮年的我们给了国家社会，到了老年才把我们还给了我们自己。"

人生的征途艰难曲折，如何行进全靠自我。特别是在一个公平、公正的社会里，人生的历程要靠自己来写。当然，人终生都应保持诚信、善良、爱人、谦逊、宽容等良好品德。但在人生的三个阶段中要突出一个"自"字：少年要"自强"，壮年要"自立"，老年要"自慰"。

少年时代虽然有父母亲人的呵护，但要靠"自强"，突出一个"学"字。学好本领才能为下一步的"自立"打好基础。孔子曰"三十而立"，壮年要"自立"就要突出一个"干"字。只有脚踏实地为社会做出贡献的人生，才是有意义的人生。老年是享受劳动成果的阶段，老年人要"自慰"，要突出一个

"乐"字。只有到了老年，上帝"才把我们还给了我们自己"，老年人就应当抓紧时机"不逾矩"地"从心所欲"地走完人生的最后路程。

德国诗人歌德以一首小诗概括了人生走向成熟与完美的经历："少年，我爱你的美貌；壮年，我爱你的言谈；老年，我爱你的德行。"这概括是多么精辟啊！

浅谈感恩

张子彬

感恩是一种文化，感恩是一种品德。在各种恩情中，最崇高、最神圣、最重要、最基本的是养育之恩，没有父母将自己养育长大成人，那么个人的一切都无从谈起。感恩就要回报，报答父母的养育之恩，就是孝顺父母双亲，故孝文化是感恩文化的升华，孝顺是感恩文化的精髓。

学会感恩是做人的基础。在家要感恩父母及长辈，在学校要感恩老师，在社会上要感恩那些当你遇到困难时给你热情真诚帮助的善良的好心人。在整个人生都要感恩国家和政府给自己创造的良好环境。

感恩不应仅停留在一种意识和愿望上，更重要的是要落实在行动上。当父母过生日时，一声温馨的祝福，或在母亲节来临时献上一束鲜花，都会使老人感到无限的欣慰，感恩之情淋漓尽致。四川"5.12"大地震，解放军从废墟中救出一名9岁男童，他虽已多处受伤，却向战士叔叔行举手礼致敬，感谢救命之恩，这是一次特殊环境中的感恩之举，也感动了亿万中国人民。当父母进入老年，逐渐失去独立生活能力时，生活上的关照或者在医院病床前陪护，就是更重要、更实际的感恩，与上述的节日问候相比，前者是"锦上添花"，后者则是"雪中送炭"了。

感恩是一种激励和动力，即所谓精神变物质的转化。感恩是一种责任，需要体力和物力上的付出，对施恩者应有的回报。作为一个有孝心和爱心的子女，对父母予以关照，帮助老人做些家务劳动，或给父母捶背揉肩，或陪老人谈家常问寒暖，这些做起来并无困难，只不过是举手之劳。至于不在父母身边而在外地工作的子女，虽不能经常见到二老，但一封家书，一个电话或一条短信，就可以充分表达感恩孝老之情，让老人倍感温暖。但有的老人无收入，或经济收入微薄，手头拮据，生活困难，尤其在生病或需住院治疗时，更是困难重重，这时就需要子女全部承担老人的费用，履行赡养老人的义务。有鉴于此，子女必须具有坚实的经济实力和充分的积蓄做后盾，以免心有余而力不足。责任的重大，必然形成一种激励和动力，促使自己刻苦学习，努力工作，奋发向上，使自己事业成功，在职务和职称上不断晋升，自然在工资和各种待遇上相应提高，再加上个人的计划开支，精打细算，家中有了相当积蓄，给感恩和回报创造了条件。写到此使我想起了滨医院报 2007 年 3 月 15 日在“校园杂谈”栏目刊登的一篇文章，题目为“孝顺成就辉煌人生”，作者胡翠平对孝顺这个永恒的话题进行了详尽而精辟地阐述，文章的结尾写道：“孝顺是为了回报，但真正做起来又不仅仅是回报，因为怀有一颗孝顺心，无形中就会督促自己向着更高的层次迈进。所以孝顺其实是既回报了父母，也成就了自己！”这一段是全文的画龙点睛之作，写得何等好啊！

当今社会，由于国家大力加强思想道德教育，倡导弘扬中华民族的优良传统，传承家庭美德，在全国涌现了大量的孝老爱亲的先进典型，大孝至爱，情动中华的谢永信为其代表人物。目前，孝敬老人，感恩回报已蔚然成风，形成和谐社会、和谐家庭的浓厚氛围。但是在媒体上也时有报道，有的青年甚至中年人，当他们有钱时，尽情吃喝玩乐，挥金如土，把回报养育之恩早已抛到九霄云外；当他失业或遇到特殊困难而手无分文，或者突然生病急需治疗时，才想起父母可帮助以解燃眉之急。这种人“孝顺”二字似乎与他绝缘，对不在身边而在外地的父母极少电话问候，更谈不上将老人的冷暖和身体健康时时放在心坎上；这种人总以为自己从天而降，自然长大，生来即为自己享受；这种人对其子女缺乏关爱和呵护，因而“养儿也不知父母恩”，大概只有他在进入老年时，体弱多病，生活贫困，迫切需要儿女尽孝时，才感到感恩与回报的重要，可惜为时已晚。这种人在社会上为数极少，但愿越少越好，但很难绝迹。“雏鸦反哺”“羔羊跪乳”两个典故很值得这种人细读、深思和感悟。

孝老爱亲是建立和谐家庭的基石，而感恩和孝文化是黏合剂。家家有老人，人人都会老，一个人从幼年、中年到老年是自然规律，现在的青年再过几十年就成了老年人。愿天下的老年人受到关爱和子女孝敬，享受幸福晚年，中华民族的优良传统和家庭美德应世代相传，发扬光大。

2008 年 6 月 28 日

第五章　家庭诗选

张子彬教授50余年来，由于忙于医疗、教学、科研及学术活动，对诗词等文学艺术无暇学习和研究，因而不会写诗，更不是诗人。在1999年10月，迎来了新中国成立50周年大庆，全国一片欢腾。此时也适逢张子彬夫妇结婚50周年金婚喜庆之日，全家十几口人欢聚一堂，子孙后代的祝福，女儿女婿及儿媳都争先恐后发言，气氛热烈，洋溢着浓浓亲情，感受到了美好家庭的幸福和天伦之乐。此时此刻，张子彬回顾50年来，与老伴风雨同舟，同甘共苦，相濡以沫，迎来了金婚庆典，心情十分激动，不禁浮想联翩，感慨万千，欣然命笔，赋诗数首，以抒胸怀，以示纪念。从此，每当家中过节，或遇国家喜庆大事，即习作一首，多年来已积累多首，现摘录数首，载于本书。

金婚抒怀

（1999年10月）

（一）

尘世甘苦伴，风雨过来人。
古稀诚不易，更难是金婚。
夕阳无限好，何愁近黄昏。

（二）

寿光范于结同心，岁月峥嵘五十春。
白首相约终身伴，东岳山高沧海深。
夫唱妇随共甘苦，夕阳高照遍地金。

钻石婚赞

（2009 年 10 月）

（一）

弥足珍贵钻石婚，举杯共庆合家欣。
风雨同舟共甘苦，相依为命六十春。
四世同堂人兴旺，健康长寿享天伦。

（二）

青春之年结连理，夫妻恩爱长相依。
风雨相伴六十年，历经艰辛战困难。
春华秋实硕果累，医教科研苦中甜。
子孝媳贤世人羡，雏龙幼凤绕膝间。
天伦之乐任吾享，夕阳红里度晚年。

钻石婚有感

（2009 年 10 月）

手拉手，
心连心，
喜庆钻石婚。
同甘苦，
共风雨，
齐住夕阳村。
面对面，
肩并肩，
永远心相印。

珍 惜

珍惜过去的艰辛繁忙，珍惜晚年的幸福时光。

珍惜夫妻恩爱的同甘共苦，珍惜天伦之乐的四世同堂。

我们心手相牵，相伴天荒地老，相伴岁岁年年。

咏 孝

（一）

饮水思源不忘本，
养育之恩似海深。
孝顺父母树榜样，
中华美德永记心。

（二）

家家有老人，人人都会老。
百善孝为首，百孝顺为先。
孝顺父母心，行动始自身。

（三）

家庭好美德，
代代留传统。
人人都会老，
子女来孝敬。

老年抒怀

——金婚有感

（1999 年 10 月）

生老病死规律人，病树前头万木春。
精神不老活百岁，金婚情爱倍加亲。

回故乡有感

（2003 年 6 月）

百里来寻故地，旧貌变新颜。
三十余年过去，弹指一挥间。
展望故乡未来，百花盛开园。

老年有感

（2004年3月6日于滨州医学院）

岁月催人老，年龄不留情。

少年到老翁，花有几日红。

寻找长生药，自古均落空。

人人都会老，子女来孝敬。

家庭好美德，代代留传统。

天仙拜年

（2008年2月7日）

大年初一头一天，七位天仙来拜年。

花枝招展风度翩，衣着鲜艳不平凡。

喜上眉梢面带笑，吉祥话语挂嘴边。

要问她们是何人？六七十岁赛少年。

幸福晚年夕阳红，仙女飞落到人间。

注：今天是农历春节正月初一，上午九点许，有本院同事的夫人来拜年，共有七位。欣喜之余，突发联想，她们的光临，好像七仙女下凡人间贺年，我与老伴董玉芬一起构思，赋诗一首，以抒心怀，共贺新年。她们是以下同事的夫人：杨金贵、马振銮、李福恩、李春晓、车惠堂、许悦福、高培林七位退休老同志。

颂剪纸艺术家霍振英女士

（2008年6月18日）

剪艺几十年，落刀似有神。

心灵制精品，巧手出奇葩。

享誉满神州，名扬大中华。

注：霍振英同志惠赠我们夫妇两幅精心剪制的艺术珍品，名为“金鼠送福”和“美猴献桃”，把我们两人的属相剪入其中，特写颂词回赠，以表谢意。

中秋节有感

（2008 年 9 月 14 日，农历八月十五）

秋高气爽，风轻云淡。
夜来赏月，花好月圆。
人间长久，千里婵娟。
家庭和谐，世代相传。
欣逢盛世，阖家欢颜。

咏杜鹃花

（2010 年 2 月 14 日，农历正月初一）

杜鹃盛开福满堂，红花绿叶披秀装。
千姿百态迎新春，共庆盛世品花香。

注：效国、敬霞夫妇在春节前送来一盆杜鹃花，至过年时盛开 100 余朵，艳丽夺目，令人喜爱，更增添了节日的欢快与温馨，特赋诗一首，以咏“杜鹃”之美。

赞好儿媳马敬霞

（2012 年 2 月 8 日）

欣逢盛世精神爽，家庭和谐乐融融。
贤惠儿媳孝老人，中华美德好传统。

大阅兵有感

天公作美，风和日丽。
隆重阅兵，庆贺胜利。
钢铁长城，不受欺凌。

铭记历史，珍爱和平。

强国富民，民族复兴。

注：2015年9月3日，我国举行纪念抗日战争暨世界反法西斯战争胜利70周年阅兵。昨日阴雨连绵，担心影响阅兵，今晨旭日东升，心情无比高兴。

四代烟台游

（2012年7月19日）

祖孙四代逛公园，老人乘车孙推轮①。

风光美景看不尽，畅游欢叙享天伦。

注：2012年夏天，从6月10日至8月祖孙四代来烟台，旅游避暑休闲。7月19日曾外祖父、母与女儿、女婿及曾外孙女刘思彤（6岁）一同到逛荡河公园观光赏景游览。一路欢声笑语，河中流水潺潺，百花盛开争艳，河两岸垂柳成行，迎风起舞招展，秀丽的风光美景目不暇接，留下了美好幸福的回忆，特赋诗一首，以示留念。①指轮椅。

结婚六十六年抒怀

（2015年10月1日）

六十六年，共度春秋。

执子之手，携手偕老。

岁月流转，真情永驻。

图 3-5-1　董玉芬于 2001 年 7 月在威海市国际海水浴场“水上乐园”留影

图 3-5-2　张效梅与孙女刘思彤祖孙在烟台游览

附　录

附录A

铭记历史　开创未来

——庆祝中国心力衰竭学会成立25周年（1991—2016）

中国心力衰竭协（学）会创始人、名誉主任委员、

滨州医学院内科学教授、主任医师　张子彬

从1991年10月28日中国心力衰竭协会（以下简称协会）正式宣告成立，2012年7月14日第十届全国心力衰竭学术交流会上更名为中国心力衰竭学会（以下简称学会），迄今已度过了25个春秋。25年来，在各级领导及医学界老前辈各位顾问的亲切关怀与大力支持下，通过各位委员的共同努力，协会在著书立会、学术交流、科学研究及组织建设等各方面，取得了令人瞩目的突出成绩，协会逐步发展壮大，在医学界占有一席之地。现在让我们回眸协会成立25年的发展之路，以便总结经验，继往开来，与时俱进，开创学会工作的新局面，谱写学会发展新篇章。为了保持学会历史的原来面貌，2012年以前所完成的各项工作，仍以“协会”名称予以记述。我因健康原因，未参加学会召开的近数届学术会，对取得的成绩了解较少，敬请在2011年第九届会上当选为主任委员的李广平教授，记述近5年来学会快速发展所取得的辉煌成就。

纵观协会的创建与发展历史，始终贯穿“创新创业”这一主线。当时创新有多项亮点，归纳起来，主要有以下四个方面。

1. 心力衰竭系列专著出版。1980年及1986年在山东出版的《心力衰竭》一书，填补了国内空白，属创新之作。1991年及1997年由中美专家合著的《充血性心力衰竭》是协会的代表作。2002年及2003年（国家出版基金资助版）

由中、美、澳三国专家合著的《充血性心力衰竭学》，均为国内权威性名著（参见表 A2）。后两者曾代表中国参加华盛顿书展，并赠送国际权威专家，扩大了中国学术著作在国际上的影响。

2. 1991 年 10 月下旬，以心力衰竭编委会为基础，在第一届全国心力衰竭学术交流会上正式成立中国心力衰竭协会，是国内第一个心力衰竭专业学术团体，卫生部陈敏章部长为大会题词祝贺。

3. 1997 年至 1999 年 5 月，协会组织的大规模多中心随机对照临床试验研究（MCA-CHF 研究），观察患者 1659 例，是国内第一个对治疗心力衰竭药物的循证医学研究，在国内外学术交流会交流，受到好评，获得世界医学创新优秀成果奖。

4. 在 1993 年天津市召开的第二届心力衰竭学术交流会上，在国内率先制定的左室舒张功能障碍性心力衰竭诊断标准，又在第三、第六届学术会上修订，在杂志上发表后为国内外引用，外国文献称中国天津标准。

创新驱动发展，创业成立协会，创新创业促使协会取得了辉煌成就，已为医学界所公认。协会的发展之路完全符合当前党中央和国务院“大众创业，万众创新”的号召与战略部署。

协会的成立是集思广益、集体智慧的结晶。经过 3 年多的酝酿，1 年多的筹备，终于使协会在华夏大地诞生。让我们回顾这一段历史，共同见证协会的创建过程。

1980 年及 1986 年我主编的《心力衰竭》出版发行。1987 年广州医学院附属医院的樊万福教授读过此书后，在学术会上遇到青医附院的孙占新教授，托他转告我希望与我建立联系。我闻讯后立即给樊教授发函感谢他的鼓励，并表示正在与国内外专家联系，共同编写心力衰竭专著，以此为基础成立心力衰竭学术团体，召开全国心力衰竭学术交流会，促进心力衰竭的研究和提高诊治水平。樊教授对此表示热烈欢迎和大力支持。

1988 年 5 月，第四军医大学著名生理学心脏病学专家臧益民教授组织全国心功能学术会，给我寄来开会通知，我按时到会，臧益民教授对我说，拟在心功能学会内设“心功能不全学组”，希望我参与组建，问我有何意向？

我首先感谢他对我的邀请，并把与樊万福教授沟通的意见做了介绍。臧教授表示理解，支持我从临床需要的角度研究心力衰竭的诊治和预防，并希望与心功能学会进行交流。

1989 年我的好友顾菊康教授向我表示：拟在中国心功能研究会内设“心功能不全专题组”，并欢迎我参加组建。我把上述与其他专家的沟通意见做了介绍，顾教授表示大力支持，鼓励我按原计划独立创建心力衰竭学会，并赞赏我在学术上有远大眼光和敏锐的洞察力（2013 年 1 月相互致贺年信时用语）。

1985 年经好友张开滋教授引见和介绍，我与美国郑宗锷教授相识，取得联系，建立友谊，在互通信件后，就中美专家合著心力衰竭专著及成立心力衰竭学术团体达成共识。1989 年 10 月中旬郑教授应邀访问青岛医学院，我应约于 10 月 19 日赶赴青岛拜见郑教授，共叙友情，对合著《充血性心力衰竭》和成立心力衰竭专业学术团体予以进一步确认。郑教授还表示，因他距祖国遥远，不便经常回国，因此上述两件事主要由我负责组织。我欣然接受，并希望以后加强联系。

我还利用各种学术会及会诊等机会，广泛征求医学界同行的意见，上述 4 位中美专家是其中的代表人物。综上所述，中外专家合著心力衰竭专著，以此为基础，成立心力衰竭学术团体，已形成广泛共识，是医学发展的必然趋势，是进一步提高心力衰竭诊治水平的迫切需要，至此召开会议予以深入研究的时机已经成熟。我及时向滨州医学院领导做了汇报，校领导高度重视，同意尽快召开心力衰竭专题研讨会，深入研究有关各项工作的开展。

经过一段时间的筹备，由滨州医学院主办，青岛医学院协办的全国心力衰竭专题研讨会于 1990 年 6 月 8—9 日在青岛市召开，形成三条决议，为协会的成立奠定了基础。来自北京、天津、上海、广州、沈阳、大连及山东的十几位心血管病专家出席了会议，青岛市卫生局、医学会、市立医院的有关领导到会祝贺，并列席了会议。泰山医学院附院刘炳德院长及科研科晁储璋科长因公到青岛出差，闻讯后也来到会场列席了会议，受到热烈欢迎。在决定第一届全国心力衰竭学术会会址时，与会代表认为本次会由滨州医学院发起和主办，应在滨州召开，但受限于滨州交通条件，泰医附院刘院长及晁科长表示欢迎到泰安市开会，经过比较和商讨，最后决定于1991年10月在泰安市召开首届心力衰竭学术交流会。由此可见，青岛研讨会实为成立协会的筹备会。此后，由心力衰竭编委会、泰山医学院附院、《临床荟萃》杂志社共同负责具体筹备工作。1991年8月下旬正式成立筹委会开始运作，泰山医学院附属医院刘炳德院长担任第一届全国心力衰竭学术交流会筹委会主任，副主任有：张子彬教授、刘桂蕊教授、泰医附院晁储璋科长及曹洪林、包晨明等同志，下设会务组、秘书组、交通组。筹委会全体成员为学术会的准备付出了辛勤劳动，做出了巨大贡献，保证了大会的顺利召开。论文由我、刘桂蕊教授及顾菊康教授负责初审。经过仔细准备，第一届会取得了圆满成功。

在庆祝建会25周年的这一重要时刻，我们必须牢记从卫生部到山东省卫生厅，从中华医学会心血病分会到山东心血管病学会，各级领导对中国心力衰竭协会的创建与发展，都给予亲切关怀与大力支持，这是协会成立和持续发展的可靠保证，所做工作主要有以下几方面：①在1990年6月8—9日青岛召开全国心力衰竭专题研讨会后，将会上形成的三条决议及时向卫生部陈敏章部长汇报，并请陈部长为《充血性心力衰竭》一书题词，1991年1月陈部长寄来题词，请陈部长为10月召开的第一届全国心力衰竭学术交流会题词，1991年9月陈部长将题词寄到山东省卫生厅，10月21—28日开会时王厅长到会祝贺。②我将印有陈部长题词的《充血性心力衰竭》一书，于1991年11月寄给陈部长，并附函致谢。③首届全国心力衰竭学术交流于1991年10月下旬结束后，我于11月将一份学术会总结报告寄给陈部长，向陈部长汇报并请求对今后工作的指示。④1992年11月3日，我作为正式代表参加在人民大会堂召开的国际学术会，陈敏章部长是大会主席，陈部长接见我并合影留念，我向陈部长简要汇报中国心力衰竭协会筹建过程及今后发展计划，同时介绍中美专家合著《充血性心力衰竭》专著的情况，并代表协会衷心感谢陈部长的关怀与大力支持。陈部长希望今后加强中美医学交流，促进我国医疗卫生事业的发展。⑤协会名誉主任委员、美国郑宗锷教授应邀于1992年10月5—9日访问滨州医学院，受聘为名誉教授及附院名誉院长。

10月中旬我向陈部长详细汇报了郑教授访问滨医的情况。由上述过程可见，中国心力衰竭协会是由国家官方批准而成立的正规学术团体，在国务院未出台《社会团体登记管理条例》以前，因协会是医学学术团体，按照惯例归卫生部管理。

由于滨州医学院是协会1991—2003年的会址所在地，滨医始终给予协会以大力支持。1990年6月8—9日在青岛召开全国心力衰竭专题研讨会，由滨州医学院发起和主办，学校派科研处处长李治淮教授到会组织和主持，代表学校致贺词，并大力资助了会议，使本次会议取得了圆满成功，为第一届全国心力衰竭学术会及协会的成立奠定了基础。会章第十七条规定协会会址设在滨医附院内。2000年滨洲医学院出2000年11号文件，同意担任协会的挂靠单位，提供办公地点和活动经费，并在民政部门顺利登记，证号：社证字第M0043号，法人张子彬，从而使协会成为合法社会团体。

回顾协会创建25年的历史，了解协会的产生背景，不难看出《充血性心力衰竭》一书是产生协会的基础，主编、副主编、编委分别担任了协会的主任委员、名誉主任委员、副主任委员及委员，该书成为协会的代表作，是联系各位委员的纽带，是联系读者、会员与协会的桥梁；定期召开的全国心力衰竭学术交流会，是协会与广大会员及参会代表交流的平台。《充血性心力衰竭》专著与“协会”两者相辅相成，互为依存，互相促进，共同构成“以书立会”的显著特色和典范。组织多中心研究不仅能提高学会的知名度，扩大学会的影响，而且可大大提高学会的凝集力，是创新驱动发展的平台与载体。这些基本经验，已在2003年4月20日第七届全委会上我作的工作报告中详细介绍，此不赘述。

历史的车轮和运行轨迹，把我推到协会创始人的位置，我担任了第一至第六届主任委员，因听力明显降低在2003年第七届全委会上卸任，据会章授予我名誉主任委员称号。现在我们欢聚一堂，共同庆祝学会成立25周年，分享学会25年创新创业所取得辉煌业绩的喜悦，感到十分欣慰。借此机会，我衷心感谢各级领导和各位德高望重的学会顾问陈灏珠院士、方圻教授、刘力生教授、顾复生教授、高润霖院士、胡大一院士、阮景纯教授、张运院士、张文博教授对我的亲切关怀和精心指导，衷心感谢各位资深协会创始委员的大力支持和热情帮助；衷心感谢我的四位恩师陈灏珠院士为协会代表作写序及题词，上海胸科医院胡丽霞教授与我院张文博教授不辞劳苦，认真主审我主编的 6 本心力衰竭系列专著，顾复生教授指导多中心研究及学术交流，感谢四位恩师对我业务学习和各项工作给予的精心指导；对一切帮助过我的社会各界人士表示诚挚的谢意!

我深切怀念已故老前辈陶寿淇教授、毛焕元教授、都本洁教授、樊万福教授生前对我的关怀与指导，缅怀他们的光辉业绩和对协会的巨大贡献。

让我们铭记历史，总结经验，锐意进取，开创未来，为学会的持续发展、为我国医疗卫生事业做出更大贡献。

表 A1 中国心力衰竭学（协）会大事记（1990—2011 年）

会名	时间	地点	出席顾问	主任委员	委员数	秘书长	主要议程、决议、重要工作及重大活动	协会专著
全国心力衰竭专题研讨会	1990 年 6 月	青岛		主编张子彬	编委19 人	无	讨论《充血性心力衰竭》一书的编写事项；在 1991 年 10 月泰安市召开首届心力衰竭学术交流会；在会上成立中国心力衰竭协会；创办专业杂志	
第一届全国心力衰竭学术交流会	1991 年 10 月	泰安	陈灏珠、都本洁、林传骧、阮景纯、张文博	张子彬	27 人	无	论文交流，专家讲学；正式成立中国心力衰竭协会，建立《心力衰竭杂志》编委会；卫生部陈敏章部长题贺词；心力衰竭编委会主编、副主编、编委分别担任协会主任、副主任及委员	《充血性心力衰竭》出版
第二届全国心力衰竭学术交流会	1993 年 10 月	天津		张子彬	28 人	无	论文交流，专家讲学；制订左室舒张功能障碍性心力衰竭诊断参考标准，填补国内空白	
第三届全国心力衰竭学术交流会	1995 年 5 月	大连		张子彬	36 人	张玉传	论文交流，专家讲学；制订心力衰竭协会会章；修订左室舒张功能障碍性心力衰竭诊断参考标准；确定《充血性心力衰竭》为协会代表作	
第四届全国心力衰竭学术交流会	1997 年 5 月	青岛	顾复生	张子彬	47 人	张玉传	论文交流，专家讲学；部署 MCA-CHF 大规模多中心临床试验研究；成立心功能、心电信息等专业组 7 个	《充血性心力衰竭》（第二版）出版
第五届全国心力衰竭学术交流会	1999 年 6 月	烟台	都本洁	张子彬	51 人	晁储璋	论文交流，专家讲学；MCA-CHF 研究完成并宣读总结报告论文；为陈国伟、刘桂蕊、晁储璋、张开滋、张玉传、张子彬 6 位教授颁发杰出贡献奖	

续表

会名	时间	地点	出席顾问	主任委员	委员数	秘书长	主要议程、决议、重要工作及重大活动	协会专著
第六届全国心力衰竭学术交流会	2001年5月	无锡	陈灏珠 都本洁 张文博	张子彬	53人	晁储璋	论文交流，专家讲学；第二次修订左室舒张功能障碍性心力衰竭诊断参考标准；授予祝善俊、顾菊康、方卫华、苏哲坦四位教授杰出贡献奖；同时召开首届全国心电信息学术交流会	
第七届全国心力衰竭学术交流会	2003年4月	泰安	陈灏珠 张　运	晁储璋	71人	吴同果	论文交流，专家讲学；张子彬教授作协会成立12年工作报告；换届选举，晁储璋副教授当选主任委员，张玉传教授及唐其柱教授当选常务副主任委员；根据会章第九条授予张子彬教授名誉主任委员称号，对陈灏珠院士、顾复生教授、张文博教授三位顾问颁发伯乐奖；对刘炳德、曾祥鸿、吴同果、马建群四位教授颁发杰出贡献奖；提出在2005年的第八届全委会上讨论《充血性心力衰竭学》的修订、组织第二个多中心研究、修改会章等6项任务	《充血性心力衰竭学》（国家出版基金资助版）出版发行
第八届全国心力衰竭学术研讨会	2007年12月	广州	陈灏珠	晁储璋	71人	吴同果	专家讲学；无论文交流，未开全委会，无决议（会前未印发召开协会全委会的通知）	
第九届全国心力衰竭学术交流会	2011年7月	天津	陈灏珠	李广平	45人	吴同果	换届选举，产生新一届委员会，李广平教授当选主任委员；论文交流，专家讲学；研究今后工作	

注：本表请协会委员补充。

表 A2　心力衰竭系列专著出版阶段总结（1980—2003 年）

序号	书名	主编	编委数（人）	编委国籍	出版社（单位）	字数（万）	出版年份	与中国心力衰竭协会关系	备注
1	心力衰竭	张子彬	1	中国	滨州出版局	31.2	1980		
2	心力衰竭	张子彬	5	中国	山东科学技术出版社	39.2	1986	滨州医学院于 1990 年在青岛主办全国心力衰竭专题研讨会，会上成立心力衰竭编委会，决定编写《充血性心力衰竭》专著，并定于 1991 年召开第一届全国心力衰竭学术交流会	
3	充血性心力衰竭	张子彬、郑宗锷	41	中国、美国	科学技术文献出版社	71.3	1991	在第一届全国心力衰竭学术会上，成立了以编委会为基础的中国心力衰竭协会，主编任协会主任委员及名誉主任委员，《充血性心力衰竭》一书为协会代表作，于 1995 年写进会章	卫生部陈敏章部长题词；陈灏珠院士作序；本书参加华盛顿书展
4	充血性心力衰竭（第二版）	张子彬、Tsung O. Cheng	56	中国、美国	科学技术文献出版社	97.9	1997	在 1995 年召开的第三届学术会上同时召开编委会，决定对《充血性心力衰竭》进行修订，经过两年努力《充血性心力衰竭》（第二版）如期出版发行	陈灏珠院士作序

续表

序号	书名	主编	编委数（人）	编委国籍	出版社（单位）	字数（万）	出版年份	与中国心力衰竭协会关系	备注
5	充血性心力衰竭学	张子彬、Tsung O. Cheng、张玉传	85	中国、美国、澳大利亚	科学技术文献出版社	174	2002	协会的代表作《充血性心力衰竭》一书每5年左右修订出版一次，在2002年出版时改名为《充血性心力衰竭学》	陈灏珠院士作序
6	充血性心力衰竭学（国家出版基金资助版）	张子彬、Tsung O. Cheng、张玉传	85	中国、美国、澳大利亚	科学技术文献出版社	175	2003	2003年4月召开第七届全国心力衰竭学术交流会上换届选举，主编张子彬教授任名誉主任委员，晁储璋副教授当选主任委员。全委会决定在2005年八届会上修订《充血性心力衰竭学》一书	著名心血管病专家陈灏珠院士与方圻教授题词；陈灏珠院士作序；本书获得国家科学技术学术著作出版基金资助出版

注：本系列著作曾获国内外多种奖励，限于篇幅，不再一一列出。

附录 B

与时俱进，开创心力衰竭领域的新局面

中国心力衰竭学会名誉主任委员、

滨州医学院附属医院　张玉传

2016 年是第十三个五年计划的首岁，我们迎来了中国心力衰竭学会成立 25 周年的日子！25 年前由我国著名心血管病学专家、中国心力衰竭学会创始人、主任委员张子彬教授倡导、组织国内外心血管病专家成立了中国心力衰竭协会（2012 年更名为中国心力衰竭学会）。25 年来学会在著书立会、学术交流、循证医学、科学研究等方面，均取得了令人瞩目的突出成绩。尤其是 5 年来在现任主任委员李广平教授的领导下更是与时俱进，在心力衰竭领域取得了更大的成绩。迄今我已参加心血管内科医疗、教学、科研工作 40 年，拜读和参与了心力衰竭系列著作的编写，参加了中国心力衰竭学会的多次学术交流会，完成了学会组织的多中心研究及其他各项任务。结合个人的成长历程，回眸学会 25 年的发展之路，总结经验，写出个人的心得体会，以庆祝中国心力衰竭学会成立 25 周年。

一、拜读、编写心力衰竭系列专著，业务、学术水平不断提高

自 1980 年《心力衰竭》专著问世，至 2003 年《充血性心力衰竭学》出版，均由张子彬教授主编，共六次修订出版。我从拜读者开始，逐渐成为编委、副主编和第三位主编，在此过程中，使自己的业务水平、学术水平不断飞跃、发展提高，受益匪浅，终身受益。

我于 1976 年毕业于山东医学院（现称山东大学医学院）医疗系，分配至滨州医学院（当时称为青岛医学院北镇分院）内科教研室工作。当时是刚出校门的年轻医师，“文化大革命”期间没有统一的全国医学院校教材，“文

化大革命”刚结束，学习资料匮乏，更谈不上医学专著，非常渴望像《心力衰竭》这样的专著问世，以供学习和指导临床工作。我与张子彬教授在同一科室工作，他是我的良师益友，在医疗、教学、科研等方面给予我极大的帮助。为更快提高年轻医师的业务水平，院领导提出年轻医师向经验丰富的年长者拜师，结成“一帮一，师傅带徒弟”的形式，从此我和张子彬教授结成“师徒”关系。1978—1979年张子彬教授在上海市胸科医院心血管内科进修期间，不断收集有关心力衰竭的资料，1980年回院后主编了《心力衰竭》一书并在滨州出版，该书填补了国内当时尚无心力衰竭专著的空白。当年印2万册于3个月内销售一空。1986年该书修订后，改由山东科学技术出版社出版。20世纪70—80年代是医学专著匮乏的年代，我对两版《心力衰竭》如获至宝，如饥似渴拜读，系统地掌握了心脏结构、生理和心力衰竭的病因、发病机制、临床表现、诊断与鉴别诊断、预防、治疗措施，为我以后的临床工作打下了坚实的基础。

1991年由张子彬与美国乔治·华盛顿大学医学院郑宗锷教授共同主编，并邀请国内外著名心血管病专家参编，书名改为《充血性心力衰竭》，由科学技术文献出版社出版，并在1991年第一届全国心力衰竭学术交流会上发行。我有幸成为本书的编委，本书深入地讨论了与心力衰竭有关的心肌超微结构改变、心肌收缩与舒张机制变化、心肌生化代谢异常、心肌分子生物学改变、血流动力学演变及神经内分泌影响等方面的研究进展；深入地评价了强心甙、非甙类强心剂、利尿剂、血管扩张剂、β-受体阻滞剂、中药及外科技术的治疗作用；增加了β-受体阻滞剂的应用、舒张功能不全性心力衰竭的治疗、心源性休克、心力衰竭伴心律失常、不同心脏病引起心力衰竭的特点、心力衰竭的外科治疗等内容。《充血性心力衰竭》（第二版）于1997年出版发行，在本书中我成为副主编之一。本书重点增加了心力衰竭的维护心肌代谢治疗、心力衰竭的分子生物学改变与基因治疗、高动力循环性心力衰竭特点、微循环与心力衰竭、自由基与心力衰竭等内容，其学术水平更有进一步提高。

《充血性心力衰竭学》于2002年及2003年（国家出版基金资助版）出

版发行，由中、美、澳三国专家合著，我有幸成为本书的第三主编。本书主要介绍了国内外有关心力衰竭的循证医学研究成果，及时反映了近年来有关心力衰竭的基础理论、临床研究及新观点、新药物、新技术、新疗法等新进展；同时介绍了心力衰竭的相关学科、预防、康复和护理等内容，本书已成为国内心力衰竭领域的权威性著作。

2014 年由现任中国心力衰竭学会主任委员李广平教授主编的《心力衰竭研究与临床前沿》在中国科学技术出版社出版，在本书中我成为顾问之一。本书包括了不同疾病和诱因所致的心力衰竭、心力衰竭的临床表现、心力衰竭与心律失常的关系、心力衰竭有关新技术、药物治疗、介入治疗、器械植入治疗（包括心脏再同步化治疗）、血液净化治疗、心力衰竭患者的护理和临终关怀等内容；介绍了从基础到临床国内外心力衰竭研究和最新成果及临床前沿的最新信息，并解读了我国心力衰竭诊治的 2014 最新指南。

总之，我在 40 年的临床工作经历中，对心力衰竭系列专著是从拜读者开始，逐渐成为编委、副主编、主编及顾问，在心力衰竭领域这个知识海洋中遨游，获得丰富的知识，使自己的业务水平、学术水平及编著水平不断提高，飞跃发展。

二、积极参加心力衰竭学（协）会，加强国内外学术交流

1991 年 10 月 28 日，以心力衰竭编委会为基础，在第一届全国心力衰竭学术交流会上正式成立中国心力衰竭协会，协会规定每 2 年召开一次全国学术交流会，并正式确认《充血性心力衰竭》为学会的代表性著作。

我从 1993 年开始参加第二届全国心力衰竭学术交流会，直至第七届学术交流会，并依次成为学会委员、副主任委员，2015 年成为名誉主任委员。在此期间积极协助主任委员开展各项工作，和其他副主任委员及有关人员多次到天津、大连、青岛、烟台、无锡、泰安等地实地考察，筹备全国学术交流会的召开及安排其他事宜，因成绩显著，于 1999 年中国心力衰竭学会给我颁发“杰出贡献奖”。每次全国学术交流会均收到来自全国各地有关心力衰竭领域各方面研究的论文数百篇至千余篇进行大会交流，并在专业杂志专刊刊登，加强了国内外的学术交流，提高了心力衰竭的学术研究水平。

我先后撰写了《充血性心力衰竭患者甲状腺激素的异常改变》《充血性心力衰竭的现代治疗》《慢性收缩性心力衰竭的诊治新进展》等论文参加学术交流并在专刊杂志发表，不断提高了自己的学术研究水平。尤其在制定、修订有关“左室舒张功能障碍性心力衰竭的诊断标准”方面做出了应有的贡献。传统观念认为心力衰竭主要是因为心肌收缩力减弱，使心排血量降低所致。20 世纪 80 年代开始对左室收缩功能正常而舒张功能障碍的心力衰竭患者的研究已逐渐成为临床热点。舒张功能障碍性心力衰竭是一组具有心力衰竭症状和体征，以心室射血分数正常而舒张功能异常为特征的临床综合征。对其诊断国内外尚无统一标准。1993 年在天津市召开的第二届全国心力衰竭学术交流会上，国内率先制定了“左室舒张功能障碍性心力衰竭诊断标准”，我是该诊断标准制定小组成员之一。该诊断标准在杂志上发表后为国内外引用，外国文献称“中国天津标准”。其诊断标准主要诊断依据为：有肯定的心力衰竭症状、体征并具有常见的病因，体格检查、胸部 X 线及超声心动图检查左室不大或轻度增大；超声心动图、心电机械图、放射性核素心血管造影等检测左室收缩功能指标正常，其主要指标为左室射血分数（LVEF）正常；左室舒张功能指标异常，主要指标为左室舒张期快速充盈与左心房收缩期流经二尖瓣口的血流速度之比，即 E/A ＜ 1。并写出诊断标准的分析判断方法。随着对左室舒张性心力衰竭的深入研究，又在第三届、第六届全国心力衰竭学术交流会上对此标准进行了两次修订并在心血管病专业杂志上发表，且收录于充血性心力衰竭系列专著，使其不断完善，切实可行。

以往将心力衰竭分为收缩性心力衰竭和舒张性心力衰竭，近年来研究表明，舒张性心力衰竭的收缩功能并非完全正常，舒张功能异常可能是发展至收缩功能异常的前一阶段，部分心力衰竭患者收缩功能异常和舒张功能异常共存。现在依据左室射血分数（LVEF）将心力衰竭分为 LVEF 降低性心力衰竭（HF-REF）和 LVEF 保留性心力衰竭（HF-PEF），HF-PEF 约占心力衰竭总数的 50% 左右（40% ～ 71%）。一般来说前者是指传统上的收缩性心力衰竭，后者是指舒张性心力衰竭。

三、参与组织多中心研究，循证医学成绩突出

当代医学的发展已从传统的经验医学进入循证医学时代。20 世纪 90 年代新型正力肌力药物环磷腺苷葡甲胺（心先安，MCA）问世，其药理作用为增加心肌细胞内 cAMP 含量，心肌收缩力增加，改善心肌泵血功能，同时扩张血管，降低心肌耗氧量，改善心肌细胞代谢，保护缺血、缺氧心肌，改善窦房结 P 细胞功能，可用于心力衰竭的治疗。为验证其临床疗效及观察毒副反应，1997—1999 年心力衰竭协会组织了全国大规模多中心随机对照临床试验研究（MCA-CHF 研究）。

我是研究小组的主要成员之一，是滨州医学院附属医院课题组负责人，并且是通讯作者之一。在研究课题的设计与实施、研究结果的汇总及总结论文的发表过程中，做出了很大努力，并取得了很好的成果。本研究由全国 50 余家医院参加，对 1659 例心力衰竭患者心功能Ⅲ～Ⅳ级住院患者进行随机分组安慰剂对照临床试验，用心先安注射液 180 mg 加入葡萄糖液 250 mL 中，缓慢静滴 3 ～ 4 小时，每日 1 次，治疗 1 周后心先安治疗组（n=860 例）与安慰剂对照组（n=749 例）比较，治疗组临床总有效率 92.1%，对照组为 72.2%（$P < 0.01$），治疗组在用药过程中未见毒副反应。试验结果表明，心先安注射液是治疗心力衰竭安全有效的新型药物，值得在临床进一步推广应用。该研究是国内第一个对治疗心力衰竭药物的循证医学研究，论文发表在《临床心血管病杂志》及 UCJA 上，在美国、西班牙、德国三国国际进行了学术会上学术交流，受到好评，并获得世界医学创新优秀成果奖。

四、与时俱进，开创心力衰竭领域的新局面

心力衰竭是由于任何心脏结构或功能异常导致心室充盈或射血能力受损的一组复杂临床综合征，是各种心脏疾患的严重和终末阶段，发病率高，是当今最重要的心血管病之一，是全球慢性心血管疾病防治的重要内容。

慢性心力衰竭的治疗自 20 世纪 90 年代以来已有重大的转变，从旨在改善短期血流动力学状态转变为长期的修复性策略，以改变衰竭心脏的生物学性质。从采用强心、利尿、扩血管药物转变为神经内分泌抑制剂为重要的药物治疗，主要为肾素 - 血管紧张素 - 醛固酮系统（RAAS）抑制剂，包括血管紧张素转换酶抑制剂（ACEI）、血管紧张素Ⅱ受体拮抗剂（ARB）、醛固酮受体拮抗剂；交感神经系统抑制剂，主要为 β - 受体阻滞剂。有液体潴留者用利尿剂，并积极应用非药物的器械治疗。心力衰竭的治疗目标不仅是改善症状，提高生活质量，更重要的是针对心肌重构的机制，防止和延缓心肌重构的发展，从而降低心力衰竭的病死率和住院率。

尽管对心血管病的预防和治疗近年来取得了重大进展，但心力衰竭仍然是许多患者最终经历的阶段，其发病率仍在增加，病死率也很高。由于人们的平均寿命延长，老年人的心力衰竭患者在增加；由于冠心病（尤其是心肌梗死）患者及时给予冠脉介入治疗和冠状动脉旁路移植术，其急性期存活率增高，但后期发生心力衰竭患者也在增加；由于心脏瓣膜病、先天性心脏病等结构性心脏病的瓣膜置换术、介入封堵术等治疗方法的进步，改善预后，使其中急性心力衰竭的患者仍得以存活，其后发生心力衰竭者也在增加；冠心病、高血压等成为当前心力衰竭的主要病因，其住院心力衰竭患者的院内病死率显著下降，但出院后的长期预后仍然是较差的。2003 年 10 月中国流行病学调查发现中国成人心力衰竭患病率为 0.9%，《中国心血管病报告 2013》指出我国心血管病患病率处于持续上升阶段，从心力衰竭“事件链、阶段式”发展的特点来看，心血管病及其危险因素的流行增加，将导致事件链终点的心力衰竭患病增加，特别是我国人口老龄化的趋势，也使未来发展为心力衰竭的人群更为庞大。

目前已由单纯生物医学模式转变为社会 - 生物 - 心理模式。为减少心力衰竭的发生率和死亡率，必须以预防为主，全社会构筑心脑血管病预防、治疗、康复全面防线。《黄帝内经》明确讲到“上医治未病”，强调疾病应以预防为主。为减少心力衰竭的发生率和死亡率，必须将心力衰竭的防控关口前移，重视心血管病危险因素和上游心血管病的防治，及早进行 0 级预防，防止肥胖、高血压、高血糖、血脂代谢异常等危险因素的发生，以免出现各种器质性心脏病的发生而进入心力衰竭阶段。各种原因导致心力衰竭是心脏病患者丧失劳动力和死亡的常见原因，心脏功能康复是当今医学面临的一大挑战。

近年来除正规经典药物治疗及非药物器械治疗外，健康教育、运动疗法、营养指导和心理疏导干预措施的联合应用是心脏康复疗法最有效的方法。

国内外专家共识，心力衰竭已成为21世纪重要的公共卫生问题，是21世纪心血管疾病的最后战场，展望未来，任重而道远，应更加努力，与时俱进，开创心力衰竭研究领域的新局面！

图 B1　在第二届全国心力衰竭学术交流会上的合影

左起：张开滋、张子彬、刘桂蕊、陈尔昌、张玉传

1993 年 10 月 27 日 · 天津

图 B2　在第三届全国心力衰竭学术交流会上的合影

左起：张子彬、张玉传

1995 年 5 月 29 日 · 大连

图 B3　第四届全国心力衰竭学术交流会于 1997 年 5 月 25 日在青岛市召开，主任委员张子彬教授致开幕词

在主席台就座的专家教授有（左起）：顾菊康、张玉传、任桂芝、祝善俊、张子彬、陈国伟、樊万福、张之炯、曾祥鸿、郑发昌

图 B4　出席第四届全国心力衰竭学术交流会的部分委员合影

左起：晁储璋、张玉传、任桂芝、樊万福、祝善俊、张子彬、顾菊康、曾祥鸿、吴同果

1997 年 5 月 25 日 · 青岛

图 B5　在第六届全国心力衰竭学术交流会及首届心电信息学术会上的合影

左起：马建群、张文博、张子彬、张玉传、李跃荣

2001 年 5 月 31 日 · 三国影视城

图 B6　在出席第七届全国心力衰竭学术交流会上的合影

左起：李跃荣、张子彬、张玉传、马建群

2003 年 4 月 20 日 · 泰安

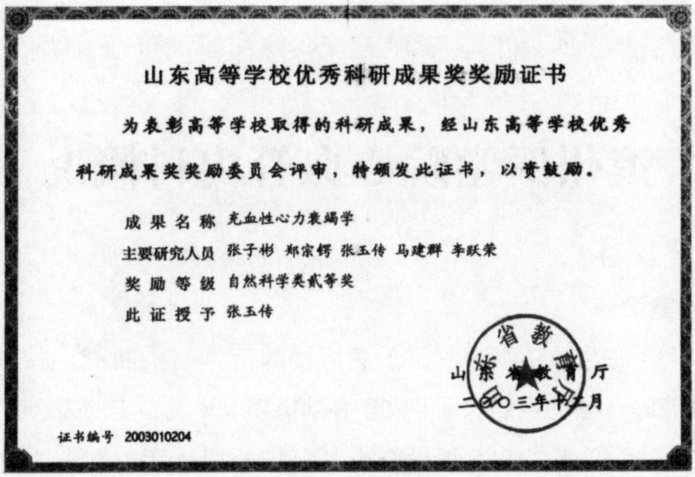
山东高等学校优秀科研成果奖奖励证书

为表彰高等学校取得的科研成果，经山东高等学校优秀科研成果奖奖励委员会评审，特颁发此证书，以资鼓励。

成果名称 充血性心力衰竭学
主要研究人员 张子彬 郑宗锷 张玉传 马建群 李跃荣
奖励等级 自然科学类贰等奖
此证授予 张玉传

山东省教育厅
二〇〇三年十二月

证书编号 2003010204

图 B7　张玉传教授是《充血性心力衰竭学》第三主编，在 2003 年 4 月 20 日召开的第七届全国心力衰竭学术交流会上当选为常务副主任委员。他学术造诣极深，医学成就卓著，是著名心血管病专家，其成就详见本书第一篇第二章主编简介

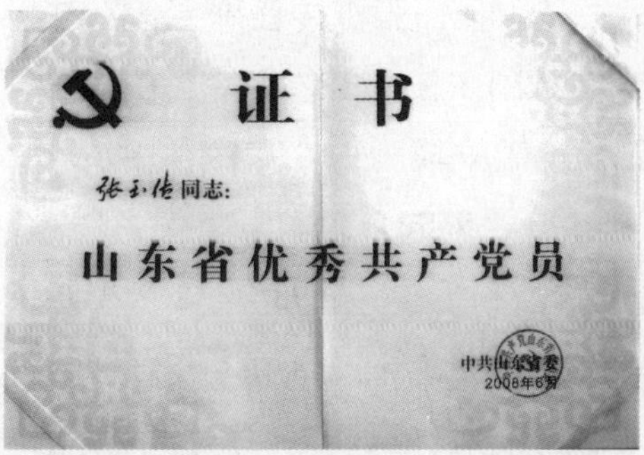
证书

张玉传同志：

山东省优秀共产党员

中共山东省委
2008年6月

图 B8　张玉传教授被评为山东省优秀共产党员

荣誉证书

授予张玉传同志 2005 年度“滨州市有突出贡献的专业技术人员”称号

中共滨州市委　滨州市人民政府
二〇〇六年三月

图 B9　张玉传教授被授予“滨州市有突出贡献的专业技术人员”称号

附录 C

滨州医学院心血管内科概况

一、科室沿革

1979 年建立内科二病区，位于病房楼的南排一楼西侧，收治心血管、内分泌、血液等专业的疾病。同年成立心功能室，开展心电向量、超声心动图、心音图等心血管检查。1985 年设立心脏监护病房，床位 6 张。1985 年 2 月开展体外反搏治疗冠心病和缺血性脑血管病。主要设备有心电图机、心电监护仪、除颤仪、食管心脏调搏仪、超声心动图仪、心电向量图仪、体外反搏仪等设备。1987 年增添 4 台遥测移动式日本光电心电监护仪。1988 年 2 月开展动态心电图监测。

1993 年 1 月成立心血管内科，张子彬任主任，张玉传任副主任，与内分泌科在同一病区，床位 30 张。1993 年 7 月副主任张玉传主持工作，增添经静脉临时心脏起搏器。1994 年心血管病房独立成为内二病区。1996 年 7 月张玉传任主任。1997 年 9 月马建群任副主任，筹建心血管导管室，购进心内电生理仪，1998 年 8 月开展心血管介入诊断和治疗。1998 年 12 月李跃荣任心血管内科副主任。2001 年 2 月内科楼（住院二部）启用，心血管内科搬至内科楼 5 楼，设床位 39 张；建立心脏重症监护室（CCU），设立床位 4 张，新增多功能监护仪 4 台，加强冠心病等危重患者的监护与治疗。2005 年 3 月刘现亮调入心血管内科，并于 4 月任心血管内科副主任，8 月任主任，独立开展各类心血管介入诊断和治疗，手术量逐年上升。2007 年徐会圃任心血管内科副主任。2009 年 4 月综合楼（住院一部）启用，6 月心血管内科搬至综合楼 8 楼，位于东病区，设床位 40 张；CCU 位于西病区，设床位 11 张，其中监护床 8 张。2011 年 10 月刘现亮调离医院，副主任徐会圃主持工作，徐会圃于 2013 年 8 月任主任。心血管内科历任负责人见表 C1。

至2013年12月，心血管内科有医师17人（博士4人、硕士11人），其中主任医师4人、副主任医师7人、主治医师3人、住院医师3人。拥有的仪器设备包括：德国西门子数字减影血管造影机2台、美国GE公司心脏彩色超声诊断仪3台、血管内超声诊断仪1台、CCU中央监护系统、32导心电生理记录仪、美国DATASCOPT公司主动脉内球囊反搏仪、美国Cardiac Science公司全自动除颤监护仪、动态心电分析系统、运动平板系统、心脏射频消融仪、移动查房设备等。

表C1　心血管内科历任负责人

时间	主任	副主任
1993年1月	张子彬	张玉传
1993年7月		张玉传（主持工作）
1996年7月	张玉传	
1997年9月	张玉传	马建群
1998年12月	张玉传	马建群、李跃荣
2003年5月	张玉传	李跃荣
2005年4月	张玉传	李跃荣 刘现亮
2005年8月	刘现亮	李跃荣
2007年9月	刘现亮	李跃荣、徐会圃
2011年10月		徐会圃（主持工作）、李跃荣
2013年8月	徐会圃	李跃荣

二、业务发展

1993年1月成立心血管内科，建立健全心血管内科常见疾病的诊疗常规，主要包括冠心病（不稳定型心绞痛、急性心肌梗死），急慢性心力衰竭，高血压急症，心源性休克，各种心律失常（房颤、阵发性室上速、阵发性室速、病窦综合征、三度房室传导阻滞），心肺复苏等。经静脉临时起搏器，在床边和X线透视下成功抢救心脏停搏患者。在1994年三级甲等医院评审中，心血管内科取得优异成绩。

1997—1998年开展“环磷腺苷葡胺（心先安）注射液治疗心力衰竭”的随机多中心研究，对慢性心力衰竭急性加重尤其伴缓慢性心律失常的心力衰竭患者有很好的疗效。1997年医院购进大型C型臂X光机、心内多导电生理仪等仪器。1998年8月开始心脏介入诊治工作。1999年8月首次开展埋藏式永久人工心脏起搏器植入术，救治病窦综合征、三度房室传导阻滞等缓慢性心律失常患者。1999年7月首次开展心内电生理检查和经导管射频消融术，根治阵发性室上速等快速性心律失常患者、开展球囊漂浮电极床旁心脏临时起搏术。1999年11月首次开展冠状动脉造影术＋支架植入术。2000年开展经皮二尖瓣球囊成形术。心脏介入手术的开展，提高了冠心病的正确诊断率，血运重建改善冠心病心肌缺血症状和预后。介入手术量逐年增加，达每年100余例。2000—2003年每年均获附属医院新技术、新项目奖。2002年开展“高渗盐水＋大剂量呋塞米”治疗难治性心力衰竭并低钠低氯血症患者，取得良好效果。2002年12月开展活动平板运动试验，进一步提高冠心病无创诊断水平。2004年参加中国与英国牛津大学联合开展的国际合作研究项目CCS-2试验（中国急性心肌梗死第二项试验）；阿司匹林、氯吡格雷联合及早期应用美托洛尔（倍他乐克）治疗急性心肌梗死，降低了急性心肌梗死患者的病死率，改善了预后。自刘现亮调入心血管内科后，心血管疾病的介入诊断和治疗开始突飞猛进的发展，能独立完成冠状动脉介入治疗、室上速的射频消融治疗、先天性心脏病的介入封堵治疗、永久起搏器的植入治疗等。新开展了主动脉覆膜支架治疗主动脉夹层，主动脉内气囊反搏治疗，房颤的射频消融治疗，二尖瓣球囊扩张成形术，以及植入型心律转复除颤器（ICD）、心脏再同步化治疗（CRT）等手术。2011年心血管的介入手术已超过1500例。每年都获得多项医院新技术、新项目奖，刘现亮于2011年10月调离我院，徐会圃全面主持工作，继续独立开展冠心病介入治疗，心律失常的射频消融治疗，先天性心脏病的介入治疗，永久起搏器及CRT的植入术，大动脉介入治疗等工作。2013 年心血管介入手术量已超过 2000 例。2008—2013 年开展介入手术工作量见表 C2。

表 C2　2008 年至 2013 年开展介入手术工作量

介入手术名称	手术例数（人次 / 年）					
	2008 年	2009 年	2010 年	2011 年	2012 年	2013 年
冠状动脉造影术	432	629	656	950	1070	1230
经皮冠脉成形 + 支架置入术	227	329	343	388	434	513
临时起搏器植入术	10	24	9	22	26	18
单腔起搏器植入术	9	14	5	1	5	2
起搏器更换	0	2	0	2	0	0
双腔永久心脏起搏器植入术	8	15	14	23	20	20
急诊冠脉成形 + 支架置入术	28	65	59	52	53	108
植入式心脏复律除颤器（ICD）	1	0	0	0	0	0
心脏再同步化治疗	1	0	0	0	1	0
电生理检查术	75	79	75	105	103	98
预激综合征射频消融术	7	11	9	11	20	21
室性心动过速射频消融术	2	8	1	2	0	0
室上性心动过速射频消融术	64	55	58	86	64	70
房颤射频消融术	0	1	5	6	6	7
房间隔缺损封堵术	8	16	5	8	4	3
室间隔缺损封堵术	6	5	2	2	2	1
动脉导管未闭封堵术	12	5	17	16	6	15
IABP 植入		6	8	8	10	11
肺动脉瓣狭窄球囊扩张术	2	3	2	0	0	0
合计	864	1261	1260	1674	1824	2117

三、教学与科研

（一）教学

承担了滨州医学院临床及其他各专业本科及专科学生的内科及诊断学理论授课及临床见习、实习任务。2004 年开始招收首届心血管内科硕士研究生。至 2013 年 12 月，研究生导师 4 名，共培养硕士研究生 39 名。接收 100 多名进修医生进修学习。

（二）科研

1. 科研课题（表 C3）

表 C3　科研课题情况

主要科研课题项目名称	级别	项目批准单位	立项时间（年）	主持人
急性冠脉综合征斑块超声与同型半胱氨酸及代谢酶多态性相关性研究	省级	山东省科技厅	2006—2009	徐会圃①
急诊 PCI 术前冠脉替罗非班对血小板聚集及 α- 颗粒膜蛋白的影响	厅级	山东省教育厅	2012—2014	徐会圃①
缬沙坦对缺血再灌注心肌细胞凋亡及相关基因蛋白表达的影响	厅级	山东省卫生厅	2003—2006	李跃荣①
冠状动脉粥样硬化斑块稳定性指标体系研究	厅级	山东省教育厅	2001—2003	马建群①
国产降纤酶治疗不稳定型心绞痛的临床研究	厅级	山东省教育厅	1999—2001	马建群①
阿托伐他汀对老年不稳定心绞痛黏附分子水平的影响（BJ3）	厅级	山东省卫生厅	2005—2007	马建群①
以问题为导向的学习在心内科实习带教中的应用	厅级	山东省高等医学教育研究中心	2005—2006	马建群①
缬沙坦对 ACE2 及高血压引起的血管重构及左室肥厚的影响	厅级	山东省卫生厅	2009—2013	孙经武①

续表

主要科研课题项目名称	级别	项目批准单位	立项时间（年）	主持人
以实训中心为平台的虚拟教学对研究生临床技能培养中的作用	厅级	山东省教育厅	2010—2014	孙经武①

科技奖励情况

主要科研成果名称	获奖名称与等级	时间（年）	获奖人排序
缬沙坦联合依那普利对充血性心力衰竭患者促炎细胞因子的影响	滨州市科技进步一等奖	2004	李跃荣①
心电图鉴别诊断学	山东省教育厅科技进步二等奖	1987	张文博①
心血管病诊疗的新概念	山东省教育厅科技进步三等奖	1991	张文博①
心动过速的诊断和治疗	山东省教育厅科技进步三等奖	1994	张文博①
心电图精萃	山东省教育厅科技进步三等奖	1996	张文博①
心血管病的当今问题	山东省教育厅科技进步三等奖	2000	张文博①
静脉滴注颅痛定治疗不稳定型心绞痛的临床研究	滨州市科技进步三等奖	2006	马建群①
充血性心力衰竭学	山东省教育厅省高校优秀科研成果奖；山东省高等学校优秀科研成果自然科学类二等奖	2003	张子彬①
瑞舒伐他汀对兔心肌缺血再灌注损伤内皮功能的影响	滨州市自然科学优秀学术成果二等奖及滨州医学院科技进步奖论文类（自然科学）三等奖	2010	马建群①
急性冠状动脉综合征患者血清 Apelin 表达水平与 Gensini 评分的相关性研究	滨州市自然科学优秀学术成果三等奖	2012	马建群①

续表

主要科研成果名称	获奖名称与等级	时间（年）	获奖人排序
阿托伐他汀对高血压脑出血治疗作用及其机制的实验研究	烟台市科技局科技进步三等奖	2012	王东①

注：①表示第一责任者。

2. 论文（表 C4）

表 C4 论文情况

作者	主要发表论文	发表期刊	期刊类别
徐会圃（通讯作者）	Plaque Image Characteristics, Hyperhomocysteinemia, and Gene Polymorphism of Homocysteine Metabolism-Related Enzyme（MTHFR C677T） in Acute Coronary Syndrome	Cell Biochemistry and Biophysics，2013，66（2）：403-407	SCI
徐会圃①	比伐卢定与替罗非班加肝素在急诊经皮冠状动脉介入治疗中疗效与安全性的比较	中国循环杂志，2013，28（6）：430-433	核心
徐会圃①	急诊 PCI 术中冠脉内替罗非班对血小板 α - 颗粒膜蛋白及心肌灌注水平的影响	中国老年学杂志，2013，33（15）：3569-3571	核心
徐会圃（通讯作者）	急性冠脉综合征斑块超声显像特征与同型半胱氨酸及亚甲基四氢叶酸还原酶 C677T 基因多态性的相关性	中国老年学杂志，2012，24：5381-5383	核心
徐会圃①	急性冠脉综合征病变的血管内超声研究	中国老年学杂志，2009，29（21）：2705-2707	核心
徐会圃①	急性冠状动脉综合征血管内超声斑块显像特征与血浆同型半胱氨酸水平的相关性研究	临床心血管病杂志，2009，25（7）：528-531	核心

续表

作者	主要发表论文	发表期刊	期刊类别
徐会圃[①]	高同型半胱氨酸血症对大鼠颈动脉损伤后新内膜增生的影响	中国康复医学杂志，2004，19（2）：115-117	核心
徐会圃[①]	氯沙坦对肾性高血压左室肥厚大鼠心肌血管紧张素Ⅱ及原癌基因 c-jun mRNA 表达的影响	临床心血管病杂志，2004，20（4）：223-225	核心
徐会圃[①]	同型半胱氨酸对球囊损伤大鼠颈动脉原癌基因表达及新生内膜增生的影响	中华老年医学杂志，2004，23（8）：551-554	核心
徐会圃[①]	颈动脉超声检查预测冠心病的研究	临床心血管病杂志，2002，18（3）：141-143	核心
张玉传[①]	急性下壁梗塞并右室梗塞的诊断和治疗	天津医药 1987，15（2）：78-81	核心
张玉传[①]	冠心病与病窦综合征之间关系的探讨	山东医药，1990，30（12）：6-7	核心
张玉传[①]	高胰岛素血症、胰岛素抵抗与高血压病的关系	山东医药，1996，36（4）：1-2	核心
张玉传[①]	老年胰岛素抵抗与冠心病、高血压病的关系	中国康复医学杂志，1996，11（5）：228-229	核心
张玉传[①]	动态血压负荷值对高血压病并靶器官损害的评价	山东医药，1997，37（8）：2-3	核心
张玉传[①]	充血性心力衰竭的现代治疗	临床急诊杂志，2003，4（4）：1-3	核心
李跃荣[①]	病毒感染与动脉粥样硬化关系的新近研究	临床心血管病杂志，1996，12（3）：186-187	核心
李跃荣[①]	先天性心脏病血栓前状态研究的某些进展	国外医学(心血管疾病分册)，1997，24（5）：11-13	核心
李跃荣[①]	法洛四联征患者血小板功能状态的研究	临床心血管病杂志，1999，15（4）：165-167	核心

续表

作者	主要发表论文	发表期刊	期刊类别
李跃荣[①]	不稳定型心绞痛患者血浆 α-颗粒膜蛋白动态变化及意义	山东医药，1999，39（11）：27	核心
李跃荣[①]	银杏叶片不同制剂对不稳定性心绞痛疗效比较	江苏临床医学杂志，2002，6（2）：137	核心
李跃荣[①]	缬沙坦联合依那普利对充血性心力衰竭患者促炎细胞因子的影响	中国心血管杂志，2004，9（6）：432-434	核心
李跃荣（审校）	评价冠状动脉性心脏病患者左心室舒张功能的超声方法进展	心血管病学进展，2009，30（2）：320-322	核心
李跃荣（通讯作者）	急性冠状动脉综合征与血清心型脂肪酸结合蛋白的相关性研究	临床荟萃，2011，26（22）：2022-2024	核心
李跃荣（通讯作者）	碎裂 QRS 波在急性心肌梗死诊断中的价值	临床心电学杂志，2013，22（1）：13-16	核心
Feng M[①]	Interleukin-6 enhances matrix metalloproteinase-14 expression via the RAF-mitogen-activated protein kinase kinase-extracellular signal-regulated kinase 1/2-activator protein-1 pathway	Clin Exp Pharmacol Physiol，2010，37（2）：162-166	SCI
Xiao-jun C[①]、Min F[②]	Expression and role of adiponectin receptor 1 in lipopolysaccharide-induced proliferation of cultured rat adventitial fibroblasts	Cell Biol Int，2010，34（2）：163-169	SCI
Li L[①]、Cai XJ[②]、Feng M[③]	Effect of adiponectin overexpression on stability of preexisting plaques by inducing prolyl-4-hydroxylase expression	Circ J，2010，74（74）：552-559	SCI
程艳丽[①]	曲美他嗪治疗难治性心力衰竭疗效观察	山东医药，2009，49（33）：96	核心
程艳丽[①]	Transient ST-segment elevation after transseptal puncture for atrial fibrillation ablation in two cases	Chinese Medical Journal，2012，125（5）：941-944	SCI

续表

作者	主要发表论文	发表期刊	期刊类别
程艳丽①	曲美他嗪治疗难治性心力衰竭疗效观察	山东医药，2009，49（33）：96	核心
王东①	Experimental study of atorvastatin treatment for hypertensive intracerebral hemorrhage.	Cell Biochem Biphys，2011，62（1）：87-90	SCI
王东（通讯作者）	阿托伐他汀对脑出血大鼠脑组织病理变化及血浆 hs-CRP、HCY 水平的影响	中国老年学杂志，2011，31（8）：1391-1393	核心
马建群①	瑞舒伐他汀对兔心肌缺血 - 再灌注损伤内皮功能的影响	中华急诊医学杂志，2009，18（5）：508-511	核心
马建群（通讯作者）	瑞舒伐他汀对兔心肌缺血再灌注损伤 P 选择素的影响	山东医药，2009，49（17）：32-33	核心
马建群（通讯作者）	急性冠状动脉综合征患者血清骨保护素表达水平与 Gensini 评分的相关性研究	中华临床医师杂志（电子版），2012，6（12）：153-155	核心
马建群（通讯作者）	急性冠状动脉综合征患者血清 Apelin 表达水平与 Gensini 评分的相关性研究	临床心血管病杂志，2012，28（3）：197-199	核心
马建群（通讯作者）	蝙蝠葛碱对兔心肌缺血再灌注时血清 MDA 浓度和 SOD 活性的影响	山东医药，2008，48（46）：25-27	核心
马建群（通讯作者）	急性冠状动脉综合征患者血清内脂素水平的变化及其临床意义	山东医药，2011，51（13）：86-87	核心
马建群①	颅痛定对心肌缺血 - 再灌注性室性心律失常及血浆内皮素 -1 浓度的影响	中国危重病急救医学杂志，1998，10（1）：7-9	核心
马建群①	静脉滴注颅痛定治疗不稳定型心绞痛疗效观察	中国实用内科杂志，2001，21（12）：728-729	核心
马建群①	颅痛定对心肌缺血再灌注性室性心律失常及血浆去甲肾上腺素浓度的影响	中国实用内科杂志，2002，22（8）：485-486	核心

续表

作者	主要发表论文	发表期刊	期刊类别
马建群①	心律平与利多卡因联合静注终止致心律失常性右室发育不全之持续性室速一例	临床心血管病杂志，1995，11（3）：178	核心
马建群①	房间隔穿刺定位方法进展	中国医师进修杂志，1996，19（9）：33-34	核心
马建群①	单光子发射计算机心肌断层显像在冠心病诊断中的应用价值	心血管病学进展，1994，15（5）：257-259	核心
马建群①	静滴颅痛定控制快速房颤心室率 30 例疗效观察	山东医药，1999，39（18）：44	核心
马建群（通讯作者）	瑞舒伐他汀对兔心肌缺血再灌注损伤 P 选择素的影响	山东医药，2009，49（17）：32-33	核心
马建群（通讯作者）	急性冠状动脉综合征患者血清内脂素水平的变化及其临床意义	山东医药，2011，51（13）：86-87	核心
马建群②	左旋四氢巴马汀对犬缺血再灌注心肌血清肌酸磷酸激酶的影响	山东医药，2009，49（25）：38-39	核心
马建群②	促红细胞生成素对兔心肌缺血 / 再灌注损伤保护作用的研究	中华临床医师杂志（电子版），2012，6（5）：32-35	中华医学会
马建群（通讯作者）	急性冠状动脉综合征患者血清骨保护素表达水平与 Gensini 评分的相关性研究	中华临床医师杂志（电子版），2012，6（12）：153-155	中华医学会
马建群①	（131） I 治疗 Graves 病患者医院感染相关因素分析及对策	中华医院感染学杂志，2011，21（5）：908-910	核心
宋洪勇①	以心室高频电位和以激动标测法消融室性心律失常的比较	中国心脏起搏与心电生理杂志，2010，24（5）：406-410	核心
刘现亮①	阿托伐他汀对兔急性心肌梗死再灌注后一氧化氮、内皮素 -1 水平及心功能的影响	中国病理生理杂志，2010，26（1）：75-79	核心
孙经武①	缬沙坦对自发性高血压大鼠血管中血管紧张素转化酶 2 mRNA 表达的影响	临床心血管病杂志，2012，28（5）：355-358	核心

续表

作者	主要发表论文	发表期刊	期刊类别
孙经武①	心源性恶液质患者的临床特点及预后影响因素	山东医药，2011，51（33）：72-73	核心
孙经武①	高脂血症性急性胰腺炎 9 例临床分析	山东医药，2010，50（45）：84	核心
孙经武①	模拟教学对培养医学生急救技术和临床快速反应能力的作用探讨	中国医学教育技术，2010，24（4）：391-393	
郄良毅①	应变率成像技术评价曲美他嗪对糖尿病患者左室功能的影响	中国超声医学杂志，2009，25（5）：474-477	核心
赵希军①	阿托伐他汀对兔缺血再灌注后白介素 -6、P- 选择素及无复流的影响	现代生物医学进展，2009，9（6）：1053-1056	核心
丁玲岩①	阿魏酸钠对兔急性心肌梗死再灌注后无复流的影响	滨州医学院学报，2009，15（2）：140-145	核心
李景森①	急性心肌梗死恢复期行经皮冠状动脉介入治疗对心率振荡的影响	山东医药，2010，50（25）：63-64	核心
李景森①	提高对离子通道疾病的认识	航空航天医学杂志，2011，22（1）：25-27	核心
马宝新①	B 型利钠肽与原发性高血压左室肥厚伴心律失常关系的临床研究	中国老年学杂志，2009，29（3）：337-338	核心
马宝新①	海仁藻酸致痫大鼠肾脏 ERK 1/2 表达的检测及意义	吉林大学学报医学版，2009，35（4）：635-638	核心
马宝新①	可降解药物洗脱支架有效性与安全性的系统评价	中国老平学杂志，2011，31（20）：3883-3886	核心
吕毅①	应用卡维地洛治疗急性心肌梗死早期快速心律失常临床探讨	中国实用医药，2009，4（8）：17-18	

注：①表示第一作者；②表示第二作者；③表示第三作者。

3. 著作（表 C5）

表 C5　著作情况

书名	主编	副主编	出 版 社	时间（年）	字数（万）
心律失常的诊断与治疗	张文博		青岛医学院（内部出版）	1973	40.2
心电图的鉴别诊断	张文博		青岛医学院北镇分院附属医院内部出版	1978	45.0
冠心病心电图学	张文博（2 人合译）		科学出版社	1980	49.3
如何分析心律失常	张文博		人民卫生出版社	1982	29.4
心电图鉴别诊断学	张文博		陕西科技出版社	1987	34.4
心血管病诊疗的新概念	张文博		黄河出版社	1990	23.4
袖珍心脏病学	张文博		石油大学出版社	1993	49.4
如何选择心血管药物	张文博		科学技术文献出版社	1994	40.3
心电图精萃	张文博		科学技术文献出版社	1995	31.0
心动过速的诊断与治疗	张文博		科学技术文献出版社	1993	32.9
心血管病的当今问题	张文博		科学技术文献出版社	1999	71.6
心血管药物应用的新进展	张文博		人民卫生出版社	2002	36.9
心血管病诊断的误区与防范	张文博		人民军医出版社	2008	53.9
心电图的诊断线索与误区	张文博		人民军医出版社	2010	54.6
心电图诊断手册	张文博		人民军医出版社	1996	26.4
心电图诊断手册（第二版）	张文博	李跃荣	人民军医出版社	2003	38.5
心电图诊断手册（第三版）	张文博 李跃荣		人民军医出版社	2006	45.1

续表

书名	主编	副主编	出 版 社	时间（年）	字数（万）
心电图诊断手册（第四版）	张文博 李跃荣		人民军医出版社	2012	52.9
心力衰竭	张子彬		青岛医学院北镇分院	1980	31.2
心力衰竭	张子彬		山东科学技术出版社	1986	39.2
充血性心力衰竭	张子彬		科学技术文献出版社	1991	71.2
充血性心力衰竭（第二版）	张子彬		科学技术文献出版社	1997	97.9
食管心脏调搏	张子彬		科学技术文献出版社	1991	11.2
心脏病患者生活保健指南	张子彬		科学技术文献出版社	1992	10.8
心动过速的诊断和治疗		张子彬	科学技术文献出版社	1993	32.9
现代心脏内科学		张子彬	湖南科学技术出版社	1994	229.4
现代心脏内科学（第二版）		张子彬	湖南科学技术出版社	2002	280.0
心脏骤停的抢救及预防		张子彬	金盾出版社	1994	11.9
实用心电信息学		张子彬	丹东新闻出版社	1995	32.0
心搏骤停与现代复苏	张子彬		科学技术文献出版社	1997	21.7
现代临床急救治疗学	张子彬		北京科学技术出版社	1997	140.0
心电信息学		张子彬	科学技术文献出版社	1998	122.2
现代临床整体序贯急诊救护治疗学	张子彬		军事医学科学出版社	2001	150.7
老年心血管病诊断与鉴别诊断学	张子彬	张玉传	青岛海洋大学出版社	2001	52.0
充血性心力衰竭学	张子彬 张玉传	李跃荣	科学技术文献出版社	2003	175.0
临床心电信息学		张子彬	湖南科学技术出版社	2002	380.0
简明临床心电图学	张玉传		华夏出版社	1993	15.0

续表

书名	主编	副主编	出 版 社	时间（年）	字数（万）
心脏骤停的抢救及预防	张玉传		金盾出版社	1994	11.9
实用心血管综合征学	张玉传	李跃荣	科学技术文献出版社	1999	44.0
实用心电图诊断掌中宝	徐会圃		化学工业出版社	2010	13.9
《诊断学》复习纲要与试题精编	王东	张贝	化学工业出版社	2010	45.5
2010 年临床助理医师资格考试模拟试卷	王东 张贝		化学工业出版社	2010	23.5
实用心内科掌中宝	王 东 刁树玲 张玉传		化学工业出版社	2010	15.3
2013 年临床执业医师实践技能考试通关宝典	王东 张贝		化学工业出版社	2013	54.6

4. 人员培训及学历教育

（1）人员培训

张子彬于 1978 年 12 月至 1979 年 12 月在上海胸科医院进修；张玉传于 1985 年 7 月至 1986 年 7 月在天津医科大学高等医药院校心血管学习班学习；刘肖林于 1986 年 7 月至 1987 年 7 月在天津医科大学高等医药院校心血管学习班学习；李跃荣于 2002 年 5—8 月在首都医科大学附属同仁医院心血管病诊疗中心心导管室进修学习；刁树玲于 2011 年 3—6 月在上海胸科医院心脏中心进修学习；李景森于 2006 年 3—9 月在首都医科大学附属同仁医院心血管病诊疗中心心导管室学习，2013 年 8—11 月在奥地利圣帕尔腾医院心血管中心导管室学习；程艳丽于 2008 年 8—11 月在韩国加图立大学首尔圣母医院心脏中心学习 。每年派出 10 余人次参加国内外学术会议，获得知识和技术更新。

（2）学历教育

心血管内科医师都达到硕士及以上学位，其中徐会圃、马建群、程艳丽、冯民、马宝新是博士学位。

5. 科室举办的继续教育项目

从 2007 年开始每年举办省级继续教育项目“山东省介入心脏病学青年论坛”；从 2011 年开始每年举办国家级继续教育项目“全国复杂心律失常诊治新进展研讨班”；从 2013 年 12 月开始举办国家级继续教育项目“中国环渤海心血管病学术会议”。

张文博在 1982 年全国石油系统心血管病会议上做专题发言，2002 年心电图临床应用 100 周年庆典大会组委会（中国）做专题发言，2005 年全国动态心电图大会做专题发言，2007 年全国心电图学术会议做专题发言；曾多次参加山东省心血管病继教项目学习班，担任主讲或专题发言。

张子彬在 1992 年 5 月北京国际心脏研究学术会做专题发言，1992 年 11 月北京中日医学大会做专题发言，1993 年 10 月西安召开的第四次全国心血管病学术研究会做专题发言。

马建群在 2010 年 5 月第二届国际心电远程监护和心律失常学术会议（上海）做“心室电风暴”专题报告，2012 年 7 月第八届海河之滨心脏病学会议暨第九届中国心力衰竭学会学术年会（天津）做“心脏性猝死的预防”专题报告。

徐会圃在 2012 中国心血管疾病荷花论坛做“以晕厥为首要表现的右冠脉病变”专题报告。

四、荣誉与社会兼职

（一）荣誉

张文博 1991 年 10 月被山东省卫生厅选拔为专业技术拔尖人才；1993 年被国务院选拔为有突出贡献的专家，并享受国务院政府特殊津贴；2010 年被山东省老龄委评为山东省模范老年人；2002 年获心电图临床应用 100 年庆典大会组委会（中国）颁发的心电特殊贡献奖；2002—2004 年连续 3 年获中华医学会全国性心电学奖，2005 年获心电学终身成就奖；2007 年获心电学会颁发的心电特殊功勋奖。

张子彬 1991 年 10 月被山东省卫生厅评为专业技术拔尖人才；1993 年 10 月被国务院选拔为有突出贡献的专家，并享受国务院政府特殊津贴；1999 年由中国心力衰竭协会颁发杰出贡献奖；2002 年由中国心电信息学分会颁发突出贡献奖；2005 年被世界教科文卫组织授予特殊贡献专家勋章。

张玉传 1997 年滨州地区卫生系统先进个人；1999 年山东省高校优秀共产党员（高校工委）；2000 年滨州地区十佳文明医生；2004 年 6 月滨州市优秀共产党员；2005 年度滨州市突出贡献专业技术人才；2008 年 6 月山东省优秀共产党员。

马建群 1998—1999 年连续两年被省高校工委等评为大学生暑期社会实践活动优秀指导教师；2001 年被评为山东省优秀教师、十佳教师职业道德建设标兵、高等院校第五批中青年学术骨干学术带头人；2003 年获中国心力衰竭协会杰出贡献奖；2005 年获中国心电学会优秀心电工作者奖。

程艳丽 2011 年 12 月获滨州市五一劳动奖章。

（二）社会兼职

社会兼取情况见表 C6。

表 C6　社会兼职情况

姓名	任职时间	学术团体（杂志）名称	学术任职
徐会圃	2012 年 3 月—	山东生物医学工程学会心律专业委员会	委员
	2012 年 4 月—	山东医学会心电生理和起搏专业委员会	委员
	2010 年 12 月—	山东省滨州市医学会介入心脏病学专业委员会	副主任委员
	2012 年 7 月—	山东省滨州市医学会介入专业委员会	副主任委员
	2012 年 8 月—	山东省心血管疾病介入诊疗技术质量控制专家委员会	委员
	2012 年 8 月—	中华医学会心血管病学分会中国心电学基地山东基地委员和中华医学会心血管病学分会	委员

续表

姓名	任职时间	学术团体（杂志）名称	学术任职
徐会圃	2013 年 11 月—	中国心电会诊中心山东分中心 山东省心功能研究会	理事
	2011 年 5 月—	《滨州医学院学报》	编委
刘现亮	2011 年 11 月—	山东省介入心脏病学专业委员会	委员
	2010 年 12 月—	滨州市介入心脏病学专业委员会	主任委员
张文博	2002 年 6 月—	中国医药生物技术学会心电学技术分会	委员
	2002 年 6 月—	临床心电学杂志	编委
张子彬	1991 年 1 月—2003 年 3 月	中国心力衰竭协会第一至第六届	主任委员
	1991 年 1 月—2003 年 3 月	心力衰竭编著委员会	第一主编
	1992 年 9 月—1995 年 9 月	滨州地区中医院	名誉院长
	2003 年 4 月—	中国现代医药杂志	副主编
	2005 年 8 月—	中华现代内科学杂志专家编辑委员会	常务编委
	2001 年 5 月—	中国心电信息学分会	顾问
	1991 年 4 月—1997 年 4 月	中国无创心功能学会	委员
	1993 年 3 月—1997 年 3 月	中国医药信息学会心脏监护研究中心	委员
	2002 年 10 月—2005 年 10 月	英国医学院（香港）	客座教授
	2000 年 3 月—2003 年 3 月	国际卫生医学研究院（IHMA）	一级教授
	1999 年 1 月—2003 年 3 月	中华当代医学家学会	副会长
	1998 年 10 月— 1998 年 12 月—	中国科联北京教科文发展研究中心医学研究中心委员会	委员
	2001 年 12 月—	国家药典委员会新药评审组	专家
	1994 年 3 月—	中国医药科技成果鉴定名录	专家
	2000 年 4 月—	国家自然科学基金同行评议	专家

续表

姓名	任职时间	学术团体（杂志）名称	学术任职
张玉传	1995 年 5 月—2006 年 6 月	中国心力衰竭协会	副主任委员
	2000 年 12 月—2006 年 12 月	山东省第三、第四届心血管病专业委员会	委员
	2008 年 5 月—2014 年 5 月	山东省诊断学专业委员会	副主任委员
	2006 年 8 月—2009 年 8 月	山东省医师协会内科分会	理事
	2006 年 12 月—2010 年 12 月	滨州市心血管病专业委员会	副主任委员
	2004 年 7 月—2010 年 7 月	山东省心功能协会	理事
李跃荣	1999 年 8 月—2008 年 10 月	山东省介入心脏病学会	委员
	2001 年 12 月—2009 年 11 月	山东省心脏起搏与电生理学会	委员
	1997 年 8 月—2003 年 4 月	中国心力衰竭协会	委员
	2005 年 12 月—	滨州市心血管病专业委员会	副主任委员
	2010 年 12 月—	滨州市介入专业委员会	委员
	2010 年 12 月—	滨州医学院学报	编委
马建群	2001 年 9 月—2006 年 6 月	山东省心电学会	副主任委员
	2003 年 5 月—	中国心力衰竭学会	副主任委员兼副秘书长
	2006 年 5 月—2012 年 7 月	山东省医学会心脏电生理与起搏专业委员会	委员
	2006 年 6 月—	中国医药生物技术协会心电学技术分会	委员
	2006 年 7 月—2012 年 10 月	山东省心理协会	常务理事
	2006 年 12 月—	山东省医学会老年医学专业委员会	委员
	2006 年 12 月—2012 年 12 月	山东省医学会医学教育专业委员会	委员
	2001 年 5 月—2005 年 8 月	中国心电信息学分会	委员
	2005 年 8 月—	中国医药信息学会心脏监护学术委员会	副主任委员
	2010 年 7 月—	中华医学会心血管病学分会中国心电图会诊中心山东分中心	常委兼副秘书长、副主任委员

续表

姓名	任职时间	学术团体（杂志）名称	学术任职
马建群	2012 年 12 月—	中国心电学基地山东基地	副主任
		滨州市营养学会	副理事长
		临床营养专业委员会	副主任委员
	2012 年 9 月—	滨州市心血管病专业委员会	副主任委员
	1998 年 10 月—2008 年 8 月	滨州市心血管病专业委员会	名誉主任委员
	2008 年 8 月—	临床心电学杂志	编委
	2006 年 6 月—	实用心电学杂志	编委
	2013 年 5 月—	中华临床医师杂志	特约审稿专家
	2010 年 7 月—	中国医药科学杂志	特约审稿专家
孙经武	2010 年 12 月—	山东省滨州市医学会介入心脏病学专业委员会	副主任委员
李宗清	2010 年 12 月—	滨州市心血管专业委员会	委员
	2010 年 12 月—	滨州市介入专业委员会	委员
刁树玲	2010 年 12 月—	滨州市心血管专业委员会	委员
	2010 年 12 月—	滨州市介入专业委员会	委员
	2013 年 7 月—	山东省心脏起搏与电生理学会青年委员会	副主任委员
程艳丽	2010 年 12 月—	滨州市心血管专业委员会	委员
	2010 年 12 月—	滨州市介入专业委员会	委员
王东	2010 年 12 月—	滨州市介入专业委员会	委员
	2013 年 7 月—	省预防医学会医院健康教育委员会	副主任委员
李景森	2010 年 12 月—	滨州市心血管专业委员会	委员
	2010 年 12 月—	滨州市介入专业委员会	委员

张子彬教授简介

张子彬，男，汉族，1937 年 1 月生，山东省寿光县人，本科学历，中共党员，教授、主任医师、博士研究生导师。

1963 年 7 月毕业于青岛医学院医疗系，获得本科学历，分配到青岛医学院附属医院内科工作，1970 年 10 月随青岛医学院整体迁至惠民地区北镇办学，1976 年后在青岛医学院北镇分院内科学教研室、附属医院内科工作。1979 年 11 月加入中国共产党。1987 年 6 月至 1993 年 7 月任医学院内科学教研室主任、附属医院内科主任，1993 年 1—7 月兼任附属医院心血管内科主任。1997 年 10 月退休。

张子彬教授从事心血管内科医疗、教学、科研工作近 50 年，对心血管病的诊治、预防和康复有丰富临床实践经验，尤其对心力衰竭的诊断和治疗有深入研究，参与组织和主持第一至第六届中国心力衰竭学术交流会，组织和领导完成了 MCA-CHF 全国大规模多中心临床试验研究，除在国内学术会交流外，先后在美国、德国、西班牙国际学术会上做报告，受到国内外医学界好评；1993 年领导中国心力衰竭协会在国内率先制定左室舒张功能障碍性心力衰竭诊断参考标准，为国内外引用。自 1980 年以来，获世界传统卫生组织（WTHO）、美国人体科学研究院、中国卫生部、山东省及滨州医学院等科研成果和科技进步奖共 35 项；在国内外 24 种医学期刊发表论文《卡托普利对前壁与下壁心肌梗塞作用差异的临床试验》《心力衰竭的现代概念及诊疗现状》《心先安注射液治疗充血性心力衰竭的多中心临床试验——随机分组安慰剂对照多中心临床观察 1659 例资料总结》《心力衰竭时能量代谢的研究进展》《人体心脏舒张最大吸力的模拟实验研究》等110余篇。主编及参编医学专著国内38部、国外3部，其中1980—2003年主编出版《心力衰竭》《充血性心力衰竭》《充血性心力衰竭学》系列丛书6本[《心力衰竭》（滨州出版局，1980年出版）、《心力衰竭》（山东科学技术出版社，1986年1月出版）、《充血性心力衰竭》（科学技术文献出版社，1991年5月出版）、《充血性心力衰竭》（第二版，科学技术文献出版社，1997年4月出版）、《充血性心力衰竭学》（科学技术文献出版社，2002年1月出版）、《充血性心力衰竭学》（国家出版基金资助版，科学技术文献出版社，2003年4月）]，主编《食管心脏调搏》（科学技术文献出版社，1991年出版）、《心脏病患者生活保健指南》（科学技术文献出版社，1992年9月出版）、《心搏骤停与现代复苏》（科学技术文献出版社，1997年出版）、《现代临床急救治疗学》（北京科学技术出版社，1997年出版）、《现代临床整体序贯急诊救护治疗学》（军事医学科学出版社，2001年出版）、《老年心血管病诊断与鉴别诊断学》（青岛海洋大学出版社，2001年出版）；副主编《心动过速的诊断和治疗》(科学技术文献出版社，1993年出版)、《现代心脏内科学》(湖南科学技术出版社，1994年出版）、《心脏骤停的抢救及预防》（金盾出版社，1994年出版）、《实用心电信息学》（丹东新闻出版社，1995年出版）、《心电信息学》（科学技术文献出版社，1998年出版）、《临床心电信息学》（湖南科学技术出版社，2002年出版）、《现代心脏内科学》（第二版，湖南科学技术出版社，2002年出版）。2000—2003年共培养博士研究生1名。

1991年10月至2003年3月任中国心力衰竭协会主任委员，2003年4月被中国心力衰竭协会授予“名誉主任委员”称号，1999年1月任中华当代医学家学会副会长，2000年4月任国家自然科学基金同行评议专家，2000年11月任香港国际医学科学研究院专科教授，2006年10月任世界医药卫生理事会特聘医学专家。1992年10月被评为山东省卫生厅专业技术拔尖人才，1993年10月被批准享受国务院政府特殊津贴，1997年1月被世界医药研究中心授予“世界优秀医学专家”，1999年6月荣获中国心力衰竭学会（原协会）杰出贡献奖，1999年12月被世界传统卫生组织（WTHO）授予“明星人才医学科学家奖”，2002 年 10 月被中国心电信息学分会授予“心电信息学突出贡献奖”，2005 年 11 月被世界教科文卫组织授予“特殊贡献专家勋章”，2006年10月被中国医药卫生研究会授予“中国医学专家‘十五’贡献人物奖”。多次被评为滨州医学院优秀教师、附属医院先进工作者，2003 年被评为滨州医学院优秀共产党员。

（转自《滨医附院院志》专家简介）

摄影集萃

时　间：	1980 年	1986 年 1 月	1991 年 9 月	1997 年 4 月	2002 年 1 月	2003 年 4 月
出版社：	滨州准印	山东科技出版社	科学技术文献出版社	科学技术文献出版社	科学技术文献出版社	科学技术文献出版社
字　数：	31.2 万字	39.2 万字	71.3 万字	97.9 万字	174 万字	175 万字 (国家出版基金资助版)
主　编：	张子彬	张子彬	张子彬　郑宗锷 [美]	同左	张子彬 Tsung O. Cheng 张玉传	同左

图 1　心力衰竭系列专著

图 2　全国心力衰竭专题研讨会合影（1990 年 6 月 · 青岛）

自左至右：前排：方卫华、苏哲坦、樊万福、张子彬、张文博、陈长熙、胡丽霞；后排：吴树燕、曹永荣、任桂芝、刘桂蕊、刘炳德、李治淮、朱文华

图 3　第二届全国心力衰竭学术交流会代表合影（1993 年 10 月 · 天津）

第 2 排座位右起：第 8 位刘桂蕊、第 9 位刘炳德、第 10 位张子彬、第 11 位张开滋、第 12 位张玉传、第 13 位晁储璋、第 14 位吴同果、第 15 位任桂芝

图 4　第三届全国心力衰竭学术交流会代表合影（1995 年 5 月 · 大连）

第 2 排座位左起：第 8 位陈长熙、第 9 位刘桂蕊、第 10 位郑发昌、第 11 位王沙南、第 13 位张子彬、第 14 位刘炳德、第 15 位方卫华、第 16 位顾菊康、第 18 位张玉传、第 19 位任桂芝

图 5　第四届全国心力衰竭学术交流会代表合影（1997 年 5 月·青岛）

第 1 排座位左起：第 2 位吴同果、第 3 位方建侠、第 4 位吕旭华、第 5 位刘玉华、第 6 位晁储璋、第 7 位任桂芝、第 8 位张之炯、第 9 位刘桂蕊、第 10 位樊万福、第 11 位朱震、第 12 位顾复生、第 13 位张子彬、第 16 位陈国伟、第 17 位张开滋、第 18 位顾菊康、第 19 位曾祥鸿、第 20 位郑发昌、第 21 位张玉传、第 22 位吴振西、第 23 位高改地

图 6　第五届全国心力衰竭学术交流会代表合影（1999 年 6 月 · 烟台）

第 2 排座位左起：第 1 位晁储璋、第 3 位曾祥鸿、第 4 位陈世波、第 5 位孙宝贵、第 7 位顾菊康、第 8 位刘炳德、第 10 位苏哲坦、第 11 位方卫华、第 12 位陈国伟、第 13 位张子彬、第 14 位都本洁、第 15 位刘桂蕊、第 16 位祝善俊、第 17 位张开滋、第 19 位唐其柱

图 7　第六届全国心力衰竭及首届全国心电信息学术交流会代表合影（2001 年 5 月 · 无锡）

第 1 排座位左起：第 1 位方建侠、第 2 位徐欣、第 3 位晁储璋、第 4 位吴同果、第 5 位陈世波、第 6 位赵元准、第 7 位张承宗、第 9 位陈国伟、第 10 位郭继鸿、第 11 位张开滋、第 12 位张子彬、第 13 位陈灏珠、第 14 位都本洁、第 15 位祝善俊、第 16 位刘桂蕊、第 17 位张文博

图 8　第七届全国心力衰竭学术交流会代表合影（2003 年 4 月 · 泰安）

第 1 排座位左起：第 1 位马建群、第 2 位吴同果、第 3 位张承宗、第 4 位唐其柱、第 5 位刘炳德、第 7 位刘桂蕊、第 8 位晁储璋、第 11 位陈灏珠、第 12 位张运、第 13 位张子彬、第 15 位诸永康、第 16 位张玉传、第 17 位陈世波、第 18 位祝善俊、第 19 位顾菊康、第 20 位曾祥鸿

中国心力衰竭协会组织的第一个多中心临床试验研究简介

本试验观察用心先安注射液（MCA）治疗充血性心力衰竭（CHF）1659例疗效总结，全国50多家医院参加，由中国心力衰竭协会MCA-CHF协作组领导该试验研究，主任委员张子彬教授主持和组织实施，历时近两年（1997—1998年）完成，论文发表在《临床心血管病杂志》及UCJA上，在美国、西班牙、德国三国国际学术会上交流并获奖，现简介如下（详见第一篇第三章）。

Meglumine cyclic adenylate (MCA) injection in treating 1659 patients with congestive heart failure－A multicenter, randomized, placebo－controlled clinical trial. Chinese MCA－CHF Study collaborative Group

Correspondence: Zhang Zibin, ZhangYuchuan, Ma Jianqun, The Affiliated Hospital of Binzhou Medical College, Shandong, China, 256603

【Abstract】 **Objective:** To investigate the efficacy and safety of MCA in treating congestive heart failure(CHF). **Methods:** This is a multicenter, randomized, placebo－controlled clinical trial. The Patients with CHF(NYHA class Ⅲ～Ⅳ) were treated for one week. The baseline clinical characteristics of patients were similar between the MCA group(n=820) and placebo group (n=789). Before and after the treatment, clinical symptoms, singns, cardiac functional classes inotropic indices, and ECG of both groups were investigated, The sied－effects were also observed and recorded. **Results:** total effective rate of the MCA group was 92.1% and the placebo group was 72.2% ($P<0.001$). MCA was associated with a higher rate of improvement in NYHA functional class 82.0% vs 18.3% ($P<0.001$). and ECG changes (52.1% vs 11.2%, $P<0.001$). There were no significant side－effects observed in the MCA group. **Conculusions:** MCA was a safe, effective and new type drug for the patients with CHF.

【Key words】 randomized clinical trial; congestive heart failure; meglumine cyclic adenylate injection.

通讯作者：滨州医学院　张子彬　张玉传　马建群

SELECTION CERTIFICATE

III Barcelona International Exchange Conference on Oriental & Occidental Medicine

This is to certify that Dr. Zhang Zibin's paper "Meglumine Cyclic Adenylate (MCA) Injection in Treating 1659 Patients with Congestive Heart Failure-A Multicenter, Randomized, Placebo-Controlled Clinical Trial" has been selected for "Excellent Symposium of Barcelona International Medical Conference"

III Barcelona International Exchange Conference on Oriental & Occidental Medicine The Organization Committee

Prof. Ramón segura

图9　世界医学创新优秀成果奖证书，大会组委会颁发

2002年11月，美国·洛杉矶

图 10　优秀论文奖证书，大会主席

拉蒙·塞古那·卡多拉博士颁发

2002 年 12 月，西班牙·巴塞罗那

图 11　国际新技术研讨会优秀论文奖证书

2002 年 10 月，德国·汉堡

图 12　2002 世界医学创新优秀论文集，

欧洲自然科学院

2002，121–123

ISBN　2-9518116-3-2

图 13　巴塞罗那国际医学学术研讨会优秀论文集，欧洲自然科学院

2002，128–130

ISBN 2-9518116-2-4

图 14　国际医学新技术优秀成果经典

德国 unlte 出版集团有限公司，2002，99–102

ISBN　962–86185–1–2

图 15　2002 年 10—12 月，经国家有关部门推荐，先后收到美国、德国、西班牙三国出席国际学术会的邀请函，到大会进行了学术交流

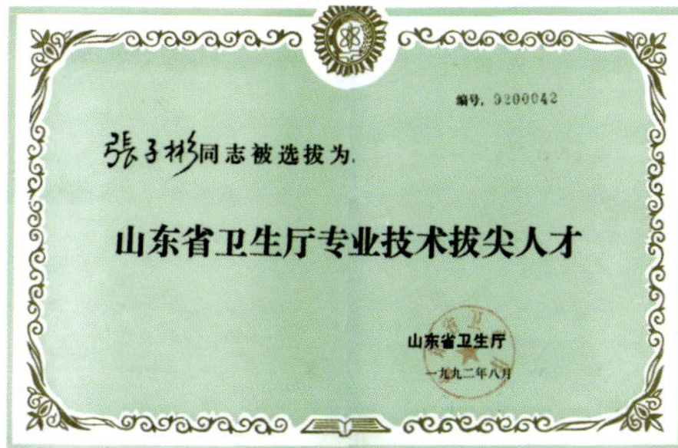

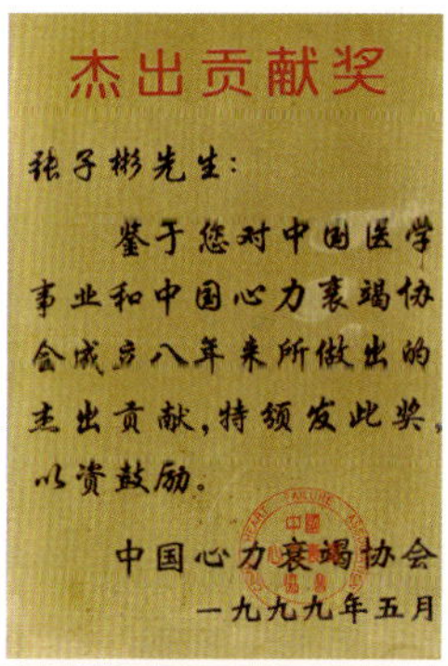

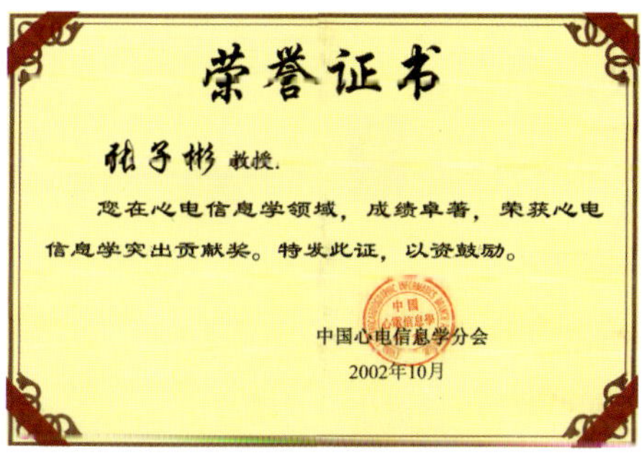

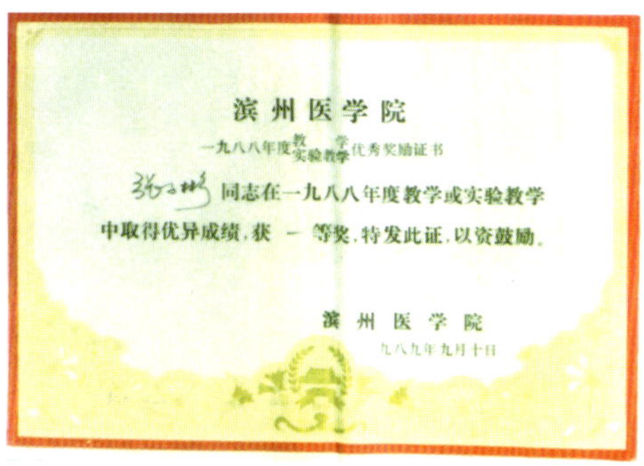

图 16　张子彬教授的部分荣誉证书

图 17　在第七届全国心力衰竭学术交流会开幕式上，同时举行三书首发式

2003 年 4 月 20 日 · 泰安

图 18　三书由中美专家合著

《充血性心力衰竭学》第一主编张子彬

《现代心脏内科学》（第二版）第一主编陈国伟

《临床心电信息学》第一主编张开滋

证书

CERTIFICATE

经世界传统卫生组织学术委员会评审，张子彬 先生/女士《充血性心力衰竭》著作获 WTHO圣塔莫尼卡科技进步一等奖

This is to certify that Mr./Mrs. Zhang Zibin is awarded the prize of WTHO Santa Monica Scientific Progress (First Prize) for his/her Congestive Heart Failure

此证

1999年12月16日

Issued by World Traditional Health Organization

图 19　《充血性心力衰竭》获 WTHO 科技进步一等奖

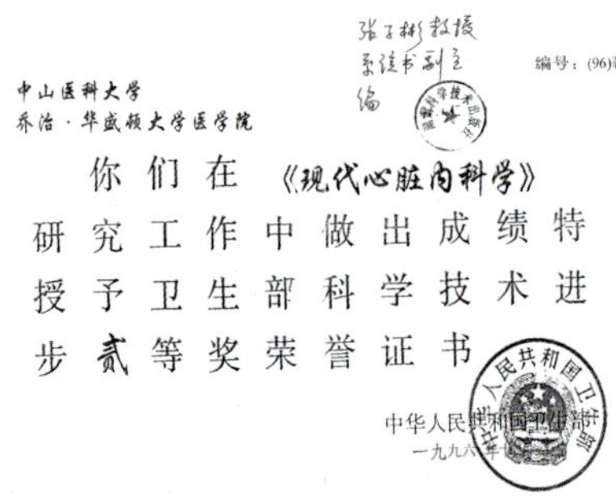

编号：(96)著-Ⅱ-0501

中山医科大学

乔治·华盛顿大学医学院

你们在《现代心脏内科学》研究工作中做出成绩特授予卫生部科学技术进步贰等奖荣誉证书

中华人民共和国卫生部

图 20　《现代心脏内科学》被评为卫生部科技进步二等奖，该书主编陈国伟、郑宗锷[美]，张子彬为副主编

AWARD

INTERNATIONAL LEAGUE OF SOMATIC SCIENTISTS

Best Papers

This award is presented to ______ for the essay sumitted for the Research of Somatic Science contest entitled. ______

After due deliberation and consideration of the quality and the merits by the panel of adjudicators.

Victor GONG, Professor Dean, Chairman　　Johnny Martin, Professor, Chief Adjudicator

Organizing Committee of the Contest of the Grand Prizes for the Best Papers on the Research of Somatic Science U.S.A.

June 1995

图 21　张开滋与张子彬的论文，在首届国际人体科学大会上，被评为优秀论文二等奖

1995 年 6 月 · 美国

Certificate of Promotion

This Certifies That

Zhang Zibin 张子彬

Has been promoted to

The First Prize of WTHO Santa Monica Scientific Progress for the Article of Congestive Heart Failure

WTHO Santa Monica Scientific Progress

Santa monica, California

on this 16th day of December

图 22　张子彬荣获 WTHO 圣塔莫尼卡优秀医学科学家奖

图 23　张子彬教授与国内外著名医学专家合著出版的部分著作

图 24　张子彬教授与中外著名医学专家合写的部分论文发表在中美杂志上

国际著名医学专家郑宗锷教授访问滨州医学院简报

受滨州医学院的邀请，美国乔治·华盛顿大学医学院内科学教授 Tsung O. Cheng 博士（郑宗锷），于 1992 年 10 月 5—9 日来滨州医学院访问，受到热烈欢迎，受聘为该院名誉教授及附属医院名誉院长，下面一组照片，再现当时访问盛况。

图 25　医学院领导致欢迎词，热烈欢迎郑教授来访，郑宗锷教授致答词表示感谢

1992 年 10 月 6 日 · 滨州

图 26　医学院领导向郑宗锷教授赠送礼品

1992 年 10 月 6 日 · 滨州

图 27　在欢迎仪式上郑宗锷教授将他的代表作《国际心脏病学》赠送给滨州医学院，滨州医学院领导及滨州市有关领导在主席台就座

1992 年 10 月 6 日 · 滨州

图 28　郑宗锷教授在访问期间做了精彩的学术报告，介绍心血管病诊治新进展，张子彬教授主持报告会

左起：郑宗锷、张子彬

1992 年 10 月 6 日 · 滨州

图 29　滨州医学院附属医院领导会见郑教授，并合影留念

右起：马爱武副院长、孙学堂书记、郑宗锷教授、张子彬教授、韩学德院长、张慧红翻译

1992 年 10 月 8 日 · 滨州

图 30　郑教授到附院病房考察、参观，了解患者诊治情况，张子彬教授陪同

左起：第 5 位郑宗锷教授、第 6 位张子彬教授、第 7 位刘肖林主任

1992 年 10 月 8 日 · 滨州

图 31　滨州医学院各级领导及兄弟院校领导与郑宗锷教授合影

前排自右至左：韩学德、张涛、江连仲、郑宗锷、朱震（青岛医学院副院长）、李文、李秀峰（滨州市人民医院院长）、张子彬、曹国刚；后排右起：侯宪章、孔祥洪、孟兆祥、马爱武、李治淮、张庆明、赵铭山、张慧红（翻译）

1992 年 10 月 6 日 · 滨州医学院

图 32　郑宗锷教授参观附院放疗室

自左至右：马爱武、郑宗锷、张慧红、韩学德、张子彬、孙学堂

1992 年 10 月 8 日 · 滨州医学院附院

图 33　张子彬（左）向郑宗锷教授赠送国画“松鹤图”

高中

大学毕业

40 岁

60 岁

初中时与同学合影（右下）

图 34　张子彬各时期留影

图 35　高中毕业师生合影（第五排右起第 4 位张子彬）

图 36　大学团支部合影（第二排左起第 3 位张子彬，时任团支部书记）

1960 年 5 月 · 青岛

图 37　大学毕业师生集体合影

1963 年 9 月

毕业文凭

学生張子彬系山东省寿光县人，现年26岁，于一九五八年九月　日入我院学习医疗专业，学习五年，按教学计划完成全部学业，成绩及格，准予毕业。

青島医学院　院长

一九六三年八月　日

文凭登记（　）青医毕字第63186号

图 38　青岛医学院毕业文凭

图 39　1977 年 12 月至 1979 年 1 月赴上海胸科医院进修心血管内科，与进修医师合影

前排左起：张子杉、杨光、杨晔、陆祖祥

1978 年 7 月 1 日 · 上海

张子彬与董玉芬夫妇各时期掠影

1949 年结婚后，夫妻恩爱，相濡以沫，风雨同舟，同甘共苦，迄今已度过了 66 个春秋，有金婚的喜悦，更有钻石婚的幸福，小康生活的美满，摆在面前的一张张照片，闪耀着漫长的人生轨迹和心路历程。

图 40　限于当时农村的条件，结婚时没有照片，直到 1967 年妻子到青岛医学院附院探亲时，两人拍摄了一张合影，算作后补的结婚照

1967 年 5 月 1 日 · 青岛

图 41　丈夫被评为山东省卫生厅专业技术拔尖人才，有妻子的一半功劳，特让董玉芬手捧证书在家中合影留念

1992 年 10 月 18 日 · 滨州

图 42　1991 年 8 月下旬，张子彬夫妇到泰安市参加首届全国心力衰竭学术会筹委会，会间登泰山顶，在探海石前合影留念

1991 年 8 月 23 日 · 泰山

图 43　1994 年 5 月，张子彬夫妇到北京参加新药应用研讨会，会间到天安门前合影

1994 年 5 月 19 日 · 北京

图 44　在北京参加学术会期间，张子彬夫妇抽时间到长城观光，合影留念

1994 年 5 月 19 日 · 北京八达岭长城

图 45　张子彬夫妇游览十三陵，相扶而行，互相关照

1994 年 5 月 19 日 · 北京

图46　20世纪80年代到90年代初，董玉芬在滨州医学院幼儿园工作十几年，她精心呵护，细心教育入园孩子，受到家长的赞扬

图 47　张子彬教授全家合影

前排左起：张凯、张晨；中排左起：刘玉华、张效梅、董玉芬、张子彬、马延青、张效忠；

后排左起：刘爽、张效国、马敬霞、张效平、陈平、张鹏

2003 年 2 月 · 滨州

图 48　董玉芬在书房看画报，以开阔眼界，增加知识

1994 年 5 月 22 日

图 49　与丈夫一起去颐园游览，“待到山花烂漫时，她在丛中笑”，丈夫抓拍到这一镜头，留下美好记忆和幸福时光

1997 年 5 月 19 日 · 滨州

图 50　威海市是联合国命名的人类最适宜居住地区之一，张子彬夫妇住在惠园公寓，距海只有几十米，常在此漫步聊天，心情愉悦，共享幸福晚年，留下了美好印象。《充血性心力衰竭学》书稿修完后返回滨州，次年该书出版

2001 年 7 月

图51　2014 年“五一”劳动节，子女陪父母到滨州中海景区观光合影。花的海洋，绚丽多姿，万紫千红，夕阳更美

左起：张子彬、董玉芬

张子彬四代同堂留影

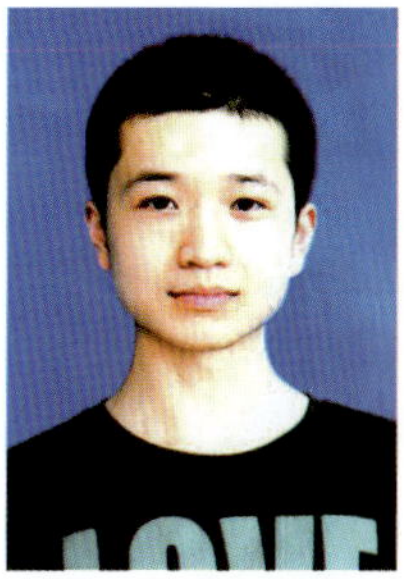

图 52　孙子张凯

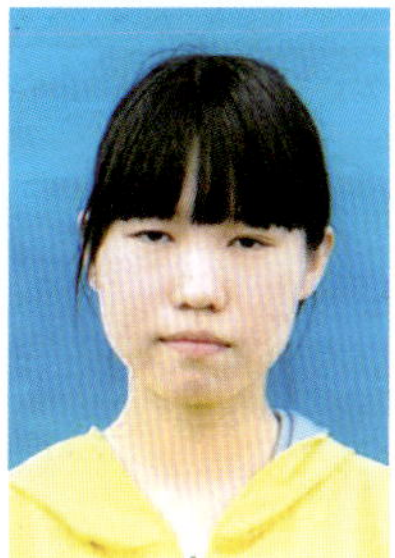

图 53　孙女张晨

图 54　张子彬家庭合影

前排左起：弟弟张子亮、母亲、孙子张凯、张子彬、妻子董玉芬；

后排左起：儿子张效国、儿媳马敬霞、女儿张效梅、女婿刘玉华、儿子张效平、儿媳陈平

1993 年 5 月 · 滨州医学院

图 55　女儿及外甥一家

前排左起：曾外孙刘梁栋、女儿张效梅、女婿刘玉华；

后排左起：外甥媳梁艳芳、曾外孙女刘思彤、外甥刘爽

图 56　长子一家

右起：儿媳马延青、曾孙张志强、儿子张效忠

图 57　次子一家

左起：儿媳马敬霞、孙子张凯、儿子张效国

图 58　张子彬夫妇与三子一家

后排左起：儿媳陈平、儿子张效平；前排左起：妻子董玉芬、孙女张晨、张子彬

编后语

自2015年5月我初次收到张子彬教授的来信以来已经有1年的时间了，我印象最深的事情就是张教授寄给我的第一封来信。信中详细介绍了他与我社的渊源及计划出版传记的情况，并附上了他的医学著作一览表。这让我感受到这位老作者的出版热情，敬佩之情油然而生。

《春华秋实》记载了张子彬教授53年来在医疗、教学、科研和学术活动等各方面取得的辉煌业绩和奋斗历程。全书共分“创新创业”“奉献社会”“和谐家庭”3篇共计15章，详细记述了张教授行医、从教、科研、学术活动、关心学校发展的经历和成就，同时介绍了他的良好家风。

作为编辑，我敬佩张教授退而不休、笔耕不辍的精神。本书结构严谨、内容翔实、图文并茂，虽以第三人称记述，但全书无不体现张教授的写作功底。第一篇“创新创业”中，以2012年张教授受中国心力衰竭学会委托整理的《史志》中第一手资料为素材，详细记载了学会的创建、学术交流、代表性著作、多中心研究及组织建设；第二篇“奉献社会”中，以滨州医学院及山东多家媒体报道的稿件为主线，详述张教授各方面的业绩；第三篇“和谐家庭”中，总结了张教授家中几十年来所形成的好家风、家训和优良传统，以医学世家和四代同堂为特色。

作为读者及晚辈，我敬佩张教授医德高尚、医术精湛、率先垂范、为人师表。53年来，张教授在医疗、教学、科研方面都取得了好成绩，还著书立说，组建学术团体，组织学术会议，主持多中心临床试验研究，为我国内科心血管病学的发展做出了巨大贡献。他这种艰苦奋斗的精神、高度负责的态度、一丝不苟的作风及默默奉献的品格，值得我们这些后辈学习。

在《春华秋实》一书即将付梓、张子彬教授80寿辰、中国心力衰竭学会成立25周年之际，衷心祝愿张教授健康长寿，万事如意！

本书编辑　崔灵菲

2016年5月